Petra Kurowski

Energy Selfie®

L(i)ebenswerte Selbstentfaltung

mit dem Lösungscoach zum Energy Selfie®

Geboren wurde ich am 11.04.1954. Mein berufsleitender Geburtsplanet erfreut mich bis heute mit Tatendrang und Neugier in meinem Tätigkeitsfeld als Heilpraktikerin für Naturheilkunde und Psychotherapie. Alles begann mit der Ausbildung als Erzieherin und einem Jahr Tätigkeit als Gruppenleitung in einer Kindertagesstätte. Mit dem Wechsel in eine heilpädagogische Einrichtung für geistig und mehrfach behinderte Kinder, erfolgte ein berufsbegleitendes Studium Heilpädagogik und die baldige, 17 Jahre während, Leitungsübernahme der Institution. Neben zahlreichen Fort- und Ausbildungen legte ich 1988 die amtsärztliche Überprüfung zur Heilpraktikerin ab und absolvierte ein einjähriges Praktikum. Im Anschluss eröffnete ich meine naturheilkundliche Praxis mit dem Schwerpunkt der Psychosomatik. Auf meinem gesamten beruflichen Weg hatte ich durchgängig das große Glück, zur rechten Zeit, den für mich richtigen Lehrern zu begegnen. Nachhaltig nennenswert ist der Arzt, der mit Mitte zwanzig, mein bis heute bestehendes Interesse an prä – und perinataler Psychologie und Medizin weckte, meine langjährige kabbalistische Lehrerin, die maßgeblich meinen weiteren Lebensweg begleitete, sowie erfahrene Naturheilkundler, die mich in die alten Techniken der Naturheilkunde einführten.

Grundlegend auf diesen Säulen, traten immer wieder Menschen in mein Leben, die dazu führten das vorhandene Wissen zu vertiefen, zu bereichern und zu vernetzen. Von der Ausbildung in Namenspsychologie, Stimmanalyse, mit ihrem somatischen Erkenntnisgewinn, über den Coach-Abschluss in Reverse Speech, mit dem vordergründigen Anliegen psychische Inhalte aus dem Unbewussten zu erforschen bis hin zur Clustermedizinischen Therapeutin mit dem Schwerpunkt Körper, Geist und Seele miteinander zu verbinden, ergaben sich immer wieder Möglichkeiten der Erweiterung.

Als Gastdozentin / Lektorin am Institut für angewandte Psychologie und Psychosomatik in den Ausbildungen zum Heilpraktiker, bzw. Heilpraktiker Psychotherapie, sowie in zahlreichen praxisinternen Seminaren, fand dieses Wissen noch einmal eine ganz andere Art der Belebung.

Meine langjährige theoretische und praktische Arbeit mit kabbalistischen Techniken führte ab 2021 zur Veröffentlichung der Energie Selfie® Reihe.

Außer meiner Vorliebe für das Schreiben, interessiert mich alles rund um den Hund, die ägyptisch arabische Sprache und Kultur, so wie das Neuse aus Psychologie und Medizin.

Abschließend möchte ich mich bei allen bedanken, die mich zu diesem Buch inspiriert haben, die mir Zeit und Raum zum Schreiben geschenkt haben und immer wieder ein motivierendes Wort auf den Lippen hatten. Mein besonderer Dank gilt Karl-Heinz Hasler, der mit Akribie die technischen Vollendungen für dieses Buch ermöglichte.

Impressum

Bibliografische Information der Deutschen Nationalbibliothek:
Die Deutsche Nationalbibliothek verzeichnet diese Publikation in der
Deutschen Nationalbibliografie; detaillierte bibliografische Daten sind im
Internet über http://dnb.dnb.de abrufbar.

1. Auflage 2024
Texte: © 2024 Copyright by Petra Kurowski
Umschlag: © 2024 Copyright by Petra Kurowski
Verantwortlich für den Inhalt: Petra Kurowski

Verlag: BoD • Books on Demand GmbH, In de Tarpen 42, 22848
Norderstedt
Druck: Libri Plureos GmbH, Friedensallee 273, 22763 Hamburg
ISBN: 978-3-7597-6751-6

Inhaltsverzeichnis

II

Einladung

„Frag nicht, was das Leben dir gibt, frag was du gibst" Alfred Adler [1]

Seien Sie herzlich willkommen zur Chance ihr persönliches Potential zu optimieren.

Auf Wunsch meiner Kollegen, Klienten und Kursteilnehmern ist dieses Arbeitsbuch entstanden. Der Serien-Band 1 ist dem „**Wie**" wird das Energy Selfie® berechnet und „**welche**" Informationen bietet es, gewidmet. Band 2 spezialisiert das „**Was**" zeigen uns die Verbindungen von Körper-Geist und Seele in Form der Psychosomatik. Der vorliegende Band 3 nimmt das „**Welche**" Bearbeitungsmöglichkeiten bieten sich für die Energy Selfie® Aufgaben an, ins Visier. Das Informationspaket zu einzelnen Lösungsvorschlägen, wird Sie zwangsläufig zu den Fragen „**wohin**" möchte ich mich bewegen? - „**woran**" begebe ich mich als erstes aus meinem Aufgabenrepertoire?, anregen. Schließlich und endlich wird es Sie plagen „**woher**" weiß ich, wie ich vergehen kann?" Die letzte Frage ist am leichtesten zu beantworten: "natürlich aus Band 3!", denn hier finden Sie eine Vielzahl von Übungen zu dem Thema „**wie**" kann ich „**was**" aus meinen Energy Selfie® Hinweisratgebern auf die Reise der Entwicklung schicken. Bedenken Sie bitte, dass jede Handlung, die Sie für sich tun, ein Stück Eigenliebe beinhaltet, welche ihre energetische **Seelen**schwingung zu ihrem eigenen Wohl ausrichtet.

Treffender und schöner als der umstrittene E. Cayce in seinem Reading Nr. 3744-3 [2] die Zuhörerfrage „Was ist die Seele?" erörtert, kann der Nährwert aus dem Energy Selfie® nicht erklärt werden.

Seine in Trance formulierte Antwort lautete: „Das, was der Schöpfer jeder Wesenheit, bzw. jedem Individuum im Anfang gegeben hat und was die Heimat oder Heimstatt des Schöpfers sucht. Alle Seelen wurden im Anfang geschaffen und finden ihren Weg dorthin zurück, woher sie kamen." Ein weiterer Zuhörer schloss die Frage an, „wohin geht die Seele, wenn die Entwicklung abgeschlossen ist?" Die kurze und knappe Antwort von E. Cayce lautete: „Zu ihrem Schöpfer". Umfassend beschreiben diese Worte den Rundgang unserer Entwicklung vom energetischen Einstromtor 1 bis zum Einstromtor 10 (1+0) in einem unaufhörlichen Zyklus.

---

1 Arzt/Psychotherapeut 1870-1937

2 übersetzt von Stefanie Piel

Für die Bearbeitung der eigenen Energy Selfie® Lektionen / Aufgaben empfiehlt es sich, zumindest die ersten Schritte, mit fachkundiger Hilfe anzutreten. Es ist erheblich einfacher als Außenstehender Problemstrukturen zu erkennen. Kramen wir in unserem eigenen Inneren, so unterliegen wir oft der Selbstblindheit. Durch eine Einstiegshilfe ist es für Sie, als Konflikteigner, leichter sich einen gezielten und selbst "geschneiderten" Entwicklungsweg zu erschließen.

Die Arbeit mit dem Energy Selfie® ersetzt keine medizinische Behandlung / Begleitung und kann auch eine Psychotherapie nicht überflüssig machen, allerdings sinnvoll und zielfördernd bereichern. Jegliche Anwendung im Rahmen des Energy Selfie`s® erfolgt in Selbstverantwortung.

Was genau erwartet Sie in Band 3 aus der Energy Selfie® Reihe?

Lassen Sie sich in den Bann der vielgestaltigen Übungen ziehen, die Ihnen den Weg zur Lösung ihrer Energy Selfie® Jobs ermöglichen.

Sortiert nach den Einstromtoren finden Sie theoretische Erläuterungen und vielgestaltige Anregungen. Ihre Auswahl treffen Sie nach dem Kriterium mit welchem Angebot Sie spontan in Resonanz gehen. Alle Übungen sind als variabel zu betrachten und können mit ein wenig Kreativität schwerpunktverlagert werden. Zahlreiche Vorschläge erweisen sich als universelle Übungen. Alle Darstellungen basieren auf jahrzehntelanger effektiver Arbeit mit Klienten / Kursteilnehmern.

Durchgängig findet eine männliche Energiefigur Verwendung, ohne einem Geschlecht den Vorzug zu geben.

Die Ansprache in den Übungstexten ist auf den "Problemeigner" abgestimmt. Bei Interesse an einem Intensivkurs / Einzelcoaching wenden Sie sich bitte via e-mail an die Verfasserin.

Naturheilpraxis-Petra-Kurowski@t-online.de
Viel Freude und Spaß!

Tipp am Rand

"Wer spielt, der lernt! Wer lernt, der lebt. Wer lebt, der spielt"

Jörg Roggensack

In diesem Sinne einen freudigen und spannenden Weg durch ihre mitgebrachten Lektionen für ihr irdisches Leben. Besagt die Bibel[3] nicht „werdet wie die Kinder", um sich den Spielraum der Entwicklungsmöglichkeiten zu nehmen und sich die Magie der kindlichen Welt neu zu erobern? Wenn Sie dem zustimmen, sind Sie in diesem Werk richtig. Auf spielerischem Weg, mit der ernsthaften Absicht zur Veränderung, erhalten Sie die Chance sich individuell mit ihrem Energy Selfie® Auftragsrepertoire auseinander zu setzen. Es erwarten Sie vielfältige Informationen für die Freilegung ihrer Potentiale.

I. Teil Kurzbetrachtung von Energie, Schwingung und Frequenz

II. Teil Problemrazzia im Energy Selfie® - unabhängig davon welche Lebensjobs ihr Energy Selfie® aufweist, sollten Sie diese Übungen explizit durchführen. Sie sind der Zielbestimmung gewidmet und bilden die Basis für ihr weiteres Vorgehen.

III. Teil Sortiert nach den Einstromtoren finden Sie Übungen zu den psychischen Problembereichen, bzw. der Stabilisierung von Ressourcen, gespickt mit theoretischen Erläuterungen, die in Band 1 bzw.2 noch keine explizite Erwähnung gefunden haben.

IV. Teil Hinweise aus den Achsen

V. Teil Generelle Begleitsymptome bei psychosomatischen Beschwerden

VI. Teil Psychosomatische Störungen und Anregungen zur körperlichen Balance

Starten wir nun gemeinsam und beschwingt in die Welt der Energien.

---

3 Mathäus Evangelium 18.3 – Erläuterungen Anhang 1

Teil I Kurzbetrachtung von Energie, Schwingung und Frequenz

Energetische Knoten im System

In der Bearbeitung unserer Energy Selfie® Aufgaben stürzen wir uns zielgerichtet auf die energetischen Knotenpunkte im Körper-Geist-Seele System. Es hat sich als sinnvoll erwiesen, die energetischen Ressourcen zur Harmonisierung des gesamten Gefüges einzusetzen, eine Art von energetischem Umverteilungsprinzip. Stellen Sie sich ein verhuddeltes Wollknäul vor, einige Meter knotenfreies Garn gefolgt von meterlangem Kuddelmuddel. Beginnen wir mit der Entwirrung, so werden manche Stellen uns einiges an Geduld abverlangen, während andere locker flockig dem Lösungskonzept zustimmen. Stück für Stück wickeln wir den Faden, gut sortiert, zu einem gebrauchsfähigen Wollknäuel auf und schon können wir problemlos mit der Verarbeitung beginnen. Analog ist unser Körper-Geist-Seele System zu betrachten. Energieverknotungen stören die Homöostase[4] und zeigen sich in beeinträchtigenden Geist-Seele Prozessen oder körperlichen Krankheiten, die Sie im Energy Selfie® weitestgehend ablesen können. Es schließt sich die zentrale Frage an, möchten Sie den Erkenntnisweg gehen oder sklavisch im Verknotungssystem der Energien verharren?

Nichtphysiker - Statement zu energetischen Prozessen

Grundsätzlich ist festzuhalten, dass das gesamte Universum Energie ist. Der Mensch, als Teil des Universums, verkörpert diese pulsierende[5] Kraft. Jegliche Energie besitzt eine Schwingungsdauer, d.h. dieser Wert gibt die Zeiteinheit an, wann sich der gleiche Bewegungszustand wiederholt. Je mehr Schwingungsenergie in diesem Kraftfeld verdichtet ist, umso intensiver ist die Schwingung. Stellen Sie sich einfach einmal vor, Sie stehen auf einem Trampolin. Ganz vorsichtig machen Sie ein paar zarte Schrittchen auf dem Tuch und bleiben dann stehen. Spüren Sie die leichten Nachschwingungen?

---

4 Gleichgewicht der physiologischen Körperfunktionen

5 lebendiges fließen in an- und absteigenden Abständen

Nun wagen Sie einmal ein bis zwei Mini-Hopser und spüren in die Nachschwingung des Tuches. Sie werden sicherlich einen Unterschied bemerken. Um diesen zu erklären, bedarf es des Begriffs der Frequenz[6]. Dieser gibt an, wie viele Schwingungen pro Sekunde bei gleicher Intensität ablaufen.

Um unsere Analogie zu vervollständigen, können Sie auch beobachten, dass die Schwingungsenergie des Trampolintuchs langsam nachlässt und immer nur für eine kurze Zeit „auf der gleichen Frequenz" vibriert.

Nachweislich besitzt die Energie ein schwingendes Energiefeld, was dazu neigt, sich mit einer Energie der gleichen Schwingungsfrequenz zu verbinden. Im Klartext – je mehr Schwingungsenergie sich in diesem Feld aufhält, umso verdichteter wird sie, wodurch die Schwingung intensiviert wird. Zurück zum Beispiel. Durch das Trampolinhopsen erreichen Sie energetisch jede Zelle ihres Körpers in einer unterschiedlichen Stärke. Dieses Potential strebt danach eine Homöostase herzustellen. Nun weg von meiner laienhaften Darstellung zur Bedeutung der Frequenz, hin zu den Schwingungen in zwischenmenschlichen Bezügen.

Schwingen im Gleichklang

Gerade im Rahmen der therapeutischen Arbeit sind die Frequenzen von höchster Bedeutung. Schwingen der Therapeut und der Klient auf einer Frequenz, bzw. sich ergänzenden Frequenzen, ist das oft schon die halbe Miete für einen positiven Behandlungsverlauf. Sinnbildlich wäre es vergleichbar mit einem gemütlichen Spaziergang zu Zweit. Ihr Mitgeher rast großschrittig los. Anstrengung pur für Sie (vermutlich auch für den Flitzer)! Einfacher wäre es mit einem Gehpartner, der Ihnen vergleichbar orientiert ist. Energetisch harmonisiert – gleichartig schwingend - könnten Sie gemeinsam ihrem Naturerlebnis (gegenseitig befruchtend) frönen.

Ebenso verhält es sich bei den mittlerweile unzähligen Therapieformen, die in ihrer eigenen Art, mit oder ohne Gerätschaften, Energiearbeit leisten. Lange bekannt sind Reiki, Farbtherapie, Kinesiologie, Musikanwendungen, Cluster-

---

6 Anzahl der Schwingungen (pro Sekunde) in einem periodischen Vorgang

Schall-Methode[7], Klangschalen-Therapie, Stimmfrequenz-Behandlungen, Edelstein-Heilverfahren… Zur Erzielung eines Effekts ist neben der Person des Behandlers auch die Resonanz auf die einzelnen Möglichkeiten für den gewünschten Erfolg maßgeblich entscheidend. Gestehen Sie sich ruhig mehrere Versuche zu und vertrauen ihrem inneren Ratgeber, der sich immer auf ihrer eigenen Frequenz als Entscheidungshelfer meldet.

Energie-Rahmen

Stellen wir den menschlichen Körper in das Zentrum der allgegenwärtigen Krafträume, so lassen sich bis zu zweieinhalb Metern um ihn herum, spezielle, individuelle Energien nachweislich messen.

Vielleicht haben Sie es auch schon einmal gespürt, dass Sie im Dunstkreis eines Energieräubers gestanden haben oder dass es Ihnen super angenehm war, einen entfernt stehenden Fremden einfach zu genießen. Bei den „knisternden Energien" zwischen Menschen ist es nur ganz wenigen vergönnt diese zu hören, aber spüren tun es die meisten. Sie bemerken, dass "etwas in der Luft" liegt und fühlen sich energetisch ausgelaugt oder eingehüllt.

Dauerhaft bewegt der Mensch sich in unterschiedlichen Energiefeldern – schauen wir kurz in den sozialen, energetischen Austausch.

Social Energie

Mensch zu Mensch Kontakt ist lebens**NOT**wendig. Er sollte nicht nur energetisch erhaltend, sondern auch gegenseitig aufbauend sein. Glückliche und positive Menschen (hohe Frequenz), aber auch zielorientierte, problembeladene Kontaktpartner sind den niederfrequenten Nörglern, Tratschern und Be-

---

7 Heinz-Cluster-Therapie

schwerdebesessenen in jedem Fall vor zu ziehen. Negative Sozialpartner, z.B. Katastrophenhervorbeschwörer, schwächen nachweislich partnerschaftliche Vitalenergien. Pessimistische Menschen werden unabsichtlich zu Energiedieben und nur die Energievampire toppen das Kräfteaussaugen noch. Unbenommen können Geber und Nehmer grenzüberschreitend / grenzenlos, mit unterschiedlichen Konsequenzen, agieren. Vielleicht erkennen Sie aus diesem Zusammenhang heraus, aus welchen Gründen Sie aus manchen Kontakten voller Energie entspringen, während andere Sie in eine ungewohnte Lähme führen.

Kurz seien noch die Kontakte zu Tieren erwähnt, die sich zumeist energetisch regulierend, bzw. steigernd, auf den Menschen auswirken.

Besondere Empfänglichkeit läßt sich bei Aufgaben im Einstromtor 1 / 3 / 5 / 8 / 9 beobachten.

Gefahr der Energietumulte

Neben den geistig – seelischen Aktionen und Reaktionen produziert unsere Körperfabrik in ihrem Stoffwechsel somatische Energiestoffe[8]. Alles zusammen dient der Aufrechterhaltung unseres psychosomatischen Gleichgewichts, indem wir schädigende Energien von uns abhalten oder die Möglichkeit der Kompensation nutzen. Eine wesentliche Somaeigenproduktion ist das ATP (Adenosintriphosphat), welches in allen Zellen gebildet wird. Es durchläuft mehrere körperchemische Prozesse, wird gespeichert und bei Bedarf unter der Zuhilfenahme von Wasser nutzbar.

Täglich sind wir zahlreichen förderlichen und weniger förderlichen Prozessen ausgesetzt, so dass wir dauerhaft geschäftig mit all den körperlich-geistig und seelischen Energietumulten konfrontiert werden. Schlagen wir nun einen Bogen zu Masaru Emoto[9], der im Zusammenhang mit energetischen Kommunikationssystemen ein Wassergedächtnis nachgewiesen hat. Im Fazit seiner umfassenden Forschungen weist er, fotografisch belegt, nach, dass Wasser energetische Informationen aus der Umwelt aufnimmt und daraufhin seine Wasserkristalle entsprechend verändert. Diese Erkenntnis lässt den Rückschluss

---

8 Z.B. ATP-Produktion in allen Zellen - ist Energiespeicher – Abgabe für Nutzung in verschiedensten somatischen Prozessen – benötigt zur Aktivierung Wasser

9 japanischer Parawissenschaftler, Alternativmediziner, Forscher, 1943-2014

zu, dass der erwachsene Mensch mit seinen 50-60 % Wasseranteil vergleichbare Phänomene aufweist. Gehen wir noch ein Stück weiter. Stellen Sie die Überlegung an, ein Medikament mit Flüssigkeit einnehmen zu müssen. Sie füllen das Wasser in ein Glas und schwelgen voll und ganz in ihren Genesungsgedanken. Hoppla – Sie haben das Wasser mit der Information "Gesundung" geschwängert. Anders sähe die Situation aus, wenn Sie ihr Wasserglas halten und mit Schrecken und Grauen an die möglichen Begleiterscheinungen der Arznei denken. Die Information "Hilfe Nebenwirkungen" führen Sie ihrem Körper nun schlückchenweise, einschließlich des Medikaments zu. Die unterschiedliche Reaktionsqualität liegt eindeutig auf der Hand. Doch auch ohne eine wohlüberlegte Arzneieinnahme, können Sie sich ihren täglichen Wasserkonsum energetisch "versüßen".

Besondere Empfänglichkeit liegt bei Aufgaben im Einstromtor 2 / 4 / 8 / 9 vor.

Infogier des Wassers

Das aufnahmebereite Wasser scheint nach energetischen Informationen zu dürsten. Dem können wir entgegenkommen, indem wir Nachrichten in symbolischer Form (auch Worte sind Symbole) auf das Lebenselixier übertragen. Bekleben Sie einen Bierdeckel [10], z.B. mit der "Blume des Lebens" (kosmische Ordnung, Vollkommenheit, Harmonie). Überziehen Sie das Ganze mit transparenter Folie. Stellen Sie ihr Wasserglas darauf und übermitteln dem kühlen Nass so ihre Botschaft, die Sie sich durch den Trinkgenuss einverleiben möchten. Gutes Teamwork.

Besondere Empfänglichkeit lässt sich bei Typ 4, Typ 9 und Typ 10 bei Kapital auf den entsprechenden Einstromtoren beobachten.

Energien im wässrigen Körperhaus

Schenken wir dem wässrigen Teil unserer Seelenwohnung im Körper, weitere innere und äußere News über das ausgesprochen gute Informations- und Transportmedium, Wasser. Sind Sie interessiert an selbstgefertigter,

---

10 Jedes Symbol, jede Botschaft in Schrift oder Bild kann verwendet werden.

harmonischer Schwingungsfrequenz? Jeder Gedanke ist Energieträger und sendet Frequenzen in das Universum und selbstverständlich in unseren eigenen Flüssigkeitshaushalt. Wie wir aus den kosmischen Gesetzen wissen, kehrt die gesendete Frequenz immer zum Absender zurück. Negativ geschwängerte Gedanken finden ihren Weg zu dem Sender, ebenso wie positive. Mit diesem Wissen wäre es doch echt sinnig die eigenen Gedanken zu überprüfen und gegebenenfalls nachzubessern. Dann geht es ab mit der korrigierten Botschaft in das segensreiche Nass.

Besonders empfänglich sind Sie bei Aufgaben im Einstromtor 2, Einstromtor 3 und Kapital in Einstromtor 4 / 5 oder 9.

Klang als Energizer

Viele Forschungszweige haben sich mit dem Wirkspektrum der Klänge auf das menschliche Leben beschäftigt, u.a. benannte der Forscher H. Jenny seinen wissenschaftlichen Zweig „Kymatik". Jenny´s Hauptinteresse galt dem Einfluss der Tonschwingungen auf die Materie. Er kam zu dem Ergebnis, dass die Schwingungen ordnend auf Energien und somit die Feststofflichkeit einwirken. Es würde den Rahmen sprengen auf all die wunderbaren Rituale der verschiedenen Kulturen in diesem Bezug einzugehen. Ebenso verhält es sich mit den anatomischen und physiologischen Grundlagen für die Wirksamkeit der Töne, bzw. die Wirkwelt der Dreiklänge oder Tonarten.[11]

Global betrachtet ist davon auszugehen, dass Töne heilende Energien erzeugen, verstärken und qualitativ prägen. Um eine Wirkung zu verspüren, müssen Sie kein Musikfreak sein, denn auch andere Tonalitäten, z.B. von Stimmen bewegen unser inneres Gleichgewicht ständig. Sicherlich kennen Sie Stimmen, die Sie als äußerst angenehm und erfrischend erleben. Das Gefühl der Überein-stimm-ung wird für Sie spürbar. Doch auch das Gegenteil wird Ihnen bekannt sein. Bestimmt haben Sie schon einmal erlebt, dass Sie körperlich und / oder emotional eine unangenehme Stimme als psycho-physische Belastung empfunden haben. Umweltgeräusche, die in unser Ohr eindringen, können als wohltuend oder als Überbringer von Stress erlebt werden. Die Macht der auditiven Energieboten ist für unser psychosomatisches Befinden

---

11 Empfehlenswert Ausführungen von H. Knauss – siehe Literaturverzeichnis

nicht unerheblich. Bleiben wir erst einmal im alltäglichen Bereich der musikalischen „Berieselung". Wird ihr Auditivum[12] vermehrt mit Musik von Trauer, Tod, Leid, Verlassenheit beschallt, so reduziert sich nachweislich die Schwingungsfrequenz in Ihnen. Reduzierte Frequenzen neigen natürlicher Weise schon zu einer „gedrückten" Körper-Seelengrundlage. Gleichsam wirkt der Gesang zu derartiger Musik, gleichgültig ob Sie den Text verstehen oder nicht. Durch diesen Zustand der Resonanz breitet sich in der Folge die erhöhte Anziehung gleichartiger, niederdrückender Empfindungen aus.

Generell kann man davon ausgehen, dass unser Geist-Seele-Körpersystem gerne Stimm(ungs)gabeln benutzt. Gehen wir nun einmal den umgekehrten Weg. Sie möchten aus einer Verstimmtheit wieder in eine harmonische Stimmigkeit gelangen. U.a. können Sie spezifisch frequentierte Töne, z.B. 528 Hz (L. Horowitz) die Liebesfrequenz benutzen, um ihre-Befindlichkeit wieder in das "gesunde" Potential zurück zu führen[13]. Laut Horowitz soll diese Frequenz sogar in der Lage sein, defekte DNA-Strukturen zu heilen und von Schuld und Angst zu befreien…Individuell regulatorische Klänge für die Harmonie in Körper, Geist und Seele werden durch die B.N.M. Schalle aus einer **B**iologisch **n**euronalen **M**ustererkennung[14] erfolgreich eingesetzt. Besondere Empfänglichkeit liegt bei Aufgaben im Einstromtor 1 / 4, sowie bei Ressourcen auf Einstromtor 3, bzw. 9, vor.

Audio-taktile Selbstversuche

Als besonders intensiv gelten die kombinierten energetischen Hör-Fühlreize. Haben Sie schon einmal die Hand auf einen Lautsprecher gelegt und die Musik hörend gespürt. Therapeutisch wird diese Erkenntnis in zahlreichen Variationen angewendet.

Experimentieren Sie doch einfach einmal mit sich selbst. Erzeugen Sie Klängen und Töne angefangen vom Klappern mit Besteck bis hin zum Spielen

---

12 Auditivum = Hörsystem

13 Laut Horowitz soll diese Frequenz sogar in der Lage sein defekte DNA Strukturen zu heilen und von Schuld und Angst zu befreien…

14 Anlaufzentrale Rainer Schulte (Heilpraktiker) Münster

eines Instruments. All dies ist kein neumodisches Hexenwerk, sondern lang tradiertes Gut in fast allen Völkergruppen, z.B. trommeln. Gerade der Klang einer Trommel steht im Bezug zu Mutter Erde, dem Abbild der Weltordnung von pulsierenden Rhythmen, Krankheits- und Unheilbanner, von der Lebensenergie Welle. Selbstverständlich können Sie auch ihrer Stimme einmal Klang verleihen, wobei es nicht auf Bühnenreife, sondern das energetische Erleben ankommt. Die Liste ließe sich unendlich fortsetzen, doch bin ich mir sicher, dass Sie bei Interesse vielfältige Möglichkeiten finden, um mit sich und ihren Energien zu experimentieren.

Besondere Empfänglichkeit liegt bei Aufgaben im Einstromtor 4 / 5 / 6 und Ressourcen im Einstromtor 2 / 3 / 9, vor.

Räumliche Energiespende

Ist es Ihnen schon einmal passiert, dass Sie einen Raum betreten, in dem Sie sich sofort wohl fühlen und die Einladung zum Platznehmen in ihrem Gespür tragen. Ebenso wenig unbekannt wird Ihnen das genaue Gegenteil sein, dass Sie in einen optisch superschön gestalteten Raum marschieren und eigentlich am liebsten direkt wieder hinausgehen möchten. Zahlreiche Umgebungen weisen, neben unserem subjektiven Befinden, ein gesundheitsschädliches Energie-Niveau, aus den unterschiedlichsten Gründen, auf. So können Erdstrahlen, Energien von unterhäusigen Wasserläufen o.ä., insbesondere von 9er Typen, bzw. von 9er Kapitalträgern, erspürt werden. Kurzfristige Aufenthalte bekommt unser körperlicher Abschirmdienst zumeist gut reguliert, während derartige "Atmosphären" im Wohnbereich oft nicht schadlos vorüberziehen. Doch Auszug ist nicht immer die einfachste Lösung. Es gibt durchaus gewissenhafte Radiästheten, die „gefährliche" Bereiche in Wohnbereichen ausfindig machen können. In der Regel handelt es sich um Schlafplätze, bzw. längerfristige Aufenthaltsorte. Solide Informationen diesbezüglich können Sie bei der Gesellschaft für Geobiologie[15] erhalten.

Weitere Energieschwängerungen können durch Vorbewohner oder vergangene Ereignisse in ihren vier Wänden beheimatet sein. Insbesondere von 8er

---

15 DGG-FDR Deutsche Gesellschaft für Geobiologie ev. mit der Fachschaft Deutscher Rutengänger Witzmannsberg

8 – 94034 Passau

Typen, bzw. 8er Aufgabenträgern werden diese speziellen Kräfte empfunden. Weihrauchräucherungen sind ebenso empfehlenswert wie das Räuchern mit weißem Salbei.
Besondere Empfänglichkeit erleben Sie bei Aufgaben im Einstromtor 1 / 8 / 9.

Selbstinduzierte Energiefresser

Neben diesen Belastungen, gibt es aber auch unzählige selbst geschaffene „Energieverpester", z.B. im häuslichen Sektor. Unordnung, Schmutz, unliebsame Farbgestaltungen, merk-würdige Ausstattungen… sind in der Lage unsere Schwingungsfrequenz zu verändern. „Reinigen" Sie ihre Atmosphäre – verändern Sie ihr Umfeld und räumen alles aus dem Weg, was Ihnen, vielleicht auch wider ihrem Verstand, Unwohl bereitet. Spürbar werden derartige energetische Belastungen in der Regel durch Kräftemangel und emotionale Verstimmungen. Induzierte Tatenlosigkeit lässt das Dilemma häufig wachsen. Schauen Sie einfach einmal bei den Übungen zur Entropie. (S.249, 298, 354)
Besondere Empfänglichkeit bei Aufgaben in Einstromtor 1 / 3 / 8 / 10

Visuelles Energiemenue

Alles, was Sie in ihr Blickfeld nehmen, bewusste, sowie unbewusste visuelle Eindrücke, lösen automatisch somatische Prozesse aus. Unsere Realität präsentiert uns weniger gute, sowie wunderschöne Schauobjekte. Bei jeder Ansicht wird unmittelbar die große Chemiefabrik im Körper aktiv und verändert unsere Schwingungsfrequenz. Spürbar wechselt unsere Empfindungsqualität. Niemand kann jeden subjektiv als unschön bezeichneten Anblick vermeiden. Jedoch können Sie sich gewohnheitsmäßig eine Aufsicht auf Objekte, die ihre Energien höher schwingen lassen, gönnen. Falls Sie einmal keine Idee für einen visuellen Impuls besitzen, greifen Sie zu einem „Standard-Energieerhöher" - dem Wunderwerk einer Blüte. Diese betrachten Sie bis in das letzte Detail (Blütenboden, Kelch-, Kron-, Staub- und Fruchtblätter). Rasch werden Sie erleben, wie sich ihr Fühlzustand verändert.
Besondere Empfänglichkeit ist bei Aufgaben in Einstromtor 3 / 7 / 9 zu erkennen.

100 % Energizer

Bei allen energetischen Belastungen gibt es eine einfache, universelle Gegenmedizin – die Dankbarkeit. Unablässig zeigen sich in unserem Leben Dinge, für die jeder von uns dankbar sein kann, z.B. Gesundheit, Bewegungsfähigkeit, Wohnung, Essen-Trinken, die eigene sensible Wahrnehmungsstruktur, die geschöpften Erkenntnisse aus dem eigenen Erleben…Danke dafür, dass Sie den Weg zur Öffnung energetischer Türen kennen und nutzen. Das Wort "Danke" aus dem Herzen auszusprechen, erhöht ihre energetischen Frequenzen ebenso, wie das reine Empfinden der Dankbarkeit in ihrer bewussten Wahrnehmung. "Danke" wirkt energetisch körperauskleidend und einhüllend zugleich.

Besondere Empfänglichkeit liegt bei Aufgaben im Einstromtor 1 / 3 / 9 / 10 vor.

Fahrplan durch die energetischen Verflechtungen

Das Job-Potential aus unserem Energie-Selfie® stellt kein statisches Bild dar. Mit jedem Lebenstag daten Sie ihren Aufgabenplan up. Die Aktualisierungen werden, wie Sie wissen, durch Ereignisse, entsprechende Gedanken, Gefühle, Verhaltensweisen oder Manifestationen im geistig-seelisch-körperlichen Bereich erkennbar.

Als grundlegende Eigenschaft bei der Energy Selfie® Arbeit ist ihre Selbstverantwortung gefragt. Heraus aus der Opferposition der misslichen Umstände und verlassen der Komfortzone im Sicherheitspool des Selbstmitleides. Nur mit der Verantwortung für sich selbst, lassen sich Ziele und tiefe Zufriedenheit erreichen. Das eigene Leben selbst in der Hand zu haben, direkten Einfluss auf das eigene Sein zu nehmen, dem Leben jobgemäße Richtungen zu geben und vor allem die Konsequenzen der eigenverantwortlich getroffenen Entscheidungen zu tragen, ist das basale Ziel im Umgang mit dem Energy Selfie®. Hierzu zählen selbstverständlich auch alle Dinge, die von Ihnen bislang, aus welchen Gründen auch immer, noch nicht praktiziert wurden, z.B. Nutzung unerkannter Ressourcen, Tragen der Verantwortung für Fehlentscheidungen, „Nein" aus der Nische des unaussprechlichen Fremdworts herausholen und einiges mehr.

Empfehlenswert ist die Investition in ein schönes Notizbuch oder einen Ordner, der Ihnen schon bei der Betrachtung freudige Motivation zur Energy Selfie® Bearbeitung verleiht. Dieses Büchlein wird zum Geheimnisträger ihrer innigen Auftragsarbeit und hat sich in der Praxis als nützlich erwiesen. Bei entsprechenden Übungen finden Sie dieses Symbol als Erinnerung.

Computeraufzeichnungen erweisen sich als erheblich weniger intensiv, da insbesondere der Fühlaspekt einer handschriftlichen Notiz fehlt.[16] Mueller & Oppenheimer haben drei Experimente zur handschriftlichen versuch digitalen Aufzeichnungen in Vorlesungen durchgeführt. Eindeutig ist der handschriftlichen Mitschrift, in Bezug auf den Lerneffekt, der absolute Vorrang zu geben. Sollten Sie sich fachkundige Starthilfe suchen, so ist es das Wichtigste in der gemeinsamen Arbeit Freude und der Spaß daran zu haben sich selbst näher zu kommen, in sich zuhause zu sein und somit die wahre Selbstliebe nicht nur zu spüren, sondern auch zu leben.

Nach diesem kurzen Überblick, der Sie sicherlich zu weiteren Eigen-Recherchen anregt, steigen wir nun in die Zielfindung ein. Sie besitzen die Auswahl zwischen verschiedenen Vorgehensweisen (A-C) – schauen Sie und entscheiden Sie nach ihrem Gusto.

Teil II Problemrazzia und Zielformatierung
Mein Wunschziel

Sie können unter den Variationen A, B oder C wählen. Vielleicht finden Sie aus jeder Möglichkeit etwas attraktiv, dann mischen Sie die Vorschläge nach ihrem Empfinden. Wesentlich ist nur, dass Sie ein klares Ziel für sich selbst festlegen.

Gut Ding will vorbereitet sein.

---

16 Wissenschaftlicher Beitrag · DOI: 10.3217/zfhe-15-01/06 103   Stefan AUFENANGER1 & Jasmin BASTIAN2

Ihre Energy Selfie® Jobs sind Ihnen bekannt. Nichts desto trotz gilt es nun sich erst einmal intensiv darauf zu fokussieren, um ein erstes klares Ziel aus ihrem Lebensplan heraus zu kristallisieren.

Auf zur Zielklärung mit Variation A

Generell ist es die Absicht der Bearbeitung des Energy Selfies® mit dem Thema zu beginnen, was Ihnen momentan besonders am Herzen liegt.[17] Wählen Sie einen Bereich aus ihrem Jobrepertoire aus, z.B. Aufgabe 7 auf dem Einstromtor 1. Das grobe Thema: „lernen Sie sich als einen Teil der Natur zu verstehen, dem alle universellen Kräfte zur Verfügung stehen. Eigenverantwortung, Selbstliebe und Eigenbestimmung dürfen Sie aus ihrer Versenkung hervorholen und praktisch leben." Führen Sie für sich alle individuellen Aspekte zu diesem Job aus. Im Folgeschritt können Sie ihre Aufgabenauswahl nach der Idee von D. Friedmann [18]anhand seines Leitdreiecks aufrollen. Das Prinzip hat sich in der Praxis immer wieder aufgrund seiner klaren Einfachheit bewährt.

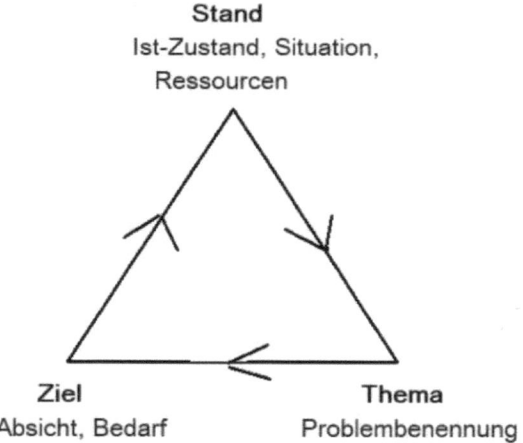

Benennen Sie klar ihr problematisches Thema und gehen zur Ist-Zustand Feststellung über.
- Wie genau gestaltet sich mein Problem derzeit?
- In welchen Situationen tritt das Problem auf?
- Wie häufig findet die Konfrontation mit dem Problem statt?

---

17 Wenn es sich um einen Wasserfall handelt, liegt der Beginn in der Regel am Anfang des Wasserfalls.

18 *19. Juli 1937 in Pforzheim; † 27. November 2020, Buchautor, Dozent und Coaching-Entwickler

Bitte beschreiben Sie die Aspekte genau.
Nach dieser Klarstellung der Aufgabensituation begeben Sie sich in die fokussierte Ressourcensuche aus ihrem Energy Selfie®.

Ressourcen Erkenntnis
Nehmen Sie ihr Energy Selfie® zur Hand und schauen nach den absoluten Kapitalanlagen. Das „Grün" auf „Weiß" garantiert noch nicht, dass Sie sich ihrer Fähigkeiten bewusst sind. Stellen Sie sich anhand der Ressourcen einen Gesprächsleitfaden zusammen.

z.B.
- Was spricht mich aus meinem Ressourcenpotential besonders an?
- Habe ich diese Gabe schon einmal zur Problemlösung genutzt? Was genau habe ich getan?
- Erkenne ich meine verborgenen Ressourcenaspekte, derer ich mir garnicht bewusst war?
- Wie könnte ich diese Fähigkeit für mich einsetzen?

Nun haben Sie das konkrete Problem benannt und ihr entsprechendes Fähigkeitspotential herausgefiltert. Also auf geht es ihr anvisiertes Ziel explizit zu erörtern.
- Wie lautet mein Ziel?
- Was genau benötige ich um dieses Ziel zu erreichen?
- Was verändert sich für mich, wenn ich mein Ziel erreicht habe? (Umfeld bitte nicht vergessen)
- Wie viel Teilzielschritte stellen ich mir momentan vor? Was genau beinhaltet jeder einzelne Schritt?

Ganz wichtig! überprüfen Sie ihr Ziel anhand folgender Aspekte:

1. Habe ich mein Ziel positiv formuliert? (Denken Sie bitte daran, dass Negationen von unserem Gehirn nicht verstanden werden)
2. Ist mein Ziel von mir selbständig zu erreichen? (Denken Sie bitte an die Unabhängigkeit von anderen Menschen, Bedingungen und Situationen, sowie die Möglichkeit der bereits erwähnten Teilziele).
3. Erweist sich mein Ziel als ökologisch? (Denken Sie bitte an Auswirkungen auf andere Lebensbereiche bei ihrer Zielerreichung und welche Vor- bzw. Nachteile die Zielerreichung für Sie bringen könnte.)
4. Ist das Ziel im Einklang mit meiner Persönlichkeit? (Bedenken Sie bitte ihre Eigensabotagen, Glaubenssätze und Attraktivität der Zielerreichung.)
5. Kann ich meine Zielerreichung überprüfen? Haben Sie eine Kontextspezifizierung bedacht? (wann soll das Ziel wo erreicht sein?) Können Sie einen „als ob Rahmen der Zielerreichung" gestalten? (mit allen Sinnen das Ziel so erleben, als hätten Sie es bereits erreicht)

Die Vorarbeiten zum Start in den Lösungssektor haben Sie abgeschlossen. Herzlichen Glückwunsch!

Nun können Sie die ausgewählte Aufgabe, bzw. ihr Thema zielorientiert angehen. Anhand der Stationen Ziel und Stand aus dem Friedmann Lösungsdreieck, können Sie ihre zukünftigen Entwicklungsschritte überprüfen. Betrachten Sie ihr Ziel nach den Kriterien der erreichten Absicht, bzw. Bedarfsdeckung. Sollten Sie mit dem Resultat hadern, bedenken Sie bitte, dass ihr Ziel niemals eine statische Größe darstellt, sondern jederzeit von Ihnen in Details verändert werden kann.

Es erweist sich als sinnvoller manchmal die Zielformulierungen zu korrigieren als viel Kraft und Zeit in die Verfolgung unklarer Absichten zu investieren.

Die Verfolgung dieser Struktur in einem kontinuierlichen, begleitenden Ablauf bietet dem Klienten ein Sicherheitspool. Gleichsam wahren sie gemeinsam einen prozesshaften Überblick. Sollten Sie als Berater / Therapeut umfangreiche Informationen vom Klienten zur Belebung des Energy Selfies® bevorzugen, finden Sie einige Ideen bei den logischen Ebenen S. 45 ff.[19] Abschließend erwähnenswert ist sicherlich, dass die Vorschläge zur Begleitung durch die Lebensaufgaben auf unterschiedlichen psychologischen Richtungen. basieren[20]

Falls Ihnen Vorschlag A nicht zusagt, schauen Sie sich das Angebot B, mit einer Variante des Vorgehens an.

Orientierung im Vorbereitungsprocedere Variation B
Diese Orientierungshilfe für die Bearbeitung ihres Energy Selfies® wird wie ein Bankauszug mit der Haben- (ausleben der Möglichkeiten) und der Soll (zu lösende Jobs) - Seite durchgängig geführt. Viel Vergnügen bei ihrer persönlichen „Kontenführung" und bitte zwischendurch das Loben nicht vergessen.

---

19 Dilts Pyramide

20 Jede psychologische Richtung arbeitet nach einem entsprechenden Menschenbild. Übersicht im Anhang

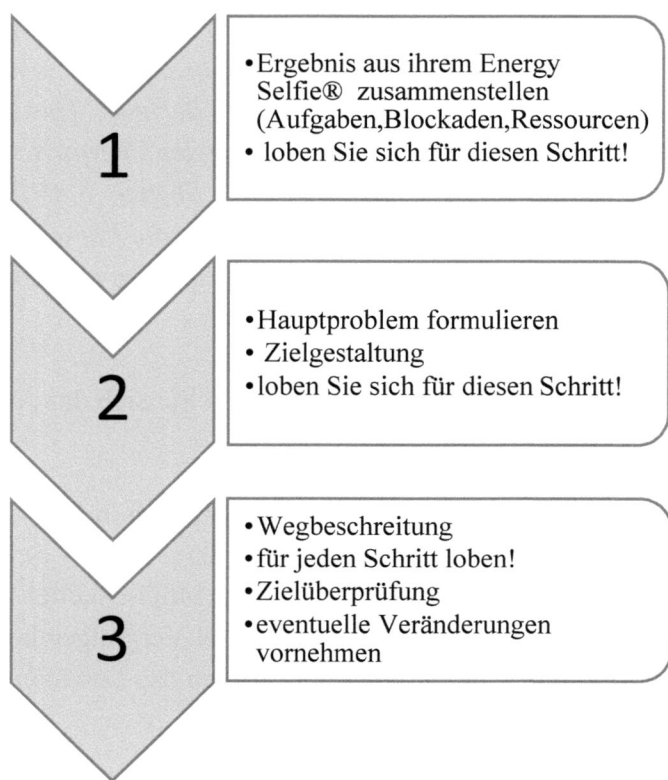

1
- Ergebnis aus ihrem Energy Selfie® zusammenstellen (Aufgaben,Blockaden,Ressourcen)
- loben Sie sich für diesen Schritt!

2
- Hauptproblem formulieren
- Zielgestaltung
- loben Sie sich für diesen Schritt!

3
- Wegbeschreitung
- für jeden Schritt loben!
- Zielüberprüfung
- eventuelle Veränderungen vornehmen

Beginnen Sie mit der Bestandsaufnahme aus ihrem Energy Selfie®.

Persönliches Energy Selfie® Profil

Betrachten Sie ihr Energy Selfie® und setzen sich mit der folgenden Liste auseinander. Notieren Sie spontan ihre Eigenbewertung zu den einzelnen Aspekten. Überprüfen Sie ihre Selbsteinschätzung mit dem Energy Selfie®. Differenzen können auftreten, da sicherlich schon einige Aufgaben von ihnen erledigt / teilerledigt wurden. Spüren Sie hinein mit welcher Aufgabe Sie besonders in Resonanz gehen.

Fähigkeit	Meine Eigenbewertung
Einstromtor 1 - Verantwortungsübernahme für meine Gedanken - Verantwortungsübernahme für mein Handeln - mein Umgang mit schöpferischen / kreativen Fähigkeiten - vertreten meines eigenen Willens - Interesse an meiner geistigen / spirituellen Entwicklung - meine Rückbesinnung, z.B. auf Gott - mein kraft- und energievolles Tun - Konsequenzen für mich aus meinem Tun erkennen / tragen - meine Eigeninitiative - spüren meiner universellen Verbundenheit - Schöpfertum leben - Vertrauen Sie sich? / der Welt	
Einstromtor 2 - meine Bewertungsfreiheit - Gegensätze verstehen / verbinden - meiner Intuition vertrauen - meine Begeisterungsfähigkeit leben - bewusste Wahrnehmung nonverbaler Signale - mein Einfühlungsvermögen - meine Wissbegierigkeit - mein Umgang mit Konzentration	

- Rücksichtsvoll - meine einseitigen Stellungnahmen - mein Unterscheidungsvermögen zwischen Sach- und Personenebene - meine Transparenz für andere	
Einstromtor 3 - meine Entscheidungsfreudigkeit - meine Entschlussorientierung - meine Integrationsfähigkeit - meine Abgrenzungsfähigkeit - meine akzeptierenden Haltungen - mein Sozialinteresse - meine Balance zwischen Nähe und Distanz - meine Authentizität - meine Kooperativität - Positives im Außen erkennen - meine partnerschaftliche Ader	
Einstromtor 4 - meiner Intuition folgen - meine Seelenimpulse erkennen - Gespür für Reden oder Schweigen - kongruentes Verhalten - bedachtes Handeln - unterstützende Gestik / Mimik - Selbstsicherheit-/ bewusstsein - meine Anpassungsqualitäten - kooperative Fähigkeiten - Rollenübernahme - meine Eigenpräsentation	

Einstromtor 5	
- Leben nach meinen Massstäben	
- Befreiung aus Fremdbestimmung	
- spontane Gefühlsbekundung	
- meine Abgrenzung von anderen	
- Partnerschaftlichkeit	
- rasche Aufgabenfindung	
- gutes Gefühl für meine Begabungen	
- gute Einschätzung eigener Kräfte	
- hohe Empathie und Sensibilität	
- flexible Eigenstruktur	
- Prioritäten setzen	
- rücksichtsvoll	
- sich selbst umsetzen	
- Menschenkenntnis	
Einstromtor 6	
- lustvolle Aktionen genießen	
- aktive Spannkraft im Leben	
- Selbstliebe /-akzeptanz	
- gute Beziehungsfähigkeit	
- mein Forschergeist	
- mein Analysebestreben	
- mein sexuelles Interesse	
- meine Begeisterungsfähigkeit	
- meine Eigeninitiative	
- meine Kontaktfreudigkeit	
- Mut sich auf Neues einzulassen	
- meine Phantasiefähigkeit	
- selbstkritisch /-reflektierend	
- lebenslustig	
- meine Moralvorstellungen	

Einstromtor 7 - Naturkraft spüren - Verbundenheit zu Mutter Erde - meine Standhaftigkeit - bewertungsfreie Annahme - Sexualität als Naturerlebnis - Verwurzelung - meine Bodenständigkeit - mein Realitätsbewusstsein - Selbstüberwindung - meine Souveränität - mein Durchsetzungsvermögen - meine Verzeihenskraft - Verhalten bei Demut - lernen und lehren - mein Rhythmusempfinden	
Einstromtor 8 - Unvereinbares vereinen - Konfliktschlichter Tendenzen - Verbindungsfähigkeit mit…. - meine Lebenskraft spüren - offen für Fremdkräfte /-mächte - meine Fairness - meine harmonisierenden Kräfte - Kosmische Ordnungen erkennen - innere Balance regulieren - meine imaginativen Kräfte (Vorstellungsvermögen) - kreative Ideen einbringen und konkretisieren - welt-frauisch / männisch, z.B. mit Kulturen, Religionen	

- Brückenbauer und Mauereinreisser
- Meinungsverschiedenheiten kon-
  struktiv klären
- mein Umgang mit Endlichkeiten /
  Unendlichkeiten	

Einstromtor 9 - wache Sinne nach innen und außen - mit dem Herzen sehen - hochsensibel - innere Werte zählen - meine Weisheit - meine Diplomatie - Wissen wirksam verarbeiten - hohe Spür- und Merkfähigkeit - meine Ausstrahlung - vorausschauend - Umgang mit innerer Stimme	
Einstromtor 10 - tiefste Konzentration - Versunkenheit in Moment - meine Hingabe ans Jetzt - Dinge vollenden - Erfolg spürbar machen - Urinformationen erkennen und nutzen - Wechsel, Reform - Erfüllung in Berufung - mediale Fähigkeiten - Zielorientiertheit - Allem einen Abschluss gebend	

Nach ihrer Eigeneinschätzung einzelner Aspekte aus den Einstromtoren, widmen Sie sich ihren Ressourcen, Blockaden und Aufgaben, z.B.

Kapital / Blockaden	Aufgaben	Jobformulierung
Kapital Kapital 6 in dem Einstromtor 4 (Lebensfreude/-dynamik im Selbstausdruck) ……… **blockierte Ressource** 7 auf Einstromtor 5 (Hürdenüberwindung auf dem Weg in die Berufung ……	Aufgabe 3 in dem Einstromtor 1	Lerne im Gott- und Selbstvertrauen gemeinschaftsförderndes Verhalten. Drücke Bedürfnisse mit Vertrauen aus und treffe wohlüberlegte Entscheidungen Atmung harmonisieren als Austausch zwischen ihnen und allem Seienden

Sobald Sie sich mit ihrem Energy Selfie® Aufgaben in der Übersicht noch einmal vertraut gemacht haben, setzen Sie Prioritäten innerhalb ihrer Lebensaufgaben. Wählen Sie den Job aus, der Ihnen zum jetzigen Zeitpunkt als wichtigster Veränderungsaspekt erscheint. Bitte die Wasserfall-Regelung bedenken.

Bonbönchen für mich
Empfehlenswert ist es sich eine Belohnungsliste zu erstellen. Sie kann von verbalen Lobeshymnen bis hin zu materiellen Geschenken oder sozialen Aktionen alles umfassen, denn jeder Schritt, den Sie aus ihrem Larvenstadium ins Schmetterlingsdasein machen, bedarf seiner Intensität gemäß einem Applaus. Sie können diese Eigenwürdigungsliste jederzeit erweitern / verändern. Ein spezielles Münzverstärkungs-Belobigungssystem können Sie auf S. 256ff entdecken. [21]

---

21 Immer,wenn Sie dieses Büchlein sehen,ist es ein Hinweis ihre geistigen Ergüsse einzutragen.

Bevor Sie mit der energetischen Auftragsarbeit beginnen, kristallisieren Sie ihr Hauptanliegen heraus. Ohne zu wissen, wohin ihre Entwicklung gehen soll, drudeln Sie absichtslos mit Energieverschleuderung durch ihr Leben. Am günstigsten halten Sie ihr Veränderungsvorhaben vertraglich mit sich selbst fest. Jeder Vertrag, den Sie mit sich selbst abschliessen, beinhaltet automatisch alle Kräfte aus den 1er-Energien.

Sorgen-Sortier

Manchmal überfluten uns die Sorgen und Probleme. Es erscheint uns schwierig eine Prioritätenliste der Aufgaben aus dem Energy Selfie® zu erstellen. Wichtig ist jedoch, dass Sie mit dem Bereich, der für Sie gerade jetzt Schwierigkeiten bringt, beginnen. Jede Problemlösung hat ihre Zeit und nur Sie alleine wissen, was genau jetzt für Sie von Wichtigkeit ist. Versuchen Sie anhand des folgenden Formulars ihre Sorgen zu sortieren. Vielleicht gelingt es Ihnen ihre Antworten den Einstromtoren zuzuordnen.

Themenbezogene Frage	Meine Antwort
Sorgen, Probleme, Ängste, Zweifel Was genau bereitet mir Sorgen? Wo genau liegen meine Probleme? Woran zweifele ich genau? Wovor habe ich Angst? Was genau bedrückt mich?	
Realitätskontrolle Wo liegen handfeste Beweise für die Berechtigung meiner Sorgen, Probleme, Ängste und Zweifel? Wie wahrscheinlich ist es, dass tatsächlich alles so schlimm ist, wie ich es momentan sehe?	

Perspektive Was genau könnte schlimmstenfalls geschehen, wenn sich diese Sorgen (Probleme, Ängste, Zweifel) meiner Kontrolle entziehen? Wie hoch liegt die Wahrscheinlichkeit, dass es ganz schlimm wird auf einer Skala von 1 – 10? Besteht die Möglichkeit, dass es auch ganz anders kommen könnte? Wo würden sich diese Werte auf der Skala von 1- 10 befinden? Könnte eine Sorge (Problem, Angst, Zweifel) mein komplettes Leben für immer zerstören? Wie könnte ich mit schmerzlichen oder unangenehmen Auseinandersetzungen umgehen? Was genau könnte ich tun?	
Gründe zur Auseinandersetzung Aus welchen Gründen sollte ich mich der Sorge (dem Problem, der Angst, dem Zweifel) stellen? Welchen Gewinn kann ich durch die Auseinandersetzung erwerben? Mit welchen Verlusten müsste ich durch die Auseinandersetzung rechnen?	
Zukunftsvision Wie wäre mein Leben ohne Sorgen (Probleme, Ängste, Zweifel)? Wie würde ich mich nach der Befreiung dieser Misslichkeiten fühlen?	
Vorbeugung Was genau könnte ich tun um diese spezifischen Sorgen (Problemen, Ängsten, Zweifeln) zu verhindern? Wo und wie kann ich im Vorfeld die Risiken verringern? Worauf sollte ich während der Vorbeugung besonders achten?	

Wieder haben Sie einen lobenswerten Schritt vollzogen und können sich nun intensiver ihrem Ziel zuwenden.

Zielvertrag mit mir

Eine kleine Hilfestellung zur Zielformulierung, kann in der Beantwortung folgender Fragen liegen:

- Was möchte ich genau?
- Welche Ressourcen kann ich zur Zielerreichung einsetzen?
- Wie werde ich erkennen, dass ich mein Ziel erreicht habe?
- Wie wird sich mein Leben verändern, wenn ich mein Ziel erreicht habe?
- Gibt es bestimmte Bereiche / Situationen in denen ich dieses Ziel nicht nutzen mag?
- Was könnte ich durch die Zielerreichung verlieren?
- Was genau hat mich bislang davon abgehalten, dieses Ziel zu erreichen?
- Welche Wege der Problemlösung habe ich erfolglos ausprobiert?

Wie bereits erwähnt:

Die erste Zielsetzung ist nicht statisch verbindlich, sondern im Hinblick auf ihre Entwicklung als flexible Größe zu betrachten. Fazit: Verfeinerung und Umentscheidung im Zielrahmen sind jederzeit möglich. Es empfiehlt sich Zielveränderungen andersfarbig und mit Datum in ihren Notizen zu kenn-zeichnen.

Nachdem Sie nun ihr Ziel formuliert haben, unterteilen Sie es in Teilziele. Diese sind besonders wichtig, denn wer mag schon ewig lange Zeit bis zur Endzielerreichung nach einem spür- sichtbaren Erfolg hecheln. Mit der Erreichung des Teilziels legen Sie den ersten Stein auf ihrem Weg zum Endziel.

Zielformulierung: Übernahme von Selbstverantwortung
1. Teilziel – Telefonate, z.B. für Rechnungsklärung, selbst führen
2. Teilziel - Fehler, z.B. im Arbeitsbereich, zugeben und regulieren
3. ……..

Abschließend sollte das ausformulierte Ziel noch einmal überprüft werden. Sie treten eine entscheidende Entwicklungsreise an, die im Vorfeld gut geplant sein möchte. Je besser die Reiseroute vorbereitet wird, umso geringer ist die Gefahr auf Nebenkriegsschauplätzen, Irr- oder Umwegen zu landen. Überprüfen Sie nun ihre Zielformulierung anhand der folgenden Kriterien. Sollten Sie einen Aspekt mit „nein" beantworten, ist es sinnvoll eine dementsprechende Korrektur durchzuführen.

Zielformulierung:		
Kriterium Zielüberprüfung	**zutreffend**	**nicht zutreffend**
- selbst initiiert		
- positiv formuliert		
- kontextgebunden		
- konkret, bzw. messbar		
- mit allen Konsequenzen bedacht		
- erweist sich als realistisch		
- stufenweise erreichbar		
- Zielerreichung liegt im eigenen Kraftpotential		
- kann eigenständig aufrecht erhalten werden		

Zielscanner

Was genau lässt Sie erkennen, dass Sie ein Teilziel, bzw. das endgültige Ziel erreicht haben? Es wäre doch fatal, wenn Sie einen Meilenstein auf ihrem Entwicklungsweg setzen und es gar nicht bewusst würdigen. Notieren Sie alle Erkennungsmerkmale, die Ihnen spontan einfallen und ergänzen die Liste immer bei Bedarf.

Erkennungsmerkmale der (Teil-) Zielerreichung
1.
2.usw.

Bei manchen Zielsetzungen kann sich ein zeitliches Konzept als förderlich erweisen.

Zum einen können Sie in dieser Tabelle Teilziele terminieren oder Riesenziele zeitlich strukturieren.

Ziel	Termin

Aus meinen Lebensaufgaben ergeben sich folgende Ziele für die nächsten 4 Wochen (3 Monate, 6 Monate, 12 Monate, 2 Jahre, 5 Jahre, 10 Jahre)

Nach der Zeitraumeinteilung empfiehlt es sich die einzelnen Zielsetzungen mit der Kriterientabelle (S. 28 ff.) zu überprüfen und gegebenenfalls zu korrigieren. So schaffen Sie für sich selbst die Garantie einer realistischen Zielsetzung.

Ihr Zielvertrag als Navigator auf ihrer Entwicklungsreise ist unterschriftsreif. Die ersten Schritte sind getan und einer der häufigsten Fallen sind Sie schon erfolgreich entfleucht:

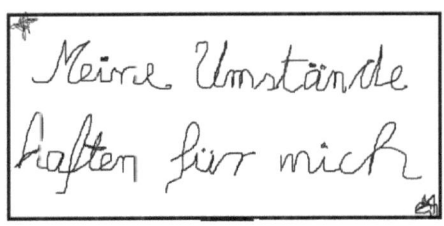

Diese Lebenseinstellung ist ein reines No go. Nicht nur die Eigenverantwortung für jeden Gedanken, jedes Gefühl und jedes Handeln wird abgelegt, sondern auch ein wesentlicher Baustein für die Selbstliebe fundamental boykottiert. Weg vom Jammertal und hinein ins eigene Schöpfertum zum selbsterfüllten Leben. In diesem Sinne, schalten Sie ihr "Innen Navi" ein und los geht´s.

Die Vielfalt der Ansätze garantiert Ihnen, dass für jeden ein attraktives Angebot besteht. Fast jede Übung ist mit etwas Kreativität auf einen anderen Focus umzugestalten. Bei Interesse an theoretischen Hintergründen werden Sie sicherlich auch fündig. Vertrauen Sie sich, dass Sie das richtige "Werkzeug" für ihre Entwicklungsschritte finden. So wenig sinnvoll es wäre einen Nagel mit der Zange in die Wand zu schlagen, wäre es auch eine Übung auszuwählen, mit der Sie nicht in Resonanz gehen.

Transparenz des Vorgehens

Erfahrungsgemäß möchte jeder entwicklungsmotivierte Energy Selfie® Eigner ein wenig theoretisches Wissen als Background für seine individuelle Arbeit mit den eigenen Lebensaufgaben erwerben. Eine häufig gestellte Frage ist "Warum haut mich das denn so um?" Antwort: "Es liegt an dem persönlichen Grad der Resilienz[22]."

Wie weit die übergreifenden Erläuterungen für Sie im weiteren Verlauf förderlich sind, können Sie nur selbst entscheiden. Aufgrund der Vernetzungsmöglichkeit von psychischen und psychosomatischen Beschwerden, habe ich mich in diesem Erklärungsteil an das System von E. Roediger (mit Abwandlungen) angelehnt.

Wenn auch Sie sich häufiger fragen, aus welchen Gründen Sie mehr oder auch viel weniger psychische Widerstandskräfte in kritischen Situationen aufweisen, als andere Menschen, können Sie die Antwort im folgenden Kapitel finden.

Die Widerstandskraft von Geist und Seele

Jeder Mensch besitzt durch seine persönlichen Aufträge aus dem Energie Selfie® und seine ureigenste Biografie eine ganz individuelle Resilienz. Bei der Resilienz geht es nicht um die Härte im Leben oder die Sinnhaftigkeit der Unverletzlichkeit in Krisen. Eine geistig-seelisch-körperliche Immunität gegen Lebensschicksale gibt es nicht, aber viele Formen der Verletzlichkeit und

---

22 Resilienz = psychische Widerstandskraft

ebenso viele Wege mit dem Leid umzugehen. Bei einer hohen Resilienz ist weder die Verleugnung, noch die Verschleierung des Unglücks das Ziel. Viel mehr handelt es sich um die psychische Widerstandskraft, bzw. die Bewältigung der Krisensituation ohne psychischen, bzw. psychosomatischen, Nachhall. Was bedarf eine gesunde Resilienz?

1. ***Selbstbewusstsein /-vertrauen*** = *erleben des Tiefpunktes und Erkennen der verfügbaren Ressourcen für das "sich heraus hangeln". Die Psychologie hat sieben Persönlichkeitsmerkmale herauskristallisiert, die zur Krisenbewältigung benötigt werden, bzw. zur Stärkung der Resilienz maßgeblich beitragen.[23] Günstig ist es, wenn Sie ihr Energy Selfie® zur Hand nehmen. Halten Sie Ausschau nach hilfreichen Bezugspunkten, die ihre eigenen Kompetenzen und den daraus resultierenden Aktionismus / Lösungsorientiertheit unterstützen. Förderliche Energien zeigen sich im Energy Selfie® durch Ressourcen (Kapital) in den Einstromtoren 1, 3, 4, 5, 7, 8,10.*

2. ***Kontaktfreude*, *Suche / Hilfsannahme von unterstützenden Partnern*** *Potential für diese Persönlichkeitszüge finden Sie im Energy Selfie® in den Ressourcen (Kapital) aus den Einstromtoren 1, 3, 4, 5, 6, 9*

3. ***Gefühlsstabilität*** *Durch emotionale Reife werden eigene Gefühle / Aufmerksamkeiten gut eingeschätzt. Unterstützend wirken sich Ressourcen (Kapital) aus den Einstromtoren 1, 2, 4, 5, 9 aus.*

4. ***Optimismus*** *Diese Haltung basiert auf der Akzeptanz bezüglich der momentanen Konfliktsituation als ein zeitlich begrenztes Ereignis. Als hilfreich erweist sich der Ressourcen (Kapital) Einsatz aus den Einstromtoren 1, 3, 8, 6, 7, 9.*

5. ***Handlungskontrolle***
   Verhaltensreize werden kontrolliert und ziehen eine überlegte Reaktion nach sich. Unterstützend erweist sich der Ressourcen (Kapital) Einsatz

---

23 Veränderbarkeit der Persönlichkeitsmerkmale u.a. durch Diplompsychologin J. Specht – Studie Uni Münster belegt

aus den Einstromtoren 1, 2, 4, 5, 6, 7, 8, 10.

6. **Realismus** *Der konstruktive Umgang mit der Krise bedingt Operationen mit realistischen Zielen auf lange Sicht. Hilfreich ist der Ressourcen (Kapital) Einsatz aus den Einstromtoren 1, 2,3, 4, 5, 7,10.*

7. **Analysestärke** *Die Ursachenforschung dient dem Zweck eingefahrene Pfade zu verlassen und die Fähigkeit des Perspektivenwechsels zu nutzen. Unterstützend erweist sich der Ressourcen (Kapital) Einsatz aus den Einstromtoren 1,2, 5, 6, 8, 9,10.*

Verschiedene Untersuchungen haben gezeigt, dass Resilienz nicht angeboren ist, sondern erworben wird. Besonders prägend wirkt sich die Beziehung zu den Eltern / nahen Bezugspersonen aus. Erfahrungen im Umgang mit Krisen und der sich daraus entwickelten Selbsteinschätzung für die eigene, konstruktive Konfliktlösungsstrategie, erweisen sich ebenfalls stabilisierend.
Reflektieren Sie doch einfach einmal ihr Verhalten in Krisensituationen, sei es der erste Liebeskummer, sei es ein Umzug, der Verlust eines geliebten Menschen… Halten Sie sich vor Augen, wie Sie die Krise bewältigt haben und legen den Focus auf ihre Ressourcen und Fähigkeiten. Vielleicht mögen Sie ihre analytische Rückschau auch aufschreiben. Ein Super Rüstzeug, um ihre Resilienz nachhaltig zu stärken. Die Thematik wird bei jeder Auftragsbearbeitung, gleichgültig welchen Einstiegsweg Sie wählen, präsent.

Last Chance Variation C
Alle guten Dinge sind drei und somit gelangen Sie nun zur letzten Möglichkeit ihrer Bestandsaufnahme und Zielsetzung.
Die logischen Ebenen nach R. Dilts bieten Ihnen die Chance ihre Lebensaufträge in einen selbstgeordneten Bearbeitungsrahmen zu setzen.

Logische Ebenen

Die logischen Ebenen wurden von R. Dilts[24], dem Mitbegründer des Neuro-linguistischen Programmierens, zur Problemerkennung und Veränderungsar-beit entwickelt. Mittlerweile erfährt der plausible Pyramidenaufbau multidi-mensionalen Einsatz, z.B. im Coaching, in der Rollenfindung. Warum dann nicht auch im Energy Selfie®? Der gut strukturierte Kontext bietet zum einen die Möglichkeit Informationen des Klienten organisiert zu vermerken, Glau-benssätze zu erkennen und daraus effektive Interventionen einzuleiten; zum anderen können Aufgaben, Kapital und Ressourcen aus dem Energy Selfie® unter anderen Aspekten betrachtet werden. Selbstverständlich wäre der Folge-schritt ein zielorientiertes Repertoire an Lösungsübungen für die Behand-lung zusammen zu stellen.

---

24 1990 Changing beliefs

45

Logische Ebenen in Anlehnung an R. Dilts (1990 Changing Beliefs)

7.Spirit-
ualität

6.Zugehörigkeit

5.Identität = ihr basales
Selbstbild

4.Glaube / Werte = ihre Leitlinien
in der subjektiven Wahrheit

3.Fähigkeiten = ihre Strategien,
Fertigkeiten, Muster

2.Verhalten = ihre konkreten Handlungen

1.Umwelt = alles auf das Sie reagieren

Hangeln Sie sich von der Basis bis zur Spitze vor.

Umwelt: Die Basisstufe umfasst ihren gesamten externalen Kontext, d.h. was nehmen Sie wahr und worauf genau reagieren Sie in der Folge, z.B. Mitmenschen, Tiere, Pflanzen, Wetter, Stimmungen. Auf der Geist-Seele- Ebene erhalten Sie Informationen zu der Auseinandersetzung mit unveränderbaren, äußeren Aspekten (Anpassungsintelligenz). Auf der somatischen Ebene wird Ihnen die Nutzung ihrer dominanten Sinne präsent, d.h. sammeln Sie ihre Umweltinformationen überwiegend z.B. mit ihren Augen, ihren Ohren oder…. Ihr Einsatz vieler Sinnesbereiche garantiert eine hohe Flexibilität im Umgang mit Umweltgegebenheiten. Für die Bearbeitung der Aufgaben aus dem Energy Selfies® bedeutet dies breit angelegte Möglichkeiten. Übungen dazu.

Um eine präzise Beschreibung zu erhalten, bieten sich zentrale Fragestellungen an:

Wer tut wann was wo? Wer oder was verhält sich wann wo wie?

Zwangsläufig leiten die Fragen Sie in die darüberliegende Stufe.

Verhalten: In dieser Kategorie geht es um die wertfreie Darstellung von Handlungen, die Sie, auch unabhängig von ihren Fähigkeiten, ausführen. Aufschluss bietet Ihnen dieser Aspekt über die Möglichkeiten von Umlernprozessen in Bezug auf alte, überholte, unbrauchbare Muster / Handlungen. Gefördert und gefordert wird der Bereich der sensu-motorischen Intelligenz als Organisation des Körpers hinsichtlich seiner Herausforderungen. Bevorzugte Unterstützung bieten Ressourcen in den Einstromtoren 1, 2 , 5, 7, 8.
Die grundsätzliche Frage für all ihre relevanten Themen lautet:

Was tun Sie wie?

Für den NLP-Geübten bietet es sich an auf die Benutzung der Repräsentationssysteme (sehen, hören, riechen, fühlen, schmecken, Gleichgewich) zu beachten, um einen gezielteren Zugang für die beraterische / therapeutische Begleitung auf dem Bearbeitungsweg der Lebensjobs zu erhalten.*
Direkt überleitend geht es zur Stufe drei.

Fähigkeiten: Der Fähigkeitsbereich umfasst allgemeine Fertigkeiten und Strategien, die Sie bevorzugt in ihrem Leben benutzen. Bewusste und unbewusste Aspekte bestimmen die Art und Weise der Verknüpfung von Verhaltensweisen zu ihrer Zielerreichung.
In diesem Bereich geht es um möglichst wertefreie, allerdings zielorientierte, Schilderungen ihrer Fähigkeitsnutzung. Deutlich werden die Möglichkeiten der Richtungsveränderung im Verhalten, unter der Berücksichtigung von Konsequenzen.
Informationsverarbeitung /–vernetzung sind die zentralen Stichworte.
Bevorzugte Hilfestellungen bieten Ressourcen aus den Einstromtoren 1, 2, 4, 5, 8, 9.

Die zentrale Frage lautet: Wie genau machen Sie es?
Sanft übergeleitet ersteigen Sie die mittlere Stufe.

4. Glaube / Werte: Die unterschiedlichen Leitideen, die Sie in ihrer subjektiven Realität besitzen, finden in diesem Bereich ihren Ausdruck. Es lassen sich vor allem die Prägungen von Glaubenssystemen erkennen, die in ihrem Alltag eine Berechtigung besitzen oder eine Einschränkung bedeuten. Die Glaubensthesen, welche Sie in ihrem Verhalten limitieren, ergeben sich als Gegenstand der Leitlinienveränderung, bzw. bilden die Basis der Veränderung. Angesprochen wird auf dieser Ebene insbesondere das vegetative Nervensystem mit seiner Steuerung der Organfunktionen.

Unterstützend können die Ressourcen Energien aus den Einstromtoren 1, 2, 3, 4, 5, 8

Zielgerichtete Fragestellungen wären:

Aus welchen Beweggründen heraus machen Sie es genau so, wie Sie es tun? Was bewegt Sie zu diesem Verhalten? Was genau erachten Sie für sich (für andere) als hervorragend wichtig? Was glauben Sie über sich? Was sind ihre Annahmen über ihren Freund (Partner, Kind, Mutter, Mitarbeiter...) Was glauben Sie was „man" so als Tochter/Sohn (Berufstätiger, Hausfrau…) tun muss?

Mit freudigem Schwung werden Sie nun auf die 5.Stufe geleitet.

5. Identität: Ihr Selbstbild steht im Zentrum der Betrachtung. Ganz wichtig ist die Erkenntnis, dass ihr ureigenster Persönlichkeitskern trotz der Veränderungsarbeit, im Rahmen der Lebensjoblösungen, erhalten bleibt. Er kann Stärkung und Entfaltung erfahren, Entwicklungsmöglichkeiten erhalten und neue Früchte hervorbringen. Erweiterungen oder Veränderungen können Sie insbesondere in ihrem Rollenverständnis und der Annäherung von Selbst – und Fremdbild durch Authentizität erleben. Gerade in diesem Bereich liegt das neurologisch innervierte Immunsystem, die lebenserhaltenden Funktionen und der psychosomatische Ausdruck beheimatet.

Bevorzugte Einstromtore 1, 2, 4, 5,7, 8, 10

Die grundsätzlichen Fragestellungen beinhalten:
„Wer genau sind Sie?" „Wie werden Sie von anderen gesehen?" „Wie fühlen Sie sich mit sich selbst?" „Wie genau gestaltet sich ihr Selbst-Verständnis?" „Was unterscheidet Sie von anderen Menschen" „Wer sind für dich andere Menschen?" bieten Aufschluss über ihr Selbst-bild.
Die vorletzte Stufe zieht Sie in ihren Bann.

6. Zugehörigkeit: Bei dieser Kategorie geht es um Zuordnungen, z.B. in berufliche, familiäre, gesellschaftliche, religiöse, philosophische, kulturelle oder ähnliche Zugehörigkeiten. Auch Zusammenschlüsse wie Schwach- oder Hochbegabte, spezifische Beeinträchtigungsgruppen, z.B. Rollstuhlfahrer oder Gruppierungen von Menschen, die dasselbe Thema erleiden. Hier geraten Sie in den metaphysischen Bereich, in dem Sie Neueinordnungen und Transformationen erleben können.
Besonders hilfreich sind die Ressourcen Energien aus den Einstromtoren 1, 2, 3, 5, 8, 9, 10.

Sie können sich die Frage stellen:
Wer bin ich in meinem Kontext? Wo gehöre ich dazu? Wo zähle ich mich nicht (mehr) zu? Zu welchen Interessengruppen fühlen Sie sich zugehörig? Was genau macht die Menschen aus, mit denen Sie sich besonders verbunden fühlen?
Schließlich und endlich erklimmen Sie die Pyramidenspitze.

Sie befinden sich auf der feingeistigsten Ebene, in der Sie sich mit ihren inneren Aufträgen und ihrem Sein auseinandersetzen.
Bevorzugte Einstromtore sind: 1, 2, 5, 7, 8, 9, 10.

Primär kristallisieren drei Fragen den Kern heraus:
„Worin liegt mein Lebenssinn?"
„Was genau möchte ich hinterlassen?
„Wie sieht meine Mission aus?".

Weiteres Fragengut liegt in ihrer Hand.

An dieser Stelle beginnt, das Energie Selfie® mit seinen Grundsätzen zu leben. Ihre Daseinsbereiche sind informativ befüllt und schreien nun nach Aktivitäten.

Der größte Teil der Vorarbeit ist geleistet. Sie kennen ihre energetischen Verflechtungen aus ihrem Energy Selfie® und legen das erste Ziel fest.

Bevor Sie nun starten noch eine kurze Darstellung in welche Region wir vorstoßen wollen.

Seelische Balance – was ist das?

Die Erklärung, dass eine seelische Balance vorliegt, wenn die Abwesenheit einer Störung besteht, ist nicht sonderlich zufrieden stellend. Thomas Szaz, ein US-amerikanischer Psychiater[25] entwickelte basierend auf den Studien von Marie Johada[26], einer österreichischen Sozialpsychologin, Kennzeichen für die seelische Gesundheit anhand einer Merkmalsliste.

adäquate Einstellung zu sich selbst	realistische Eigenbetrachtung und selbstkritische Haltung ohne die Selbstachtung einzubüßen
Selbstverwirklichung und adäquate innere Entwicklung	das Mögliche, Beste aus dem eigenen Potential heraus holen
Integration der eigenen Strebungen und inneres Einheitlichkeitsempfinden	Konflikte lösen und sich nicht von scheinbar unvereinbaren, inneren Strebungen zerreißen lassen
Autonomiebestreben	Selbstbestimmung und weitgehende Unabhängigkeit
adäquate Realitätswahrnehmung	unbeeinflussbar durch Wünsche und Befürchtungen in der eigenen Erfahrrung mit der Außenwelt
Lebensumstände meistern – Fähigkeit	Leben in der Adäquatheit von Liebe,

25   15.4.1920 - 8.9.2012

26   26.1.1907 - 28.4.2001

zur Liebe	Arbeit und Spiel
Lebensüberblick	das Leben in seiner Kontinuität überschauen
Angepasstheit der interpersonalen Beziehungen – Tüchtigkeit in Lebenserfordernissen	adäquate Situationserkennung, Situationsverständnis

Während Zuständen in der seelischen Dysbalance, sind die Verwirklichung der genannten Merkmale in der Regel nicht möglich. Die Auswirkungen gestalten sich facettenreich.

Die meisten Menschen möchten theoretisch verstehen, wie sich eine individuelle Lösung aus dem Energy Selfie® Aufgaben gestalten kann. Die übergreifenden Erläuterungen sollten immer dem Klienten angepasst sein. Es hat sich bewährt mit visuellem Material und Hausaufgaben den praktischen Umgang mit dem Energy Selfie ® zu gestalten. Wichtig ist es immer wieder die Vernetzungsmöglichkeiten, z.B. von psychischen und psychosomatischen Beschwerden, den persönlichen Musterfailen usw., zu verdeutlichen. Nur durch ein verständliches individuelles Vorgehen bekommt der Klient die Möglichkeit sich selbst zu verstehen und dadurch in einer wachsenden Selbstverantwortung seinen neuen Entwicklungsweg zu beschreiten. Das Schritttempo legt der Klient selbst fest und der Berater/Therapeut hält die Resilienz im Auge, um realistisch bei der individuellen Zielverfolgung an der Seite des Klienten zu stehen.

Teil III Tür und Tor zum Öffnen bereit

Frei nach dem Wahlspruch „Ihre Freiheit beginnt, wo ihre Angst vor Entwicklung endet", geht es nun auf zu den Übungsfeldern.

Einstromtor 1
„Es ist der Geist, der sich den Körper baut" (Schiller)

Wie wahr Herr Schiller! In welchem Ausmaß dieses Zitat wirksam ist, können wir nur erahnen. Doch das Wunder steckt in Jedem von uns.

Spirituelle Entfaltung, Anerkennung des eigenen göttlichen Kerns, Geistbewusstsein, ununterbrochene Verbindung zu universellen Kräften, Eigenverantwortung, Sicherheitsempfindungen, Selbstliebe, praktische Verwirklichung der Liebe durch vorurteilsfreie Annahme aller Menschen, Selbstvertrauen, Besinnung auf Schöpfung, Urvertrauen empfinden, Verantwortungsübernahme für die eigenen Gedanken / Tun, verantwortungsbewusster Umgang mit Allem, was die Welt zu bieten hat, Gott-vertrauen, Fluss des Lebensstroms annehmen, Anerkennung der Allgegenwärtigkeit universeller Kräfte, Vergebung beleben, Harmonie und Humor beseelen, Erkennung / Auslebung von schöpferischen Potential, Kreativität, Selbstbeherrschung, Willensbehauptung, Erkenntnis zur Wirksamkeit der Gedanken, Erlebnis der Ich-Findung, Differenzierung von Aktion und Reaktion

Nachdem Sie die energetischen Hauptthemen aus dem Einstromtor 1 noch einmal auf einen Blick haben, finden Sie folgend Übungen um die 1er Kräfte als Ressource zu stärken oder Kraftpunkte in der Bearbeitung von Aufgaben für ihr Seelenhaus zu erwerben.

Bei Ressourcen geschwängertem Einstromtor 1 ist die Energie zur spirituellen Entfaltung, sowie zur praktischen Verwirklichung der Liebe, der Religio, die Verantwortung für die eigenen Gedanken und das resultierende Tun, sowie der Zugang zu den universellen Kräften möglich. Liegt hingegen eine Aufgabe im Einstrom des ersten Tores, so lassen Sie sich von den folgenden Ausführungen inspirieren und wählen ihre individuelle Übung aus. Es schadet allerdings auch nicht Ressourcen in dieser Form zu stärken /relativieren. Zur Verdeutlichung und der noch maligen Betonung in der Energy Selfie® Auswertung immer alle Tore und Einströmungen in ihrer Verbindung zu betrachten, folgendes Beispiel:

Frau M. (64 J.) zeigt in der Energy Selfie® Gesamtauswertung u. a. hypertrophierter Selbstwert mit endlos Dogmatismus

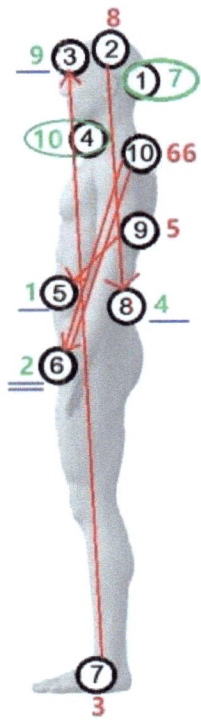

Für Frau M. ist es durchaus wichtig sich dem Einstromtor 1, trotz der Kapital-anlage, zu widmen. In der Gesamtauswertung zeigt sich ein energetisch über-steigerter Selbstwert, gekoppelt mit der Kraft zahlloser Dogmen. Der Einstieg in die Aufgabenbearbeitung der energetisch vernetzten Torthemen würde sich in diesem Fall als sekundär anbieten. Ohne die Relativierung der Selbstwert-komponente würde sich die weitere Entwicklungsarbeit schwierig gestalten. Eine notwendige Kapitalpflege kann alle Einstromtore betreffen.

III.1.1 Focus: Anerkennung des göttlichen Kerns
Hey! ICH bin da!

Mit und durch ihren Willen sind Sie in diese Welt eingetreten. Sie haben bekundet "ich will kommen" und erwarten mit Fug und Recht „willkommen zu sein". Kündigen Sie ihr Erscheinen auf diesem Planeten an und gestalten ihre eigene Geburtsanzeige. Vielleicht mögen Sie eine Karte kreieren, vielleicht eine Zeitungsannonce erstellen, vielleicht eine Fernsehansage schreiben, eine Flagge gestalten, eine Plakatsäule schmücken oder eine ganz andere Idee verfolgen. Ziel ist es der Welt mitzuteilen, dass Sie das Licht der Welt erblickt haben. Seien Sie sich ihrer Besonderheit und die Wichtigkeit bewusst. Sie sind ein wesentlicher Teil in dem universellen kosmischen Geschehen.

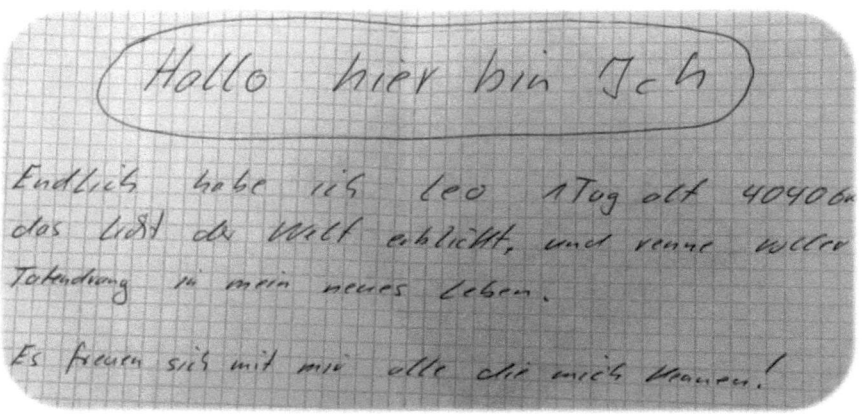

Beispiel Leo 48 Jahre (Aufgaben im Einstromtor 1 durch die einfließende 5er Energie in doppelter Intensität) Zum Zeitpunkt der Erstellung stand eine "Neugeburt" durch eine „erzwungene" berufliche Umorientierung an.

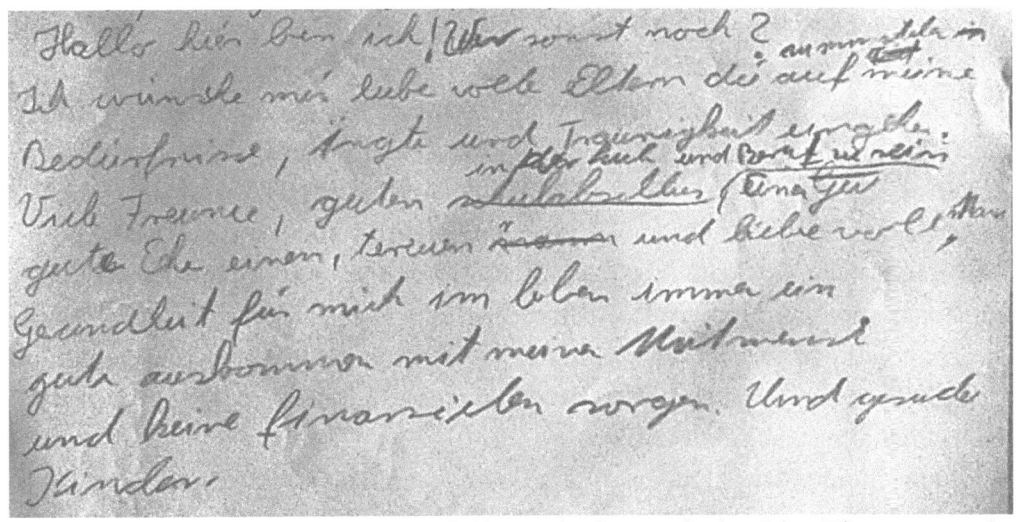

Evena, 29 Jahre, ca. 1 ½ Jahre nach ihrer Flucht, Aufgabe 5 im Einstromtor 1

Energiewippe des Willens

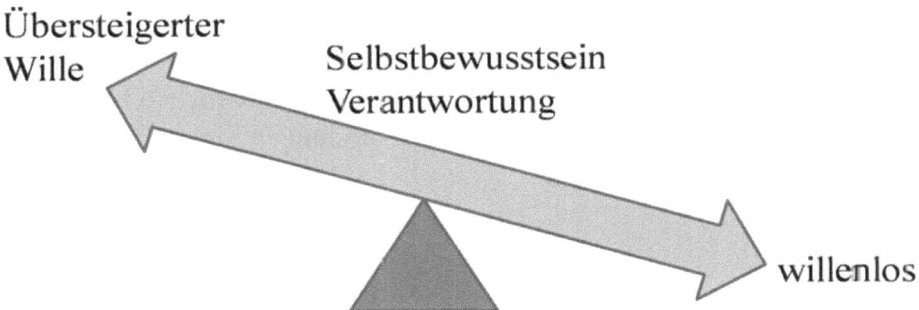

Übersteigerter Wille

Selbstbewusstsein
Verantwortung

willenlos

Menschliches Willensunikat = 1   **ohne 1 = ist keins**

Vielleicht mögen Sie vor Beginn einer Übung einen Blick auf die Energie-
wippe werfen und aus einem spontanen Impuls ihre eigene Haltung zu ihrer
gewählten, speziellen Lebenslektion festlegen und notieren.

Macht oder Ohnmacht

Der oft negativ gedeutete Begriff der Macht wird hier in dem Sinne von "selbstwirksam handeln zu können", verwendet. Mit gelebter Selbstbestimmung ist jeder Einfluss auf das Leben möglich. Die Ohnmacht hingegen ist eine Schwäche in diesem Bereich und kann sich bis zur Bewusst-losigkeit ausdehnen. Zu unterscheiden von der Ohnmacht ist aber immer die Machtlosigkeit. Im Klartext heißt das, dass alle drei Prozesse mit der Ich-Bewusstheit im Zusammenhang stehen. Die entsprechenden ICH Einstellungen bieten eine Riesenpalette von „ich kann", „ich bin ein ohnmächtiges Opfer" bis "ich kann gerade nicht und wende mich an eine liebevolle Hilfsinstanz ". Sie kennen sicherlich alle Positionen und das ist o.k.

Viel entscheidender ist, aus welchen Beweggründen das Ich-Bewusstsein einmal so und einmal so reagiert. Ist es situationsgesteuert, ist es der Glaube "alles meistern zu können", ist es eine Art Fixierung aus ihrer Entwicklungsgeschichte, eine Hingabe mit der Konsequenz des armen Opfers…? Die letzt genannten Möglichkeiten entspringen oft dem Welten- und Lebenskampf getriggert mit Angst und Wut.

Müde vom Daseinskampf mit Opferidentität oder energieverzehrenden Machtgebaren, könnte den Wunsch einleiten eine höhere Macht, die universelle Verbundenheit, mit ins Boot zu nehmen. Schauen Sie einmal welche Position von ihnen bevorzugt wird, wie Sie die unterschiedlichen Ich-Bewusstseinszustände erleben und welche Anbindungen Sie zur Verfeinerung ihrer persönlichen Macht bedürfen.

Lebensgeschenke

Dornröschen wurde in einen 100jährigen Schlaf versetzt, da es sich dem Reiz der Verbotsübertretung hingegeben hat. Betrachten wir unsere heutige Reizüberflutung, so wäre ein längerfristiger Ausstieg zur Sinnschau unserer Person auf diesem Erdball sicherlich nicht das Übelste. Das Lebensglück hat keinen Anpack in einer Dauerreizstimulation, sondern sicherlich eher in einer Dornröschen-Haltung als Auseinandersetzung mit sich selbst. Der „Märchenschlaf" symbolisiert die Ruhe im eigenen Dasein und als Lebenselixier um frisch gestärkt neue Wege einschlagen zu können.

Mit dem Energy Selfie® starten Sie schon in eine besondere Betrachtungsweise ihres Daseins und dem Sinn ihres Lebens. Sie kennen ihre Lebensaufgaben, Sie wissen um ihre Ressourcen und Talente und vor allem um ihren Willen, der es Ihnen ermöglicht, auch im Gewusel der Schnelllebigkeit, ihre Entscheidungen für oder gegen sich zu treffen. Sie können aus ihrem Leben eine Hetzjagd nach Superlativen machen oder mit einer individuell selektierten Angebotspalette ihren Sinn und ihr Lebensglück verfolgen.

Zu dem Ausgangspunkt ihres Hier- und Daseins haben Sie sicherlich eine ganz eigene Meinung. Egal welchem Konzept Sie folgen – in jedem Fall werden auch bei Ihnen einmal Sinnkrisen zu ihrem Leben auftauchen. Wie lautet ihre Theorie, zum Aufschlagen auf diesem Planeten? Sind Sie ein Kind der Chaostheorie, sind Sie der Evolutionsansicht entsprungen, ein Zufallsprodukt des Schicksals oder sind Sie schöpferorientiert auf dieser Erde gelandet? Besinnen Sie sich auf ihre Theorie ihres Seins mit allen Konsequenzen, die sich aus dieser Meinung ergeben, z.B. hat Brüderchen Zufall Sie hierher gebracht, dann ist die Konsequenz, dass Sie nichts dafür können, also soll Brüderchen Zufall auch einmal zusehen, wie es mit Ihnen weitergeht oder sind Sie ein geschöpftes Wesen ausgestattet mit allem, was das Leben für Sie Aufgaben und Geschenken bereit hält?

Oh, du meine Eins

Der Mensch besitzt sein Leben durch die energetische Fülle der Eins – gibt er sie ab - dann hat er keins. Im Besitz dieser energetischen Gabe der 1er Kräfte obliegt es jedem Menschen damit ein-hellig oder ein-fältig, sorgsam oder sorglos, oder… umzugehen. Stellen Sie ihren eigenen Kontakt zu den 1er Energie her, indem Sie ein Blatt Papier und einen Stift zur Hand nehmen. Malen Sie die Konturen der Ziffer 1 auf. Spüren Sie in die 1er Energie hinein und gestalten den Innenraum ornamental aus. Bleiben Sie konzentriert bei ihrem Tun und lassen ihre Hand ebenso wie ihre Gedanken fließen. Halten Sie ihren Zugang zu der 1er Energie und würdigen ihr Werk.

Patientenbeispiel Frau K. (49J.) - Aufgabe 6 auf dem Einstromtor 1

Uneingeschränktes „Ja" zu mir

Durchforsten Sie ihre Fotobibliotheken nach ihrer Babybilder. Betrachten Sie sich in „Kleinformat". Schauen Sie sich genau an, ihren kleinen Körper, die welterforschenden Augen, spüren Sie in ihre geniale Einzigartigkeit, ihre Schutz- sowie Hilfsbedürftigkeit und Weltneugier hinein. Schenken Sie sich ihre volle Aufmerksamkeit, freuen Sie sich über ihr Dasein und versprechen sich ständig liebevoll für sich zu sorgen – „in guten wie in schlechten Zeiten". Vielleicht mögen Sie das Foto in ihre Geldbörse stecken, um immer wieder an ihre eigene Fürsorgepflicht und Verantwortung erinnert zu werden. Dieses uneingeschränkte „Ja" zu sich selbst, kann selbstverständlich auch der Auftakt zur Anerkennung ihres göttlichen / universellen Kerns sein.

Lebenslicht für mich

Besorgen Sie sich eine Kerze, die für Sie das „Licht des Lebens" verkörpert. Stiften Sie sich diese Kerze und zünden sie zur Feier ihres Seins als Verbindung zwischen dem Universum und sich selbst an. Schauen Sie genau in die Flamme, beobachten Sie das Spiel der Farben, den Tanz des Lichtscheins und spüren in das Vertrauensgefühl zu sich und in die höheren Kräfte. Vielleicht mögen ihre Gedanken und Gefühle sich dem Flammentanz anschließen. Genießen Sie diese Begegnung der lichtvollen Kräfte solange Sie mögen. Notieren Sie ihre Erlebnisse.

Eins mit Allem

In allem steckt die Schöpfung in einer besonderen Art und Weise. Sei es in Pflanzen, Steinen, Mineralien, Tieren… Was hindert Sie an einem Einheitsbewusstsein, d.h. einem achtsamen und respektvollen Umgang mit Allem. Die Schöpfung ist das verbindende Element und erleichtert uns den Zugang, um die wahren Geheimnisse der Natur zu ergründen. Mit jeder Entdeckung auf dieser Ebene wird die Freude, darüber, selbst ein Teil dieses Systems zu sein, immer größer. Versuchen Sie einmal sich vor zu stellen wie weit ihr Eins mit Allem zurück geht. Vielleicht gab es bei Ihnen besondere Verbindungen mit dem All-Eins außerhalb der Menschengattung? oder Sie gehen den Weg über ihre Vorfahren.

Sie hatten einen Vater und eine Mutter, die wiederum ebenfalls einen Vater und eine Mutter hatten und diese auch wieder… Wie weit reicht ihr Vorstellungsvermögen? Welche Zeitalter durchstreifen Sie?

All in one

Sinnieren Sie über das feststehende Prinzip, dass die Einheit der Ursprung allen Seins ist. Es spielt keine Rolle, wo Sie die Einheit sehen - ob Sie diese Instanz Gott, Allah, Schöpfer nennen oder eine komplett andere Idee besitzen. Wesentlich sind ihre Gefühle zu dem All-ein-Sein. Stellen Sie sich die Frage, was genau Sie benötigen, um eins mit sich und ihrem Leben zu sein, sowie in der Verbindung zur energetischen Weltengesamtheit. Ihre Ergebnisse sind in ihrem "Auftragsbuch" sicherlich gut aufgehoben.

Dankbarkeitsofferte

Das Wort „Danke" wird häufig als Floskel gebraucht, doch sollte man sich auch den tiefen Sinn dieses wunder-vollen Begriffs einmal vergegenwärtigen. Schauen wir mit Hilfe der Kabbalistik in die energetische Definition, so erschließt sich der hoch-wertige Bedeutungsgrad. Fünf Buchstaben, die über das heilsame Bewirken und die erwartungslose Liebe erzählen, die Wahrhaftigkeit, die Treue Gerechtigkeit und den wahren Beistand, begründet in einem energetischen Wissen. Kann dies eine irdische Universität bieten? Fünf Buchstaben, welche die Botschaft des gelebten Helfens, des Heilens und der Bereitschaft des Dienens energetisch verkörpern. Es ist der wörtliche Ausdruck einer Alltagsweisheit, welche den Dienst eines Jeden in der Gemeinschaft aller Lebewesen verkörpert. Das Wort zeigt die Verletzlichkeit, die Spiritualität und die Kreativität des Lebendigen als natürliches Bedürfnis in Jedem und Allem. Es weist auf die besondere Kraft zur Freundschaft mit der gesamten Natur in ihrem Werden und Sein, hin.

Im Kern des "Danke" liegt die Anweisung zur Disziplin und dem Pflichtbewusstsein auf dieser Welt. Jeder kann durch eine Dankesbekundung seine ureigentliche Bestimmung als geschaffenes Wesen leben und seinen Beitrag zur Rückbesinnung auf das eigentliche Sein leisten. Ob Sie das Wort „Danke" denken oder sagen, es lässt ihren Energielevel nachweislich höher schwingen.

Vielleicht möchten Sie ein paar Dankbarkeitsseiten in ihrem Arbeitsbuch einrichten, die Sie täglich bestücken.

- Wofür ich heute dankbar bin.
- Wofür ich **mir** heute dankbar bin.

Selbstverständlichkeiten

Wie viel vermeintliche Selbstverständlichkeiten umgeben Sie? Annehmlichkeiten, die Sie als nichts Besonderes wahrnehmen und deshalb auch keine Idee dazu besitzen dankbar zu sein. Selbstverständlich nehmen wir Gesundheit oft als höchstes Gut wahr, vor allem wenn sie weicht, natürlich erkennen wir unser täglich Brot, wenn es knapp wird, den Luxus von Strom und Heizung bemerken wir oft erst, bei einem Ausfall. Freunde, Bekannte und Familie werden oft als normal hingenommen, bis irgendetwas Sie an ihre privilegierte Stellung erinnert. Unser Wille, unsere Selbstentscheidungen werden so lange sie funktionieren als einfach vorhanden betrachtet.

Wenn man alle materiellen und immateriellen Besonderheiten zusammen betrachtet, kann sich die Dankbarkeit auf unser ganzes Leben beziehen. All die Be- und Gegebenheiten bewegen jede Zeptosekunde unseres Lebens. Notieren Sie sich doch einmal alles, was ihre Komfortzone ausmacht und schauen Sie wieviel einzelne „Danke" Sie in ein großes DANKE zusammenfassen können.

Götterfunke

Die Schöpfung hat dem Menschen ein wertvolles Geschenk gemacht: die Willensfreiheit. Was für ein Präsent aus dem Vertrauen heraus, dass jeder mit dieser Gabe verantwortungsvoll und selbstbewusst umgeht. Zu verwalten gilt es ein nicht vorherbestimmtes Leben – weder von Gott, dem Universum noch vom Schicksal. Stattdessen besitzt jeder Mensch die Fähigkeit, sich für oder gegen etwas zu entscheiden. Ihr erster Wille war wohl ihre Entscheidung zum Erdenleben mit all seinen Vorzügen und Nachteilen. Bis zu ihrem letzten Willen ist noch eine bewegte Lebensphase zu gestalten. Was bedeutet Ihnen ihr eigener Wille?

III.1.2 Focus: Vertrauensvolles Selbstmanagement
An der eigenen Hand führen

Erinnern Sie sich an den Engel am Wolkenrand? Mit seinem gefüllten Rucksack entscheidet er sich zum Erdenleben. Ausgestattet mit allem, was für das Leben im Gesamtgefüge der Schöpfung nötig ist, darf er nach seiner Landung jeden Tag in dankbarem Staunen gestalten.

Im Vertrauen auf sich und die ständige Verbindung zu den universellen Energien kann nun das spannende Leben modelliert werden. Im Selbstmanagement geht es nicht „um höher, weiter, besser", sondern um die Nutzung eigener Fertigkeiten, Entwicklung innerhalb der eigenen Aufgabenstellungen und der tiefen Zufriedenheit als individuelles Wesen im Gesamtkomplex des Seienden. Die Werkzeuge für all dies, haben wir mitbekommen – so z.B. unseren Willen, die Fähigkeit Konsequenzen abzuschätzen, Selbstmotivation zu praktizieren, Zielsetzungen schöpferisch zu verfolgen, unser Denken, Fühlen und Handeln zu reflektieren…

Was für Schätze! und Möglichkeiten uns selbst zu navigieren – sofern wir es wollen. Wir können unsere Lebenszeit sinn(e)voll nutzen. Schauen Sie sich den einfachen Kreislauf unserer Chancen an.

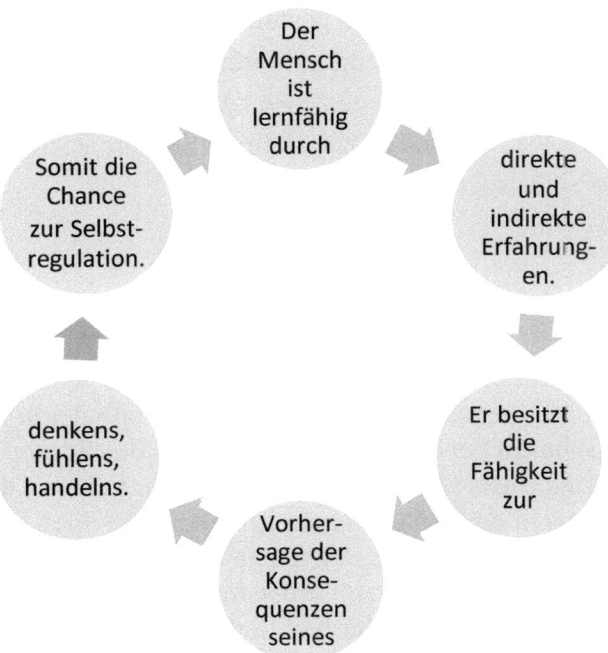

Die Reflexion der Konsequenzen ist dafür verantwortlich, ob dieses Muster aus dem Selbstmanagement verstärkt wird, weil es als sinnvoll eingestuft wird oder ob es abgelegt werden sollte, da es entwicklungsdestruktiv ist. So lässt sich der Wille über sich selbst eigenständig verstärken.[27] Mit dem selbstgesetzten Bewusstsein erhärtet sich die Selbstwirksamkeit (Gefühl zu den eigenen Fähigkeiten), sowie die Eigensteuerung (selbstgewählte Aktionen) und das Empfinden für den persönlichen Erfolg.

Ein möglicher Kernsatz zur Einstimmung könnte „Ich bin eine kompetente Person, die wirksam als weitestgehendst unabhängiges Wesen leben kann" lauten. Diese energetische Botschaft aus dem Einstromtor 1 leitet das Wissen um die eigenen Fähigkeiten wunderbar ein. So können Sie sich beruhigt den weiteren Einstromtoren widmen, um ihre „selbstischen" Entkodierungsstrategien zu entdecken. Entschlüsseln Sie ihre eigene Art und Weise die Infover-

---

27 Selbstverstärkung = zufriedenstellende Konsequenz des Verhaltens erhöht die Chance zur Wiederholung

arbeitung, natürlich auch mit Hilfe, zu gestalten. Schätzen Sie eigene und fremde Erwartungshaltungen in Bezug auf ihren Entwicklungsweg ein, erkennen Sie ihre persönliche Werthaltungen, wie z.B. die Wichtigkeit und Bedeutung für ihre eigenen Reizerlebnisse zu erfahren, um ihre Kriterien für die zufriedenstellende Selbstregulation zu leben.

Urvertrauen

Ob prä- peri- oder unmittelbar postnatal besteht die höchste Gefahr das natürliche Empfinden von Urvertrauen zu verletzen. Innerhalb der komplett abhängigen Versorgungsphasen benötigt jeder von uns die Bestärkung des ungetrübten Vertrauens als Basis für das komplette weitere Leben. Die Entwicklung des Urvertrauens in den frühsten menschlichen sensiblen Phasen ist ausführlich in Band 1 S. 54 ff erläutert. Vielgestaltige Enttäuschungen bedingen einen Mangel an Vertrauen bis hin zu Urmisstrauen. Die fatalen Folgen zeigen sich durch emotionale Unsicherheit und angstbesetzte Auseinandersetzung im Kontakt mit der Umwelt, Bindungsängsten, blockierten Selbstvertrauen, Aggressionen, Neigung zur (Hyper-) Kontrolle, unerklärliche Schmerzen, depressiven Verstimmungen, eher pessimistische Lebenshaltung, extremes Sicherheitsbedürfnis. Kurz gesagt empfindet man sich selbst sporadisch als komplett verloren oder man erlebt die Welt wie aus den Fugen geraten. Häufig wird das mangelnde Urvertrauen in Form von Vertrauensseligkeit überkompensiert. Wie ist es um ihr Urvertrauen bestellt?

Eigene Garantie

Die grundsätzliche Frage lautet: „Wie weit vertraue ich mir selbst?" Wie hoch bewerte ich meine Fähigkeiten mit Lebensanforderungen zurechtzukommen?" Je höher ihr Selbstvertrauen ist, umso mehr werden Sie vermutlich Chancen ergreifen, um weitere persönliche Erfolge zu erzielen.

Jeder Mensch kommt mit dem Gefühl der Omnipotenz (Ich kann alles) zur Welt, doch ziemlich schnell wird diese Einstellung durch Erfahrungen relativiert. Ganz natürliche Begrenzungen, so wie erzieherische Einflüsse bedingen ihr derzeitiges Selbstvertrauen. Wie hoch ist ihr Mut sich Herausforderungen zu stellen? Wie stark vertrauen Sie ihren eigenen Kräften? In wen oder was setzen Sie Vertrauen, z.B. Mitmenschen? Tiere? Religion?...

Heikle Themen lassen sich gerne symbolisch darstellen, wie hier von Herr M. (48 Jahre)

"Mein eingemauertes Selbstvertrauen mit einer verschlossenen Tür ist Teil meiner Vergangenheit. Immer mehr bricht es aus mir heraus" (O-ton)

Versuchen Sie doch auch einmal eine symbolische Darstellung ihres momentanen Selbstvertrauens.

To do Liste

Wer kennt sie nicht die Ordnungslisten für den Tagesablauf. Aber diese To do Liste soll nicht für den Leistungsalltag sein, sondern eher für das Thema, welches Ihnen unter den energetischen Strömungen der Einser-Kräfte zur eigenen Stabilisierung wichtig erscheint, z.B. Vertrauen, Selbstliebe. Notieren Sie alle ihre to-do-Aspekte, aus ihrem favorisierten Themenbereich. Im zweiten Schritt widmen Sie sich den entsprechenden Übungen.

Adressat "Ich"

Was halten Sie davon sich selbst schwarz auf weiß ihre Liebe zu erklären? Nehmen Sie sich etwas Zeit für sich selbst. Wählen Sie ein schönes Briefpapier, ergreifen Sie ihren Lieblingsstift und schreiben Sie sich selbst einen Liebesbrief. Wenn Sie ihr Werk vollendet haben, lesen Sie sich ihren Brief vor und spüren hinein. Haben Sie sich alles mitgeteilt? Oder möchten Sie noch etwas ergänzen? Geben Sie ihrem kostbaren Brief einen Ehrenplatz und holen ihn immer wieder einmal hervor. Vielleicht soll ein weiterer folgen oder dieser noch mit liebevollen Zusätzen bestückt werden?

Selbstliebe-Hardware versus Selbstliebe-Software
Lebenslang besitzen wir dasselbe Geist-Seele-Körper-System, welches bereit ist neue Programme anzunehmen.
Bildlich können Sie sich die russischen Püppchen vorstellen, welche die (ICH) Entwicklung durch die ineinandergesteckten Matrjoschkas symbolisieren. Das empfindlichste, jüngste ICH sitzt geschützt und vielfach umkleidet, tief in im Inneren. Aus diesen Urgründen schreien oftmals die Erinnerungen / Wünsche bezüglich der Vertrauensfragen, dem Thema (Selbst)liebe …

Die innere Stimme kann rufen: „halt mich doch einmal lieb", „schau doch einmal hin, was ich wirklich möchte", „beachte mich", „hilf mir, ich bin eifersüchtig", usw. Wenn wir ganz ehrlich zu uns sind, verfolgen wir oft das erlebte elterliche Konzept eins zu eins mit uns selbst. Ist es nicht so, dass unser erwachsenen Ich unsere wahre Bedürfniswelt nicht kennt und sich den Mustern der früh erlebten Welt der Missverständnisse unterwirft. Sinnvoller Weise melden sich diese „Oldies" in uns, um die Chance der selbstverantwortlichen Neureifung aufzuzeigen und nicht, um eine zweite Auflage des Erlebten weiter zu erleiden. Um der Selbstliebe Raum zu schenken, bedarf es der Selbstverantwortlichkeit genauso wie der Selbstständigkeit glücklich, zufrieden und integriert zu sein. Um dieses Ziel zu erreichen, können Sie einige Gewohnheiten, Rollenübernahmen und vermeintliche Komfortzonen, verlassen. So darf das Bedürfnis nach Geborgenheit geäußert und erfüllt werden, der Wunsch nach Zwei- oder Einsamkeit Respekt erfahren, die ungeweinten Tränen hervorsprudeln, usw. Oft sind es die ungelebten Anteile, das Brodeln der Bedürfnisse, was kultiviert als Niedergeschlagenheit, psychosomatische Störung weitergelebt wird, anstatt dem Jetzt und unserer Reifung der Selbstliebe Beachtung zu schenken. Was hindert uns daran jede größere Matrjoschka Puppe als Entwicklungschance und nicht als „Einsperrkasten" zu erleben. Ein Jugendlicher (Aufgabeneinstrom 7 auf Tor 1) hat diesen Anteil als „Ungeheuer" in sich bezeichnet, welches ihn immer wieder davon abhält, sich selbst lieb zu haben. Seine größte Kritik bezog sich auf die Verantwortungsübernahme für seine glücklichen, erfüllten Momente und seine traurigen Momente. Für die ersteren hat sich jeder aus seinem Umfeld den Verdienst angerechnet und für die zweiten wurde er beständig an seine Selbstverantwortung erinnert. Er malte sein Ungeheuer und kommunizierte mit dem nach Außen verlagerten Störenfried der Selbstliebe.[28]

---

28 Beachten Sie bitte die auffälligen „Seitennasen" und die betonte Nase im Gesicht – Felix leidet unter Atemproblemen und psychogen bedingten Asthmaanfällen

Komfortzone Opfer

Ohne die Übernahme der Selbstverantwortung können Sie nichts in ihrem Leben pro-aktiv regeln. Gleichgültig ob es sich um Gedanken, das gesprochene Wort, Taten, Lebensträume, erwünschte Eigenschaften oder... oder... handelt. Die Nichtübernahme von Selbstverantwortung führt, vor allem bei misslungenen Aktionen, in der Regel zu dem Mechanismus der Schuldzuweisung. Es sind die Umstände oder andere Personen, die zur Selbstberuhigung herhalten müssen. Schwupps di wupps ist das Katapultieren in die Opferrolle gelungen. Mit dieser Verantwortungsverschiebung ist die Negation Ziele aktiv anzugehen oder auch Chancen zu einer Veränderung, vorprogrammiert.

Im Zuge dieser Projektionen (siehe Abwehrmechanismen) finden wir das Schuldige außerhalb unseres Selbstes, pflegen unseren Unschuldslamm-Status und verbauen uns den Weg in die Eigenverantwortlichkeit. Dieser, nur allzu menschliche Mechanismus, soll nun entwicklungsfördernd genutzt werden.

Erinnern Sie sich an eine Situation, in der Sie das Außen für ihre Beschwerlichkeiten verantwortlich gemacht haben. Wählen Sie nun ein Objekt aus, welches sinnbildlich als Verursacher gilt, z.B. Irena (27 J.) leidet unter Leistungsdruck, der Angst nicht zu genügen, zugeschnürter Kehle, Besorgnis umzukippen... Alles und jeden, den sie dafür verantwortlich macht, symbolisiert sie in einen kleinen gezuckerten Plastikapfel (pickende Stresskugel lt. Irena), der alle und alles was ihr Stress bereitet beinhaltet. Bewusst projiziert sie mit der Formulierung „Du machst mir..." alle Vorwürfe auf den pickenden Plastikapfel. Die gleichen Sätze werden in der 2. Runde mit „ich mache..." formuliert. Relativ schnell verfängt man sich in einer Art Selbstreflexion und ergründet automatisch seinen eigenen Anteil an dem entsprechenden Verhalten.

Nicht hilflos ausgeliefert, sondern sich aktiv für das eigene Wohlbefinden einsetzen, wird nach und nach für den Klienten durch Selbsterkenntnis deutlicher.

Beispiel Irena

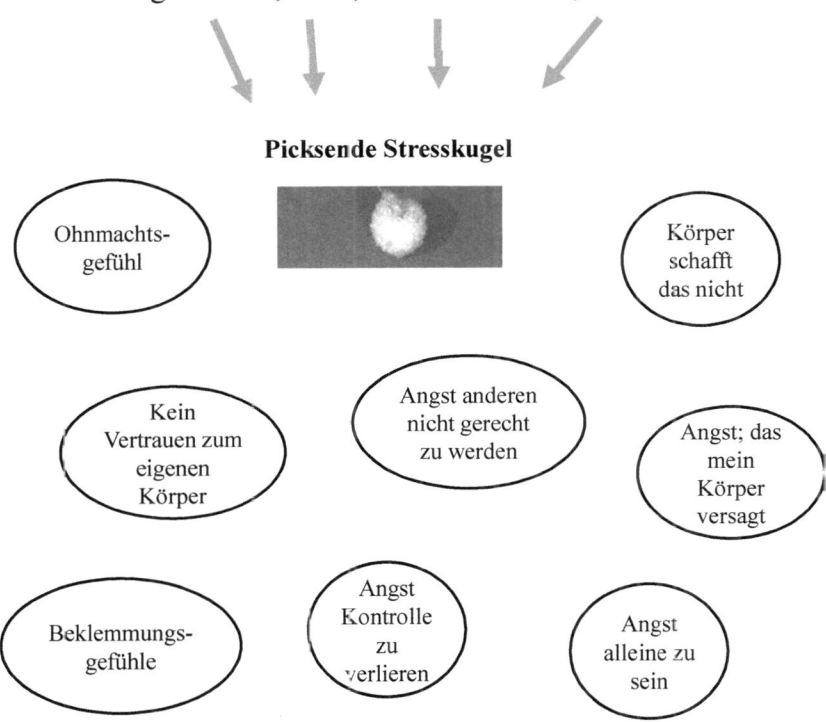

Selbstverantwortungsdiagramm

Listen Sie unterschiedliche Themen aus ihrem Leben auf und bewerten auf der Skala von 1-10 ihre empfundene Selbstverantwortung, bzw. Fremdverantwortung. Es lohnt sich nach einiger Zeit der Auseinandersetzung mit ihrem Energy Selfie® die Liste mit den gleichen Themen erneut auszufüllen.

z.B.

Lebensbereich	Verantwortungsträger		
Beruf	Selbst-/	Fremdverantwortung	
	I-------------------I	I----------------------I	
	1 5 10	1 5 10	
Kontaktaufnahme / -erhalt	Selbst-/	Fremdverantwortung	
	I-------------------I	I----------------------I	
	1 5 10	1 5 10	
Ernährung	Selbst-/	Fremdverantwortung	
	I-------------------I	I----------------------I	
	1 5 10	1 5 10	
Hobbies	Selbst-/	Fremdverantwortung	
	I-------------------I	I----------------------I	
	1 5 10	1 5 10	
usw.	Selbst-/	Fremdverantwortung	
	I-------------------I	I----------------------I	
	1 5 10	1 5 10	

Anagramm zur Identität

Jeder Buchstabe ist ebenso wie jede Zahl ein Energieträger. So ist auch ihr Name, mit dem Sie tagtäglich angesprochen werden, ein individuelles Kraftreservoir.

Lassen Sie sich auf den schöpferischen Umgang mit ihrer Identifikationsenergie ein. Durch ein Anagramm stellen Sie Buchstaben und Silben, mit dem Ziel eine Vielzahl anderer Begriffe zu gestalten, um.

Die Energieträger (Buchstaben) unserer Identitätsbezeichnung, zeigen durch eine Neusortierung die schöpferische Vielfalt auf. Aus dem gleichen „Material" wird lediglich durch eine andere Zusammenstellung etwas völlig Neues kreiert.

z.B.

- Petra Monika	= 2xA	1xE	1xI	1xN	1xO	1xK	1xR	1xT	1xP	1xM
- Arnika, Tempo!	= 2xA	1xE	1xI	1xN	1xO	1xK	1xR	1xT	1xP	1xM
- Opa mit Ranke	= 2xA	1xE	1xI	1xN	1xO	1xK	1xR	1xT	1xP	1xM
- Park „To Manie"	= 2xA	1xE	1xI	1xN	1xO	1xK	1xR	1xT	1xP	1xM
- Ratio, Akne, P.M.	= 2xA	1xE	1xI	1xN	1xO	1xK	1xR	1xT	1xP	1xM

Was haben diese Anagramme mit Ihnen als Namenseigner zu tun? Fügen Sie die Annagrammbegriffe in persönliche Sätze ein.
z.B.
- **Arnika** ist für mich ein Notfallmittel. Mit rasantem **Tempo** nehme ich es bei Bedarf ein.
- Wenn ich an meinen **Opa** denke, erblicke ich ihn immer in seinem Feld mit den Bohnen-**Ranke**n.
- Ich kenne einen **Park**, der mich in den Höhenflug versetzt. Ich würde ihn „**To Manie**" taufen.
- Meine **Ratio** setzt mich oft unter Stress, was zur **Akne** führt. **P.M.** Wissenssendungen, die diese Themen beinhalten, bevorzuge ich.

Die Wortschöpfungen entstammen Ihnen und verraten somit etwas über Sie. Überprüfen Sie was diese Anagramme mit Ihnen, als Namenseigner, zu tun haben?
z.B. Mein schöpferisches Potential schafft Neues aus Material, was in meiner Identität vorhanden ist, in meiner Identität ist mehr vorhanden als ich dachte (bin ich vielleicht flexibler als ich glaube?...)

Eigener Traumchef

Ihre Erwartungen an einen Chef können sehr vielfältig sein. Welche Eigenschaften wären Ihnen besonders wichtig? Vielleicht vertrauensvoll, kompetent, sachlich kritisch, sozial, offenes Ohr… Generell haben Sie unter Umständen die Hoffnung, dass er die Verantwortung für sein Denken und Handeln in jedweder Situation trägt. Wo wäre so ein Boss zu finden? Na klar, nur in Ihnen selbst. Kreieren Sie ihren eigenen Chef, namens Herr / Frau Selbstverantwortung, in sich. Vielleicht bedarf es auch noch einer Stellvertretung. Basteln Sie sich ihren Boss, der sich im Zweifelsfall vor – und auch hinter Sie stellt, z.B. Herr K. (35 J.) Ressource auf Einstromtor, Doppelaufgabe auf Einstromtor 2, Job auf Tor 3 Problem: Selbstzweifel, Entscheidungskonflikte „Ich brauche einen Chef, der mir unterstützend zur Seite steht, wenn ich Entscheidungen treffen soll. Es fängt schon beim Frühstück an. Marmelade oder Käse? und hört bei Auseinandersetzungen mit meiner geringen Fähigkeit Konsequenzen aus meinem Handeln zu tragen, auf." "… nu bastel ich mir meinen internen Oberboss" (O-Ton)

Machen Sie es doch auch wie Herr K.

III.1.3 Focus: Kreativität und Schöpfertum
Schöpferisches Potential gefragt

Unser Unbewusstes liebt es sich über Kreativität und Eigenschöpfungen auszudrücken. Laut einem Bericht der Weltgesundheitsorganisation (WHO) können uns künstlerische Aktivitäten wie malen, tanzen oder singen dabei helfen, mental stabil zu bleiben. Bei der Bewältigung von Krankheiten wie Diabetes, Schlaganfällen oder Krebserkrankungen erleichtert die schöpferische Kunst, ebenso wie sie bei psychischen Störungen entlastet.

Verborgene (unbewusste) Inhalte finden ihren nonverbalen Ausdruck, wobei gerade Malaktionen durch zahlreiche Interpretationselemente als aufdeckende Strategien sinnvoll eingesetzt werden. Freie Darstellungen sind ebenso wertvoll wie die projektive Testverfahren[29]. Sollten Sie sich für diese Art ihrer Aufgabenlösung aus dem Energy Selfie® entscheiden, ist die fachliche Begleitung unumgänglich, da die Vertrautheit mit Symbolen und die Kenntnis von Zeicheninterpretationen wichtig sind. Selbstverständlich können Sie alle Übungen für sich selbst durchführen und den Anmutungscharakter ihres Werkes auf sich wirken lassen.

Selfie intern [30]

Jeder von uns besitzt ein internes Körperschema-Bild[31] seiner Physis. Es ist eine Art mentale Repräsentation des eigenen Körpers, der Orientierung und selbstverständlichen Abgrenzung von der Umwelt. Diesem inneren Foto gilt es auf die Spur zu kommen.

Die Aufforderung „Malen Sie einen Menschen, so gut Sie können"[32] erinnert Sie mit Sicherheit an den Mann-Zeichen-Test von Hermann Ziler. Dieser dient als Indikator für den Entwicklungsstand des Körperschemas und des Selbstgefühls des Kindes. Im Zusammenhang mit dem Energy Selfie® soll die Eigendarstellung dazu dienen ihr inneres Bild von sich auf das Papier zu bringen. Es geht nicht um den Wiedererkennenswert ihrer Person durch Fremde, sondern fokussiert um ihr Empfinden zu ihrem Geist-Seele Haus.

---

29 Projektive Testverfahren – keine standardisierten Interpretationen auf wissenschaftlicher Ebene

30 Empfehlenswert: Die Strichmännchen-Technik – Bernier / Lenghahn

31 Körperschema = neuropsychologisches Konzept, Vorstellung des eigenen Körpers

32 Die wörtliche Aufforderung ist wichtig, um eine gewisse Distanz zu schaffen.

z.B. Bea (29 J.) u.a. belastete 2 - 7 Achse / Doppel 4 Aufgabe auf
Einstromtor 6

Einige von Bea´s Anmutungsqualitäten: (siehe Anhang 2)

-auffällig breite Schultern

-Stand wirkt links sicherer, stärker ausgeprägte rechte Körperhälfte mit schwebenden Bein

-unter Gürtel schmal

-unausgefüllte Konturen

-mehr Verlass auf emotional, intuitive Seite? Wunsch? Realität? Lasten?…
-Standfestigkeit logischer Prozesse? mehr Geber?...

-Vitalität? Sexualität?...
-Sein als hohl empfinden…? Füllungs- und Erfüllungsgefühle, Umgang mit Transparenz?...

Kira 22 J. "Ich bin Kopf" (O-Ton)
überdimensional und phantasievoll ausgestalteter Kopf
keine Arme (wie sieht es mit der Handlungsfähigkeit aus?...)
Zigarette im linken Mundwinkel (werden Gefühle in die Luft gepustet?...)
kurze Beine (wie ist das Vorankommen im Leben?

Chaos strebt nach Ordnung

Von der Unordnung im Gedanken- und Ideenhaus kann über die Kreativität ein Superwerk mit niedriger Entropie[33] entstehen. Stellen Sie sich beide Varianten der folgenden Aus- sage vor: "oh je in meiner Wohnung verteilen sich alle Klamotten in einem heillosen Chaos" oder "derzeit herrscht in meiner Wohnung der Zustand erhöhter Entropie". Die Kernaussage ist die Gleiche, auch wenn die zweite Variante netter für unser Ohr klingt. Das gesamte Universum unterliegt der ständig steigenden Entropie, bzw. das Maß für das Unwissen über das System.

Psychologische Entropie umfasst die Dynamik und die Beschaffenheit der Psyche. Vor allem umfasst sie die Aufnahme von Reizen, deren Verarbeitung und besonders die resultierenden Verhaltensweisen, die einen Veränderungsprozess darstellen. Bedenken wir einmal die Vielfalt unserer Möglichkeiten Gedanken, Gefühle und körperliche Prozesse zu wandeln, was auf jeden Fall zu einer völlig neuen Reaktion aus der Umwelt anregt. Die energiereichen Prozesse richten sich in der Regel immer danach die Entropie sehr, sehr gering zu halten. Befinden wir uns z.B. in einem Zustand der Unsicherheit oder der Angst, so sind wir bestrebt dieses innere Chaos, d.h. die hochangesiedelte Entropie mit all unseren Mitteln (Ressourcen) zu reduzieren.

Schauen Sie doch einmal in ihr Energy Selfie® und picken die Ressourcen heraus. Machen Sie sich ihre inneren Schätze bewusst, erkennen Sie wie viel Sie von ihrem Potential leben. Interessant ist auch die Betrachtungsweise aus welchen mitgebrachten Ressourcen sich ganz neue Fähigkeiten ergeben haben.

Sie werden feststellen, dass Sie zwangsläufig ein weiteres Feld der Energien aus dem Einstromtor 1 ansprechen: die Kreativität, die immer wieder neue Wege und Kombinationen ersinnt, um die Entropie gering zu halten und somit

---

33 Entropie = Maß für Unordnung in einem System und damit verbundene Anordnungsmöglichkeit – höhere Ordnung = geringe Entropie, Unordnung in einem Teilchensystem, welches nach Ordnung strebt

eine Homöostase im Körper-Geist-Seele Zusammenspiel anstrebt. Im Klartext könnte man sagen, dass eine hohe Entropie einen Supertrigger für die Kreativität darstellt, die wiederum zukunftsorientierte Erfolge produziert. Denken Sie bitte immer daran, dass mit den Einser-Schritten von Einstromtor zu Einstromtor diese Energie immer wieder erneut unter einem anderen Blickwinkel wachgerufen wird, z.B. Kreativität aus der 1 absolut spontaner Jubelausdruck, aus dem Einstromtor 4 kreativer (erfüllender) Selbstausdruck…

Es wird ganz deutlich welch wichtiger Lebensbegleiter unsere Kreativität zur Lösung unserer irdischen Aufgaben ist. Viele psychologische Schulen betrachten die schöpferischen Prozesse als Transformationsmaterial in unserem Leben und richten ihre therapeutischen Ansätze darauf aus. Erfahrenes Leid wird zu einer Art Motor, um die schöpferisch kreativen Prozesse anzukurbeln und die Fahrt zu neuen Lösungsmöglichkeiten aufzunehmen. Widmen wir uns nun unserer schöpferischen Kreativität.

Kunstfertigkeit

Grundsätzlich muss festgehalten werden, dass jeder Mensch kreative Fähigkeiten besitzt. Auch wenn Sie beim Lesen dieser Zeilen der Meinung sind eine Ausnahme zu bilden, so werden Sie bald zugeben müssen, dass auch Sie die Kunst in sich tragen, kreative Lebensstrategien zu erschaffen. Vergessen Sie bitte nie, die Verbindung mit den Energien aus dem Einstromtor 1 bestehen dauerhaft. Kreativität stellt eine Schöpferkraft dar, die in der Lage ist neuartige Prozesse für unsere Entwicklung zu gestalten. In dieser Selbstorganisation lautet die zentrale Frage „wie durcheinander ist mein Körper-Seele-Geist System?" Die Bestandsaufnahme und der Wille zur Veränderung schaffen die energetische Grundlage sich der Neuordnung und Umgestaltung der neuronalen Verbindungen zu widmen. Fachlich nicht ganz korrekt, aber vorstellbar ist das Bild, dass Sie ihre Entropie vermindern, aber durch das ungewohnte Neuverhalten ihr Umfeld erst einmal Durcheinanderbringen. Quasi pushen Sie ihr Umfeld mit Entropie. Überlegen Sie doch einmal, ob es im

Verlauf ihrer Veränderungskarriere schon einmal eine derartige Situation gab. Sie haben ihr Chaos bereinigt und durch ihre Entwicklung das Umfeld ins Chaos gestürzt (als Chance für deren Entwicklung). Vielleicht mögen Sie dieses Erlebnis exemplarisch für ihr weiteres Vorgehen aufschreiben. Denn einer Sache können wir uns alle sicher sein, völlig easy steigt der Pegel der Entropie (Naturgesetz), ihre Reduktion ist aber ein Willens- und Kraftakt in unserem Sein, d.h. wir sind ihr nicht hilflos ausgeliefert.

Schauen Sie doch einfach einmal hin, wo sich bei Ihnen immer wieder unerwünschte entropische Zustände auftun. Vielleicht mögen Sie auch ein paar Analogien aus dem wahren Leben notieren, z.B. sie räumen ihre Küche auf, putzen jedes Eckchen alá Flüschenjäger – doch nach 2 Tagen ist die Entropie einfach wieder gestiegen. Ohne Anstrengung strebt alles und jedes zur hohen Entropie, d.h. die Auseinandersetzung mit ihr ist ein Dauerjob. Auch mit unserem stärksten Willen zur Veränderung fällt uns nichts in den Schoss.

Entwicklungsschlüssel

Erinnern Sie sich noch an die Frage aus Band 1 „ob Sie als Larve ihr Dasein fristen wollen oder sich dazu entscheiden eine Entwicklung zum Schmetterling zu machen, um die Buntheit dieser Welt zu erleben". Der Weg in die facettenreiche Welt erfordert offene Türen für das Körper-Geist-Seele System und die Erkenntnis, dass Veränderungen erwünscht sind. Mit der entsprechenden Offenheit erweisen sich Energien von Aussen als ausgesprochen hilfreich. Stellen Sie sich analog vor Sie möchten ihre Wohnung ändern, aber so sehr Sie sich auch bemühen es will nicht gelingen. Sie bitten jemanden um Planungshilfe und Sie können das Projekt im Handumdrehen nach ihren Vorstellungen erledigen. In mancher Mismatch-Situation kann Therapie oder Beratung durchaus zielfördernd sein. Wenn man feststeckt ist es oft falscher Ehrgeiz viel Energie und Zeit im geschlossenen System zu verwenden. Wie denken Sie darüber?

Schöpfergeist und Kreativität

Beide Eigenschaften sind keine ausgewählten Merkmale eines Genies, sondern jeder Mensch besitzt Schöpfergeist und Kreativität. Es ist eine Art ihres persönlichen Ausdrucks als eine besondere Form des Denkens in Kooperation mit dem Gefühl. Intuition und Logik paaren sich um zu einem gewählten Zweck geist-reich zu sein. Schöpfen Sie aus sich selbst, denn diese Fähigkeit ist auch für Sie reserviert. Spulen Sie nicht immer mechanisch ihre Gewohnheiten ab, das schadet nur der Nutzung ihres gesamten Potentials. Ob früher oder heute – es war immer wichtig kreative Problemlösungen zu entwickeln. Es gibt immer mehr als eine Lösung. Der blockierte Schöpfergeist ist oftmals gefangen in Vorurteilen, wie z.B. der Angst davor, sich lächerlich zu machen, der Scheu das bewährte Alte zu verändern, etwas anders zu tun als die Masse und sich der Gefahr einer individuellen Rolle in der Gemeinschaft auszusetzen.

Wenn diese Worte Sie nicht neugierig auf einen neuen Weg mit sich selbst machen, hilft Ihnen vielleicht die wissenschaftliche Erkenntnis von Irving A. Tailor.[34] Er hat es in wundervoller Weise verstanden die Ebenen der Kreativität darzustellen und schon alleine durch die Inhalte der einzelnen Pyramidenstufen die Motivation an eigene phantasievolle Ideen zu wecken.

Sie bieten einen guten Anreiz Übungen zur Job Bearbeitung im Energy Selfie® selbsttätig zu entwickeln. Nicht nur die favorisierte Kreativitätsstufe des Klienten findet Berücksichtigung, sondern selbstverständlich auch der explizite Job aus dem Energy Selfie®.

---

34 Taylor, I.A.: The nature of the creative process. In: P. Smith: Creativity. New York 1959

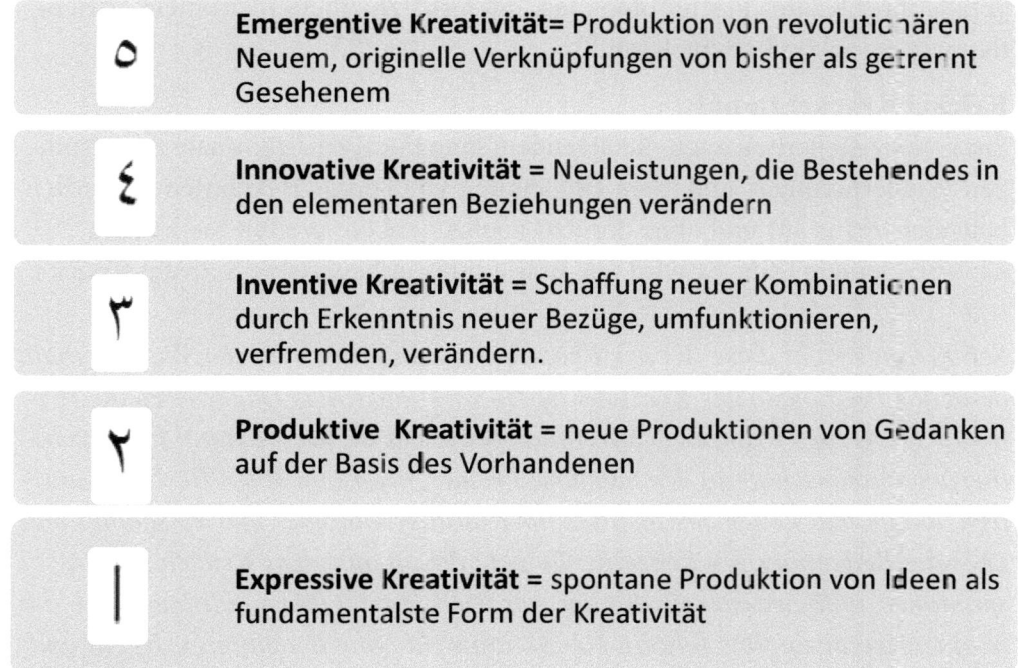

Emergentive Kreativität= Produktion von revolutionären Neuem, originelle Verknüpfungen von bisher als getrennt Gesehenem

Innovative Kreativität = Neuleistungen, die Bestehendes in den elementaren Beziehungen verändern

Inventive Kreativität = Schaffung neuer Kombinationen durch Erkenntnis neuer Bezüge, umfunktionieren, verfremden, verändern.

Produktive Kreativität = neue Produktionen von Gedanken auf der Basis des Vorhandenen

Expressive Kreativität = spontane Produktion von Ideen als fundamentalste Form der Kreativität

Expressive Kreativität

Diese Form der Kreativität trägt die Eigenschaft „ausdrucksvoll". Spontan wird einer inneren Begeisterung mit ihrem Improvisationstalent Ausdruck verliehen. Die expressive Kreativität ist eine Basisfähigkeit, z.B. nehmen Sie unterschiedliche Abtönfarben und ein großes Blatt Papier. Wählen Sie ohne Überlegung die Farbe mit der Sie ihr abstraktes Werk beginnen wollen. Lassen Sie ihrer Kreativität freien Lauf und bringen ihre Begeisterung aufs Papier; vielleicht als Fantasie im Ausdruck ihrer inneren Welt der Gefühle oder als Kundgebung von einer Botschaft oder Erfahrung. All dies entspricht dem menschlichen Bedürfnis nach Selbstidentifikation und Kommunikation (4) als echte und direkteste Form der Kreativität.

Zeichnungen, improvisierte Gedichte, unerwarteter Freudentanz, schwingen des Tanzbeins und der Hüften und spontanes trällern eines Liedes oder was gerade ihrer Kehle entschlüpfen mag, der Griff zu einem Instrument präsentieren diese schöpferische Kraft.[35]

Krickel Krackel Impuls

Sie kennen sicherlich auch die ätzenden, langwierigen Telefonate mit ständigen Wiederholungen und x-ten Erwähnung von bereits Bekanntem. Innerlich baut sich etwas auf und ohne darüber nachzudenken, greifen Sie zu dem nächstliegenden Stift. Er wird zur Waffe ihres unbewussten Selbstausdrucks.

Schon lange steht diese Art der Kritzelei (doodle) im Focus der Wissenschaft, denn das Phänomen des Kritzelns ist ein wirkungsvolles Denkwerkzeug. Professor Dr. Georg Franzen (Universitätsprofessor an der Fakultät für Psychotherapiewissenschaft an der Sigmund Freud Universität Wien/Berlin / Kunstpsychologe und Leiter des Instituts für Kunstpsychologie) forscht schon lange über die Bedeutung des Kritzelns. Er geht davon aus, dass Kritzeleien ein spontaner, teilbewusster grafischer Ausdruck von Gefühlsqualitäten sind, die in einen kreativen flow führen. Die Aktion wird ohne Bedeutungsabsicht und ohne technische Fertigkeiten, während der Zeichner einer weiteren Tätigkeit nachgeht, vollzogen.
J. Andrade (Wissenschaftlerin) konnte im Versuch feststellen, dass Leute, die doodeln 29 % mehr Infos abspeicherten. Erklärend steht das Wissen darüber, das 75 % der Gehirninformationen visuell verarbeitet werden. Gerade dieser Kanal ist während eines Telefonats geringfügig beansprucht. Mit zwei aktiven Kanälen erhöhen wir unsere Aufnahmekapazität um ein Vielfaches.
Prof. Dr. Franzen hat Interpretationsansätze für die Kritzelwerke erstellt, da deren Bedeutungsinhalt oft verschleiert ist.
Einige Beispiele in Anlehnung an die Sinndeutung von Prof. Dr. Franzen

Spiralen-Darstellungen

Ups, da will jemand den Dingen auf den Grund gehen und beschäftigt sich mit sich selbst. Stillstehende, schöpferische Prozesse sollen angekurbelt werden. Problemlöseenergien werden entfacht.

---

35 Energie Selfie® Analyse Frau M. Band 1 S.107

Verschachtelte Quadrate und Rechtecke

Die Darstellung kann darauf hinweisen, dass Probleme rational angegangen werden. Die eckigen Formen stehen für Struktur. Überschneiden sich die Formen, dann scheint der Kritzler im Konflikt fest zu sitzen.

Rahmen

Der Kritzler scheint Dinge mit besonderer Bedeutung einzurahmen. Sind Zacken dran, deutet es auf Aggressivität hin, während Bögen eher Freude ausdrücken.

Gesichter

Gesichterkritzeleien basieren häufig auf dem eigenen Identitätsgefühl und den Wünschen nach Gesellschaft / Beziehung.

Die intuitive Kreativitätsform ist eine Art Antwort auf eine Herausforderung. Übertragen wir nun diese Leistung auf Alltagsgegebenheiten, so können Sie sich vorstellen ihre Fähigkeit nach spontaner Kommunikation mit der Umwelt und ihrem Bedürfnis nach Selbstidentifikation durch diese Kreativitätsform ein Entwicklungsgeschenk zu machen. Die expressive Kreativität ist die echteste und direkteste Kreativität, deren ausleben analog in ihren Lebensbezügen Erleichterungen verschafft.

Vor allem bei dem Einstrom von 4er oder 6er Energie in das Tor 1.

Produktive Kreativität

Das Schaffen neuer, nützlicher Produkte ist das Endergebnis dieser kreativen Form. Alles, was in Ihnen bereits an erlernten Strategien / Techniken vorhanden ist, können Sie wie Bausteine benutzen und in x-beliebiger Form zusammenbauen. Das Ergebnis muss eine sinnvolle Funktion in der realen Welt besitzen. Benötigen Sie also eine Brücke, so bauen Sie eine – brauchen Sie ein Häuschen, so bauen Sie eins. Ihre kreative Gestaltung richtet sich nach dem konkreten Gebrauchszweck. Bei der produktiven Kreativität werden Vergleiche zu anderen Problemfeldern durchgeführt. Rückwirkend werden die Ergebnisse auf die eigentliche Schwierigkeit übertragen. Sie können sich sicherlich vorstellen diese besondere Form der Kreativität erfolgreich durchzuführen. Seien Sie nun ihr eigener Designer und entwickeln ihr brauchbares Produkt zur Übertragung auf das reale Leben.

Praktikabilität hat den Vorrang, die Kreation dient einer Problemlösung einen Gegenstand oder Verfahren zu verbessern, ein Bedürfnis zu befriedigen. Das erkorene Ziel ist etwas Nützliches für die Eigenentwicklung zu schaffen.

An einem Beispiel zur Märchenarbeit wird die Pyramide praktisch beleuchtet. Frau Christiane D. (48 J.) Jobs u.a. Doppelaufgabe Tor 1 – Hinweistor 5 mit gleichzeitiger Aufgabe, u.a. leidet sie unter ihrer Kinderlosigkeit, zeigt sehr wenig Selbstvertrauen, glaubt im Vergleich mit anderen Frauen schlecht ab-zuschneiden, kein schöpferisches Potential zu besitzen, hat Schwierigkeiten ihrer Intuition zu folgen, leidet seit ca. 20 Jahren unter Hypothyreose, lt. Gy-näkologe mitverantwortlich für die von ihr als Makel empfundene Kinderlo-sigkeit, Lebensuntüchtigkeit und Migräne.

Christine besitzt eine Vorliebe für Märchen. Dieser Neigung sollte bei der Bearbeitung ihrer Lebensaufgaben auf jeden Fall Rechnung getragen werden. Christine hat sich für das Märchen Schneewittchen entschieden. (Schneewitt-chen[36] Brüder Grimm)

Durch Schneewittchen verkörpert sich das göttliche Prinzip. Es bezieht sich auf das in jedem Menschen schlummernde Idolverständnis. U.a. beinhaltet es die Beschreitung des Einweihungsweges mit seinen zahlreichen Hindernissen (Einstromtor 7), die Forderung nach dem Vertrauenserwerb in die eigenen inneren Kräfte (Einstromtor 1), konstruktive Problembewältigungen in der Lebensgestaltung, Abwägung von inneren und äußeren Werten, Entschei-dungskonflikte, sowie Prozesse des Werdens und Vergehens.

Die Halbwaisin muss die Problembewältigung unter dem Einfluss der narziss-tisch geprägten Stiefmutter mit ihrem Identitätskonflikt vollziehen.

Im weitesten Sinne könnte dieses Märchen als Darstellung einer Resilienz-entwicklung betrachtet werden.

Zum besseren Verständnis ein kurzer historischer Einschub. Märchen wurden eigentlich nicht für Kinder geschrieben, sondern entsprangen den tabuisierten

---

36 Hausmärchen

Themen ihrer Zeit. Durch ihre Symbolträchtigkeit finden sie einen direkten Zugang zum Unbewussten. Sollten Sie sich für den Einsatz von einem Mär-chen bei ihrem Klienten entscheiden, so ist die Kenntnis einiger Symbole auch wenn diese auf gar keinen Fall bindend für den Klienten sein dürfen, notwendig. Die eigenen Assoziationen des Klienten sind der wesentliche Be-standteil der gemeinsamen Märchenarbeit. Erstaunlich ist es, wie jedes Mär-chen seine kosmischen Geheimnisse auf zahlreichen Wegen enthüllt. Empfeh-lenswert ist in jedem Fall eine gute Vorbereitung auf den Einsatz eines Mär-chens als Erhellungs- und Lösungsmöglichkeit. So ist der astrologisch inte-ressierte Therapeut sicherlich gut bei Franz Frickler (Entschlüsselte Weltge-heimnisse 1954 Baumgartner – Verlag), der analytisch angehauchte bei Jür-gen Drewermann usw., aufgehoben.

Die mit Unterstrichen versehenen eingefügten Interpretationen entstammen einem analytisch orientierten Märchenseminar mit Fr. Dr. Beckmann. (1998)

Auszüge aus Märchenarbeit mit Frau C.

Zu jeder Schöpferstufe lassen sich individuelle, interessenorientierte Ansätze entwickeln, z.B. Märchen Stufe 1 Schreiben Sie ein Märchen oder Stufe 2 Nehmen Sie ihr Lieblingsmärchen und stellen sich Fragen, wie etwa „wer wäre ich gerne in diesem Märchen? Welche Alternativen hätte Schneewitt-chen im Wald gehabt? Was hätte Schneewittchen der verkleideten Stiefmutter am Fenster entgegnen können?" Dies könnte in Stufe 3 einleiten, durch die Verfremdung neue Bezüge zu den bekannten Märchenteilen zu erstellen. Im Folgeschritt 4 sehen Sie, dass sich einige der Beziehungen aufgrund der neu-en Situationen verändert haben. Machen Sie es nun vergleichbar der Ernst Bloch Kreativität, der im Jahr 1930 die Geschichte des Ur-Schneewittchen in der Partisanenzeit schuf und seiner Ideenvielfalt freien Lauf ließ.

Christine wollte mir das Märchen vorlesen, wobei ihre Betonungen sehr auf-fällig waren. Das Wort Schneewittchen hauchte Sie förmlich, während die Königin in ihrem Sein und Tun sehr melodisch vorgetragen wurden. Die 2. Frau des Königs wurde mit einer harten, fast anklagenden Stimme, versehen. Christine wäre gerne die erste Frau des Königs gewesen.

Auszug 1

Christine regte sich gewaltig über die lieblose Stiefmutter auf. Die Kritik an deren Verhalten kannte keine Grenzen. Christine „prustete" empört ihre Missbilligungen heraus und im Eifer des Gefechts „flutschte" ihr unbemerkt häufiger die Formulierung „meine Mutter…" heraus. Darauf angesprochen „platzte" aus ihr heraus „meine Mutter hat mich schon mit der Muttermilch vergiftet" (O-Ton) Schnell und laut sprechend stieß Sie weitere Beispiele aus ihrem Leben hervor. Zusammengefasst lag der Grundtenor in der Aussage „Mutter hat mir das Schwarze unter dem Fingernagel nicht gegönnt" (O-Ton). (im Energy Selfie® u.a. Job aus Einstromtor 1: Urvertrauen zu entwickeln, eigene Schöpferkräfte sprießen zu lassen)

Auszug 2

Die wilden Tiere werden dich bald gefressen haben, dachte er (der Jäger), und doch war's ihm, als wäre ein Stein von seinem Herzen gewälzt, *(Tötungs-Schuldweiter-gabe zur eigenen Entlastung),* weil er es (Schneewittchen) nicht zu töten brauchte. Und als gerade ein junger Frischling daher gesprungen kam, stach er ihn ab, nahm Lunge und Leber (Sitz des Geistes und der Seele) heraus und brachte sie als Wahrzeichen der Königin mit. *(Betrug zum Eigennutz, Eigenverleumdung, keine Bereitschaft Konsequenzen zu übernehmen).* Der Koch musste sie in Salz (kostbares Lebensmittel , Gesundheit, Vitalität, Erfolg, Glück, Beständigkeit, Unbestechlichkeit) kochen, und das boshafte Weib aß sie auf (orale Einverleibung, Mythos der Eigenschaftsübertragung) und meinte, sie hätte Schneewittchens Lunge und Leber gegessen.
Frau D. erkannte in dem Jäger ihren Bruder, der ihr immer nur vermeintlich zur Seite gestanden hat, aber zu seinem eigenen Nutzen ungeahnte Pfeilspitzen durch übelste, erfundene Geschichten in die Welt gesetzt hat.

Auszug 3

Abschließend malte Frau D. die beeindruckenste Szene für sich. „Ich bin das Schneewittchen. Ich liege im Sarg, aber keinen interessiert´s." (O-Ton)

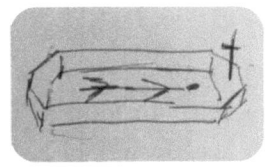

Auszug 4

Christine erzählt ihre Schneewittchen Version

Eine alte Königin stopfte die Socken ihres Mannes. Das macht sie sehr gerne. Wenn sie Lust hat repariert sie schwarze Socken mit gelbem Garn. Im Moment macht sie ganz viele lustige Sachen, denn sie ist schwanger. Weil sie sich auf ihr Kind freut, hat sie auch schon ganz viele Sachen für ihr Baby genäht. Sie kann sehr gut mit Nadel und Faden umgehen. Aber einmal war sie ungeschickt und verletzte sich am Finger. Das Blut floss auf den frisch geputzten Boden und den fertigen Socken. Aber die Königin fand das in Ordnung. Sie ging raus, holte Schnee und einen Lappen. Sehr schnell putzte sie damit den Boden bis alles wieder blitze blank war. Das Putzen war wohl zu anstrengend, denn die Königin bekam dann Wehen. In dem Moment beschloss sie den blutigen Socken ihrem Kind als Glücksbringer zu schenken. Dann wurde Schneewittchen geboren. Der Vater freute sich sehr, doch dann starb seine Frau. Er versorgte das Baby mit allem, was es brauchte. Wenn das Schneewittchen nur anfing zu weinen, war er zur Stelle. Er machte ihr den Stubenwagen schön, gab ihr den Schnuller, fütterte ihr den leckeren Brei. Bald war es ihm zu viel, weil er ja auch noch regieren musste. Er wurde immer mehr nervös und überlegte, was er tun soll. Oft hat er Schneewittchen gefragt, wie es weitergehen könnte. Dabei guckt er sein Baby an und findet es so hübsch wie ihre Mutter. Dann hat er eine Idee. Er will wieder heiraten, damit Schneewittchen eine Mama hat. Zufällig trifft er Elena, eine junge und hübsche Frau. Sie will auch Königin werden, zuerst kauft sie sich schicke Kleider, geht zum Friseur und zur Kosmetik. Immer wieder guckt sie in den Spiegel. Sie findet sich superschön. Der König sagt ihr auch, dass sie sehr hübsch ist. Sie will es aber jeden Tag immer wieder hören, aber der König sagt es ihr zu wenig. Da kauft sie sich einen Zauberspiegel. Immer wieder hört sie sich an, wie der Spiegel sagt, dass sie die schönste Frau der Welt ist.

85

Das macht sie fast den ganzen Tag und vergisst dabei Schneewittchen zu versorgen. Schneewittchen ist sehr traurig und wäre viel lieber bei ihrer richtigen Mutter im Himmel. Aber dann wäre ihr Papa alleine und auch sehr traurig. Also entschloss sie sich viel lieber als andere Kinder zu sein, ihre Sache gut zu machen und dem Vater nichts von seiner bösen Frau zu erzählen. Schneewittchen wirkt immer fröhlich und ist auch ein sehr schönes Kind. Deshalb mag die Königin Schneewittchen gar nicht. Immer mehr redet sie mit ihrem Spiegel. Eines Tages sagt der Spiegel zur Königin, dass Schneewittchen schöner wäre als sie. Die Königin ist echt stinkig, brüllt Schneewittchen an und würde sie am liebsten in ein Heim stecken. Sie macht immer mehr Streit mit dem König…

Christine schildert das ursprüngliche Beziehungsdreieck Vater, Mutter, Kind als Ideal, die schwangere Königin übernimmt die absolute XXL-Frauenrolle, automatisch übernimmt der König die Versorgerrolle bis er der Doppelbelastung nicht mehr standhält. Im krassen Gegensatz dazu steht die Schilderung der Folgebeziehungen. Der König erkannte den Narzissmus seiner 2.Frau nicht und ließ sich auch von dem immer fröhlichen und äußerst lieben Schneewittchen blenden. Der Vater verschloss sich vor dem Leid, da er selbst noch im Schmerz fixiert war.

Christine arbeitete nach und nach heraus, dass sie sich oft wie der König fühlt, allein mit ihrem Schmerz, oft nicht fühlend, was im Umfeld wirklich vorgeht, von ihrem Mann aufgrund ihrer Unfruchtbarkeit nicht wahrgenommen. Gleichsam stellt Sie fest, dass sie sich " so zickig wie die 2.Königin"(O-Ton) verhält. Christine s unerfüllter Kinderwunsch lässt oftmals Neid / Hass generell auf Mütter bei ihr entstehen.

Stufe 2 Inventive / Innovative Kreativität

Im Rahmen dieser Kreativitätsform wird eine bereits bestehende Lösungsstruktur, die sich als systematisch, strukturiert und zielführend erwiesen hat, verbessert. Sie wird verändert durch eine neue Sichtweise auf die Realitäten, bzw. auf neue Beziehungen bekannter Elemente. Mit dieser schöpferischen Auseinandersetzung können Sie auf ihren Fundus zurückgreifen. In der Analogie zum Alltag orientieren Sie sich neu und werden quasi zu ihrem

Selbstoptimierer, der Zusammenhänge zwischen Dingen erkennen kann, die anderen Menschen gar nicht auffallen. Z.B. stellen Sie sich vor, es ist nicht wirklich ihr Tag. Schon beim Drücken auf die Zahnpastatube spritzt Ihnen die weiße Creme auf ihren silbernen Kettenanhänger. Im ersten Impuls nehmen Sie ein Kosmetiktuch und wischen die Pasta ab. Hoppla, was für ein Erstaunen, das Tuch wird dunkler und der Anhänger leuchtet an diesen Stellen im absoluten Silberglanz. Nun ist ihr Forschergeist geweckt und Sie überprüfen diese – für Sie neuen Zusammenhänge und beginnen nun mit dem Experiment was Zahnpasta alles reinigen kann.[37] Diese Art der Neuverknüpfungen wenden Sie nun in anderen Gelegenheiten in ihrem Alltag an. Besitzen Sie auch so eine Erfahrung?

Baukasten ihrer Lösungsmöglichkeiten

Gerade hält das Leben eine besondere Herausforderung für Sie bereit nur die Lösung fehlt noch. Gehen Sie in ihre Lebenserinnerung zurück und schauen, ob es schon einmal vergleichbare Probleme gab. Schreiben Sie alles auf, was Sie damals zur Klärung der Situation getan haben.

Setzen Sie die Bausteine problemlösend zusammen und erweitern ihren Nutzen.

Innovative Kreativität

Wie Sie bemerken steigen wir in der Kreativitätspyramide immer weiter nach oben. Innerhalb der innovativen Kreativität werden die Anteile der voran gegangenen Kreativitätsformen genutzt, aber ein Merkmal verändert sich gravierend. Um eine Bereicherung in diesem Sektor zu erhalten, nutzen Sie nun ihre Vorstellungskraft zur Strategieentwicklung. Neue Formen ihrer Wahrnehmung zu allen möglichen Alltagsbereichen stehen auf dem Programm, z.B. der Nutzung spezifischer Dinge ihren Erfindungsgeist zu schenken.

---

37 Diese Form der Kreativität hat zur Erfindung der elektrischen Glühbirne geführt

Zu Zeiten als es noch keine blackrolls gab, waren aber durchaus schon Faszienverklebungen bekannt. So fand in meiner Praxis die gute alte Holzbackrolle ein neues Aufgabenfeld. Erst erdacht, dann probiert und letztendlich als nützlich erwiesen und vielen Patienten als hilfreiches Instrument entgegen kommenend. Im Kern basiert diese Art der Kreativität neben dem Vorstellungsvermögen auf Intuition und Einfühlungsvermögen. Neue Arten der Wahrnehmung oder Nutzung von Dingen, sollen ebenso wie die Akzeptanz von Normabweichungen, entwickelt werden. Denken Sie doch einfach einmal an den Modehype der zerrissenen, gelöcherten Jeans, die einen Kaufboom von derartigen Hosen auslöste, die zu früheren Zeiten im Müll gelandet sind.

Aus alt mach neu

Nehmen Sie einige Kleidungsstücke, die Sie nicht mehr tragen möchten. Schnippeln und nähen Sie nach Herzenslust, kreieren Sie ihr eigenes, individuelles Kleidungsstück. Lassen Sie ihrer Schöpferkraft freien Lauf und Sie werden über ihr Talent im Modedesign staunen.

Emergente Kreativität

Innerhalb der emergenten Kreativität wird eine kleine Revolution ausgelöst. Spontan bilden sich neue Eigenschaften aus dem komplexen Zusammenspiel einzelner Elemente, die bislang als getrennt betrachtet wurden. Sie kann neue Paradigmen, Ordnungen oder Prinzipien schaffen. Ihr markantestes Merkmal basiert auf der Fähigkeit grundlegende Aspekte aus der bestehenden Realität komplett neu durch laterales Denken[38] zu gestalten. Die Art wie die Dinge getan werden, erfährt eine komplette Veränderung. Es entstehen z.B. revolutionäre Veränderungen in der Gesellschaft durch die Fähigkeit Grundlagen der bestehenden Realität neu zu strukturieren.

Taylor hat nicht den Anspruch erhoben, dass jeder Mensch alle Stufen seines Modells durchlaufen muss. Alle Stufen besitzen im Menschen eine Koexistenz, von denen sich die eine entwickelt und andere als ungenutztes Potential, aufweckbar schlafen.

---

38 Laterales denken = Kreativitätsmethode aus der Kategorie des Querdenkens

Was bedarf es zur Kreativität?

- zulassen des schöpferischen Potentials (bevorzugt in Einstromtor 1)
- Flexibilität, vor allem in der Wahrnehmung (bevorzugt in Einstromtor 3)
- flüssiges Denken – schnell Einfälle finden (bevorzugt in Einstromtor 2)
- analysieren, präzisieren (bevorzugt in Einstromtor 6)
- produzieren – Einfälle systematisch herbeiführen (bevorzugt in Einstromtor 9)
- Konstruieren – Dinge zusammenfügen (bevorzugt in Einstromtor 8)
- umgestalten – Altes auflösen – in Neue Zusammenhänge setzen (bevorzugt in Einstromtor 8 / 10)
- ordnen Einteilungen finden (bevorzugt in Einstromtor 6 / 7)
- Ausdruckskraft – sich zu kommunizieren (bevorzugt in Einstromtor 4)
- ausführen – Pläne gezielt ausarbeiten und explizit ausführen (bevorzugt Einstromtor 2 / 4)
- kombinieren Beziehungen aufspüren (bevorzugt in Einstromtor 6 / 9)
- übersetzen - bekannte Aussagen systematisch ersetzen (bevorzugt in Einstromtor 2)
- entscheiden (bevorzugt in Einstromtor 3)
- anpassen, auf Bedingungen abstellen (bevorzugt in Einstromtor 7)
- organisieren, auf Zweck ausrichten (bevorzugt in Einstromtor10)

Horror pur

Sie haben ein Problem und suchen nach alter Manier einen Lösungsansatz. Doch jetzt soll es einmal anders laufen. Anstatt Sie danach suchen wie es Ihnen besser gehen kann, malen Sie sich aus, was Sie alles tun können, damit es Ihnen schlechter geht. Machen Sie vor keiner Horrorphantasie halt. Diese paradoxe Vorgehensweise wirft alles, was Sie bisher praktiziert haben über den Haufen.

Bellinda (9 J.) malte ihren Horror. Sie nutzte ihr Bild, wenn wieder alle Katastrophenideen zusammen auftauchten. Ihr Werk betrachtete sie in Problemsituationen und musste dann immer lächeln.

Mein eigener Beuy´s

Wer kennt nicht das berühmte Kunstwerk von J. Beuys – die butterbekleckste Badewanne, die irrtümlich während einer Ausstellung gereinigt wurde. Der Name Beuys impliziert immer sein Lieblingspostulat „in jedem steckt ein Künstler". Dieser Aussage folgend benutzen Sie bekannte Gegenstände, deren Funktion Sie im Einzelnen ändern, aber auch gleichsam in ein neues Gefüge setzen. Alltagsgegenstände erlangen durch Sie einen individuellen Kunstwert. Lassen Sie sich einfach einmal darauf ein. Nachdem Sie den von Ihnen gewählten Gegenständen ihren eigentlichen Nutzwert entzogen haben, erstellen Sie die symbolischen Werte nach ihrem Gusto. Gestalten Sie ihr individuelles, symbolträchtiges Kunstwerk, z.B. aus einer geöffneten Konservendose, einer Reißzwecke, einem Gummiring und einer Gefriertüte. Bevor Sie mit dem praktischen Werk beginnen, listen Sie die symbolischen und realistischen Qualitäten der von Ihnen gewählten Gegenstände auf.

Gegenstand	Realistische Qualität, *Symbolischer Wert*
Konservendose	z.B. Metallgefäß für Langzeitaufbewahrung bestimmter Lebensmittel, verderbliche Stoffe luftdicht abschließen *Symbol: Seeleninhalte nicht herauslassen* *Schutz vor dem (eigenen) Verderben* verborgener Inhalt, harte Verpackung zur Konservierung, stapelbar *Symbol: verborgene, lange gesammelte Seeleninhalte, die noch wirksam sind* Aluminium = weiches Erdmetall nur mit aufwendigen Verfahren und enormen Energieaufwand zu bergen, kann gesundheitsschädlich sein *Symbol: es kostet Kraft die schädlichen Seeleninhalte hervor zu holen* durch Banderolen den Inhalt kenntlich machen, zur Öffnung bedarf es Werkzeug, angreifbar durch Säure *Symbol: der versteckte Seeleninhalt verfolgt ein Thema, ist hartnäckig und bedarf eines methodischen Vorgehens*
Reißzwecke	
Gummiring	
Gefriertüte	

Herbert 42 J. „Ich hatte noch nie einen Hammer in der Hand." (O-Ton)

Viel Spaß!

III.1.4 Focus: Selbstfürsorge
Lektion: Selbstverzeihung

Verzeihen ist ein prozesshaftes Geschehen, in dem eine Beschuldigung zurückgenommen wird. Zu Beginn ist irgendetwas schiefgelaufen. Vielleicht haben Sie jemanden verletzt, in der Nachschau total verkehrt gehandelt oder…oder…Wesentlich ist, dass diese Situation Sie innerlich nicht loslässt und sich Ihnen immer wieder aufdrängt. Erkennen Sie ihr „Fehlverhalten" an und spüren Sie dem Satz „ein Fehler wird erst zu einem Fehler, wenn man das gleiche Verhalten zum wiederholten mal praktiziert", nach. Verzeihen Sie sich selbst und bauen auf ihre neu erworbene Erkenntnis auf. Der Fluss des Lebensstroms bietet die Möglichkeit der Rückschau ebenso, wie die Chance zur Veränderung.

Tagesgeschenk

Nehmen Sie sich eine ruhige Minute und sinnen darüber nach, was Ihnen der heutige Tag geschenkt hat. Vielleicht eine nette Begegnung, ein Kompliment, die Sicht auf die ersten Schneeglöckchen, ein nestbauender Vogel, eine eigene Leistung, die nur im Zustand der Gesundheit zu vollbringen ist, …Notieren Sie dankbar ihre Tagesgeschenke. Sie halten dann das Schöne nicht nur schriftlich, sondern auch innerlich fest.

Sehnsüchte

Die Sehnsucht wird auch als die Krankheit des schmerzlichen Verlangens bezeichnet. Ersehnt werden kann alles Mögliche, aber das Gefühl, dass die Sehnsucht nicht realisiert werden kann, macht das Unterfangen bittersüß. Aus der Theorie des Energy Selfies® ist eine allmenschliche Sehnsucht die Ein(s)heit wieder zu erlangen. Das Gefühl der Unvollkommenheit schwingt in diesem Begehren immer mit. Doch gibt es auch andere Sehnsüchte, z.B. nach einem bestimmten Menschen, nach einer spezifischen Situation…

In der Vorstellung realisiert sich die Sehnsucht und kompensiert so den als unvollkommen erlebten Lebensbereich. Wonach sehnen Sie sich?

Sehnsucht nach	Was wäre bei Erfüllung besser in meinem Leben
1.	
2.	

Seelenbewacher

Ganz generell bietet unser Geist-Seele-System einen natürlichen Schutzmechanismus. Seien Sie bitte von Beginn an aufmerksam, ob Sie einem Abwehrmechanismus unterliegen. Zur besseren Fokussierung einige Ausführungen zu den Seelenbewachern.

Einige Abwehrmechanismen

Eine besondere psychische Energie kann in den sogenannten Abwehrmechanismen gebündelt werden. Bei übersteigerter Nutzung manövriert sich das psychosomatische Gleichgewicht in ein Störungsfeld hinein. Ein klassisches Beispiel von S. Freud gilt seiner langjährigen Patientin Anna O. Die lebenslustige, junge Frau pflegte ihren kranken Vater. Wie so häufig saß sie an seinem Bett, während sie von draußen die Tanzmusik hörte. Mit Tränen in den Augen schaute sie auf ihre Armbanduhr und konnte sich des Wunsches der Teilnahme an diesem lustigen Treiben nicht erwehren. Ihr Arm blieb in der Uhrablesestellung und ließ sich nicht mehr bewegen. Mit dieser Fallbeschreibung des früher als Konversion[39] bezeichneten Symptoms, hinterließ uns S. Freud[40], Entwickler der Psychoanalyse, u.a. auch die Theorie der Abwehr-mechanismen. Bis heute spielen diese allesamt aus dem Unbewussten entstammenden „Obhutgeber" für jeden Menschen eine große Rolle, denn sie

---

39 Konversion (Psychologie) = Abwehrmechanismus, psychischer Konflikt findet in somatischen Symptomen Ausdruck

40 S. Freud 1856-1939

verfolgen ein regulatives Ziel für unser ICH[41], d.h. unser Seelenwohl. Die Abwehrmechanismen treten generell den lustvollen ES[42] Bestrebungen entgegen, die von unserem gestrengen ÜBER-ICH[43] derzeit nicht toleriert werden.

Im eigentlichen Sinne verhindern die Abwehrmechanismen Angstgefühle und Unwohlzustände. Sie schaffen einen Kompromiss zwischen dem Wunsch und der Realität. Z.B. unser ICH nimmt den klingelnden Wecker wahr – unser ES will zum liegen bleiben im kuscheligen Bett verführen und unser Über-ICH mahnt die Regel des Pünktlich seins und der Arbeitseinstellung an. Ups – dicker Konflikt im Seelenhaus – was nun?

Einfach liegen bleiben würde Angst vor den Konsequenzen hervorrufen – aufstehen könnte die Gefahr mieser Laune bedeuten – also darf der Mechanismus, z.B. der Rationalisierung, herhalten. Bei der Entscheidung „weiterkuscheln" erfolgt die rationale „Beschwichtigung „Herr Meier kommt fast jeden Tag zu spät und der hat auch noch keine Kündigung erhalten. Wie oft habe ich länger gearbeitet. Ich bin der Einzige, der oftmals keine Mittagspause macht. Mit dem jetzigen Bus muss ich umsteigen, der in 2 Stunden fährt durch... (Das Ich modifiziert die Impulse aus dem ES, die nach sofortiger Befriedigung drängen. Es erlaubt hingegen eine verdeckte Form der Satifaktion. Oder z.B. kann eine Introjektion um die Ecke kommen. Diese könnte sich derart gestalten, dass just nach dem Weckerklingeln das subtile Gefühl der Übelkeit einsetzt. Aus der Vergangenheit kennt das Seelengebäude die legitimierte Regel für ein derartiges Körperempfinden. Auf gar keinen Fall aufstehen, wer krank ist gehört ins Bett und bedarf Ruhe.

Ein banales, aber dem Verständnis dienendes Beispiel, denn die Abwehrmechanismen werden vor allem in der Be- und Verarbeitung des Urschmerz als überlebenswichtig aktiviert. Die Erkenntnis von Urschmerzen löst in der Regel eine Art Schockzustand aus. Reaktiv erfolgt zumeist der Abwehrmechanismus namens Verharmlosung. Im 2. Schritt regt sich dann der Zorn,

---

41 Ich- Handlung nach dem Realitätsprinzip

42 Es- Handlung nach dem Lustprinzip

43 Über-Ich – Handlung nach Werte – und Normenprinzip

zumeist auf die Eltern. Kein Gedanke gilt mehr der elterlichen guten Absicht, aus deren eigenen Gefängnis heraus, d.h. außer dem eigenen Empfinden findet nichts Berücksichtigung. Lange und schwere Phasen von Schmerz und Trauer schließen sich an, die oftmals in der Reue „wenn ich anders gewesen wäre, dann …" enden. Der nun fruchtbare Seelenboden lässt Schuldgefühle über Schuldgefühle sprießen. Der förderliche Umgang mit Abwehrmechanismen könnte die Rettung zu einem konstruktiven Prozess sein, d.h. die positiv gerichteten Abwehrmechanismen werden vom ICH dazu benutzt, diejenigen Impulse zu kanalisieren / kontrollieren, die zu einer Neurose führen könnten. Entwicklungsfeindlich und in somatische Prozesse überleitend, ist der Einsatz der Abwehrmechanismen erst dann, wenn sie überstrapaziert werden und eine Art Selbst-Täuschung hervorrufen. Sie können dann die Realität, z.B. verzerren oder nur im Detail wahrnehmbar machen. Der Übergebrauch der Abwehrmechanismen impliziert eine Art „Scheinwelt", z.B. ohne Überforderung, Schuldgefühle, Aggressionen, Ängste…Schauen Sie sich die Abwehrmechanismen einmal an. Vielleicht entdecken Sie den ein oder anderen, den Sie favorisieren und vielleicht überstrapazieren.

Aus der Psychoanalyse (S. Freud) sind die Abwehrmechanismen bekannt, die allesamt dem Unbewussten entstammen und eigentlich ein regulatives Ziel aus dem ICH für unser Seelenwohl verfolgen. Sie treten generell den ES Bestrebungen gegenüber, die von unserem ÜBER-ICH derzeit nicht toleriert werden. Im eigentlichen Sinne verhindern die Abwehrmechanismen Angstgefühle. Entwicklungsfeindlich ist der Einsatz dieser Methode erst dann, wenn der Mensch durch die Abwehrmechanismen überstrapaziert und sich in eine Art Selbst-Täuschung begibt. Die Realität kann, z.B. verzerrt oder nur im Detail wahrgenommen werden und impliziert eine Art „Scheinwelt", z.B. ohne Überforderung, Schuldgefühle, Aggressionen, Ängste.

Global betrachtet macht die Dosis der Nutzung von Abwehrmechanismen den Schutz oder das Gift für unser geistig-seelisch-körperliches Wohlbefinden aus.

Abwehrmechanismus Hinweis auf Anhang 3	Ausdruck
Projektion	Eigene Wünsche, Vorstellungen oder unerträgliche Gefühle werden wie auf eine Leinwand (z.B. andere Menschen, Objekte) projiziert. Stellvertretend für die Auseinandersetzung mit dem eigenen Inneren wird der „Kampf" im Außen durchgeführt (bevorzugt bei Aufgaben in Einstromtor 1, 2, 3, 4)
Verdrängung	Nicht akzeptable Impulse oder Vorstellungen werden ins Unbewusste verbannt. Eigene tabuisierte Gefühle so wie bedrohliche Bewusstseinsinhalte werden in die unterste Etage des Seelenlebens (Unbewusste) geschoben. Aus dieser Tiefe können die Inhalte nichts desto trotz das Alltagsleben behindern (bevorzugt bei Aufgaben in Einstromtor 2, 4, 6, 9)
Identifikation	Der Mechanismus ist in einigen Entwicklungsphasen auf der Suche nach der eigenen Identität förderlich. Sind die unverwechselbaren, einzigartigen Merkmale ausgebildet, hat der Mechanismus eigentlich ausgedient. Bleibt er erhalten, so wird versucht eigene Konflikte darüber zu lösen, dass man sich komplett mit der anderen Person (oder nutzbaren Eigenschaften) gleichsetzt und diese übernimmt. (bevorzugt bei Aufgaben in Einstromtor 4, 5, 8)
Introjektion	Lebensauffassungen, Wertigkeiten unterschiedlicher Lebensbereiche werden von dem Kind wie von einem trockenen Schwamm ungefiltert aufgesogen. Finden diese introjizierten Vorstellungen in der weiteren Entwicklung keiner Überprüfung, so bleiben sie erhalten. Der Tribut bei Verletzung, Vernachlässigung oder Zuwiderhandlung der Lebensgebote

	liegt in Schuld- und Schamgefühlen. Introjektion kann sich gegen Verlassenheitsängste einsetzen. Introjektion ist auch ein Vorgang der normalen Entwicklung und verhilft dem Individuum zur Autonomie (bevorzugt bei Aufgaben in Einstromtor 2, 6, 8)
Fixierung	Der freudschen Lehre gemäß wird die Entwicklung in sogenannte psychosexuelle Phasen eingeteilt. Bleibt jemand in einer Phase stecken, so ist er darin fixiert und wird mit unreifen oder kindlicher Gebaren, in seiner Triebbefriedigungen agieren. (bevorzugt bei Aufgaben in Einstromtor 7)
Rationalisierung	Ein verstandesmäßiger Rechtfertigungsschwall ergießt sich nachträglich über durchgeführte Verhaltensweisen der Wunsch – oder Bedürfnisbefriedigung. (bevorzugt bei Aufgaben in Einstromtor 2,3)
Ungeschehen machen	Es wird so getan, als ob bestimmte Aktionen, Wünsche, Gedanken usw. niemals existent gewesen wären. Gehäuft werden für das Ungeschehen machen Zwangshandlungen eingesetzt (bevorzugt bei Aufgaben in Einstromtor 2)
Konversion	Der psychische Konflikt findet in hinweisenden körperlichen Symptomen (ohne organische Störungen) seinen Ausdruck. (bevorzugt bei Aufgaben in der 2-7 Achse)
Kompensation	Andere Fähigkeiten werden eingesetzt. um vorhandene / vermeintliche Mängel auszugleichen. Die Bearbeitung der psychischen Konflikte ermöglicht oftmals so das Überleben. (bevorzugt bei Aufgaben in Einstromtor 1, 4, 6, 9)
Sublimierung	Sublimierung = erhoben, schwebend Verhaltensweisen werden auf eine höhere Stufe veredelt, z B. der Wunsch nach Sexualität wird durch eine Kunstaus-

	stellung „ersetzt". Ebenso fallen kulturabhängige Maßnahmen, z.B. mit Besteck essen, anstelle von Fingerfood, unter das Sublimieren.
Verzerrung	Mit unserem natürlichen Künstlertrieb können wir unsere subjektive Realität mit einer Umgestaltung von spezifischen sensorischen Einzelheiten nach unserem Gusto umgestalten. Im weitesten Sinne wird wahrgenommen, was gerade in das eigene Weltbild passt. Wer sich den Verzerrungsmechanismus verstärkt zu eigen macht, wird in der Darstellung seiner Problemwelt sehr abstrakt wirken. (bevorzugt bei Aufgaben in Einstromtor 2, 6, 8, 9)
Verharmlosung	Alles und jeder erfährt die Gunst in Schutz genommen zu werden. Die Traumatisierung wird ausschließlich der eigenen Person zugeschrieben. (bevorzugt bei Aufgaben in Einstromtor 1, 2, 4, 5, 8, 9)

Vor allem in der Be- und Verarbeitung des Urschmerz[44] werden die überlebenswichtigen Abwehrmechanismen aktiviert. In der ersten Phase des Erkennens von Urschmerz wird in der Regel eine Art Schockzustand ausgelöst. Die Reaktion besteht zumeist in der Verharmlosung. Im 2.Schritt regt sich Zorn, zumeist auf die Eltern. Die gute Absicht oder das eigene Gefängnis der Eltern findet keine Berücksichtigung. Es schließen sich unterschiedlich lange und schwere Phasen von Schmerz und Trauer an, die oftmals in der Reue „wenn ich anders gewesen wäre, dann ... " enden. Der Aufbau von Schuldgefühlen besitzt nun freie Bahn.

---

44 Urschmerz = frühkindliche, traumatische Erfahrungen, die seelische Schmerzen blockieren / betäuben

Seelenschutz

Schauen Sie sich ihre Mechanismen einmal an. Erscheint der ein oder andere für Sie vertraut? Erinnern Sie sich an Beispiele aus ihrem Leben? Lassen Sie ihre Erkenntnisse erst einmal so stehen und achten in ihrem Alltag bewusst darauf, wann Sie ihren Lieblingsabwehrmechanismus einsetzen. Wenn Sie in ihrer Selbstreflexion geübt sind, entlarven Sie den von Ihnen überstrapazierten Mechanismen. Achten Sie darauf welche Energien dadurch besonders blockiert werden. Doch halten Sie sich bei ihrer Reflexion immer vor Augen, dass ein gewisser Seelenschutz notwendig ist. Nur die verwetzten Abwehrmechanismen sind bedenklich.

Vermächtnis

Lesen Sie die folgende Metapher. Im Anschluss ziehen Sie bitte für sich eine Quintessenz aus der Geschichte.

Lisa ist mit ihrer Mutter, die Krankenpflegerin ist, unterwegs. Sie darf ihre Mutter begleiten, weil sie heute Geburtstag hat. Sowie Lisas Mama fertig mit ihrer Arbeit ist, wollen die beiden fünf schöne Sachen, eine für jedes Lebensjahr, gemeinsam unternehmen. Die letzte Patientin wohnt weit ausserhalb und Lisa darf dort im Garten spielen, bis ihre Mama fertig ist. Das kleine Mädchen hopst fröhlich über den blumengeschwängerten Rasen, als eine ältere Dame am Zaun vorbei ging und zu Lisa herüber rief: „Wie heisst Du, Kleine?" Mit klarer Stimme trällerte : „Ich bin Lisa und ab heute bin ich fünf Jahre ". „Oh" sagt die ältere Dame „dann hast Du ja heute Geburtstag, warte einen kleinen Moment ich habe bestimmt noch ein Geschenk für dich". Rasch lief die ältere Dame nach Hause, nahm ein kleines und ein ganz kleines Tütchen. Sie packte rasch etwas hinein und eilte zurück zu Lisa. Herzlich überreichte sie ihr die Päckchen. Aufgeregt schaut Lisa hinein. In der ganz kleinen Tüte waren fünf kleine, schwarze Kügelchen und in der kleinen Tüte war wohlriechende Erde. Etwas enttäuscht fragte Lisa:„Was ist das denn?" „Füll die Erde in ein Töpfchen, drücke die Samen leicht hinein, stell das Töpfchen hell und warm und gebe alle 2 Tage einige Tröpfchen Wasser hinzu. Dann musst Du etwas warten und kannst das Wunder sehen."

Die ältere Dame verabschiedete sich und Lisa rannte zu ihrer Mutter, um ihr das merkwürdige Geschenk zu zeigen. Nach einem ereignisreichen Nachmittag kamen die Beiden müde und glücklich zuhause an. Gemeinsam „verarbeiteten" sie das Geschenk von der älteren Dame. Alle 2 Tage goß Lisa das Erdtöpfchen und nach 10 Tagen porkelte sich ein zartes Grün durch die dunkelbraune Erde. Nun konnte Lisa zuschauen wie täglich die Pflänzchen größer und größer wurden. Bald wurden richtige Blätter sichtbar. Lisa war stolz auf ihre spriessende Pflanzenpracht und ihre Mutter erkannte bald, dass dort Stockrosen in ihrer Entwicklung sind. Lisa pflegte ihre selbstgezüchteten Blumen, erfreute sich an jedem neuen Blatt und genau an ihrem 6. Geburtstag zeigte sich die erste Blüte. Lisa war komplett aufgewühlt vor lauter Freude. Aufgeregt teilte sie ihrer Mutter mit, dass sie rasch zu der älteren Dame wolle, um ihr die Stockrose zu zeigen. In Windeseile packte sie noch ein Stück von der Geburtstagtorte ein. Als sie mit ihrer Mutter am Haus der älteren Dame ankamen, erfuhren sie, dass die Schenkerin des Samens, verstorben sei. Lisa hatte direkt eine Idee: „ Sie ist nicht ganz tot, sie lebt in meiner Blume weiter".

Einstromtor 2

„Die schönste Harmonie entsteht durch Zusammenbringen der Gegensätze." Heraklit

III.2.1 Focus: Schnittstellen der Gegensätze

Gegensätze verstehen, Schnittstellen entdecken, Lieb haben statt Recht haben, Bewusstseinsentfaltung, Entwicklung über den Verstand hinaus in die Intuition, energetische Versorgung des Großhirns, Verständnisfähigkeit entwickeln, geistiger Fortschritt, Bewusstseinsentfaltung, Lebenswissen erwerben, Gegensätze verstehen lernen, trennende Energien auflösen, Bewertungslosigkeit, Vermeidung einseitiger Stellungnahmen, Entwicklung liebevoller Einsichtsfähigkeit, Lebensstudien, Verantwortungsübernahme im Beziehungsgefüge, Wissenserweiterung, Du-Suche, karmische Wiederbegegnungen, Lebens-Studien
Anima Integration bei Frauen

Andere Seite der Münze

Stellen Sie sich vor, zwei Personen sind in ein Gespräch vertieft. Person A besitzt die Überzeugung, dass ein gutes Abi der erste Sprung auf die berufliche Karriereleiter sei. Person B vertritt die Meinung, dass der Schulabschluss nicht

zwingend den Karriereweg pflastert. Jeder der Beiden ist 100 % ig von seiner Meinung überzeugt. Versetzen Sie sich bitte in jede Position und finden für die entsprechende These trifftige Argumente. Zu welchem salomonischen Resultat würden Sie kommen? Achten Sie auf derartige Beispiele in ihrem persönlichen Lebensumfeld.

Gewinn versus Verlust

Schauen Sie in ihr Energy Selfie® und entscheiden welche Aufgabe Sie aus ihrem Einstromtor 2 konkret bearbeiten möchten. Formulieren Sie ihre Problematik und fragen sich, welche Verluste, bzw. Gewinne Sie durch diesen Konflikt erlangen.

Konflikt:	Verlust	Gewinn

Je nach Problemkonstellation ist es sinnvoll die Verlust- und Gewinnliste auf spezielle Lebensbereiche auszurichten, z.B. kann ein Vorteil im Familienleben zum Nachteil im beruflichen Dasein führen.

Heiss geliebte Dogmen

Nutzten Sie die nachfolgende Liste und bestücken diese mit persönlichen Beispielen ihrer eigenen Dogmen, festgefahrenen Meinungen oder Belehrungsattitüden für die Allgemeinheit. Bedenken Sie bitte immer, dass „liebhaben" in keinster Weise unkritische Bejahung bedeutet, sondern die Erweiterung, bzw.

Bereicherung eines fixierten Gedankengutes zu der Haltung "sowohl als auch".

z.B.

Rechthaben	Liebhaben
Dogma: Alle schlanken Menschen treiben Sport	Es gibt schlanke und füllige Menschen, die Sport treiben.
Rechthabenpolitik: - Sie sind schlank, weil sie vermehrt Kalorien verbrennen - Schlanke sind gelenkiger und können sich erheblich besser bewegen usw.	Sowohl – als auch Politik: - Generell werden bei sportlichen Aktionen mehr Kalorien verbrannt – bei dem einen mehr und bei dem anderen weniger - Die Gelenkigkeit und Beweglichkeit hängt von vielen Faktoren ab, …

Versuchen Sie im zweiten Schritt ihre Dogmen aus dem Gefängnis der Festsetzung zu befreien, indem Sie ihre Aufzeichnungen von der „sowohl-als auch Seite" betrachten. Integrieren Sie diese Erfahrung authentisch in ihr Meinungsbild. Jede Erkenntnis lässt einen Stein von der eingemauerten Rechthaberpolitik fallen.

Haben Sie etwas Geduld mit sich.

Contra ist gefragt

Für die Trockenübung eignet sich am besten ein kurzer, vorgegebener Text.

Von Ihnen ausgewählter Text	Ihre Contra-Antwort
Wählen Sie einen Text aus einer Zeitschrift oder notieren Sie persönlich erlebte Äußerungen.	Das sehe ich ganz anders.

Nach den Trockenübungen versuchen Sie einmal in ihrem Umfeld eine von Ihnen ehrlich empfundene Gegenteilsmeinung zu vertreten.

Opposition

Ein wenig provokant, aber durchaus effektiv. Egal was ihr Gegenüber sagt, Sie behaupten das Gegenteil. Achten Sie darauf wie Sie sich fühlen. Wenn Sie diese Übung häufiger durchgeführt haben, konzentrieren Sie sich auch auf die Reaktionen ihres Gesprächspartners. Sollte die life-Übung zu schwierig sein, können Sie zu Beginn die oben aufgeführte Trockenübung einschieben. Auf diesem Weg erkennen Sie ihre eigene oppositionelle Seite und gleichsam können Sie die Vernetzung zweier Meinungsbilder erlernen.

Perspektivenwechsel

Voll im Wissen, dass uns die Beschäftigung mit „schönen" Dingen eine höhere energetische Schwingung beschert, macht es Sinn in den „dööfsten" Situationen, die Medaille von der anderen Seite zu betrachten. Schüren Sie ihren Sinn für Bejahungen, indem Sie den Widrigkeiten keine Bühne scheren. Lenken Sie ihren Blick auf das lehr- und anerkennenswerte und nicht auf das, woran es gerade mangelt oder fehlt.

Situation	Lerneffekt

Unmöglichkeiten?

Sie haben sicherlich schon viele Erfahrungen in ihrem Leben gemacht, die zu ihrem jetzigen Meinungsbild geführt haben. Diese privaten Normen haben Sie sich hart erarbeitet, aber wie viel Unbefangenheit für neue Betrachtungsweisen steckt noch in ihnen?

Unbefangenheitsgrad momentan

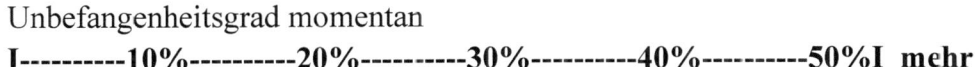

I----------10%----------20%----------30%----------40%----------50%I mehr

Wie gehen Sie mit Unbekanntem um? Können Sie Neuem frei entgegentreten oder hat sich ihre Meinung in dem Sinne verfestigt "was nicht in meinem Repertoire ist, kann nicht sein!" Stört Fremdes ihre innere Balance?

103

Fühlen Sie sich ihrer inneren Festigkeit beraubt? Es geht nicht darum, dass Sie ein "Fähnchen im Wind" werden, sondern aus ihrer inneren Sicherheit heraus im Außen Anregungen finden. Machen Sie sich ihren freien Willen bewusst und vertrauen auf ihre Unterscheidungsfähigkeit was sehr gut oder weniger gut für Sie ist.

Mein Steckbrief

Erstellen Sie einen Steckbrief von sich, in dem Sie all ihre Besonderheiten, Talente und Persönlichkeitszüge aufzeichnen. Betrachten Sie ihre Liste und schauen nach scheinbaren Gegensätzlichkeiten, z.B. ängstlich und risikobereit. Suchen Sie die Verbindung der beiden vermeintlich konträren Eigenschaften. Welche Beziehung besitzen die beiden Wesenszüge zueinander? Vergessen Sie bitte nicht den Aspekt, dass Polaritäten unserem Eigenschaftsprofil dienen, u.a. in Bezug auf die Motivationsspannung.

III.2.2 Focus: Kooperation Auffassungsgabe und Gespür
Kopfmensch und Bauchkrüppel

Schauen Sie einmal in ihrem Energy Selfie® ob die gesamte Kopfregion mit Ressourcen bestückt ist und die Aufgaben in der unteren Körperhälfte beheimatet sind. Tendenziell werden Entscheidungen in diesem Fall eher rational getroffen. Reifliche Überlegungen und die Zusammenstellung von Fakten besitzen Priorität, um zu einer Entscheidung zu gelangen. Herz und Bauch erscheinen weit voneinander entfernt. Selbstverständlich hat der Kopfmensch auch Gefühle, doch sie werden als nachrangig für Entscheidungen / Beurteilungen betrachtet. Umgekehrt handelt der Bauchmensch. Seine Entscheidungen sind vordergründig durch das Bauchgefühl, bzw. die innere Stimme, gesteuert. Fakten spielen eine nebengeordnete Rolle. A. Fettermann und M.D.

Robinson (North Dakota State University) haben 2013 große psychologische Unterschiede zwischen den beiden Typen ermittelt.

Es geht weder um eine Schublade noch um die Ausschließlichkeit, sondern viel mehr um die bevorzugte Art mit einem Entscheidungsprozess umzugehen, bzw. sich die weniger ausgeprägte Variante gleichsam anzueignen. Hierzu bedarf es nichts – außer ihrem Willen und ihren Körper. Ein Experiment der o.g. Experten führte zu dem frappierenden Ergebnis, dass die Berührung des Herzens, bzw. des Kopfes, eine entsprechende Entscheidungsenergie aufzeigen. Also los geht´s.

„Hand aufs Herz" und auf in die Entscheidungs/-Bewertungssituation. Ihre Lösung wird sich eher emotional gestalten. Nun berühren Sie ihren Kopf und stellen sich ebenso einer Entscheidungs/-Bewertungsaufgabe. Na, erstaunt?, dass sich der Prozess eher logisch, bzw. rationaler gestaltet? Ist es nicht toll, wie sich der Fokus ihrer Entscheidungs/-Meinungsbilder durch so eine einfache Sache verändert?

Nun, da Sie den Trick zur Erweiterung ihres Entscheidungs/- Bewertungspotentials kennen, haben Sie freie Wahl zur angemessenen Strategie. Ihrem Übungslauf steht nichts entgegen.

Sprengen der Gedankengrenze

Wie oft haben Sie als Kind gehört, dass Sie ihre Phantasie zügeln sollen oder wie wenig kreativ Sie doch sind. Leider wirken diese Indoktrinationen bis sie zu ihrer eigenen Überzeugung werden. Intuitiv besitzen Sie ein ganz anderes Selbstbild. Wagen Sie sich doch einfach einmal über diese von Aussen gesetzten Grenzen hinaus und füllen die Lücken in der folgenden Geschichte.

„An einem stürmischen Tag musste ich das Haus verlassen. Ich sah wie die Leute Vorsorge getroffen hatten. Sie hatten Ziegelsteine auf die Mülltonnen gelegt, Blumentöpfe von der Fensterbank genommen und...........Ich hörte das Pfeifen des Windes an den Häuserecken und es erinnerte mich an.............Die Äste der Bäume schwingen hin und her.

Auf der Strasse fliegen……………herum. Ich muss viel Kraft aufwenden, um gegen den Sturm anzugehen. Am stärksten spüre ich………."

Hat es geklappt? Dann scheint an der Vorwegannahme über ihre Talente nicht allzu viel dran zu sein. Suchen Sie sich weitere Übungsfelder und dringen mutig zu ihren (gespürten) Fähigkeiten vor.

Teamwork Verstand und Intuition

Wählen Sie spontan eine Farbe. Schreiben Sie diese unten auf ein Din A4 Blatt und vermerken mittig darüber, was diese Farbe für Sie bedeutet. Im zweiten Schritt zeichnen Sie eine Linie zu Beginn und zum Ende des Wortes und vermerken an jedem Ende eine weitere Assoziation zu ihrer Farbe. Diese beiden Begriffe sind nun maßgeblich für ihr weiteres Vorgehen. Lassen Sie ihrer Intuition freien Lauf bei ihrer Verbindung zu diesen Worten. Abschließend können Sie den Pfeilen nachgehend Geschichten erfinden und für sich selbst ein Resümee daraus ziehen. Folgend das Beispiel eines Klienten, der drei von vier Lebensjobs auf dem Einstromtor 7 aufweist. Das Einstromtor 2 ist eine Ressource von ihm.

Gregor (28 J.)

Gregor konstruierte fließend eine "Friede, Freude, Eierkuchen" Geschichte. Über sich selbst erschrocken, stammelt er bei den Worten Angst, Tod und Vergänglichkeit. Seine erste Erkenntnis "damit kann ich gar nich'" (O-Ton).

Weltverbesserer?

Sind Sie der Überzeugung, dass nur Sie wissen, wie die Welt funktioniert? Begründen Sie die absolute Richtigkeit ihrer Überzeugung. Gibt es eventuell Nachteile bezüglich ihrer Haltung?

Gab es schon einmal eine Begegnung mit einer Person, die der gleichen Überzeugung von sich selbst war?

Haben Sie schon Erfahrungen mit Menschen gemacht, die eine andere Meinung als Sie vertreten?

Erhellen Sie für sich die "sowohl als auch" Strukturen der beiden Haltungen. Erinnern Sie sich in ihrem stillen Kämmerlein an weitere konträre Aussagen zu ihren Meinungsbildern. Spielen Sie für sich die pro und contra Seite dieser Haltung durch. Oft ist es hilfreich diese Übung mit einer neutralen Person durchzuführen, da manchmal der Balken in unserem eigenen Denkapparat unüberwindbar erscheint.

Aufgreifen der Anmutungsqualität

Nehmen Sie die Einstromziffer von Einstromtor 2 aus ihrem Energy Selfie®. Machen Sie sich die Aufgabe oder Ressource noch einmal deutlich, indem Sie den Kernsatz zu ihrem Thema formulieren. Schreiben Sie die Einstromziffer auf ein Blatt Papier und betrachten ihr Werk. Nun greifen Sie zum Stift und gestalten aus dieser Zahl ein Gebilde mit der Anmutungsqualität ihres Themas.

Beispiel: Aufgabe Einstrom 5 auf Einstromtor 2 – Bettina (41J.)
"Versuch in dich alles ohne direkte Bewertung rein zu kriegen" (O-Ton)

Fabian, ebenfalls Einstrom 5 auf Einstromtor 2. Sein Gesamtbild gestaltet das Thema: „Finde deine Berufung, indem du dich von Fixierungen löst."

Kopflos antworten

Vollenden Sie bitte folgende Sätze ohne nach zu denken und den Anspruch einer druckreifen Formulierung zu besitzen. Notieren Sie das, was Ihren als erstes in den Sinn kommt.

Vor allem wünsche ich mir	
Mein Leben ist	
Hoffentlich kann ich bald	
Ich habe erreicht, daß	
Mein allerhöchstes Bestreben ist	
Am hoffnungslosesten ist	
Mein ganzes Lebensziel ist	
Gegensätze sind	
Tod ist	
Krankheit und Leid kann	
Leben bedeutet	
Der Gedanke an glücklich sein	
Angst macht	
Arbeit bedeutet	
Öffentlich zeige ich von mir	
Meine Freundschaften sind	
Gerechtigkeit braucht	
Lebenshürden nehme ich in dem	
Selbstliebe bedeutet	
Freude bereitet mir	

Reduzierung auf Kurzform??

Manchmal möchte es sich unsere Denkmaschine einfach machen. Sie übernimmt eingekürzte Statements von komplizierten Sachverhalten. Die so entstehenden Vorwegannahmen, d.h. abgeschlossenen Meinungen, werden in der Regel nicht reflektiert. Komplexe Zusammenhänge im Bezug, z.B. Eigenschaften ethnischer Gruppen, Qualitäten von Gut und Böse, werden auf eine eindimensionale Sichtweise reduziert. Z.B. wird der Farbe schwarz neben ihrem mystischen Charakter, die Kraft der dunklen Mächte und des Bösen zugeordnet. Schauen Sie einmal bei sich selbst. Macht es einen Unterschied ob ein großer weißer oder ein großer schwarzer Hund auf Sie zu kommt? Wie unterscheiden sich ihre Empfindungen und Gedanken, vielleicht auch ihre Verhaltensweisen, voneinander. Sie können dieses Beispiel variieren, z.B. ein vollkommen in schwarz gekleidetes Wesen oder ein in helle Farben gehüllter Mensch tritt Ihnen entgegen.

Schauen Sie einmal in ihr Repertoire der reduzierten Kurzformen über Bedeutungsinhalte und ihre veränderten Zugangsweisen.
Betrachten Sie ihre Beispiele erneut, um einen gegenläufigen Aspekt zu entdecken.

Limitiertes Gedankengut

Wir alle kennen bei uns festgefahrene Meinungen und starre Verhaltensweisen. Dinge, die uns in Fleisch und Blut übergegangen sind und selten bis gar nicht einem check-up der sinnvollen Notwendigkeit unterzogen werden. Wie häufig verteidigen wir unsere Gewohnheiten, verschließen unsere Ohren für andere Vorschläge, vernageln unser Gehirn vor einer Reflexion und glauben mit diesem Weg die Weisheit für uns gepachtet zu haben. Vielleicht können wir uns aber auch einmal lieb haben und uns die Chance zur Erweiterung schenken. Allein die Erkenntnis, dass es weitere Möglichkeiten der Denk- und Verhaltensweisen gibt, ist ein Schritt aus der eigenen Limitierung heraus. Beobachten Sie in ihrem Umfeld Menschen, die eine andere Auffassung als Sie besitzen. Differenzieren Sie zwischen den intuitiven und verstandesmäßigen Argumentationen bei ihrem "Anschauungsobjekt".

III.2.3 Focus: Energetische Speisung der Gehirnhälften
Rechts oder links Talk [45]

Lesen Sie bitte folgende Zeilen.

"Im Frühjahr vergnügen sich die Schneehasen in der Arktis auf blühenden Wiesen. Nach der kargen Winterzeit bedürfen sie Einiges an Mineralstoffen. Ihren Bedarf decken sie über das Schleckern von Erde. In ihrem Übermut der Nahrungsfülle vergessen sie oft die Alarmsignale aus ihrem Umfeld zu beachten. Hungrige Wölfe und Füchse haben leichtes Spiel."

Begutachten Sie diesen Text einmal vordergründig mit ihrer linken Gehirnhälfte (Logik, Grammatik der Sprache…) und in der Folge mit ihrer rechten Gehirnhälfte (Gefühlen, uneingeschränkter Kreativität, Worte…) Welche Gedanken sprießen von links, bzw. von rechts?

Sprühende Ideen

Oftmals bietet sich keine Möglichkeit ein Problem und dessen Lösung mit anderen Menschen zu diskutieren. Ein Zettel und ein Stift sind aber immer griffbereit. Führen Sie ein Self-Brainstorming durch. Um es effizient zu gestalten notieren Sie unter ihrer Problemdarstellung alle Ideen, die Ihnen zur Lösung einfallen. "Alle" meint wirklich alle. Es geht nicht um Bewertungen, nicht um die Möglichkeit der Realisierung, nicht um das Optimum oder…oder…, sondern um ihre Gedanken in Reinkultur. Um nicht von dem unerschöpflichen Pool ihrer Ideen überflutet zu werden, stellen Sie sich einen Wecker für 10 Min., um im Fluss ihrer unzensierten Gedanken und persönlichen „Spinnereien" zu schwelgen. Es gibt keine Sachzwänge, sondern ausschließlich in den Kopf schießende Gedanken. Je ver-rückter die Gedanken, umso weniger geraten Sie in ihre vertrauten Denkbahnen und erhöhen die Chance auf eine konstruktive Lösung in der nachfolgenden Reflexion.

---

45 siehe Anhang 4 Gehirn

Sinnbildtaucher

Lassen Sie uns nun in den Bereich der Sinn-Bilder eintauchen.

Wählen Sie sich eine Ressourcenzahl aus ihrem Energy Selfie®, z.B. die Zahl 2.

Schreiben Sie die 2 genüsslich auf ein Blatt Papier, wobei Sie sich durch diese Aktion kinästhetisch (gefühlsmäßig) mit ihrem Gebilde verbinden.[46] Sie nehmen die energetische Strebung auf, welche an das Gehirn zur Verarbeitung weiter geleitet wird. Der bewusst versimplifiziert dargestellte Prozess geht von der Hand-Auge Koordination über das visuelle System zum Gehirn. Zwei Speicherstellen gibt es nun schon im Gehirn. Indem Sie die Ziffer nun aussprechen erfährt das auditive System auch seine Anerkennung und kann gleichsam einen Hirnspeicherplatz erlangen.

Nun sind alle Hauptsinne bedacht – doch das Experiment geht für Sie weiter, indem Sie einen weiteren Teil ihrer Physiologie nutzen.

Alle vorgenannten Schritte können Sie auch ausschließlich in ihrer Phantasie bewerkstelligen – es ist wunderbar wir können unsere Wahrnehmung in zweifacher Richtung einsetzen.

Schließen Sie ihre Augen und malen vor ihrem inneren Auge eine „2" – kinästhetische Erinnerung – schauen Sie sich ihr Werk an – hören sie wie ihre Stimme "2" ausspricht.

Der positive Effekt bei dem Einsatz unterschiedlicher Wahrnehmungsorgane liegt in der Ansprache der verschiedenen, spezifischen Hirnareale.

Jede Sinneserfahrung erhält eine Mehrfachspeicherung mit ebenso vielen Abrufmöglichkeiten.

Durch das Wachrütteln schlafender oder weniger eingesetzter Sinnessysteme forcieren Sie eine erhöhte Bereitschaft zur Gehirnaktivität einschließlich einer persönlichen Bereicherung und Flexibilität des Verhaltens.

Für ganz Experimentierfreudige unter ihnen gibt es auch die Möglichkeit die weiteren Sinne über den Weg der Vorstellung anzusprechen. Wie könnte die 2 riechen, bzw. schmecken?

---

46 Besonders Eifrigen ist zu empfehlen mit der linken und der rechten Hand ihr Werk zu vollziehen

Fühlanatomie

Nehmen Sie Abschied von allen Bildern, die Sie jemals von einem Grosshirn gesehen haben. Stellen Sie sich ihre eigene Zentrale des Nervensystems vor. Spüren Sie in das Organ hinein, schauen Sie genau hin. Wie sehen die Verbindungen von ihrem Großhirn zu all ihren Organen für Sie aus. Es geht nicht um medizinische Korrektheit ihrer Darstellung, sondern um ihr Fühlbild. Lassen Sie ihr empfundenes Großhirn in ihrer Ideenwelt als Kommunikationszentrale zu jedem Winkel ihres Körpers entstehen. Spüren Sie das fine-tuning der Vermittlungsstrippen zwischen allem, was ihr Körper zu bieten hat. Genießen Sie ihre Vision. Ihr eigenes Bild ihrer persönlichen Fühlanatomie möchte festgehalten werden. Also greifen Sie nun zu Papier und Stiften und bringen ihre Bilderwelt zu Papier.

Beispiel Renate (21J.) "Mein Großhirn sieht alles" (O-Ton Kommentar)

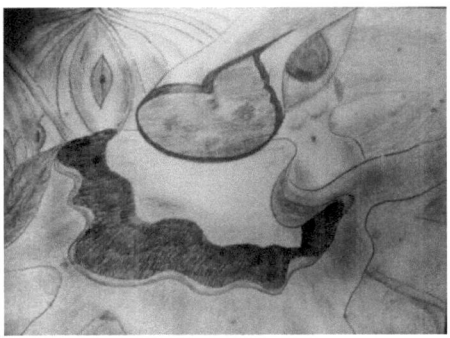

Wenn Sie wieder Lust auf einen besonderen Kontakt zu ihrem Großhirn haben, betrachten Sie ihr Werk. Falls das Bild jetzt nicht mehr ihrer Empfindung entspricht, kopieren Sie ihre Zeichnung und fügen ihre Veränderungen ein. Dies können Sie endlos fortsetzen und sich an ihren eigenen Veränderungen erfreuen.

Hemisphären-Rechte

Sprechen Sie abwechselnd ihre linke und rechte Gehirnhälfte an. (links u.a. Logik, grammatikalische Sprache, mathematisches Verständnis – rechts u.a. Kreativität, Phantasie, Orientierungssinn). Sie können sich selbst Gelegenheiten im Alltag bewusst machen oder auch Rätselseiten in gängigen Zeitschriften aufschlagen und die unterschiedlichen Arten der Aufgabenstellungen lösend angehen. Ihr Neocortex mit seiner Gedächtnisfunktion, seiner Lern-Sprech- und Denkfähigkeit und den Bewusstseinsstrukturen wird vor Freude jubeln, so gebraucht zu werden. Wie oft gibt der Alltag uns Rätsel auf, die sich am leichtesten in der Zusammenarbeit von linker und rechter Gehirnhälfte lösen lassen.

Reiner Sinnes-Kick

Stellen Sie sich darauf ein ihr Nervensystem, d.h. konkret ihre Wahrnehmung zu fordern, indem Sie sich 3 Minuten auf ihre Umwelt einlassen. Wenn Sie Schwierigkeiten haben ihre Ruhe für diese Aufgabe zu finden, dann halten Sie sich ein Nasenloch zu und atmen durch das andere 3x ruhig ein und aus. Den gleichen Vorgang wiederholen Sie auf der anderen Seite. Nun beginnen Sie mit wachen Sinnen wahr- und aufzunehmen, was die Umwelt ihnen bietet. Notieren Sie ihr Resultat, z.B. ich höre lustiges Vogelgezwitscher, sehe auf ein schäbiges Haus in der Nachbarschaft,…

Im Anschluss überprüfen Sie mit vollem Bewusstsein ihre Wahrnehmung. Viele Adjektive in ihrer Beschreibung lassen den Schluss zu, dass Sie wohl eher geneigt sind, aufgenommene Dinge in ein subjektives Bewertungssystem (Einstromtor 2) zu geben. Die reine Wahrnehmung enthält erst einmal keine Eigenschaftserläuterung, z.B. ich höre Vogelgezwitscher, schaue auf das Nachbarschaftshaus… Im letzten Schritt vergleichen Sie bitte die beiden Arten der Wahrnehmungsdarstellung und ihr dazu gehöriges Empfinden.

Befehl an Gehirnzentrale

Wenn Sie wieder Lust auf einen besonderen Kontakt zu ihrem Großhirn haben, stellen Sie eine Tasse mit wohlduftendem Tee / Kaffee vor sich auf den Tisch. Lassen Sie diesen Eindruck auf sich wirken. Betrachten Sie die Tasse, vielleicht steigt Dampf aus ihr hervor und spüren Sie ihre eigene Position. Äußern Sie sich selbst gegenüber nun den Wunsch etwas von dem köstlichen Getränk probieren zu wollen. Geben Sie ihrem Gehirn den Befehl die Tasse zu ergreifen, zum Mund zu führen, den Geruch und Geschmack wahrzunehmen und vielleicht gibt es auch etwas zu hören. Achten Sie nun darauf, was ihre Greifhand macht und wie viel Prozesse sich in Ihnen vollziehen. Vielleicht mögen Sie den Weg dieser Aktion schriftlich skizzieren, um das Phänomen des Befehls und seine Ausführung gebührend bewundern zu können. Es kann sein, dass Sie den unterschiedlichen Kraftaufwand, die gezielten Minibewegungen der Steuerung, sowie zahlreiche andere Details bemerken. Besonders angesprochen fühlt sich das Frontalhirn mit seinem Hauptjob der Willkürbewegungen, der Koordination vegetativer, affektiver und geistiger Funktionen.

Zwei Hirnhälften - ein Job

Das kann schon einmal passieren. Auf der Suche nach einer Antwort auf ihr Problem kommen Sie nicht weiter. Das Gefühl sich im Kreis zu drehen, bringt auch nicht wirklich etwas. Neue Impulse müssen her. Greifen Sie zu einer Zeitung (nicht unbedingt ein Fachmagazin). Schauen Sie bitte, ohne den Text zu lesen, welche Worte Ihnen direkt ins Auge springen. Notieren Sie ca. 20 Begriffe verteilt auf einem Stück Papier. Nach dieser Aktion betrachten Sie ihre Auswahl und verbinden die einzelnen Worte mit Strichen, während Sie daraus eine Geschichte entwickeln; z.B. Gabi (31J.), hoher Arbeitsstress als

Buchhalterin bei der Bundeswehr, Überforderungssymptome, keine Lösungs-
idee, kennt dabei nur Schwarz oder Weiß.

Ein Artikel aus einer Drogeriezeitschrift diente ihr zur Wortfindung.

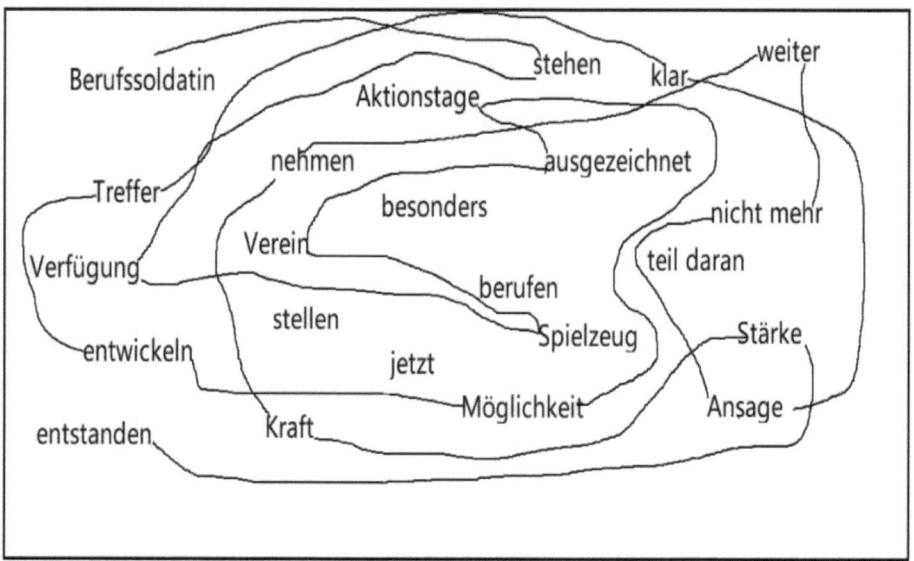

1. Die **Berufssoldatin steht** *(immer)* zur **Verfügung** *(und wird zum)* **Spielzeug** in ihrem **Verein**.

2. *(Sie würde)* **ausgezeichnet**, wenn Sie für ihre **Aktionstage** *(neue)* **Möglichkeiten entwickelt**.

3. Sie landet einen Treffer durch die klare Ansage „*(so geht es)* nicht mehr
weiter, ich **nehme** *(mir)* meine **Kraft**" bis **Stärke** *(bei mir)* **entstanden** ist

Auch andere Verbindungen sind möglich.(Gabi hat 5 Variationen angefertigt)

1. Ich bin doch keine **Sportsoldatin**, die ihre **Kraft** an allen **Aktionstagen** zur **Verfügung** stellt.
2. Ich bin **berufen** ein **Spielzeug** meiner **Stärke** zu sein.
3. Der **Verband** lässt mich daran **teilnehmen**, um persönliche Bereicherungen zu erwerben.

Abschließend formulieren Sie aus diesen Punkten ihre Kernaussage.
Gabi: "Ich muss klarer werden in meinen Aussagen, meinem Chef meine Grenzen aufzeigen, aufhören mich über die Arbeit zu identifizieren und meine Gefühle deutlich benennen."

Gehirn-Timer

Der Ausgangsgedanke liegt darin, dass unser Gehirn seine Erinnerungen an verschiedenen Stellen im Gehirn ablegt und gern bereit ist diese auch wieder zur Verfügung zu stellen.
Bereiten Sie einige Zettel vor, z.B. heute, morgen, gestern. Die Zeitabstände können Sie je nach Problemlage variieren.
Pro Zettel eine Zeitangabe

Hier und jetzt	Heute	Gestern	Vor einer Wo-che	Vor einem Monat
Vor einem Jahr	Vor 5 Jah-ren	Vor 10 Jah-ren	Usw.	
morgen	Übermorgen	Nächste Wo-che	Nächsten Mo-nat	Nächstes Jahr
In 5 Jahren	In 10 Jahren			

Nun suchen Sie sich einen Platz im Raum und legen in Gedanken ihr Gehirn ausgebreitet vor sich hin.

Erinnern Sie sich daran, wie Sie heute Morgen ihre Zähne geputzt haben. Spüren Sie die Bewegungen, schmecken Sie die Zahnpasta, hören Sie das typische Geräusch und sehen den Schaum. Wenn all das vor ihrem geistigen Auge ist, spüren Sie in sich hinein, wo genau diese Erinnerung in ihrem Gehirn sitzt. Greifen Sie den mit "heute Morgen" beschrifteten Zettel und legen ihn an diese Stelle in ihr imaginiertes Gehirn.

Zur weiteren Orientierung bitte Erinnerungen zu "gestern" und "morgen" auslegen. Es kann sich als förderlich erweisen das gleiche Beispiel zu nutzen. Nach diesem Schema können Sie ihre Aufgaben aus dem Energy Selfie® platzieren. Lassen Sie sich ihre Zeit, um zu spüren, wo sich dieser Job in ihrem Gehirn niedergelassen hat. Betrachten Sie ihr Werk und wählen einen Konflikt zu dem Sie konkret das Ziel [47] formulieren. Suchen Sie einen Zukunftsplatz für Lösung.

Betrachten Sie ihr Werk immer wieder in arhythmischen Zyklen. Gehen Sie die einzelnen Ablageplätze durch und korrigieren gegebenenfalls ihre Platzkärtchen. Nach einer angemessenen Ruhe für Sie und ihr Werk vollziehen Sie die letzten Schritte immer wieder. Irgendwann wird das Procedere überflüssig, die implantierte Lösung steht zur Verfügung.

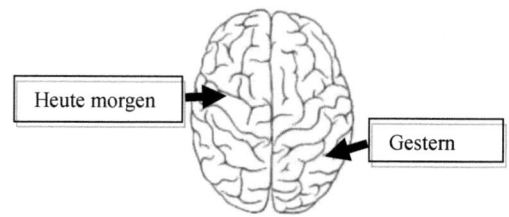

---

47 Bitte an die Zielkriterien denken S. 26 /38

Metaphorische Vergleiche

Diese Übung eignet sich am besten für 2 Personen.
Wählen Sie aus ihren Lebensaufträgen einen zentralen Begriff, z.B. aus Ein-
stromtor 1 – Selbstverantwortung. Vollenden Sie den folgenden Satz:
Sie: „**Selbstverantwortung** ist wie…"
Gesprächspartner: „ein Koffer"
Sie: „ein Koffer ist wie..."
Gesprächspartner: „eine **schwere Last**"
usw.
Im anschließenden Gespräch hinterfragen Sie gegenseitig zielfördernde Assoziationen aus dem Benannten, z.B. „Bedeutet Selbstverantwortung für Sie
eine schwere Last?" Durch die Konfrontation mit den eigenen Aussagen,
können Sie einen Teil ihres Lebensjobs aus einer anderen Perspektive reflektieren.

Mind Mapping[48]

Ein mind-map zeigt unzensierte, assoziative Gedankennotizen auf, die sich
auf alle Themengebiete beziehen können. Führen Sie ein Brainstorming mit
sich selbst durch. Damit Ihnen kein Gedankenblitz entfällt, zeichnen Sie ihre
Ideen strukturiert nach der Beispielsvorlage auf. Im Nachklang werden Sie
ungeahnte Zusammenhänge entdecken.
Wählen Sie ein für sich derzeit pressantes Thema aus. Dieses schreiben Sie
ganz unten auf ihr Arbeitsblatt. Nun schalten Sie beide Gehirnhälften ein,
denn das Mind Mapping dient der gemeinsamen, kreativen Arbeit der beiden
Hemisphären.
Zeichnen Sie den ersten Ast ein und bestücken ihn mit ihren primären Gedan-
kenverbindungen, die ihnen zum Thema einfallen. Ganz wichtig! Jede ihrer
Assoziationen bleibt unzensiert, d.h. ihre Anmerkung können utopisch sein,
weltfremd, futuristisch… Jeder Gedanke, der von diesem Ast abstammt, aber
weiter in die Tiefe reicht, wird auf einem Nebenzweig beschrieben. So findet
jede Unteridee Raum in der nächst kleineren Einheit. Sie können so viel Äste
und Zweige eintragen, wie Sie benötigen. Kein Gedanke soll verloren gehen

---

48 Gedankenlandkarte Grundgerüst im Anhang 5

und jede Notiz ist gleichwichtig. Viel Inhalt auf übersichtlichem Raum und gehirnfreundlich aufgearbeitet.

z.B. Auszug von Theresa (32 Jahre) 3 Aufgaben auf Einstromtor 2, die in das Einstromtor 9 münden

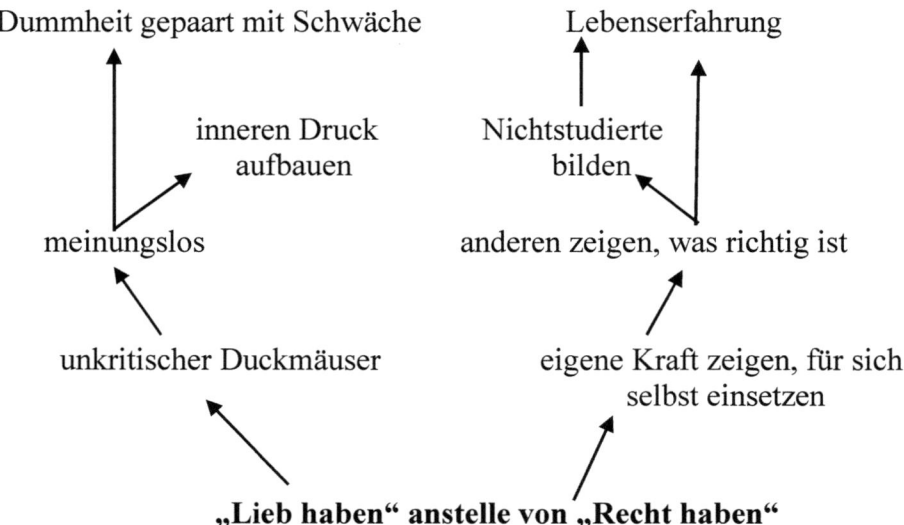

Dummheit gepaart mit Schwäche

Lebenserfahrung

inneren Druck aufbauen

Nichtstudierte bilden

meinungslos

anderen zeigen, was richtig ist

unkritischer Duckmäuser

eigene Kraft zeigen, für sich selbst einsetzen

„Lieb haben" anstelle von „Recht haben"

III.2.4 Focus: Lebens-Studien
Weltenleid

Gehören Sie zu den Menschen, die irgendwann vom Weltenschmerz gepackt werden, da alle Nachrichten aus den Info-Medien von Krieg, Hungersnot, Totschlag, Mord, Raub, Vergewaltigung usw., berichten. Sehr schnell kann sich der Gedanke der ausschließlich schlechten Welt festsetzen. Ja, Sie haben Recht. Durch die weltumspannenden Nachrichten dringen täglich Schreckensmeldungen an unser Ohr, doch die Welt hat auch noch anderes zu bieten. Mit guten Meldungen ist aber weniger „zu verdienen" – also müssen wir sie suchen. Machen Sie es sich zum Steckenpferd täglich wenigsten drei schöne News aus der Welt zu finden. So schaffen Sie sich die Möglichkeit auch ihre positiven Energien wieder zu speisen und ihr Hoffnungspotential zu nähren.

Es geht nicht um Verdrängen, sondern die Ausgewogenheit, die beiden Seiten der gleichen Münze, die in der Regel nicht mit der gleichen Sorgfalt propagiert werden, mit einer Schnittstelle zu versehen.

Vielleicht tut es speziell Ihnen auch gut, diese Ereignisse mit ihren Gefühlen zu notieren, in der Art eines unregelmäßig geführten Tagebuchs.

Ebenso hilfreich kann es sein im eigenen Umfeld nach einem „überschaubaren Übel" zu schauen, wo Sie selbst Unterstützung leisten können, z.B. eine gehbeeinträchtigte Nachbarin zum Einkauf begleiten.

Schöner als J. W. von Goethe kann man die Erkenntnis aus dieser Aufgabe nicht formulieren.

„Auch aus Steinen, die einem in den Weg gelegt werden, kann man Schönes bauen."
(Johann Wolfgang von Goethe)

Bewertung oder Werte?

Ein Goldfisch schwimmt lebensfreudig in seinem Glas. Rhythmisch und geschmeidig bewegt er seine Flossen oder gleitet ruhig und gelassen durch sein zuhause. Ab und an blubbert er ein paar Luftblasen ins glasklare Wasser.

Zur gleichen Zeit sitzt ein Affe mit seinen Familienmitgliedern auf einer kleinen Lichtung im Urwald. Sich gegenseitig lausend, erzählend und lachend, vergnügt sich die illustre Gesellschaft im lauen Wind zwischen dem satten Grün der hohen Bäume.

Ein menschlicher Beobachter, ist fasziniert von diesen Szenen und urplötzlich schießen ihm Gedanken über Bewertungen und Werte in den Sinn. Er überlegt sich dem Goldfisch und den Affen die gleiche Aufgabe zu übertragen. Sie sollen so schnell wie möglich auf einen Baum klettern. Der Goldfisch würde wohl kläglich versagen, aber ist er deshalb blöd? dumm? lebensuntauglich?

Ist er weniger Wert als ein Affe, dem diese Aufgabe quasi auf den Leib geschrieben ist? Wie wäre es, wenn die Aufgabe für die Affen lauten würde, unendlich viele Runden in einem Wasserglas mit dem Kopf unter Wasser zu schwimmen? Die Affen würden kläglich versagen, aber sind sie deshalb blöd? dumm? lebensuntauglich? Sind sie weniger Wert als ein Goldfisch, dem diese Aufgabe quasi auf den Leib geschrieben ist?

Zufrieden lehnt sich der Denker zurück, denn er hat sich eine philosophische Weisheit erschlossen. Jeder besitzt seine Werte, die er zu seiner Lebensfreude und Entwicklung einsetzt. Keine der Wertigkeiten ist in dem Rahmen der Bewertung als besser oder schlechter zu betrachten. Der einzige Aspekt der Beurteilung liegt in der Frage: „nutzt jemand seine Fähigkeiten?" Der aktive Einsatz individueller Fertigkeiten ist der Schlüssel zum persönlichen Erfolg. Der zufriedene Denker freut sich schon darauf dieses schöne Erlebnis zur Selbstreflexion einzusetzen.

Geheiminfo

Wählen Sie eine ihrer Energy Selfie® Aufgaben (bevorzugt aus dem Einstromtor 2 bzw. 4). Nehmen Sie die Ziffer des Einstromtores und die Einstromziffer, z.B. Einstromtor 2 mit dem Einstrom der 8er Energie – die Differenz zwischen Einstrom und der statischen Torzahl beträgt 6. Schauen Sie was Ihnen das Einstromtor 6 zu bieten hat. Formulieren Sie die Botschaft in einem Satz. Welche Weisheit können Sie für ihre Aufgabenlösung aus dem "Differenztor" ziehen? z.B. Aufgabe 8 in Einstromtor 2 – Thema: ständige Auseinandersetzungen mit den Konsequenzen aus der eigenen Schwarz-Weiß Sichtweise; Einstrom 2 auf Tor 6 Ressource – Thema: Trage die liebevolle Einsichtsfähigkeit in deine Durchsetzungskraft herein.

Einstellungsblockade

Jeder von uns besitzt Einstellungen, die er unbedacht beibehält, auch wenn sie sich nicht gerade als förderlich erweisen. Ein „sowohl als auch" gibt es bei dieser rigiden Sichtweise nicht. Dokumentieren Sie ihre Ansicht und erarbeiten sich dann die pro und contra Argumente. Z.B. **Einstellung:** Ich darf mir keine Fehler erlauben und vor allem keine Schwächen zeigen.

Argumente, die für die Einstellung sprechen	Argumente, die gegen die Einstellung sprechen

Mit diesen Ergebnissen widmen Sie sich den Resultaten, indem Sie ihre alten Einstellungen noch einmal näher betrachten und unter der „sowohl als auch" Prämisse verändern.

Resulat

Erwartungen / Analyse alter Einstellung	Erarbeitung neuer, angemessener, realistischen Einstellung

Abschließend überlegen Sie sich eine angemessene Belohnung, durch die sie ihre neue Sichtweise verstärken können.

Verstärkungen zur neuen Einstellung	Überprüfung der neuen Einstellung

Nun kann die praktische Versuchsphase beginnen. Zukünftig ist es lohnenswert die neue Einstellung auf ihren wahrhaftigen Wert zu überprüfen.

Lebenszeitkreation

Wie gestaltet sich ihr Alltag in Bezug auf strukturierte und frei verfügbare Zeiten. Zeichnen Sie ihre derzeitigen persönlichen Prozentzahlen zur Thematik ein.

Geht ihr realer Wechsel zwischen dem sich treiben lassen und dem strukturierten Anteil, bzw. ihre Zielvorstellung mit dem biologischen Führungswechsel von Sympathicus (Aktivität) und Parasympathicus (Ernährung)[49] einher? Die beiden Nervensysteme praktizieren zwar keinen Schichtwechsel, dennoch sind sie in unterschiedlicher Intensität im Tag-Nachtrhythmus aktiv. Normalerweise startet der Sympathicus in den frühen Morgenstunden und behält bis zum Mittag die Oberhand. Der Parasympathicus steigert sich von morgens bis zum Abend, langsam und kontinuierlich. Abends und nachts übernimmt er das Kommando, um es am frühen Morgen wieder abzugeben. Wird diese Ordnung nicht gestört, steht Ihnen das Optimum ihrer Kräfte zur Verfügung. Schauen Sie in ihre prozentuale Aufteilung. Haben Sie sich laut Ergebnis / Ziel lieb? oder wollen Sie Recht haben, auch wenn Sie eine selbstausbeuterische Lebensführung praktizieren? Wo können Sie wie Änderungen für die Optimierung ihres Kräftehaushaltes vornehmen?

---

49 Siehe Band 2 S. 115 ff

Geburt des Zwiespalts

Sie kennen sicherlich die Geschichte von Adam und Eva, den Paradiesbewohnern. Beide libidinierten im unbeschreiblichen Glück vor sich hin. Alles war super gut und es herrscht Ein-igkeit zwischen dem Schöpfer und den Geschöpfen. Ein Regelverstoß ent-zweite die Einheit in Gut und Böse. Der Unterschied war geboren und es entstanden zwei Pole, verbunden durch ein Spannungsfeld. Aus ihm brachen rasch Wünsche, Begehren und Bedürfnisse hervor. Ohne erlebte Unterschiede bedurfte es keiner Sehnsucht, keiner Wünsche, keiner Bewertungen... Ganz nebenbei implantierte dieses Bipolaritätserleben die Empfindung des Getrenntseins, von was auch immer. In dem einen Menschen schlummert das materielle und in dem anderen eher das immaterielle Begehren.

Listen Sie ihre Bereiche zwischen zwei individuell empfunden Spannungspolen auf und beschreiben ihre Vorstellungen zu einer möglichen Verein(s)igung. Bedenken Sie, dass die beiden Pole nicht zwangsläufig Gegensätze sein müssen, sondern auch Ergänzungshälften darstellen können.

I---I

Pol A   Pol B
Thema   Trennungsempfinden   Thema
                 Vorstellung der Polvereinigung

z.B.
Frau P. (56 Jahre) zeigt in ihrem Energy Selfie® alle drei Jobs im Rahmen der Animus Energien.

I---I

Pol A   Pol B
Anima   Animus

Nach einigen Psychotherapiestunden erkannte Frau P., dass sie ihre Animus-Anteile immer durch ihre Partner leben ließ.

Nach zwei gescheiterten Ehen und einer zerbrochenen langjährigen Beziehung, strebt Frau P. mehr Einigkeitsgefühl mit sich selbst und eine Beziehung als gleichwertig befruchtende Gemeinschaft an. Derzeit pflegt Frau P. engeren Kontakt zu einem 12 Jahre älteren Mann und möchte raus aus ihrer eigenen Falle.

Für ihren Zielplan trägt sie ihre zu stark / zu gering ausgeprägten Eigenschaften in die Tabelle ein. Mittig erarbeiten wir ihre Vorstellungen zur Polvereinigung: sich selbst den Animus Energien stellen.

Prädikatverleihung

Nennen Sie fünf Verhaltensweisen, die Sie an ihrem Partner, Verwandten, Freund, Bekannten oder Kollegen stören. Welche Verhaltensalternativen müssten diese Personen ihrer Meinung nach besitzen, um ihr Wohlwollen zu erlangen? Entwickeln Sie bitte jeweils zwei Verhaltensarten, die Sie sich wünschen würden.

Störendes Verhalten	Alternative Verhaltensweisen
	1. 2.
	1. 2.
	1. 2.

Betrachten Sie die alternativen Verhaltensweisen. Wäre etwas dabei, was Sie auch gerne in ihrem eigenen Verhaltensrepertoire hätten?

Gelernt ist gelernt

Unternehmen wir einen Kurzausflug in die (abgespeckte Version) einer Konflikttheorie. (N.E. Miller[50])

Gegenüber stehen sich zwei energetische Motivgrundlagen: die Appetenz [51](aufsuchen) – und die Aversion (ablehnen). Aus diesen Aspekten können sich verschiedene Konfliktarien ergeben. Bleiben wir beispielhaft bei Eva und Adam im Paradies.

Appetenz-Appetenzkonflikt

Eva hat Appetit auf den Apfel vom verbotenen Baum (Appetenz) – gleichsam liebt Eva das Paradies und möchte diesen Zustand erhalten (Appetenz). Beides ist für Eva gleich attraktiv, doch sie muss eine Entscheidung treffen. Mit ihrer Entscheidung verliert sie das reizvolle Paradies und gewinnt die Bedürfnisbefriedigung nach dem Apfel. Bei jeder Entscheidung von einem Appetenz-Appetenzkonflikt bleibt ein begehrtes Objekt auf der Strecke.

Appetenz-Aversionskonflikt

Diese Konfliktart enthält eine erstrebenswerte Komponente, die aber gleichzeitig eine negative Alternative mitbringt.

Eva hatte Appetit auf den Apfel. Sie sucht den Baum auf und pflückt selbstbestimmt den Apfel. Genussvoll verzehrt sie ihre Beute und es folgt der „bittere Nachgeschmack". Durch diese Entscheidung wird ihr, trotz der Kenntnis der Konsequenz, die Schuld an der Verlustigkeit der Einsheit bis heute angekreidet.

Aversions-Aversionskonflikt

Nehmen wir an Eva hätte zwei unattraktive Objekte zwischen denen sie sich entscheiden soll – also so etwas wie eine Teufel oder Belzebub Entscheidung. Theoretisch hätte Eva vor der Entscheidungsfrage stehen können: "will ich

---

50 N.E. Miller Amerik. Psychologe/Pionier Biofeedback Forschung 3.8.1909-23.3.2002

51 Korrekter Weise in diesem Zusammenhang bedingte Appetenz / bedingte Aversion, da beide
   Motivationsstrukturen als angeboren betrachtet werden

lebenslang in der paradiesischen Eintönigkeit der Dauerharmonie leben oder nehme ich die Folgen von einem Gesetzesverstoss in Kauf?" Der Aversions-Aversionskonflikt beinhaltet immer den Ausgang in einer bitter-süßen Alternative.

In welche Konfliktarten sind Sie am meisten verstrickt?

III.2.5 Fokus: Bewusstes Selbst

Hoch lebe das Selbstkapital

Der Weg zum guten Selbstbewusstsein öffnet sich bei Niemandem von selbst. Mit etwas Geduld für sich selbst, können Sie sich diesem Thema in ihrer Entwicklung liebevoll widmen. Schauen Sie in ihrem Energy Selfie® und wählen Sie eine Kapitalaussage. Mit dieser beginnen Sie im Bezug auf ihr Selbstbewusstsein zu "spinntitisieren".

Werden Sie ihr eigener Philosoph und Ratgeber. Zu allen Zeiten haben sich kluge Köpfe Gedanken zu affirmativen Sprüchen gemacht. So z.B. Buddha „Du wirst morgen sein, was du heute denkst", oder Sokrates "Wer glaubt etwas zu sein, hat aufgehört etwas zu werden!" Schmieden Sie ihren eigenen Leitsatz.

Täter meiner Selbst

Wie oft beklagen wir, was „die Anderen" wieder mit uns gemacht haben. Vielleicht kennen Sie diese Variante des Selbstumgangs auch? Der Gang in die Opferposition scheint gerade angezeigt. Oftmals merken wir es gar nicht, wie gut wir es machen, dass es uns richtig schlecht geht. Oft unbewusst und klug, arrangieren wir eine wirkungsvolle Eigentäterschaft. Die Erkenntnis zur „Selbsthalunkerei" bedarf Eigenverantwortung für Gedanken und das resultierende Verhalten. Mit dieser Energie aus dem Einstromtor 1 begegnen wir der

Polarität im Du (Einstromtor 2) und bekommen die Riesenchance uns das Procedere „die Anderen haben…" noch einmal neu anzuschauen.

Was haben Ihnen die Anderen denn vermeintlich so angetan?

Überprüfen Sie ihre Stellungnahme und versuchen eigene Anteile zu entdecken.

Wo sehen Sie Bedarf für den Einsatz ihrer Eigenverantwortung?

Imaginäre Gesprächshilfe

Ihre Selbstgespräche mit Eigenbewertungen sind sicherlich einmal betrachtenswert. Falls Ihnen die Wirkung ihres Self-Talks noch nicht transparent ist, stellen Sie sich vor, Sie würden einem Kind ihre Kommentare zu ihrer Selbsteinschätzung offerieren. Wie fühlt sich dieses Kind wohl, wenn es ihre Statements hört?
Können Sie Parallelen zwischen ihren Empfindungen und denen des Kindes herstellen?
Im Anschluss daran können Sie sich darauf sensibilisieren ihren Self-Talk bewusster zu gestalten. Treten Sie in die zweite Runde der Übung ein. Stellen Sie sich vor, wie es sich für Sie anfühlen würde, wenn eine andere Person ihnen das sagen würde, was Sie sich so um die "Ohren knallen"? Wie würden Sie wohl reagieren?
Versuchen Sie sich immer mehr positive Eigenbotschaften zu senden.
Im letzten Schritt probieren Sie die demotivierenden, bzw. negativen Self-Talking Anteile, umzuformulieren. Durch das behutsame Verändern ihrer Eigenansprache begegnen Sie sich liebevoller und verhelfen sich selbst zu einem neuen Selbstwertgefühl. Geben Sie sich Zeit und loben jeden kleinen Schritt ihrer Veränderung. Gut Ding braucht Weil.

"Sorry" an mein Gegenüber

Der Satz „das kann ich niemals verzeihen" geht uns oftmals leicht über die Lippen, ohne an die Konsequenzen für uns selbst zu denken. Es ist in der Regel nicht der Andere, den wir damit bestrafen, sondern wir bestrafen ausschließlich uns selbst. Festhaltend an dem Schmerz, verurteilen wir uns dazu nicht vergessen zu dürfen. Beständig drehen wir das Messer in der eigenen Wunde. Wir vergegenwärtigen uns immer wieder die erlittene Qual, eine Demütigung oder eine gefühlte Scham. Erleichtern können wir unsere Seele durch den Akt des Verzeihens. Damit übernehmen wir Selbstverantwortung und befreien uns selbst von Groll, Haderei und entbinden uns aus der Opferposition mit der Hoffnung auf Genugtuung.

Wir sollten uns vor Augen führen, dass verzeihen nicht gleich zu setzen ist mit der Gutheißung des "Täter-Verhaltens". Wir lassen lediglich in uns nicht mehr zu, dass eine unschöne Begebenheit unser Leben belastet.

Nach der Weisheit von Vinzenz von Paul „Die empfangene Ungerechtigkeit zu verzeihen, bedeutet sich selbst die Wunde seines Herzens zu heilen". Heilen Sie ihre Wunden auf ihre Art und Weise und gestehen sich die Step-by-Step Methode zu. Wählen Sie ihre Worte des Verzeihens aus, sprechen Sie diese aus und spüren hinein, ob Sie ihre Wunde damit zur Heilung anregen. Es ist nicht nötig der „Täterperson" selbst die Verzeihung entgegen zu bringen, sondern viel wesentlicher ist es, ihren eigenen inneren Frieden zu erlangen.

Vorausschauend klug

Der Schneider bezahlt den Stoffhändler mit einem Sack voll Münzen. Der Händler greift eine Münze heraus, dreht sie in seinen Händen und spricht: „ ach, die Münzen wären viel schöner, wenn sie auf beiden Seiten so eine Burgbildprägung hätten". „Oh nein entgegnete der Schneider, die Blüte auf der anderen Seite ist der wahre Hingucker". Binnen Sekunden gerieten die beiden in einen Streit. Der Schmied wurde aufmerksam und brachte die salomonische Idee hervor, die Münzen durchzuteilen, in 2 Schalen zu legen und das Volk auf dem Markt einzuladen sich die schönere Münzhälfte auszuwählen. Selbstverständlich darf jeder Abstimmer seine Münzhälfte als sein eigen mitnehmen. Wer die meisten Meinungsträger bekommt, sollte der Gewinner sein. Der Schneider, sowie der Stoffhändler waren sich 100 % sicher den Streit zu gewinnen und stimmten zu. Rasch machte sich der Schmied ans Werk, füllte 2 Schalen mit den durchtrennten Münzen und verkündete die Regeln. Eine Mutter, die mit ihren 7 Kindern zugegen war, scharte diese um sich und schickte 4 Kinder zu der rechten Schale und ging mit den anderen 3 Kindern zu der linken Schale. Jeder ergriff eine Münzhälfte. Die anderen Marktbesucher überlegten ihre Vorteile, wenn sie der Schneider-Meinung, bzw. der Stoffhändler Vorliebe entsprachen. In Windeseile waren die Schalen leer. Ein Gewinner konnte nicht ausgemacht werden. Die kluge Mutter hingegen sprach zu ihren Kindern, die wahren Gewinner sind wir, denn eine Münze besitzt nur einen Wert, wenn sie Träger beider Seiten ist. Ober- und Unterseite bilden ein Ganzes und keine Seite ist besser oder schlechter, also lasst uns die Teile zusammenfügen und dann werden wir gemeinsam Eis essen gehen und die streitenden Burg- und Blütenmenschen beobachten.

Kennen Sie eine Analogie zu dieser Geschichte aus ihrem eigenen Leben?

Einstromtor 3
   "Wer keine Entscheidung trifft, den treffen Entscheidungen."
   Verfasser unbekannt

Entscheidungsfreude, lebensbejahende Entschlussbereitschaft, Gemeinschaftspflege, unproduktive „Nein"-Entscheidungen auflösen, produktives Ja entwickeln, Bedürfnisse ausdrücken, Kommunikationsfreude, Hilfsbereitschaft, karmische Aufgaben erkennen, Pflichterfüllung praktizieren, Retter / Opfer Positionen befreien, Treue, Chancen und Fortschritt erkennen, Ansehen, Integrationsbestreben, Friedensanliegen, Freundschaftspflege, soziales Engagement, Kooperationsbestreben

III.3.1 Focus: Entscheidungsfreude - Entschlussbereitschaft
Overthinking

Alles will be- aber nicht zerdacht werden. Stellen Sie sich vor, Sie haben einen blauen und einen grünen Pullover zur Auswahl. Sie bedenken ob die Hose, Schuhe und Jacke zu dem blauen oder grünen Pullover besser passen. Nun könnte die Entscheidung fallen. Sie überlegen allerdings weiter, weil das Grün besser zum Wetter passt, das Blau hingegen zum Anlass. Das Blau könnte aber für einige andere Gäste zu trist wirken, wobei das Grün vielleicht den Charakter von Aufdringlichkeit besitzt. Bei einer ähnlichen Gelegenheit vor 3 Jahren war ich auch underdresst. Vielleicht sollte ich für weitere Veranstaltungen mein Bekleidungsrepertoire erweitern… Die „Zerdenke" stellt eine Sperre zwischen dem inneren und äußeren Erleben des Moments auf. Das Hier und Jetzt möchte gebührlich bedacht sein, um zu einer Entscheidung zu gelangen. Beim Overthinking werden Denkoperationen überwertig, die Themen aus der Vergangenheit oder für die Zukunft massiv, im Vergleich zur Gegenwart, erhöht. In der Regel erweisen sich die Gedanken als nicht zielfördernd, sondern eher zermürbend und aufdrängend. Wählen Sie ein Beispiel aus ihrem Leben.

Entscheidungsstress

Oh je, den ganzen Tag werden Entscheidungen gefordert. Schon morgens geht es los. Aufstehen ja oder nein? Duschen oder waschen? Trink ich Kaffee oder Tee zum Frühstück? Was soll ich heute bloss anziehen? … Noch keine halbe Stunde des Tages ist vergangen und schon mussten Sie x-mal Entscheidungen treffen. So geht es den ganzen Tag weiter mit sehr wichtigen, wichtigen und weniger wichtigen Fragen, mit zwei oder erheblich mehr Wahlmöglichkeiten. Die zahlreichen Optionen bedeuten für viele Menschen Entscheidungsstress – die verwirrende Produktmenge im Supermarkt, das Hyperangebot von Allem in sozialen Medien, die x Möglichkeiten zu Berufsausbildungen, die zahlreichen Chancen von Vergnügungen. Nicht selten stellt sich Entscheidungsfrust ein. Die zentralen Gedanken beschäftigen sich mit dem vermeintlich Entgangenen aus dem Makro-Angebot-Markt. Es ist zwar eine Entscheidung getroffen, aber die nichtauserwählten Optionen nehmen die Gedankenwelt nachhaltig ein. Zur Verhinderung tut es gut, sich ob jeder gefällten Entscheidung zu loben. Reicht es nicht aus, schauen Sie sich die Konfliktarten auf S.127/128 an und betrachten ihr eigenes Beispiel einmal auf diese Weise.

Fünfer Modell

Vergegenwärtigen Sie sich ein aktuelles, konkretes Problem aus ihren Entschluss- und Entscheidungsschwierigkeiten. Notieren Sie sich jede einzelne Möglichkeit ihrer Abwägungen. Anschließend nehmen Sie sich etwas Zeit für die Reflektion. Greifen Sie die erste Variante auf und fragen Sie sich wie zufrieden Sie in 5 Minuten, im zweiten Schritt in 5 Wochen, im dritten Schritt in 5 Monaten und letztendlich in drei Jahren mit dieser Entscheidung sein werden. Gibt es irgendwelche zu befürchtende Konsequenzen in diesem Zeitraum, die ihr Ziel boykottieren. Diese Vorgehens-Methode wird vor allen Dingen bei langen Spaziergängen oder genüsslichen Ausspannen an einem wunderschönen Ort, gerne favorisiert.

Beschlussprüfung

Eine Entscheidungsfindung fordert das Team Kopf (Verstand) und Bauch (Gefühl) heraus. Die schwierige Aufgabe ist es zu einem Resultat zu gelangen. Auf gar keinen Fall soll die Fragestellung "welche Chance habe ich verpasst?" erhalten bleiben. Während der Entscheidungsphase machen Sie sich deutlich, dass sie langfristig mit ihrem Entschluss zufrieden sein wollen. Also ist es wichtig, dass Sie Beeinflussungen weitgehendst ausschalten, die Konsequenzen für sich und auch andere berücksichtigen, wobei klar sein sollte, dass Sie die Entscheidung nur für sich treffen. Setzen Sie ihr Ziel und die Konsequenzen in Relation zueinander. (Ist es das wert?) Gestehen Sie sich auch zu, dass manchmal ein Kompromiss die momentane Lösung darstellt. Oftmals ist

133

es auch gut eine getroffene Entscheidung noch einmal zu reflektieren, denn wenn zu viel Stress, z.B. durch Zeitnot besteht, kann ein falscher Impuls gesetzt werden. Manchmal reicht es aus einige male durchzuatmen, um sich zu sortieren oder einen Schluck kaltes Wasser zu trinken, um den Parasympathicus liebevoll zu triggern.

Entscheidung in Klausur

Sicherlich hat jeder von uns schon einmal eine Fehlentscheidung getroffen. Absolut kein Weltuntergang. Wenn sich heute diese Entscheidung als ungünstig erweist, rekapitulieren Sie die Situation, aus der Sie diese Wahl getroffen haben. Täglich erfahren wir Neues, Tag für Tag lernen wir mehr oder weniger großartige Dinge, sodass sich auch unsere Perspektive auf bestimmte Dinge verändert. Manche Entscheidung würden wir heute anders treffen als in der Vergangenheit. Also erst einmal herzlichen Dank dafür, dass wir zwischenzeitlich dazu gelernt haben. Schauen Sie noch einmal zurück und rekapitulieren die Umstände für ihren damaligen Beschluss. In diesem Zug betrachten Sie ihre heutigen Möglichkeiten. Durch diese Bewusstheit daten Sie sich selbst in ihrer Entscheidungsfindung ab. Vielleicht stellen Sie fest, dass Sie damals zu voreilig waren und sich heute den Aufschub einer Nacht gewähren würden. Die zuvor vom Verstand gesammelten Informationen können so vom Unbewussten noch einmal bearbeitet werden. Vielleicht haben Sie aber ihre damalige Entscheidung auch hinaus gezögert, so dass Sie die zwischenzeitlich veränderten Fakten gar nicht in ihre Entscheidung einfließen konnten. Vielleicht waren Sie aber auch zu voreilig und haben ausschließlich aus der Intuition gehandelt. Vielleicht waren Sie aber so detailliert, dass Sie den Überblick bei all ihren Überlegungen und Alternativen verloren haben, vielleicht haben Sie eine Gewohnheitsentscheidung getroffen, weil Sie Angst vor Neuem haben oder nicht bereit sind ihre Komfortzone zu verlassen. Die „Vielleichts" könnten wir unendlich fortsetzen. Unter Umständen hegen Sie aus einem ganz anderen Grund Zweifel an einer ihrer Vergangenheitsentscheidungen. Beschreiben Sie ein präsentes Beispiel aus ihrer Erfahrung.

Zur Wahl schreiten

Beginnen Sie möglichst mit kleinen Dingen in ihrem Leben, z.B. möchte ich Käse, Wurst oder Marmelade auf mein Frühstücksbrot? Entscheiden Sie sich ganz klar und spüren in sich hinein, wie sich der Prozess einer klaren Willensäußerung anfühlt. Schauen Sie über Tag in ihren verschiedenen Lebensbereichen nach entscheidungsdrängenden Situationen. Wagen Sie sich immer weiter in ihren Lebensraum vor und treffen Entschlüsse, denen dann die Taten folgen und zudem die Verantwortungsübernahme für die Konsequenzen. Diese sollte von Zufriedenheit geprägt sein. Frau K. bewegte sich auf dem Entscheidungspfad im Bekleidungssektor. Immer, wenn Sie eine Entscheidung gefällt hatte, war sie kurzfristig zufrieden, entschloss sich dann allerdings zum Umtausch, was sie auch nur kurzfristig beglückte. Letztendlich erkannte Frau K. aus vielen weiteren ihrer Aktionen nach dem gleichen Muster, dass Sie unbemerkt ein wenig hehres Ziel verfolgt. Irgendwann hat sie (unbewusst) den Vorsatz gefasst „mit einer eigenen Entscheidung, nicht langfristig beglückt zu sein. (sein zu dürfen?)

Beschreiben Sie analoge Beispiele zu ihren kosmischen Ja-Entscheidungen, welche letztendlich ihre verborgenen Bedürfnisse verkörpern. Was bedeutet für Sie die Verantwortungsträgerschaft hinsichtlich der Konsequenzen aus ihrem Beschluss? Kennen Sie die anhaltende Beglückung?

Energie-Vampirismus

Nehmen Sie sich eine Energie Skala von 1 - 10. (vergleichbar Unbefangenheitsskala S.103) Bewerten Sie ihren Energiepegel vor einem Gespräch mit einem Pessimisten / einem Dialog mit sich selbst. Nach dieser destruktiven Kommunikation bewerten Sie ihren Energielevel erneut. Falls Sie zu der Meinung gelangen, sich energetisch nicht mehr selbst auszusaugen / aussaugen zu lassen, versuchen Sie ihre Meinungen und Haltungen positiv, d.h. ihren Bedürfnissen gemäß, zu formulieren. Drücken Sie aus, was Sie wirklich wollen und checken ihren Energiepegel erneut.

Hyper-Controlling!!!!!

Kontrolle ist ein wesentliches Element in jedem von uns. Sie soll verhindern, dass durch unser Verschulden etwas Unerwünschtes geschieht. Dieser angstreduzierende Regelmechanismus wird erst zur Belastung, wenn er dauerhaft anspringt, ruhelos alles und jeden kontrollieren möchte, um die Verschuldungsangst im Zaum zu halten. Jeder Kontrollfreak weiß um sein gesteigertes Bedürfnis und versucht es zu bekämpfen. In der Regel gelingt dies nicht. Der innere Controller fordert rebellisch noch mehr Aufmerksamkeit und massivst sein Recht ein. Also erscheint es lohnenswert einen anderen Weg einzuschlagen. Versuchen Sie doch einmal den Kontrolldruck als Freund zu deklarieren. Nicht wirklich leicht, aber ein Freund ist weit davon entfernt Sie unter Druck zu setzen. Sind wir erst einmal freundschaftlich mit uns selbst, dann stellen wir noch einen inneren Mitarbeiter ein. Seine Tätigkeit besteht darin den Kontrollteil zu stoppen, sobald er überwertig wird. Nehmen Sie sich einen Zettel und benennen kurz die Aufgaben ihrer Kontrollinstanz, die ihnen wichtig sind. Auf einen weiteren Papier vermerken Sie bitte die Aktionen aus dem belastenden Kontrollmechanismus. Wie stehen diese Aspekte zueinander?

Platzvergabe

Manchmal ist man sich nicht so gewiss, wo der eigene Platz in der Familie ist. Entscheiden Sie nach ihrem Gefühl, wer aus ihrer Familie welchen Platz in ihrem "Wohnzimmer" einnimmt. Malen Sie ihren Raum auf und platzieren darin ihre Familienmitglieder. Lassen Sie sich von ihrem Gefühl führen.

Mein Wohnzimmer

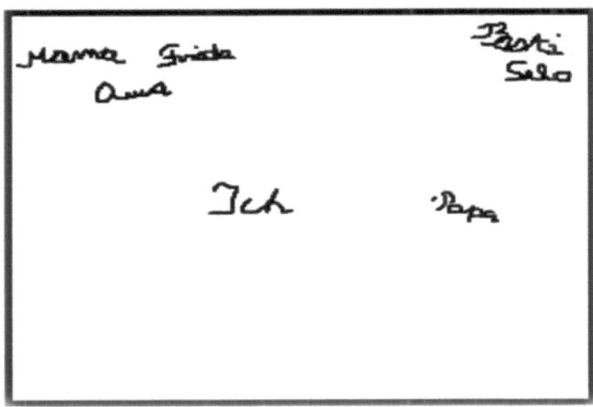

Z.B. Christian 7J. u.a. 3fach Aufgabeneinstrom 7 auf Tor 1 – leidet unter Fremdheitsgefühlen in seiner Familie

Basti (jüngerer Bruder) - Frieda (Hund) - Selo (Goldfisch)
Christian konnte seine Antwort altersgerecht nicht klarer geben.[52]

Prioritäten

Betrachten Sie bitte das Foto, versuchen Sie Details zu erkennen und aufzunehmen. Beschreiben Sie das Bild einem Gesprächspartner am Telefon. Achten Sie darauf, was Ihnen in der Schilderung schwer, bzw. leicht, fällt.

---

52 Christian sieht sich gegenwärtig im Zentrum – am nächsten steht ihm in der Gegenwart der Vater (sinkt zum Unbewussten ab) Basti und Selo stehen in enger Verbindung – Wunsch in der Zukunft: enge Männerbeziehung zu treuen Partnern, Fisch= Leben, Freude, Fruchtbarkeit – Mama, Oma und Frieda stehen im Wunschfeld: Empfinden emotionaler Leere seitens der weiblichen Familienmitglieder und Hund = Treue, Wachsamkeit 7.Lebensjahr: Entwicklungssprung stellt „Ich" in die Mitte, ausbalancieren der Gefühle.

Während Sie diese Aktionen ausführen, stimulieren Sie zahlreiche Funktionen in ihrem zentralen Nervensystem und treffen laufend Entscheidungen zwischen den Ihnen wichtigen und unwichtigen Elementen. Bei dieser Aufgabe vereinen Sie automatisch ihre Gefühle mit ihrem Verstand.

Zur Rückversicherung können Sie ihren Gesprächspartner bitten, Ihnen das Bild so zu beschreiben, wie es bei ihm angekommen ist. Vergleichen Sie die Schilderungen mit dem Photo und der von Ihnen abgegebenen Beschreibung.

Entschluss unter der Lupe

Sie haben beschlossen ihrem "Umtauschwahn" den Rücken zu kehren. Für den Direktversuch kaufen Sie sich, nach zahlreichem hin und her im Laden, ein reduziertes T-Shirt. Wohlweislich, dass Sie dieses nicht wieder zurück geben können. Schon als Sie das Geschäft verlassen, schleichen sich Bedenken ein. Unmittelbar beginnt eine innere Diskussion darüber, ob es richtig war diesen Kauf zu tätigen. Ein beruhigender Gedanke fügt sich beschwichtigend in das Gedankenkarusell ein. Eventuell kann man das Ticket abtrennen und eine Freundin damit zum Umtausch schicken.

Geben Sie dieser Diskussion nach, steht die nächste schon ins Haus. Sie können sich sicherlich denken, wie die Geschichte weiter geht. Dieser Weg verselbständigt sich, obwohl zu Beginn ein eindeutiger Entschluss gefasst wurde. Einer vergleichbaren Spur folgen alle "Liebhabereien" innerhalb unserer Verhaltensmuster, die man gerne ablegen möchte. Es wäre sehr sinnvoll vor dieser uneffektiven, zermürbenden und Selbstwert senkenden Debatte das Für und Wider zur Beendigung der liebgewonnenen Lustbefriedigung zu praktizieren.

Argumente pro Umtausch	Argumente contra Umtausch

Hüten Sie sich vor allem vor den rosa Wölkchen Argumenten wie, z.B. "ich höre ja immer wieder, dass Leute ihre Vorhaben knicken." Stattdessen visualisieren Sie ganz klar ihr Ziel. Achten Sie darauf, wo ihre Vorstellungskraft schwächer wird und haken in der Klarheit ihrer Vorstellung nach.

Entpuppte Bedürfnisse

Stellen Sie sich vor, dass Sie in einer unangenehmen Lebenssituation stecken. Sie legen den Focus auf alles, was misslungen ist. Ihr verdunkelter Blick sieht auch völlig unabhängige Dinge unter der gleichen miesen Prämisse. Nach und nach begrenzt und beengt sich ihre Sichtweise. Sie wissen nun auf jeden Fall, was Sie nicht mehr möchten. Halten Sie sich die Option offen immer wieder zu dieser destruktiven Position zurück kehren zu können, bis hin zu der Tatsache, dass jede Ampel nur auf Rot springt, weil Sie gerade kommen. Nichts desto trotz schauen Sie nun auf die andere Seite der Situation und betrachten, was diese an Positiven zu bieten hat, z.B. ein Partnerstreit entflammt. Sie wissen mit Sicherheit „ich will keinen Streit, ich hasse mit lauter Stimme mein Recht zu verteidigen, es ist nicht mein Anliegen alles immer durch zu boxen, …" Wunderbar bis hier hin ist klar, was diese Person nicht möchte. Mit diesen in Worte gefassten Gedanken ist die Ent-täuschung vorprogrammiert: es kann und wird sich nichts ändern. Von der anderen Münzseite könnte sich das Statement so anhören: ich möchte Frieden, in normaler Lautstärke kann ein Disput auch geklärt werden, meine Anliegen möchte ich gerne vortragen…Super – nun wissen Sie was Sie möchten und drücken eine konstruktive Bejahung als ihre Entscheidung aus. Also auf in die Umsetzung.

Kreatives Modelllernen

Sicherlich hatten Sie auch schon einmal das Empfinden mit einer unlösbar erscheinenden Aufgabe betraut zu sein. Die vermeintlichen Bretter vor ihrer Stirn lassen das Gefühl aufkommen, dass Sie Opfer der Problemlage sind. Gleichzeitig fühlen Sie sich selbst gegenüber zu einer Lösung verpflichtet. Im "vernagelten" Zustand empfiehlt es sich auf Modellsuche zu gehen.

Machen Sie sich in Filmen, Büchern, Bekannten-Freundeskreis oder einer anderen Quelle kundig darüber, wie andere sich aus einem derartigen Konflikt befreit haben. Versuchen Sie jeden Schritt der fremden Bewältigungsstrategie zu erfassen. Schauen Sie welche Anteile des Lösungsverhaltens könnten zu Ihnen passen? Das für Sie Nutzbare kristallisieren Sie für sich heraus und probieren gekoppelt mit ihrer individuellen Coping-Art das Problem anzugehen. Gestehen Sie sich im Prozess individuelle Veränderungen zu.

Individueller Entscheidungsspiegel

Sollte es einer ihrer Lebensjobs sein entscheidungsfreudiger zu werden, so können Sie ihre Zentrale der Beschlüsse einmal ganz anders ansprechen. Wählen Sie mindestens 5 Lebensbereiche, die Ihnen wichtig sind Tragen Sie ihr Ergebnis senkrecht in ihrer Liste unter der Spalte „Bereiche" ein. Des Weiteren legen Sie 6 Kriterien (Eigenschaften/Gefühle) fest. Die Merkmale tragen Sie in der Waagerechten ein. Bei 6 Kriterien erhalten Sie 7 [53] zu verteilende Punkte, wobei jede Ziffer nur einmal in der Waagerechten vergeben werden darf. Dieser Schritt fordert die Entscheidungszentrale extreme. Selbstverständlich können Sie ihren Entschluss im Verlauf der Punkteverteilung auch ändern. Nutzen Sie dazu bitte einen andersfarbigen Stift. Sie können davon ausgehen, dass die Erstellung der persönlichen Werteliste länger dauert und einigen Veränderungen bis zur Fertigstellung unterliegt.

---

53 Es wird immer 1 Bewertungspunkt mehr zur Verfügung gestellt als es Kriterien gibt

Sobald Sie ihr Werk als vollendet betrachten, addieren Sie die Punkte in der waagerechten und senkrechten Zeile. Das Ergebnis zeigt Ihnen eine Rangordnung, die Sie bei eigenen Unverständnis für das Ergebnis noch einmal hinterfragen sollten.

Beispiel Herta (36 J.) Doppel8er Einstrom auf Tor 3 – Problem: verwickelt sich immer in Streitgespräche, da Sie nie weiß, was Sie möchte.

Bereich	Kriterium Freude	Kriterium Liebe	Kriterium Verständnis	Kriterium Vertrauen	Kriterium Ärger	Rang
Beruf	4	1	6	2	3	16
Sport	6	2- 3	3- 2	4	1	16
Ehe	3	6	5- 4	5	2	20
Freunde	5- 4	3	4- 5	6	1	19
Familie	1	6	2	3	4	16
Rang	18	19	19	20	12	

Diese Liste impliziert Erläuterungsgespräche.

Herta zeigt 3 Bereiche mit gleichen Rangergebnis: Beruf, Sport und Familie. Nun werden die Einzelwerte, die zu der gleichen Rangsumme geführt haben besprochen und gegeneinander abgewogen, z.B. „Ist mir das Verständnis beim Sport ebenso wichtig wie in meiner Familie? Inwiefern ist für mich Vertrauen im Sport höherwertig als in meiner Familie?" (wobei Vertrauen vermutlich das wichtigste Kriterium aus der Liste ist) „Durch was unterscheidet sich für mich die geringe Ärgerkomponente im Bereich Sport / Freunde von der höchsten Bewertung im Bereich meiner Familie. Fällt es mir schwerer meiner Bedürfniswelt im Familiengefüge auszudrücken?" usw.

Unter der Prämisse, dass jede Zahl nur einmal verwendet werden darf, erweist sich das anschließende Reflexionsgespräch als ausgesprochen wichtig. Bedingt durch die Abwägungen, treten beim Klienten Selbsterkenntnisse ins Bewusstsein. Jeder Aspekt muss kommuniziert werden und kann nochmals Veränderung erfahren. Jede Abwandlung erfordert weitere für die komplette waagerechte Zeile. Erst wenn alle Entscheidungen für den Klienten stimmig sind, kann der Abgleich mit dem kompletten Energy Selfie® stattfinden.

III.3.2 Focus: Chancen erkennen

Eigen- oder fremdbestimmte Werte?

Die Vermittlung von Werten verläuft ab unserer Zeugung …"Wer hat mir die Werte für folgende Bereiche mit welcher Botschaft vermittelt? Was veranlasst mich heute diese unreflektiert zu leben?

Eigen- oder fremdbestimmte Werte?

Wer hat Ihnen die Werte für folgende Bereiche vermittelt?

Bereich	Selbst	Mutter	Vater	Andere Verwandte	Kirche	Gesellschaft	Schule	Ehepartner
Reichtum	Materie unterliegt immer der Nichtmaterie	liegt in Liebe	Geld unwert im Vergleich zu Glück	wähle sicheren Beruf	Geld ist Untugend	Geld regiert Welt	Wissen dient dem Leben	----
Freundschaft								

Weitere aufschlussreiche Aspekte sind: Sex, guter Ruf, excellenter Nachruf, Liebe, Vorbild für Andere, Gesundheit, Heldenhaftigkeit, Nützlichkeit, Ruhm, Macht, Schönheit, Intellekt, Abenteuer, glücklich sein, Wissen, Weisheit, religiöse Ziele, Gemütsruhe, Identität…
Überprüfen Sie die heutige „Gebrauchsfähigkeit" innerhalb dieser Bereiche.

Stillstands- oder Fortschrittskoffer

Malen Sie zwei großes Strichmännchen mit jeweils einen Koffer in der Hand. In den einen Koffer tragen Sie alle Themen ein, über die Sie sprechen möchten und in den 2. Koffer die Punkte, über die Sie lieber schweigen. Der Kofferinhalt kann sich auch auf andere Motive beziehen, z.B. was mir gut / nicht gut tut, – was ich mag / nicht mag, – was mir Chancen bietet / mich blockiert…

Prinzipiell geht es darum, dass Sie sich zunehmend die Schweigethemen zu erobern.

Chancen gefällig?

Setzen Sie sich gemütlich hin und verschränken Sie ihre Arme in der Ihnen gewohnten Manier. Schauen Sie welche ihrer Hände oben, bzw. unten liegt. Nun ändern Sie bewusst diese Haltung. Die Hand, die vorher unten lag, soll nun nach oben und umgekehrt. Wahrlich eine motorische Leistung, die dem ein oder anderen auch nicht so leicht „von der Hand geht". Spüren Sie nun in ungewohnte Haltung hinein. Sie haben ein gespeichertes Gewohnheitsprogramm bewusst durchbrochen und das Gehirn zu einem neuen Schritt (mit dem gleichen Körpermaterial) veranlasst. Diese Empfindung entspricht den Gefühlen, die sich bei Ihnen auftun, wenn Sie eine Entscheidung für etwas Neues treffen. Es führt Sie erst einmal in ein fremdes Land, in dem Sie nicht wirklich wissen, was Sie erwartet und gleichsam ist Ihnen nicht verborgen, dass in dem selbst gewählten Unbekannten zahlreiche Chancen für ihre Entwicklung stecken. Auf welche Situationen möchten Sie das Beispiel übertragen.

III.3.3 Focus: Bedürfnisouting

Andere sollen es ruhig wissen

Teilen Sie ihrem Umfeld ihre Bedürfnisse und Entscheidungen im kosmischen "Ja-Modus" mit. Dokumentieren Sie damit ihre selbstverantwortlichen Bestrebungen. Achten Sie bitte darauf, dass ihre Formulierungen die Ich-Form, z.B. ich mache, ich plane, aufweisen. Das neutrale "man" sollten Sie ebenso wie das verbündende "wir" vermeiden. Durch ihre Mitteilung schließen Sie eine Art sozialen Vertrag mit ihren Vertrauten, die Sie indirekt in ihrem Vorhaben unterstützen.

Zitatenforscher

Achten Sie gezielt auf positive Zitate oder Leitsprüche in ihrem Alltag. Vielleicht begegnet Ihnen ein netter Text in einer Zeitschrift, auf einem Plakat, einem Kalender oder… oder…, der ihr innerstes Bedürfnis ausdrückt. Sammeln Sie diese Sinnsprüche. Betrachten Sie ihre Auswahl als Motivationshinweise, bzw. Aufforderung, sich dem kosmischen Ja, im Sinn der Chancenergreifung, zu widmen, z.B. "Wir müssen selbst die Veränderung sein, die wir in der Welt sehen wollen." (Mahatma Ghandi)

Underground der Bedürfnisse

Vergegenwärtigen Sie sich noch einmal ihr aus dem Energy Selfie® gewähltes Problem. Notieren Sie es kurz und spüren hinein, welche Bedürfnisse sich dahinter verstecken. Sie dürfen auch ruhig „um die Ecke denken", denn Bedürftigkeiten haben es oft an sich, nicht auf direktem Weg benennbar zu sein, z.B. Problem: Brigittes Beziehungsbedürfnis bei Aufgaben Einstrom 8 in Tor 1, Aufgabeneinstrom 4 auf Tor 7

Ihre Erfahrungen: – verschiedene Dates immer mit den "verkehrten" Männern (zu intellektuell, zu ungehobelt, Raucher...)

Ihre Wünsche, die aus dem Bedürfnis entspringen: vertrauensvoller, verständiger, standfester …Mann

Diese Wünsche schüren Erwartungen: „soll für mich da sein, mir Vertrauen entgegenbringen, klare Meinungen vertreten, mich beschützen, …"

Alle Fakten zusammen ergeben eine Unmenge von Fragenpotential in Bezug auf die Diskrepanzen zwischen den Wünschen und Erfahrungen.

Resultat bei Brigitte: hinter dem unerfüllten Beziehungsbedürfnis verbirgt sich eine Beziehungsangst.

Reversibilität der Gedanken

„Wenn das was ich tue, nicht funktioniert, muss ich etwas anderes tun" lautet der Leitspruch für die eigene Flexibilität im Umdenkprozess. Nähern Sie sich dem Konzept durch die Auseinandersetzung mit einigen Fragen.

Anregende Frage	Meine Antwort
Problembeschreibung:	
Was habe ich aus meinem Problem gelernt?	
Wenn das Problem / die Bewältigung lustige Anteile besitzt, worüber lache ich?	
Wie würde ich mit diesem Problem umgehen, wenn ich 10 / 20 Jahre älter / jünger wäre?	
Wenn das Problem eine Chance wäre, was würde ich denken / tun / sagen?	
Wie waren die bisherigen Gedanken / Lösungen? Wie genau haben sie funktioniert? Aus welchem Grund ist dies nun problematisch?	
Was könnte geschehen, wenn diese Situation das Gegenteil von dem bedeuten würde, was ich denke?	
Wie würde ein anderer Mensch dieses Problem sehen?	

Welche Gefühle erlebe / blockiere ich bei der Auseinandersetzung mit diesem Problem?	
Was genau will dieses Problem wirklich von mir?	
Gibt es ein viel gravierenderes, darunter liegendes Problem?	
Was soll ich in die Problemlösung mit einbeziehen? (vielleicht brainstorming einfügen)	
Was wäre wenn……………..	

Ansicht mit Aussicht

Einstellung: "ich darf mir keine Fehler erlauben und vor allem keine Schwächen zeigen"

Argumente, die für die Einstellung sprechen	Argumente, die gegen die Einstellung sprechen

Resulat

Erwartungen, Analyse, der alten Einstellung	Erarbeitung neuer, angemessener, realistischen Einstellung

Verstärkungen zur neuen Einstellung	Überprüfung der neuen Einstellung

Narritive[54] Biografie

Wählen Sie aus ihrem Energy Selfie® einen Job, z.B. Aufgabe 5 im Einstromtor 3, (Auftrag u.a.: leben Sie ihre Individualität durch ihre Bedürfnisäußerungen) Tragen Sie zu diesem Teilthema ohne Anstrengung alles zusammen was Ihnen spontan einfällt, z.B. "Mit ca.4 Jahren waren die Patentante und der Patenonkel zum Kaffeetrinken anwesend. Ich wollte noch ein Stück Kuchen haben. Meine Mutter hat alle nach einem weiteren Stückchen gefragt. Dann war der Kuchen alle und Mama sagte: "du wolltest doch bestimmt nichts mehr oder nimm dir einen Keks". Stinkig bin ich vom Tisch aufgestanden und in den Garten gegangen."

„Als ich etwa 20 Jahre alt war durften wir uns im Büro neue Schreibtischstühle aussuchen. Meine Kollegin hat dem Chef ihren Wunsch mitgeteilt. Ich habe mitgeteilt, dass ich dieses Modell nicht wolle. Der Chef antwortete mir, dass es optisch aber schöner sei, zwei gleichartige Stühle in einem Büro zu haben. Ich habe ihn mit der Kollegin stehen gelassen und den neuen Schreibtischstuhl gehasst." …

Anhand der Beispiele lassen sich Verhaltensmuster nicht nur erkennen, sondern auch erarbeiten, welche weiteren Möglichkeiten zur Bedürfnisäußerung bestanden hätten. Im nächsten Schritt geht es um die Übertragung der neuen Verhaltensweisen in die jetzige Realität.

III.3.4 Focus: Spürsinn Gemeinschaftspflege
Klebeband toxischer Beziehungen

Eine toxische Beziehung besteht selten allein. Es scheint wie ein Sprühgift mit Verteilungsqualität in unterschiedliche Lebensbereiche, z.B. Partnerschaft, berufliche Beziehungen. Wählen Sie eine ihrer Beziehungen, die Sie als toxisch erleben, aus. Setzen Sie sich mit folgender Idee auseinander.

---

54 narritiv = in erzählender Form

In dieser Beziehung existiert ein Klebeband, von dem Sie selbst wissen, dass es für Sie schädlich ist. Wie ein Insekt hängen Sie an diesem „honiggetränkten Fliegenfänger". Sie strampeln sich für den Beziehungserhalt halb zu Tode. Eigentlich ist das Bindungsende schon lange überfällig. Was genau lässt Sie am Toxinband kleben? Wenn es Ihnen schwer fällt die Gefühle zu benennen, nutzen Sie einfach Symbole. Nach der Aufschlüsselung ihrer klebrigen Verbindung, schauen Sie was Sie auf die persönliche Gewinn- bzw. Verlustliste setzen würden. Mit dem klaren Blick auf diese Fakten treffen Sie bitte eine klare Entscheidung zur Veränderung oder zum Erhalt der Beziehung. Entschließen Sie sich zur Bündnisverlängerung, dann werden Sie sich bewusst darüber, dass Sie auch die weiteren Konsequenzen für ihre geistig-seelisch-körperliche Harmonie tragen. Sollten Sie sich zur Veränderung ent-scheiden, dann veranstalten Sie ein brainstorming über den Loslassprozess, bzw. die Umstellungen, die sich für Sie ergeben. Im zweiten Schritt beginnen Sie die realisierbaren von den nicht durchführbaren Möglichkeiten zu trennen. Die verbleibende Auswahl wird nun ihr weiteres Arbeitsmaterial. Vielleicht mögen Sie ihre noch vagen Vorstellungen mit einem vertrauten Menschen teilen, um einige Fallstricke in ihrem theoretischen Konzept zu entdecken. Ist das Ziel für Sie klar, dann erstellen Sie nach ihrem Ressourcenpotential aus dem Energy Selfie® einen Mini-Schrittchen-plan nach dem Sie vorgehen wollen. Planen Sie genügend Zeit, Eigenlobmassnahmen und den Umgang mit Unzufriedenheiten im Prozess ein. Es ist häufig sinnvoll sich mit fachlicher Hilfe aus einer toxischen Beziehung zu befreien.

Allzeit bereit

Egal wo, wie, wann und unter welchen Bedingungen jemand (vermeintlich) Hilfe bedarf, scheint er das imaginäre Schild auf ihrer Stirn mit der Aufschrift „Sozialstation" zu erkennen. Auch ohne dass Sie direkt angesprochen werden, eilen Sie zur Hilfe. Geradezu und unmittelbar steht für Sie die Antwort „zum retten" fest.

Sie sind immer die Erste, die sich direkt oder indirekt meldet. Sei es das ehrenhafte Ehrenamt oder die Nachbarschaftshilfe oder…Bedenklich wird die ständige Berufung wenn die Vielzahl der freiwilligen Tätigkeiten Sie als Not-helfer in die Not treibt.

Auf welche Art von Signalen reagieren Sie? Aus welchen Gründen sind Sie überhilfsbereit? Was erwarten Sie für / durch ihre Hilfsleistung? Die Antwort: „nichts" gilt nicht. Erkennen Sie ihren Gewinn!

Akzeptanzsuche

Das Beklagen, dass niemand aus dem eigenen Umfeld ausreichend Akzep-tanz, Anerkennung oder Lob dokumentiert, ist ein weit verbreitetes Phäno-men. Ohne selbst etwas zu tun, wird sich diese Tatsache nicht ändern. Schau-en Sie bitte erst einmal in ihr eigenes Verhältnis zu sich. Wie ist ihre Akzep-tanz sich selbst gegenüber? Was erkennen Sie wie bei sich an? Wann haben Sie sich das letzte mal von Herzen gelobt? Welche Applausarten besitzen Sie für ihre eigene Person? Überlegen Sie einfach einmal von wem Ihnen diese Art der Anerkennung besonders wichtig ist. Welche Ideen besitzen Sie dazu ihre Bedürfnisse einzufordern?

Perlen der Seele

Die hübsche, kleine Muschel liegt friedlich am Strand und genießt es in unre-gelmäßigen Abständen vom Wasser leicht geschaukelt zu werden. Urplötzlich spürt sie einen heftigen Pieks; verursacht durch ein Sandkorn, welches in ihr tiefstes Inneres eingedrungen ist. Schmerzen werden ihr in ihrem sensiblen Weichteil beschert. Schwupps die wupps, beginnt die Muschel schimmerndes Perlmutt um den Eindringling zu bauen. Die feste, weißsilbrige Schicht wird immer dicker und dicker, bis sich eine glanzvolle Perle gebildet hat. Ein wahrhaftig wertvolles und wunder-schön anzuschauendes Gebilde; entstanden aus einer schmerzlichen Verletzung. Sind nicht auch unsere Tränen Perlen aus tiefsten Traumatisierungen? Schillernd im Licht, glasklar und kullerrund, ein wertvoller Ausdruck als Zeichen einer Verletzung? Was löst bei Ihnen Perlen-fluss aus und wie gehen Sie damit um?

Weinen erlaubt!!–Besitzen wir nicht nur wirklich eine Beziehung zu uns selbst, wenn wir mit uns weinen und lachen können, um dann die Welt aus dem Herzen heraus zu betrachten.

Alibi für alle Fälle

Wahrscheinlich ist es ganz gut zu Beginn der Arbeit mit sich selbst einmal hin zu schauen, welche Alibis sich im Verlauf ihres Lebens eingeschlichen haben, so z.B. „ach, heute wollte ich etwas für mich tun, aber wieder war keine Zeit." Prinzipiell geht es um alle Alibis für ihr eigen eingefädeltes Unwohlgefühl. Notieren Sie ihre kreativen Ausreden und versuchen ein Muster in deren Inhalten zu erkennen.

Innere Beteiligung

Mitgefühl und Mitleid sind zwei eng beieinander liegende Empfindungen. Stellen Sie sich vor, Sie sehen einen Rollstuhlfahrer, der sich abmüht eine Bürgersteigkante zu überwinden. Aus der Zuschauerposition geht Ihnen u.a. durch den Kopf „dieser arme Kerl muss sich so plagen – hoffentlich muss ich so etwas niemals erleben. Ein typischer Fall von Mitleid. Die Verbindung zu der hilflosen Person besteht, wird aber in Bezug auf die Befürchtungen bezüglich der eigenen Person aufgebaut. Die ich bezogene Komponente lässt das Mitleid zu einem passiven Vorgehen werden. Wer mitleidet, kann nicht helfen, denn er leidet und benötigt selbst Hilfe. Anders sieht es beim Mitgefühl aus. Ohne sich mit dem anderen Menschen zu identifizieren, fühlen wir seine problematische Situation aus der Beobachtungsposition mit, sind aber handlungsfähig und in der Lage der anderen Person mit Akzeptanz und Ehrlichkeit entgegen zu treten. Schauen Sie bei sich selbst, ob Sie eher der Vertreter des Glaubenssatzes sind „geteiltes Leid ist halbes Leid" oder ob Sie selbst ihre Handlungslähmung spüren. Reflektieren Sie ihr Gefühlsleben in Bezug auf vergleichbare Situationen.

Wenn ich ihn mir backen könnte

Nennen Sie fünf Verhaltensweisen, die Sie an ihrem Partner, Verwandten, Freunden, Bekannten, Kollegen stören. Welche Verhaltensalternativen hätten Sie gerne bei ihrem Gegenüber? Entwickeln sie jeweils zwei Alternativen.

Störendes Verhalten bei ...	Alternative Verhaltensweisen
	1. 2.
	1. 2.
	1. 2.

Mix it

Würde man die Auslegungen der Gebote von Eugen Drewermann[55] in diesem Kontext betrachten, so weist das 4. Gebot mit seiner Anregung das Alte, die Alten anzuerkennen, auf einen wesentlichen Baustein zum Erhalt der gesellschaftlichen Entwicklung hin.

Würden die neuen Herausforderungen ohne die Nutzung der bereits gemachten Erfahrungen angegangen, so würden die Menschen sich selbst ihrer Zukunft berauben. Die Einheit in sich selbst, die Einheit mit allen Menschen im Fluss der Zeit, kann durch die Verbindung des Neuen mit dem Alten optimale Bedingungen schaffen.

Es geht nicht um ein Übernahmekonzept, sondern um den Weg sich bewusst für die Einbeziehung selbstständig ausgewählter Aspekte zu entscheiden. Es wird sicherlich Erfahrungen aus den Vorgenerationen geben, die Sie nach ganz individueller Überprüfung und "Modernisierung" in ihr eigenes Lebenskonzept integrieren möchten.

---

55 Eugen Drewermann die 10 Gebote (2010)

151

Universität des Alten

Ihre Eltern und Großeltern haben sicherlich die eine oder andere Lebensweisheit aus ihrem Erfahrungsschatz kund getan. Kramen Sie einmal in ihrem Gedächtnis, was Ihnen von diesen Ahnenschätzen an alten Rezepten, Ritualen, usw. in Erinnerung kommt. Vielleicht stoßen Sie auch auf bestimmte Dinge, die Sie selbst schon lange übernommen haben. Sortieren Sie nach brauchbaren und weniger nützlichen "Erbanteilen".

III.3.5 Focus: Subjektive Realitäten
In höchst eigener Person

Wie genau sprechen Sie mit sich? Gehen Sie liebevoll oder rechthaberisch im Kontakt mit sich um? Zumeist sind unsere Selbstgespräche lautlos und laufen in unseren Gedanken ab. Eine geheime Kommunikation – zumeist mit sichtbaren oder spürbaren Konsequenzen. Manchmal flutscht ein, auf uns selbst gerichteter Kommentar, heraus - leider selten als Lob. Sind es nicht viel eher Formulierungen, die wir aus unserer Biografie kennen, z.B. Kritik, respektlose Äußerungen, Schimpftiraden oder Runterputzer. Da wir uns in der Regel an uns selbst gewöhnt haben, fällt uns der unflätige Umgang mit der eigenen Person nicht wirklich auf.

Achten Sie bewusst auf ihre Eigenkommentare oder Self-Talking Themen. Notieren Sie am besten ihre inneren Dialoge.

z.B.

Situation	Self-Talk
Auf der Suche nach benötigten Unterlagen	„Was bin ich für ein Schussel! Niemals werde ich Ordnung lernen" (Entmutigung)
Etwas geht schief	„Na, wieder einmal eine Glanzleistung" (Ironie)
Ein Fehler ist unterlaufen	„Ich dumme, blöde Gans" (Beleidigung)
………………..	…………..

In der Regel wirken sich diese Selbstbotschaften wenig förderlich auf ihr Selbstwertempfinden und ihre (Grund-) Stimmung aus. In kleinen Schritten können Sie ihren Selbstdialog mit liebevollen, aufbauenden und entwicklungsfördernden Botschaften bestücken.

a) Falls Ihnen die Wirkung ihres Self-Talks noch nicht transparent ist, stellen Sie sich vor, Sie würden einem Kind diese Kommentare geben. Wie fühlt sich dieses Kind wohl? Können Sie Parallelen zwischen ihren Empfindungen und denen des Kindes erkennen?

b) Im Anschluss daran sensibilisieren Sie sich darauf ihren Self-Talk bewusster wahrzunehmen. Stellen Sie sich vor, wie Sie sich fühlen / verhalten würden, wenn eine andere Person ihnen das sagen würde, was Sie sich zuteil werden lassen. Diese Instruktion gilt für positive sowie negative Eigenbotschaften.

Versuchen Sie immer, wenn ihnen eine demotivierende, bzw. negative Self-Talking Situation auffällt, diese umzuformulieren. Durch das behutsame Verändern ihrer Eigenansprache begegnen Sie sich liebevoller und heben sich selbst in ein neues Selbstwertgefühl. Zumeist wirken sich unsere Selbstbotschaften wenig förderlich auf unser Selbstwertempfinden und unsere (Grund-) Stimmung aus.

Mit kleinen Schritten können Sie ihren Selbstdialog durch liebevolle, aufbauende und entwicklungsfördernde Botschaften bestücken, z.B. unterlaufener Fehler – „super, ich habe wieder an mir gelernt, danke".

Subjektivität versus Objektivität

Oftmals ist es in unserem Leben wichtig die Unterscheidung zu treffen, ob wir eine Interpretation oder eine objektive Beschreibung abgeben. Objektivität ist immer schwierig, denn jeder von uns unterliegt einer subjektiven Erlebniswelt. Streben wir die Korrektur unserer individuellen Wahrnehmung an, können wir uns an dem ZDF (Zahlen, Daten, Fakten) Modell orientieren.

Z.B. stellen Sie sich vor Sie halten eine Rede. Ein Zuhörer aus ihrem Blickfeld runzelt die Stirn. Ihre Wahrnehmung erfährt unmittelbar eine persönliche

Interpretation „diese gerunzelte Stirn will mir mitteilen, dass mein Vortrag missbilligt wird". Entsprechend ihrer Verknüpfung verhalten Sie sich. Verbal verteidigen Sie ihre Ansichten, verschärfen ihren Ton und schauen nur noch auf diesen Zuhörer. Dieser meldet sich zu Wort. Er fühlt sich durch den letzten Teil der Rede persönlich angesprochen. Er betont, dass er zu Beginn gerne ihre Gedankengänge verfolgt hätte, doch bei den letzten Worten fehle ihm das Verständnis. In Ihnen läuft das Programm: "Na bravo, ich bin ein guter Menschenkenner, ich habe recht behalten. Dieser Mensch missbilligt mich." Ausgehend von dem Thema der Rede schliessen Sie auf ein Werteurteil zu ihrer ganzen Person.

Nach der Veranstaltung wartet dieser Zuhörer auf Sie. Das zu Beginn angespannte Gespräch führt zu der Erklärung, dass dieser Zuhörer mit seinem Stirnrunzeln ausschließlich sein Erstaunen und seine Hochachtung über ihre derart vorausschauende Meinung ausdrücken wollte.

Um die Unterscheidung für sich selbst klarer zu bekommen, können Sie ein Illustriertenphoto zur Hand nehmen und dieses beschreiben.

Fraglich ist, ob Sie im ersten Impuls von einem fröhlichen Gesicht berichten = Interpretation!– Fakt: nach oben weisende Mundwinkel = objektiv

Setzt Sie ihre Phantasie immer wieder in einen selbst gebauten Käfig, so können Sie eine Brücke zu ihrem Gegenüber bauen, indem ihre Subjektivität durch eine Formulierung kenntlich machen, z.B. ich vermute…, aus meinem Blickwinkel…So wird keine dicke Luft zwischen Ihnen und den Empfänger aus dem vermeintlich versprühten Gift erfolgen. Gleichzeitig wird durch den Selbstoffenbarungscharakter verhindert, dass Sie sich selbst zur Fachkraft über die Innenwelt ihres Zuhörers machen.

Ausharren oder Selbstliebe

Was genau trauen Sie sich zu für ihr eigenes Seelenheil zu tun? Harren Sie mit Menschen oder Situationen aus, die Ihnen schaden? Wenn ja, besitzen Sie wahrscheinlich unzählig viel Argumente, warum es so ist, z.B. die anderen werde es schon wissen, ich bin wahrscheinlich zu kritisch, ach das lohnt sich doch gar nicht… Das Ergebnis spüren Sie – es geht an ihre Energie und Kraft. Als Krönung kann dann noch das „was wäre gewesen wenn… Spiel" oben drauf gesetzt werden. In der Regel geht das Spiel so aus, dass Sie heute der Verlierer sind, da Sie alle Chancen ungenutzt gelassen haben. Prima, so können Sie den Strick zu heutigen Verharrsituation noch fester surren und Veränderungskraft in den Schatten stellen.

Setzen Sie sich bitte mit folgenden Gedanken auseinander und fixieren ihre geistigen Ergüsse schriftlich.

Wie hoch schätzen ihr selbstschädigendes Verhalten durch Ausharren auf einer Skala von 1-10 ein?

Was genau veranlasst Sie im Prozess des Ausharrens zu verbleiben? z.B. Glaubenssätze, ethische Motive, moralische Gründe…

Stellen Sie sich vor, wie viel Kraft Sie im Ausharren benötigen, tragen Sie ihre Schätzzahl in einer Skala von 1-10 mit einem roten Stift ein. Bitte nutzen Sie die gleiche Skala, um mit einer anderen Farbe die Energie einzutragen, die Sie unter Berücksichtigung ihrer Ressourcen (schauen Sie in ihrem Energy Selfie®) für einen Veränderungsprozess benötigen.

Blicken Sie einmal in ihre Familie, ob es dort auch Aushalter in ihrem Kaliber gibt / gab. Erfährt diese Person bei ihnen uneingeschränkte Hochachtung und Respekt? Gibt es Gründe für die Weiterführung dieses Werks?

III.3.6 Focus: Hürden zum "Kosmische Ja"
Potenziertes Drama mit Wirkung

Die Tendenz sich alles und jedes erst einmal schlimm auszumalen, fördert in gar keinem Fall die kosmischen Ja Entscheidungen. Nichts desto trotz neigen viele Menschen dazu sich vor, während oder nach einer Situation ein Drama auszumalen, z.B. ein Hund hat irgendetwas vom Boden aufgenommen, kaut darauf herum und ist nicht bereit seine Beute wieder abzugeben. Das beherzte Frauchen greift in die Schnauze – nichts – sie dringt weiter in den Rachen vor und birgt eine geöffnete Sicherheitsnadel. Nach kurzem Schimpfen mit dem verständnislos schauenden Hund, drückt Frauchen die Freude darüber aus, dass nichts passiert ist. Sie knuddelt ihren Hund während eine der anwesenden Personen sich daran aufhängt, was alles hätte geschehen können. Mit Hilfe einer weiteren Anwesenden wird ein dramatisches Szenario ausgeschmückt. Nachdem keine der beiden Damen der Tatsache, dass alles gut ausgegangen ist, Gehör schenkte, stieg die Hundebesitzerin in das Drama mit ein. Überspitzte mögliche Folgen, bis hin zum Tod über eine gefährliche Infektion an der Verletzungswunde, mit nachfolgender Sepsis, erörterte Frauchen jedes Detail, ohne nur einmal Luft zu holen. Urplötzlich warf die Erstdramaturgin ein: „aber Gott sei Dank ist ja nichts passiert". Die Technik war geboren: Dramagestaltung im Konjunktiv bis zu der Erklärung, dass ja alles gut gegangen sei oder aus dem Dilemma ein Positivum für die „Ewigkeit" hervor gegangen ist.

Tragik-King

Nutzen Sie nun einmal eine Ihnen bekannte Struktur, die Sie in der Regel nervt: ihre Gabe alltägliche Begebenheiten katastrophal auszumalen. Wählen Sie eine unspektakuläre Situation, z.B. Lebensmitteleinkauf in ihrem Supermarkt. Schildern Sie nun einen Einkauf, in dem alle Dramen, die Ihnen einfallen, beinhaltet sind. Im zweiten Durchgang setzen Sie dieser Geschichte noch eins drauf. Führen Sie diese Hyperdramatisierung solange durch, bis Sie selbst darüber lachen müssen.

Selbstschädigende Gedanken im Anflug

Wer selbstschädigende Gedanken bei sich kennt, bemerkt unmittelbar ihr Auftreten und weiss um den weiteren Verlauf. Der Gedanke will sich durchsetzen, Sie in ihrem ganzen System schwächen und dominieren. Beschließen Sie die Gedankenquälerei nicht mehr zu unterstützen, indem Sie ihre Aufmerksamkeit entziehen. Erarbeiten Sie Möglichkeiten, die Sie als Direktwaffe nutzen können, z.B. sie lenken ihre komplette Konzentration auf eine Blüte, die Sie sich im Detail beschreiben oder auf ihre Schuhe, die Sie sich bis zum letzten Kratzer schildern oder stehen Sie auf und hopsen auf einem Bein oder… Sie benötigen einige Varianten, denn die Gedanken sind hartnäckig und setzen alles daran, sich in den Vordergrund zu drängen. Ihr Abwehrarsenal kann nicht voll genug sein. Verblüffen Sie sich immer wieder selbst, sodass die „Doofgedanken" sich einen anderen Weg suchen müssen.

Kraft der Hoffnung

Hoffnung ist mehr als eine Empfindung, sie ist eine Art Heilpille für unser Immunsystem, stärkt unseren Mut, unsere Energie und unser Durchhaltevermögen. In diesem mittelniederdeutschen Begriff verbirgt sich die Hopserei in der positiven Zukunftserwartung. Als Bild könnte man sich ein lustig springendes Kind, in seiner Vorfreude auf das Kommende, vorstellen. Aber auch dieses Kind wird nicht dauerhaft im Spring-Modus sein, sondern auch einmal ruhen. Analog sind das die Phasen, wo die Hoffnung von Zweifeln oder Ängsten angegriffen fühlt. Doch würden wir dieses Empfinden nicht kennen, wäre es uns auch nicht klar, welcher Kraftgeber in der Hoffnung steckt. Auf was richten Sie ihre Hoffnung aus?

Mein Nichtwille

Sabrina hat sich in einem großen Speziallabor beworben. Aufgrund ihrer vielseitigen Ausbildungen werden ihr zwei Stellen angeboten. Sie könnte aktive Laborarbeit leisten oder in der Fachabteilung für Öffentlichkeitsarbeit ein Referat übernehmen. Der Chef bittet sie um eine Antwort bis zum nächsten Tag um 13.00 Uhr. Glücklich und beschwingt verlässt Sabrina das Büro und schwebt mehr als das sie geht nach Hause. Ihr schwirrt der Kopf wie ein hochzeitstanz aufführender Bienenschwarm. Bei einem Kakao mit Sahne überlegt sie eifrig, telefoniert mit ihren Freundinnen und beratschlagt sich mit ihrer Nachbarin. Am folgenden Morgen steht Sabrina sehr früh auf, zieht sich x-mal um und spurtet los. Schon erwartet, fragt der Chef Sie nach ihrer Entscheidung. Sie macht ihm erst einmal deutlich wie schwierig ihr die Wahl fällt. „Ich möchte nicht so gerne mit den giftigen Chemikalien arbeiten, obwohl mich dieses Forschungsprojekt schon sehr reizt. Ungern würde ich aber auch den halben Tag am Computer sitzen. Vor allem finde ich 2-er Büros auch nicht sonderlich attraktiv. Aber auch im Labor kann ich ja leider nicht alleine arbeiten. Na ja…" „Stopp" dröhnt der Chef etwas heftiger als er selbst wollte. „Nun weiss ich, was Sie alles nicht mögen, doch ihren Entschluss kenne ich immer noch nicht. Auch frage ich mich nun, ob Sie die Richtige für unser Unternehmen sind. Wir sind innovativ und erwarten klare und konstruktive Entscheidungen."

Was sollte Sabrina ihrer Meinung nach lernen? Kennen Sie derartige Wesenszüge bei sich selbst auch?

Einstromtor 4
" Worte blenden – Verhalten nicht" Albert Einstein

Selbstausdruck als Alphabet der Empfindungen, Tatenergie, Impuls der Seele folgen / ausdrücken, Intuition als Motivation zu Gedanken und Tat, Gespür für verbalen / nonverbalen Ausdruck, Kommunikation, Ich Einbringung, bedächtige Handlung, Öffentlichkeitspräsenz, Körperausdruck, Gestik, Mimik, Arbeit mit den Händen, Eigendarstellung, Geltungsbewusstsein, Expansionsstreben, Systematik / Ordnungssysteme, Pragmatismus, Transformation, adäquate Neuorientierung, Erwerb höheren Wissens, Sublimierungsbegabung, Geist zwischen Diesseits und Jenseits, Interesse an wahrer Mystik, Verbindung zur geistigen Welt

III.4.1 Fokus: Selbstsicherheit – vertrauen -wert
Gefängnis Selbstkritik

Gemeint ist nicht die Koketterie mit nach außen getragenen, selbstkritischen Äußerungen, sondern der innere Dialog, der sich gehäuft um eine kritische Haltung zum eigenen Erscheinungsbild, zum eigenen Reichtum, zum eigenen Handeln, zum eigenen Denken, zum eigenen Fühlen, eigentlich zu allem, was die Person / Persönlichkeit ausmacht, dreht. Die Gründe können sehr unterschiedlich sein. Eigenen oder fremden Idealvorstellungen eifrig nachjagen, der Gefallsucht unterliegen oder …Im Selbstwertempfinden bleibt kein gutes Haar übrig und auch die Selbstbestimmung, sowie das Vertrauen in die eigene Person, sind wenig zugänglich. Schauen Sie in den Spiegel und rufen sich mehrfach entgegen wie toll Sie sind. Betrachten Sie sich abschliessend noch einmal und verabschieden sich mit der Bemerkung wie sehr Sie sich auf ein Wiedersehen im Spiegel freuen.

Treppchen fürs Selbstbewusstsein

Nur als kleiner Rat gedacht. Schaffen Sie sich ein Umfeld, in dem Sie ihr Selbstbewusstsein als stark erleben. Fokussieren Sie sich auf dieses Gefühl und stellen es sich in allen Facetten vor. Spüren Sie intensiv hinein und graben es tief in ihr Bewusstsein, damit es im akuten Fall abrufbar ist. Machen Sie sich diese Empfindung immer wieder zu eigen. Dann erfolgt der ultimative Test. Sie bewegen sich auf einem weniger sicheren Terrain. Rufen Sie sich ihr erarbeitetes und implantiertes Selbstbewusstsein ab, wecken Sie es vielfältig auf.

Symbolische Statusfigur

Was dem einen sein Gartenzwerg, ist des anderen seine Harley Davidson oder sein Mercedesstern. Mit welchem Symbol drücken Sie ihren Status aus? Vielleicht haben Sie auch mehrere Statussymbole. Erläutern Sie ihr Symbol; z.B. ein autistischer Klient (19 J.) konzipierte aus den Anfangsbuchstaben seines Namens ein Wappen mit einem Bär. Dieses nutzt er als Merkmal für sein whatts app account, ebenso wie als Briefkopf und Kennzeichen auf seinen

Bewerbungsunterlagen. Seine Erläuterungen beziehen sich zuerst auf seine Initialen, die "ihn authentifizieren, ohne dass jemand weiss, wer er ist". Der Bär symbolisiert für ihn Stärke, Alleinleber ohne Einsamkeitsgefühl, wenn er will geht er zur Familie bis sie ihn nervt, frisst Fleisch, was er sich selbst besorgt und "macht, was ihm in den Kopf kommt". (O-Ton)

Sicht aus Kinderaugen

Stellen Sie sich vor, Sie wären ihr eigenes Kind und betrachten sich selbst aus dieser Perspektive. Nutzen Sie folgende Fragen und beantworten Sie diese aus ihrer Betrachtung mit Kinderaugen.
-   Was ich an dir ganz toll finde (wenigstens 5 Aspekte)
-   Was ich mir von dir wünschen würde (wenigstens 3)
-   Wie ich mir dein Leben vorstelle (verschiedene Lebensbereiche)

Ein kleiner Tipp. Setzen Sie sich auf den Fußboden und richten ihren Blick nach oben. Diese Haltung vereinfacht die Übung.

Seinsberechtigung

Der Eigenwert umfasst erheblich mehr als messbare Leistungen, doch jeder von uns benötigt etwas, woran er seine Selbstbedeutsamkeit fest machen kann. Wir sind fast alle Meister darin aus nichtmessbaren Leistungen Eigenzweifel oder Unstolz zu ziehen. Scheinbar müssen wir erst Besonderes leisten, um in unseren Augen besonders zu sein?

Muss man erst in Konkurrenzkämpfe gehen, um das eigene Ziel "besser zu sein" erreichbar zu machen?

Schauen wir uns erst einmal an, aus welchen Beweggründen sich schwacher Selbstwert entwickelt. Wie oft sind Sie als Kind dafür gelobt worden, was sie geleistet haben?

Wie oft sind Sie gelobt worden, weil Sie einfach **Sie** sind. Ups, sagt das Kinderhirn „wenn ich etwas gut mache, bin ich geliebt – das will ich und deshalb werde ich es jetzt noch besser tun" (dann bin ich noch geliebter) „später muss ich Karriere machen, deshalb muss ich mich jetzt besonders anstrengen."

(dann haben mich alle lieb) Ehe man sich versieht, erfolgt eine Identifizierung mit der falsch verstandenen Stärke.

Ein Fehler wird erst ein Fehler, wenn man ihn wiederholt und nicht aus ihm gelernt hat.

Selbstreflexion

Sind Sie gerade hyperkritisch mit sich? Oder selbstverliebt? Dann scheint es Zeit für eine Selbstreflexion zu sein. Betrachten Sie in aller Ruhe ihre Fähigkeiten und ihre Schwächen. Setzen Sie einen möglichst realistischen Blick auf sich, sparen Sie nicht an Verbesserungsvorschlägen und ebenso einem verdienten Lob. Dies ist der beste Weg wieder zu sich selbst zu finden. Auf dieser Strecke der persönlichen Weiterentwicklung werden Sie die Analyse ihrer Verhaltensweisen mit der Erkenntnis zur Veränderung krönen.

Es wird ein wenig dauern, bis Sie ihr System zur Eigenrevue für sich gebastelt haben. Am besten erinnern Sie sich an eine vergangene Situation und vergegenwärtigen sich alles was damals geschehen ist.

Sortieren Sie die Aspekte nach Verhaltensweisen, die Sie genauso wieder machen würden und in Handlungsbereiche, die Sie mit neuen Ideen bestücken möchten. Spielen Sie in Gedanken ihr neues Konzept durch und achten darauf, ob sich an der ein oder anderen Stelle ein grummeliges Gefühl einstellt. Visionieren Sie alle Variationen, die ihnen einfallen, bis Sie selbst d´accord mit sich sind. Denken Sie auch an ihr Kapital aus dem Energy Selfie®.

Den letzten Schritt bildet das Ausprobieren. [56] Im günstigsten Fall können Sie sich auch ein feedback, zu ihrer neu erworbenen Verhaltensweise, einholen.

---

56 In der Forschung wird derzeit davon ausgegangen, dass sich neue Verhaltensweisen nach 21 Tagen der Übung implantieren

Liebreizender Eigenlob-Duft

Lassen Sie am Abend in einer ruhigen Minute ihren Tag noch einmal Revue passieren. Ihre Erinnerungen ziehen durch ihre Gedanken und lösen Impulse in ihrem Inneren aus. Halten Sie den Rückblickfilm ruhig immer wieder an, um sich selbst ein Lob zu schenken. Die Eigenbestätigung muss nicht an eine Leistung gekoppelt sein, sondern viel mehr an das Gefühl des "mit sich zufrieden eins seins". Loben Sie sich dafür, dass Sie so authentisch sind.

Macht über mich

Durch Eigenverstärkung erwerben Sie selbstgesetztes Verhalten. Sie befinden sich im Zustand der Selbstwirksamkeit. Es ergibt sich eine Art Kettenreaktion aus dem Gefühl des eigenen Könnens gekoppelt mit dem Empfinden der selbstgewählten Handlung und dem Gespür von einem persönlichen Verdienst. Aus diesem Erleben bilden Sie bitte einen Kernsatz, den Sie schriftlich verfassen und an einem gut ersichtlichen Ort platzieren, z.B. ich bin eine kompetente Person, die wirksam als unabhängiges und selbständiges Wesen lebt.

III.4.2 Focus: Selbstigkeit
Geltungsvariationen

Oh je – welch dehnbarer Begriff eines Persönlichkeitsmerkmals. Die erstrebenswerte Seite bewegt sich in den Kategorien Anerkennungswunsch, gegenseitigen Respekt, Ehrgeiz und Selbstbewusstheit. Allen Charakterzügen ist es zu eigen, dass sie in den unterschiedlichsten Ausprägungen auftreten können. Speziell in diesem Fall, z.B. in einem übertriebenen Geltungsstreben bis hin zu Steigerung im Rahmen der Geltungssucht. Generell drängt das Streben nach Geltung in eine Art Vordergrunds-beachtung, was mit Arroganz, Eitel- oder Überheblichkeit bis hin zu narzisstischen Bedürfnissen, ausgeschmückt werden kann. Die Schattenseiten des Geltungsstrebens können

162

ebenso durch Distanziertheit, Verschlossen- oder Verlegenheit, sowie Hemmungen in Erscheinung treten. Diese oder ähnliche inadäquate Verhaltensweisen pflastern den Weg zum Ziel. Nicht selten entspringen die unpassenden Auftritte einem Kompensationsmechanismus für erlebte Minderwertigkeitsempfindungen.

Erstrebenswert wäre ein Geltungsbedürfnis, welches den Wunsch verkörpert gesehen zu werden und auch für andere etwas zu gelten. Schauen Sie doch einfach einmal in verschiedenen Bereichen wie hoch ihr Geltungsbedürfnis ist und wie weit es auch Erfüllung findet. Schauen Sie doch auch einfach einmal hin, was Sie alles tun, um ihrem Bedürfnis gerecht zu werden.

Beispiel:

Bezugsrahmen	Geltungs-wunsch 1-10	Bekommen	Nicht bekommen	Was tue ich dafür
Arbeitsbereich	5	3	Lob für Mehrarbeit	Vielleicht den Chef darauf hinweisen
			Anerkennung für soziale Aufgaben Team	Kollegen fragen, ob er Geldsammlungen für Geburtstage durchführen mag

Achtung! Schmeichelei

Honig, der uns ums Mundwerk gestrichen wird, tut vordergründig gut. Unser Ego fühlt sich gepinselt und in rasanter Eile können uns gut geplante Abgrenzungsverhaltensweisen verloren gehen. War es nicht so, dass Sie ein „nein" für die Anfrage zur Übernahme von Sonderarbeiten vorbereitet hatten? Wo ist es geblieben? nachdem Sie gehört haben, dass sie die Einzige sind, die so kompetent dieser Aufgabe gerecht werden kann. Nur Ihnen möchte man dieses Projekt anvertrauen. Was für eine Aufwertung ihres Seins! Die Bauchpin-

selei nehmen Sie gerne entgegen und durch den Genuss der Seelen-
schmeichelei geht ihre ursprünglich geplante Absage ins Nirwana. Im Rausch
der Lobhudeleien überhören Sie ihre eigene innere Warnstimme. Bereiten Sie
sich auf derartige Situationen vor, indem Sie sich unterschiedliche "Filme"
ausdenken, in denen Sie sich trotz der verfrüht vergebenen Lorbeeren an ihre
Nein-Vereinbarung halten.

Merk dir mich
Versuchen Sie einmal ihr komplettes Repertoire zur Aufmerksamkeitserhei-
schung aufzulisten. Haben Sie das ein oder andere Verhalten schon einmal
genutzt? Welche Ideen hätten Sie noch? Lassen Sie ihrer Phantasie und Pro-
bierlust freien Lauf.

Assoziierte und dissoziierte Wahrnehmung
Schildern Sie eine problematische Situation aus ihrem Erleben heraus, z.B.
bei einem Vorstellungsgespräch eine Repräsentation zu gestalten. Sie werden
eng verbunden mit ihrer Darstellung sein, so dass Sie aus ihrem Inneren heraus agieren. Ihr Erleben wird assoziiert sein, d.h. ihr Körper-Geist-und See-
lenleben tut so, als würde das Procedere jetzt, in diesem Moment, ablaufen.
Im Folgeschritt schauen Sie sich ihren inneren Film, vielleicht mit dem Titel
„Wie ich die Welt von mir überzeuge" an.
Auf diesem Weg handeln Sie dissoziiert (von Aussen betrachtend) und die
ängstlichen Empfindungen sind nicht spürbar. Sollte ein Unwohlempfinden
auftauchen, unterbrechen Sie den Film. Konzentrieren Sie sich bewusst auf
die Sitzfläche unter ihrem Po. Nach kurzer Unterbrechung starten Sie den
Film erneut. Schauen Sie ihn so häufig an, bis Sie ohne Unterbrechung Ihre
Hauptdarsteller Rolle wohlwollend betrachten können.

III.4.3 Focus: Eigenausdruck – persönliche Darstellung
Trigger-points

Sie wissen, dass Sie eigentlich eine Menge Ausdrucksmöglichkeiten für ihre Eigendarstellung besitzen. Leider werden Sie in vielen Situationen, wo Sie diese Fähigkeit zeigen möchten, von innerer Erregung und Stress überrumpelt. Was genau triggert ihr Nervensystem? Ist es ein besonderer Blick? Ist es die Anzahl der Menschen? Oder … Versuchen Sie heraus zu finden, was Sie, bzw. ihr Nervensystem, immer wieder zur Flucht oder zur Erstarrung bringt. Schwelgen Sie auch einmal in Kindheitserinnerungen. Wie haben die Personen, die Ihnen wichtig waren, auf ihren Selbstausdruck reagiert? Vielleicht landen Sie auch bei einer speziellen Situation, die aus Kinderaugen betrachtet, ganz schrecklich war. Aus Erwachsenensicht angeschaut, kann es eine Banalität gewesen sein.

Impuls Gefangenschaft

Erlebte Einengungen können somatischer, psychischer oder situativer Natur sein. Was genau engt Sie in ihrem Ausdruck ein? Welche Mechanismen blockieren ihren seelischen Impuls zu ihrem persönlichen Ausdruck? Keine ihrer Antworten unterliegt einer Bewertung, denn es geht ausschließlich um ihr subjektives Erleben.

Körperlich	Seelisch	Situativ
z.B. Atemnot	z.B. Angst	z.B. Menschenmengen

Nickelig mit mir

Vergegenwärtigen Sie sich die folgenden Begriffe in ihrer Bedeutung.

1. **Selbst-bewusstsein** – welche ihrer Qualitäten kennen Sie von sich?
Notieren Sie einmal ihre Erfolge und Misserfolge der letzten Woche. Welche ihrer Stärken haben Sie bevorzugt genutzt? Welche Schwächen sind Ihnen aufgefallen?
Bitten Sie Bekannte oder Freunde um ein Feedback ihrer Selbstbewusstseins-wirkung.
Mit all diesen Informationen können Sie einmal schauen, an welchen Stellen Sie ihre Komfortzone verlassen möchten.

2. **Selbst–wert** – für wie wertvoll halten Sie sich in der Summe auf einer Skala von 1-10?
Wie viel Bestätigung haben Sie für ihr Sein, so wie Sie waren / sind, erhalten?
Schauen Sie, wo Sie ein zu gestrenger Richter ihrer selbst sind. Was tun Sie für sich ganz alleine, um ihren Eigenwert zu feiern? Bleiben immer bestimmte Bedürfnisse offen? Machen Sie sich klar, dass niemand das Recht besitzt ihren Wert zu schmälern – vor allem Sie selbst nicht.

3. **Selbst-vertrauen** – wie hoch ist ihr Vertrauen in sich selbst? Tragen Sie es ebenfalls auf einer Skala von 1-10 ein.
Die Basis für ihr Selbstvertrauen wird vor allem in der Kindheit gelegt. Wie viel Lob und Unterstützung haben Sie in ihrer Entwicklung, in welcher Form, erhalten? Sagen Sie sich wenigstens einmal am Tag etwas Liebenswertes.

4. **Selbst-sicherheit**
Wie sicher sind sich ihrer selbst?
Richten Sie sich einfach einmal richtig groß auf, blicken gerade aus in ihre Laufrichtung und marschieren mit festem Schritt über mindestens 50 m gerade aus.

Alle diese Aspekte spielen im wahren Leben immer zusammen. Spüren Sie das Konglomerat der einzelnen Wesenszüge?

Chiffre für Wesenhaften Selbstausdruck

Atbash ist eine uralte, kabbalistische, hebräische Verschlüsselungsmethode. Sie basiert auf einem einfachen Verfahren, indem der erste Buchstabe des Alphabets mit dem letzten ausgetauscht wird. Der zweite mit dem Vorletzten usw. Auf diesem Weg entstand auch der Name dieser Geheim-Mitteilungsmethode, Atb(a)sh (1. Buchstabe im hebräischen Alphabet (Aleph) wird durch den letzten (Taw), der 2. Buchstabe (Beth) wird durch Schin (vorletzter Buchstabe) ersetzt.

Oftmals kann es eine Hürde darstellen einen Seelenimpuls für sich selbst klar und präzise zu erkennen. Die grundsätzliche Frage besteht oftmals darin: "ist dies wirklich ein Seelenimpuls oder mein Verstand?" Der Verstand liebt es sich in eine dominante Position zu drängen und Gedanken zu Entscheidungen lauthals über die sanften, leisen Seelenimpulse zu setzen. Erst in der Sackgasse der Fehlentscheidung wird uns oft bewusst, dass wir ein altbekanntes Muster mit uns fahren. Unbemerkt haben sich Prägungen, Glaubenssätze, Erfahrungen oder ähnliches aus unserer Umweltverarbeitung eingeschlichen. Bekanntes bietet Sicherheit – Unbekanntem gegenüber sind wir oft zurückhaltend. Wer weiss was uns dann erwartet? Das Thema ist aber bekannt: Wachstum, Veränderung, unbekannte Lösungen und Aufgabenerfüllungen. Hier sprechen die Seelenimpulse, die Intuition, die in ein individuelles Neuland führen wollen. Das Neuland jedoch könnte gefährlich sein und so schützt uns das Alte vor möglichen Gefahren, verhindert aber gleichsam Entwicklungen. Je länger wir darüber nachdenken, umso mehr Argumente werden sich zeigen, die gegen einen neuen Weg sprechen. Sobald Sie das bemerken, versuchen Sie den Ursprungsimpuls wieder zu erheischen. Mit Sicherheit haben Sie ihn entdeckt, wenn es sich stimmig in Ihnen anfühlt. Bevor nun wieder Zweifel, Besorgnisse oder Ähnliches auftauchen, schlagen Sie ihrem Verstand ein Schnippchen und nutzen die Atbash für ein superindividuelles Kernwort. Ein neues Wort, ohne alte Gehirnverknüpfungen bringt das Denksystem erst einmal in Verwirrung. Der gut gemeinte Veränderungsvorschlag erhält eine völlig neue Chance als risikolos eingestuft zu werden und dadurch mehr Vertrauen in die Seelenimpulse zu schaffen.

Vorab der Chiffrier- und Dechiffriercode:

A	B	C	D	E	F	G	H	I	J	K	L	M	N	O	P	Q	R	S	T	U	V	W	X	Y	Z
Z	Y	X	W	V	U	T	S	R	Q	P	O	N	M	L	K	J	I	H	G	F	E	D	C	B	A

z.B. Der Seelenimpuls tut kund, dass es bei der nächsten Auseinandersetzung mit dem Partner sinnvoll wäre, sich ruhig, besonnen und ohne die vorgespielte Stärke auseinanderzusetzen. (Glaubenssatz: „Ich muss immer stark sein und auf der Gewinnerseite stehen.") Die Kernworte der Klientin sind „Liebe und Vertrauen", was ihr schwer über die Lippen kommt.

L I E B E   V E R T R A U E N
O R V Y V   E V I G I Z F V M

Die Geheimworte ließen sich aufgrund der Buchstabenkombination gar nicht aussprechen, stellten für die Klientin einen unbekannten und doch vertrauten Begriff dar. Ihren Code schrieb sie auf mehrere Zettel, die Sie an, für sie, wichtigen Stellen deponierte. Frau H. amüsierte sich selbst immer wieder über ihre ureigene Geheimbotschaft.

Hardcore Controlling

Das übersteigerte Bedürfnis der Kontrolle liegt oftmals in dem Schutz vor der eigenen Verletzbarkeit zu finden. Durch das hardcore controlling sollen weitere Wunden vermieden werden. Der Kontrollfreak veranstaltet eine ganze Menge, um nicht dem eigenen Ohnmachtsgefühl ausgeliefert zu sein. Für das Umfeld ist es oft uneinsichtig aus welchen Beweggründen er darauf besteht, dass alles immer auf eine ganz bestimmte Art und Weise geregelt werden soll. Für das Umfeld erscheint es so, dass der Betroffene keinem zutraut es richtig zu machen. Erlebte Hierarchien begünstigen das Verhalten. Das gesundheitsförderliche Ziel liegt in dem Loslassen der Probleme und dem Abgeben von Tätigkeiten. Ansonsten stehen dauerhafte Überlastung und ein Burn out nicht nur vor der Tür. Fallen Ihnen bei sich nervige Kontrollverhaltensweisen auf?

Blitzurteil

Bei sozialen Begegnungen treffen wir in rasanter Schnelligkeit durch unbewusste Signale eine Entscheidung für oder gegen diesen Menschen. Gesten, Mimik, Tonfall der Stimme, Geruch und vieles mehr entscheiden in der ersten Sekunde der Zusammenkunft über Sympathie, Antipathie oder Neutralität. Ohne Begründung schließen wir jemanden in unser Herz oder schließen ihn aus. Sympathie, bzw. Abneigung als „Sekundenphänomen" basiert auf unbewussten Mechanismen, z.B. Handgeben. Von der halb toten Maus, die einem in die Hand gelegt wird bis hin zu einem knochenbrecherischen Händedruck sind viele Varianten möglich. Was Sie daraus entnehmen, entspringt ihrer eigenen, subjektiven Bewertung. Welche Phänomene lösen ihr Blitzurteil aus? Beschreiben Sie doch einmal durch was genau ein Mensch auf Sie Eindruck macht.

Sympathie-Gebaren	Antipathie-Gebaren

Tiefster Selbstausdruck

Schreiben Sie ihren Vornamen senkrecht auf ein Stück Papier und entwickeln spontan einen Begriff zu den vorgegebenen Bereichen. (Die Themen können Sie beliebig, je nach Problemlage, austauschen z.B. mit Selbsteinschätzung,…)

	Gestik	Mimik	Sprache
M	annigfaltig	inimal	ulti Wortschatz
A	usladend	ugenspiel	usdrucksvolle Betonung
I	ntensiv	nteressiert, offen	ntelligenter Wortgebrauch
K	örpereinsatz	inn vorstrecken	ecke Sprüche
E	mbleme	inziehen der Lippen	mpathischer Sprachumgang

169

Authentischer Liebesbeweis

Emilia (8Jahre) mit 3facher Belastung von dem Einstromtor 4 / 1fache Aufgabe auf Einstromtor 5, sowie auf dem Einstromtor 9 – bei der Typzahl 4 Emilia ist traurig, dass sie in keinem ihrer Lebensbereiche gesehen wird. Sie liebt ihren gerade verstorbenen Großvater und überlegt, wie Sie sich dem Umfeld nun "transparent" machen kann. Ihre Idee: ein Lied zu schreiben, was sie bei der Beerdigung singen möchte.

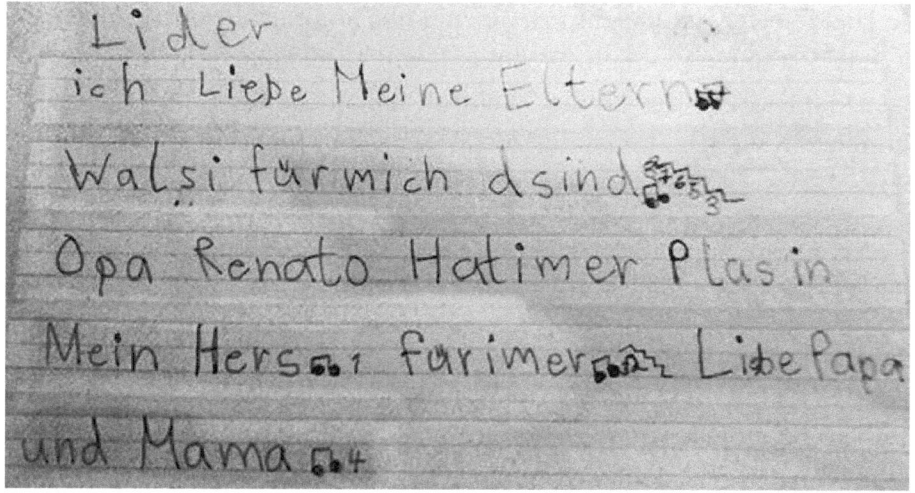

Es ist oftmals das Beste, Klienten in ihrem Brainstorming zu unterstützen. Bei der Ideenentwicklung kann dann rasch ein Ressourcenabgleich stattfinden.

III.4.4 Focus: Körperdokumentation der Gefühle
Sympathieträger meiner Selbst

Beschreiben Sie bitte ihre Varianten des nonverbalen Selbstausdrucks. Es ist nicht einfach, aber effektiv um seine bewusste Reflexion "anzukurbeln".

Gefühl	Gestik, Mimik, Körperhaltung	Körperempfindungen	Verhaltensweisen
Freude			
Trauer			
Liebe			
Hass			
Angst			
Wut			

Nach diesem Schema können Sie weitere Themen angehen, z.B. nichtsprachliche Äußerungen für Ansprüche und Forderungen, Redewendungen, die Selbst(un)sicherheit und Aggressionen ausdrücken, nichtsprachliche Ausdrucksformen Gestik, Mimik, Körperhaltung, Körperempfindungen, Verhalten, Belastungssituationen …

Sammelsurium Gesten

Im menschlichen Repertoire liegen unzählige Gesten. Sie unterstützen unser verbales / nonverbales Kommunikationssystem. Um einen klaren Eindruck der Thematik zu vermitteln, greife ich auf die Kategorien von Paul Ekman[57] und Wallace Friesen zurück.

---

57 Paul Ekman (US-amerikanischer Psychologe), besonderes Fachgebiet Forschungen zur nonverbalen Kommunikation

Emblem: z.B. Sie strecken Jemandem die Hand entgegen. Dies ist in unserem Kulturkreis eine verständliche und bewusste Geste zur Begrüßung.

Illustrationen hingegen sind unbewusste Gesten, die das gesprochene Wort unterstützen. So kann man z.B. die Beschreibung der Größe eines Gegenstandes (unbewusst) mit den Händen zeigen.

Affektive Gesten entspringen dem Gefühl und lassen sich nicht kontrollieren, d.h. sie entfleuchen einem unüberlegten Impuls, z. B. verschränken der Arme, um den Abstand und die eigene Geschlossenheit zu dokumentieren. Nicht selten schaltet sich auch die Mimik als Mitkommunikator ein. Gerade in diesem Bereich lassen sich die Freud´schen Fehlleistungen finden. Z.B. Der heute nicht arbeitsmotivierte Professor begrüßt, routiniert lächelnd, seine Studenten mit den Worten „ich freue mich heute besonders sie verabschieden zu können". Der Versprecher entblößte sein wahres Empfinden.

Regulatoren wie, z.B. ein Kopfnicken, stellt eine Rückmeldung an das Gegenüber dar. Die Regulatoren dokumentieren den Gesprächsverlauf.

Adaptatoren sind immer an Sie selbst gerichtet. Damit werden die eigenen Emotionen reguliert, z.B. Haarsträhne drehen, aktives Fingerspiel.
All diese Ausdrucksgebaren können noch eine weitere Spezifikation über die Kategorie des Wahrnehmungstypes finden. (siehe NLP S. 231)
Insgesamt sollen die nonverbalen Kommunikationsvermittler eine kongruente Unterstützung des sprachlichen Ausdrucks darstellen, um den Selbstausdruck damit zu verfeinern. Doch wie in allen anderen Bereichen sind Hypo- oder Hypereinsatz kommunikativ wenig dienlich. Ein zu wenig an nonverbalen Signalen kann langweilig oder desinteressiert wirken, während ein zu viel übertrieben und aufdringlich erscheinen kann. Mimik und Gestik sollen eine authentische Unterstützung in der souveränen Kommunikation darstellen. Außerdem zählt die Individualität, d.h. versuchen Sie nicht den Stil anderer zu kopieren. Dieser "Stiefel" passt oft nicht und vermittelt eine Art Unechtheit.
Beispiel:

Im Restaurant setzte sich eine deutsche Frau mit ihrer brasilianischen Freundin an unseren Tisch. Die Brasilianerin hatte offene lebenslustige Augen und unterstrich ihre Worte mit einer sehr ausdrucksvollen Mimik. Ihre Freundin hingegen war multitask fähig. Sie steckte sich eine Gabel voll mit Essen in den Mund, sortierte es in Windeseile in die oralen Kaubereiche und mit einer muskulär starken Zermahlmethode schaffte sie es zudem noch pausenlos zu reden und dabei mit der Gabel die nächsten Happen, bewegungsgeschickt, auf der Gabel zu postieren, während die andere Hand großräumig zwischen Ellenbogen- und Augenhöhe ausladende Bewegungen vollzog. Der Redeschwall unterbrach lediglich für den Bruchteil der Sekunden für den Verstauungsakt der Nahrung Es war ein deutliches Beispiel für angenehm unterstreichende Gestik und Mimik, sowie ein übertriebenes Schauspiel zur Verdeutlichung einer verbalen Nachricht. Verschobene Reste in der Mundhöhle – eindringen in den sozialen Raum des anderen durch übergroße Gesten

Vielleicht hast Du Lust einmal ein Video von dir zu drehen. Beobachte dann unter dem Kriterium der Kongruenz deine Selbstaufzeichnung.

Stimmt die Stimme?

Spielen Sie mit ihrer Stimme. Probieren Sie alle Qualitäten, die eine Stimme besitzen kann, z.B. alle Nuancen zwischen schreien und flüstern, piepsig hoch bis abgrundtief, rasant schneller Stimmeinsatz bis langsam schleppend. Achten Sie auf ihre Gefühle bei dem unterschiedlichen Stimmeinsatz. Was fällt Ihnen leicht / schwer? Ist die eine Variante gewohnter als die andere? Zu welchen Gelegenheiten würden Sie welchen Stimmeinsatz als adäquat bezeichnen? Vielleicht mögen Sie auch ihre Stimmlagen mit Gestik unterstützen. Probieren Sie alles, was Ihnen einfällt aus. Das ganze Procedere können Sie auch vor einem Spiegel durchführen und darauf achten, wann Sie authentisch wirken. Fragen Sie sich welche Neuentdeckung Sie auch zukünftig in ihrem Selbstausdruck verwenden möchten.

Mein Auftritt

Nehmen Sie sich ein Aufnahmegerät und lesen eine ihrer Lieblingsgeschichten vor. Hören Sie sich die Aufzeichnung an und achten darauf, wie ausdrucksstark Sie in ihrem Vortragen sind. Reflektieren Sie an welchen Stellen Sie mit mehr Effekt überzeugender wirken könnten oder wo Sie eventuell überzogen haben. Interessant sind auch immer Stellen, an denen Sie sich verhaspeln oder ihre Stimme eine andere Modulation annimmt. Ein Aufnahmegerät ist immer zur Wiederholung bereit und Sie sicherlich zur Eigenanalyse.

III.4.5 Focus: Ausdruck für Eindruck
Distanz und Nähe

Ein nicht unerheblicher Faktor in der Kommunikation ist der adäquate Abstand zum Gesprächspartner. Der beste Ratgeber für die angepasste Nähe ist ihr Bauchgefühl. Generell wird als Regulator für die entsprechende Distanz eine ausgestreckte Armlänge angenommen. Welche Erfahrungen besitzen Sie in Bezug auf verschiedene Nähegrade?

Gesprächsakrobatik

Verständliche Kommunikation ist kein einfaches Unterfangen. Worte, Gesten, Mimik und der gesamte Körperausdruck sollen ein harmonisches Ganzes bilden, um einen situationsadäquaten und kongruenten Gesprächspartner darzustellen. Innere Konflikte drücken sich in dem gestörten Zusammenspiel von verbalen und nonverbalen Gebaren aus. Erinnern Sie sich an inkongruente Kommunikation ihrerseits oder von ihrem Gesprächspartner? Was haben Sie konkret als unstimmig erlebt? Wenn Sie Schwierigkeiten haben sich zu erinnern, beobachten Sie doch einfach einmal einen Winzling, der ihnen Lautverbindungen wie bulabi, lalata o.ä. entgegenbringt. Der Tonfall lässt die Stimmung ahnen. Doch die endgültige Klärung können Sie erst durch den Blick auf die Gestik und Mimik der kleinen Verständigungskünstler erhalten.

Kleinstkinder besitzen die Gabe ein-deutig zu kommunizieren, da sie einfach nur verstanden werden wollen.

Repräsentationssysteme in Aktion

Jeder Mensch besitzt alle Sinnessysteme,[58] wählt sich aber im Verlauf seiner Entwicklung eines als favorisiert aus. Die Nutzung des bevorzugten Repräsentationssystems kostet wenig Energie, ist in Fleisch und Blut übergegangen und verhindert oftmals die intensive Auseinandersetzung / Schulung der weniger genutzten Sinneskanäle. Die verbalen Hinweise stellen nur einen Teil zur Erkennung des meist genutzten Systems dar. Versuchen Sie anhand ihres Sprachgebrauchs ihr bevorzugtes Repräsentationssystem heraus zu finden. Aus welchem Sinneskanal schildern Sie primär ihre Wahrnehmungen?

Visuell	Kinästhe-tisch	Auditiv	Olfakto-risch	Gustato-risch	Vestibular	Meta[59]
sehen	fühlen	hören	duftend	köstlich	sich wiegen	denken
schauen	ergrei-fen	lausch-en	riechen	sauer	schwindelig	lernen
betrach-ten	heiß	klingen	stinken	süß	Boden ver-lieren	wahr-neh-men
erbli-cken	scharf	schrill	modrig	salzig	mitschwin-gen	erin-nern
klar	weich	laut	blüten-voll	bitter	schwanken	wissen

---

58 Sehen (visuell), Hören (auditiv), Riechen (olfaktorisch), Schmecken (gustatorisch), Fühlen (kinästhetisch), Gleichgewichtssinn (vestibular)

59 Metasprache = Objektsprache, kein erkennbares Sinnessystem, z.B. Nachrichtensprache

dunkel	eisig	tönen	aroma-tisch	scharf	Dysbalance	erfahr-en
schei-nen	traurig	melo-disch	ranzig (G)	fruchtig (O)	Balance	be-wusst
funkeln	freudig	ein-stim-men (K)	beißend (K)	herzhaft	Gleichge-wicht	Idee
verzerr-en	schlapp	Ger-äusch	Duft	Geschmack	dreht sich	Glau-ben
Fern-sicht	Gefühl	Ein-klang	Geruch	nussig	unsicherer Boden	ken-nen
Aus-blick	Bewe-gung	Miss-klang	lieblich	beißend (O)	Höhe	Kon-zept
Hori-zont	Erleben	Stille	blumig	ge-schmacklos (K)	eiern	planen
Usw.	Usw.	Usw.	Usw.	Usw.	Usw.	Usw.

Die Liste lässt sich von Ihnen beliebig erweitern.

Versuchen Sie sich in jedem Bereich. Je mehr Systeme Sie sich zugänglich machen, umso flexibler können Sie agieren. Zudem schaffen Sie sich, wie bereits erwähnt, mehrere Speicher-/ Abrufplätze im Gehirn.

Sinnbezogene Spracherweiterung

Wählen Sie sich einen kurzen Artikel aus einer Illustrierten. Streichen Sie sich alle sinnesbezogenen Worte an und ersetzen diese im nächsten Schritt durch Begriffe aus einem anderen Repräsentationssystem, z.B. ...1. Deshalb beäugt (visuell) er, freudig (kinästhetisch) seine laut plappernden (auditiv) Kunden. – 2.Deshalb erlebt (kinästhetisch) er, herzhaft (gustatorisch) seine kommunikativen (meta) Kunden.

3. Deshalb macht er seine Erfahrungen (meta), gewohnheitsgemäß (meta) mit seinen kontaktverbundenen (meta) Kunden.

Dieses Spiel ließe sich unendlich treiben, aber Sie werden merken, dass Sie die unterschiedlichen Formulierungen mehr oder weniger ansprechen. So ist es im wahren Leben, d.h. in jeder Unterhaltung, auch. Viel Spaß bei der Erweiterung ihres eigentlichen Selbstausdrucks.

III.4.6 Focus: Prominenz der Mimik
Mienenspiel

In der Kommunikation nimmt der Gesichtsausdruck eine priorisierte Stellung ein.

Ebenso wie die Gestik unterstützt die Mimik unsere Kommunikation. Jede Regung im Gesicht drückt nicht nur Gefühle, sondern auch Absichten aus. Verstellen geht eigentlich nicht, denn die Kongruenz ist dann gestört, was weder zur Eigen– noch zur Fremdsympathie beiträgt. Pokerface funktioniert unter größter Kraftanstrengung und wird von empathisch gut beobachtenden Gesprächspartnern rasch „erfühlt". Unsere Mimik besitzt einen heißen Nervendraht zu unserem Gefühlszentrum und reagiert dadurch auch erheblich schneller als unser Verstand. Ähnlich wie bei Gesten gibt es auch bei der Mimik eine hypo, bzw. hyper Repräsentanz.

Greifen Sie doch wieder einmal zur Videoaufnahme – oder kramen Sie einmal in ihren Photos. Schauen Sie sich ihre Mimik an und reflektieren einmal, ob diese situativ angepasst ist, zu stark oder zu gering im Ausdruck.

Spielen Sie einfach einmal Hypo-/ Hypermimik bei einem Thema für sich durch.

Erzählen Sie eine emotionale Geschichte und versuchen ihre Mimik zu verbergen. Wie ergeht es Ihnen?

Smilie

Nehmen Sie sich vor morgen keine Smilies zu verschicken, sondern selber als Smilie aufzutreten. Lächeln Sie Menschen an, die Ihnen begegnen und achten Sie auf deren Reaktion. Sehr bald werden Sie merken, dass sich in Ihnen ein Wohlgefühl breit macht und Sie zudem noch viele Mitmenschen beglückt haben.

Beharrlicher Bleistift

Fällt es Ihnen schwer sich selbst anzulächeln? Will Sie der Seelenimpuls der Freude nicht durchschlagend zum Erfolg führen? Spüren Sie manchmal ihre Kieferverbissenheit und Anspannung der Wangenmuskulatur, die Sie eigentlich stört? Dann ist die beste Medizin ein Bleistift. Legen Sie ihn quer zwischen ihre Lippen in den Mund und halten ihn fest. Ihre Zunge darf nicht behilflich sein. Ziehen Sie die Mundwinkel nach oben. Ist es nicht toll bis zu den Ohren zu lachen?

Toll wäre es, wenn Sie diese Aktion 60 Sekunden durchführen könnten, denn die so zwangsläufig provozierten Lachmuskeln senden ein gutes Empfinden in ihre Gefühlswelt.

Stimmungsbarometer Gesichtsausdruck

Zeichnen Sie bitte alle Merkmale in dieses Gesicht, die für Sie einen mutigen aggressiven, liebevollen, grimmigen, ängstlichen, fröhlichen, überheblichen oder … Eindruck vermitteln. Benutzen Sie für jede Stimmungsdarstellung ein neues Blatt.

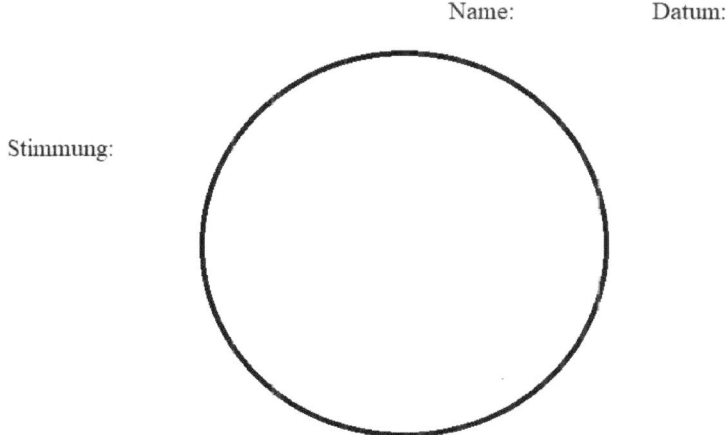

Name: Datum:

Stimmung:

Lektionen für Gesichtsmuskeln

Jeder Muskel liebt es trainiert zu werden um seine Lebendigkeit zu erhalten. So auch die mimischen Bewegungsgeber. Lustige Trainingseinheiten sind z.B. grimassieren, alle Gesichtsmuskeln zusammen zu kneifen, den Mund einmal richtig aufreißen, ein sattes Grinsen hin zu legen…

Es macht Spaß sich der Spiegelshow zu unterziehen, indem Sie sich selbst vom Fratzenmachen über Grimassieren alles im Spiegel zeigen und vielleicht ein Selfie machen.

III.4.7 Focus: Unterstützung aus der Tiefe
Hilfsdepot

Vielleicht mögen Sie eine Minimeditation einlegen. Atmen Sie 3x tief ein – halten kurz den Atem an und atmen langsam und genüsslich aus. Begeben Sie sich dann in ihre bewusste Innenwelt der Sinne.

Visualisierungen zu diesem Thema.

1.Schliessen Sie ihre Augen – stellen Sie sich eine Situation vor, in der Sie Freude erlebt haben

2.Sehen und betrachten Sie sich selbst – achten Sie auf ihre Gestik, Mimik und Körperhaltung

Pause

3.lauschen Sie ihrer Stimme – hören Sie sich sprechen – achten Sie auf die Lautstärke, die Stimmlage und Modulation

Pause

4.spüren Sie ihren Körper und fühlen Sie die Freude in sich, empfinden Sie ihren Körper und achten darauf, wo die Freude sich besonders breit macht

Pause

5.aus diesem freudigen Empfinden heraus, handeln Sie – tun Sie etwas, was ihnen in den Sinn kommt – Was genau könnten Sie tun um ihrer Freude Ausdruck zu verleihen

Pause

6.Nun öffnen Sie ihre Augen – recken Sie sich und wenn Sie wieder ganz im Hier und Jetzt sind, schildern Sie das innerlich Gesehene, Gefühlte und Gehörte (oder schreiben Sie es auf)

Assistenz für das Unbewusste

Widmen Sie sich dem Prozess der Selbstwahrnehmung. Welchen Eigenschaften sehen Sie bei sich? Um nun auch ihre inneren Konflikte näher zu betrachten, nehmen Sie sich ein weißes Din A 4 Blatt, Buntstifte und eine entsprechende Unterlage. Nach diesen Vorbereitungen malen Sie bitte, ohne viel nachzudenken, ein Haus, einen Baum, eine Person.[60] Die Auswertung lässt die Erkenntnis unbewusst verborgener Konflikte zu.

---

60 Symbole und Vorgehensweise sind dem HTP entnommen, Gesamtauswertung des Tests qualifizierten Fachleuten vorbehalten HTP-Persönlichkeitstest (https Gedankenwelt de innerpsychische

Für eine Aufgabe/Blockierung auf Einstromtor 4 eignen sich die Symbole
Haus, Person, Baum, Zaun

Einstromtor 5   Haus, Person, Axt, Zaun
Einstromtor 7   Haus, Person, Tier, Weg
Einstromtor 9   Haus, Person, Blume
Einstromtor 10   Haus, Person, Wesenheit z.B. Fee, Wichtel

Genutzt werden immer Alltagsobjekte, damit erkennbar wird, wie das wahre
Selbst in das gewohnte Umfeld integriert ist.
Hinweis: die Beobachtung der zeichnenden Person, kann oftmals sehr sinn-
voll sein, z.B. Anspannung, nachdenken vor Strichzeichnung…
Im folgenden Schritt bitten Sie ihren Klienten eine kurze Geschichte zu dem
erstellten Werk zu erzählen. Wichtig ist die Darstellung in drei Zeitformen –
Vergangenheit – Gegenwart – Zukunft

Befragen Sie den Zeichner zu seiner Darstellung, seiner Deutung der benutzten Symbole, seinen verschiedenen Druckstärken des Stifts, Abständen zwischen den Gegenständen…

Das Haus bezieht sich auf die Situation in der Familie, der Baum symbolisiert eine tiefe Selbsteinschätzung und die Person ist eine Art Selbstbild, das
sowohl Bewusstsein, als auch Verteidigungsmechanismen porträtieren kann.
Darüber hinaus hat jeder Teil des Hauses, des Baums und der Person eine
Bedeutung. Zudem wird die Position und Größe von jedem Objekt analysiert.
(s. Anhang 2)

Frau B. 47J. u.a. Aufgabe / doppelte Blockade Einstromtor 4, Doppelaufgabe
Einstromtor 5
Haus, Baum, Beil, Zaun

Skizzen meiner Selbst

Gestalten Sie jedes der Symbole mit einem eigenen Ausdruck. Vielleicht mögen Sie ornamentale Ausgestaltungen, die bestimmte Eigenschaften von Ihnen verkörpern, vielleicht mögen Sie die Figur auch in ein persönliches Bild integrieren. Ihre kreative Ader unterliegt absolut keiner Beschränkung.

○	□	△	⬔

Bewusstes Selektieren

Um bewusst eine Auswahl (Selektion) im Leben zu treffen, muss die Funktion der lebenswichtigen Filter zur Trennung von wichtig und unwichtig in Anspruch genommen werden. Dieser Prozess wird durch die eigene Orientierung (Aufmerksamkeit), bzw. Unaufmerksamkeit, bestimmten Dingen gegenüber begleitet. Abgesehen von der komplexen Arbeit unseres Gehirns wird die Selektion vor allem auf der Basis der Emotionen vollzogen.

Stellen Sie sich vor eine Gefahr droht, ihre Aufmerksamkeit richtet sich auf schutzbezogene Maßnahmen. Ähnlich sind unsere Interessen, Vorlieben, Einstellungen, Glaubenssätze und vieles mehr daran beteiligt unsere persönliche Auswahl zu treffen. Regen Sie diesen Prozess in Bezug auf ihren Selbstausdruck an. Was genau verkörpert ihr Idealbild von sich selbst? Welche Aspekte würden Sie gerne aus ihrem Repertoire aussortieren? Wo etwas ausgesondert wird, entsteht ein Leerraum. Mit was würden Sie diesen am liebsten füllen?

Selbstbild	Idealbild

III.4.8 Focus: Paradieren
Neugier-labor

Was erweckt ihre Neugier? Betrachten Sie einmal einen Tag ihr ganzes Umfeld wie ein riesiges Labor, das Ihnen 24 Stunden Experimentierangebote schenkt. Welche Rollen nehmen Sie in diesem Procedere ein? Was sind ihre liebsten Rollen- Experimente?

Distanz durch Rollenwechsel

Häufig ist es gut Situationen mit Distanz zu betrachten und noch ein Fünkchen Empathie walten zu lassen. Stellen Sie zwei Stühle gegenüber. Sie setzen sich auf den einen Stuhl und ihren „Konfliktpartner" setzen Sie imaginär auf den anderen Stuhl. Sie tragen nun ihr Anliegen vor, wechseln dann den Platz und antworten aus der Position ihres Partners.

Es wird Sie erstaunen, wie rasch Sie in die andere Rolle eintauchen können und die Sichtweise ihres Partners neuverstehen. Wie lautet ihr neues Resultat?

My home is my castle
Bitte schildern Sie ihr eigenes Haus / Wohnung als eine mittelalterliche Burg. Ihr Gegenüber kann jederzeit Zwischenfragen stellen. Wenn alles geklärt ist, dürfen Sie sich den Fragen stellen, welche Rolle Sie in der Burg einnehmen, Knappe, Zofe, Burgfräulein, Ritter, Zofe… Nun schildern Sie bitte einen Alltag aus ihrem Burgleben. Die metaphorischen Aspekte werden immer wieder genutzt, um den Bogen zu ihrer derzeitigen Lebenssituation zu schlagen.

Machen Kleider nur Leute oder auch Empfindungen?
Fertigen Sie eine Kiste mit unterschiedlichen Utensilien (verschiedenartige Kleidungsstücke, Perücken, Brillen, Schmuck, Hüte, Handschuhe, und anderen Accessoires). Stellen Sie sich ein Dress zusammen. Vielleicht sind Sie blond und kurzhaarig, wählen nun eine Perücke mit schwarzen, langen Lockenhaar. Betrachten Sie sich im Spiegel. Welchen Eindruck vermitteln Sie? Wie fühlen Sie sich? Wie stark weicht ihr Selbstempfinden von dem gewohnten Selbstempfinden ab? Was würden Sie sich in diesem Out-look mehr / weniger zu trauen? Ist eine Verwandlungsrolle besonders attraktiv für Sie? Wie könnten Sie dieses Gewünschte ohne Verkleidung realisieren? Haben Sie etwas an sich entdeckt, was Sie schon immer wollten, aber nie ausdrücken konnten? Wie genau verändert sich ihr Selbstwertgefühl?
In einer Variante können Sie Kleidungsstücke und Accessoires anlegen, die auf den ersten Blick ein no-go für Sie sind. Betrachten Sie sich im Spiegel und formulieren ihre Gefühle und Gedanken zu diesem outfit.
Jeder **Aus**druck macht **Ein**druck.

Schauspiel erster Klasse????

Kennen Sie ihre Techniken, wie Sie vor sich selbst in ein Versteck huschen? Wollen Sie gerade nicht mit sich selbst sein? Fehlen Ihnen gerade die gewünschten Umgangsformen mit sich selbst? Plagen Sie sich mit Selbstwert- oder Schuldgefühlen? Legen Sie gerade in ihrer Außendarstellung eine glückliche Fassade auf und spielen ein Spielchen mit sich und ihrer Umwelt. Lassen Sie nun ihr Versteck Bild werden, eine Kiste, eine Höhle, ihr Bett. Wo genau verstecken Sie sich, in der äußersten Ecke, nahe beim Ausgang. Wie sieht es dort aus? z.B. dunkel, hell, gibt es ihnen bekannte oder unbekannte Objekte… Sind Sie alleine dort? Welchen Schutz bietet Ihnen dieser Raum? Gibt es Vorteile für Sie, sich vor sich selbst und ihrem Ausdruck zu verstecken? Welche genau sind das?

Frau S. (39 Jahre) Doppelaufgabe auf dem Einstromtor 3, tätig in der Altenpflege, extremes Gefühl der Pflichterfüllung mit der häufigen Besorgnis etwas in ihrer Arbeit versäumt zu haben. Ihre Gefühle und Gedanken zermartern Sie. Frau S. kann es nicht nach Außen zeigen, darf es ihrer Aussage nach auch nicht, merkt aber wie viel Kraft das tägliche Schauspiel kostet und das sie mittlerweile einigen Kontakten aus dem Weg geht. Ein häufig erscheinendes Bild aus ihrer Einschlafphase malte sie.

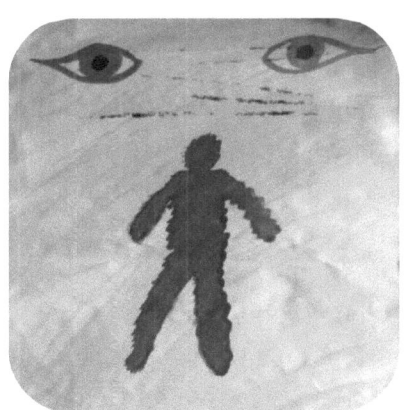

Frau S.   Korrektur der Konturen und Augen

Ihr Bild wurde vervielfältigt und diente dazu Aspekte auszuschneiden, die in eine weitere Kopie eingefügt wurden. Mit Stiften veränderte sie diese Grundform soweit, dass sie sich selbst reflektierte und damit das Gefühl verband authentisch nach außen zu reagieren.

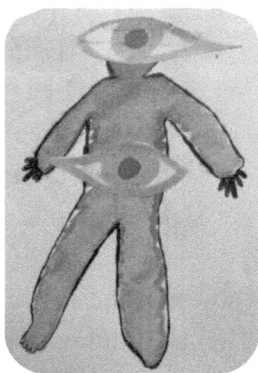

Versuchen Sie doch einmal ihre Rolle im Schauspiel ihres Seins zu entlarven.

Zauber auf der ganzen Linie

Ein kluger Bauer wandert mit einem kleinen Säcken in die Stadt. Er stellt sich auf den Marktplatz und beobachtet die hochherrschaftlichen Leute, die sich die angebotenen Waren anschauten. Feine Damen und Herren wiesen ihre Dienstboten an das ein oder andere Teil zu kaufen. Eine sehr schön gekleidete Dame fiel ihm direkt ins Auge. Er näherte sich ihr und raunte ihr mit geheimnisvoller Stimme zu „ich habe einen Zauberpilz, der wundersame Kräfte besitzt. Ihr meine Gnädigste, seid das ewig eintönig aussehende Fladenbrot doch sicherlich auch leid. Es ist auch viel zu gewöhnlich für jemanden wie Sie, hochherrschaftliche Dame. Mein Zauberpilz kann ein Brot, hoch, mit fein gebräunten, knackigen Äußeren und weichen Innenleben mit unterschiedlich verteilten Löchern erschaffen. So sieht jedes köstlich duftende Brot anders aus und wächst bei liebevollem Umgang mit dem Zauberpilz auf das Vielfache seiner ursprünglichen Größe an. Dir würde es sicherlich gefallen, so etwas Wertvolles zu besitzen". Herabwürdigend, aber sehr interessiert schaute die Dame den Bauern an und befahl mit strenger Stimme „zeig mir den

186

geheimnisvollen Pilz!" Der Bauer öffnete sein Säckchen und es wurde ein kleiner, grau-bräunlicher Klumpen sichtbar. „Diese schmutzige und merkwürdig riechende Masse soll zaubern können? Ich lass dich verhaften. Du Betrüger." Gesagt getan und so fand sich der Bauer im Gefängnis wieder. Dort erzählte er dem Gendarm von seinem Zauberpilz und da der Amtsmann den Bauer für ehrlich hielt, bot er ihm einen deal an. „Ich bringe dir Mehl und was du sonst noch brauchst. Kann dein Zauberpilz wirklich ein hohes Brot daraus machen, bist Du frei." Der kluge Bauer behielt sich ein kleines Stück vom Zauberpilz zurück und trat den Wahrheitsbeweis seiner Worte an. Mehr als freundschaftlich verabschiedete sich der Gendarm von seinem Gefangenen und bedankte sich für dieses edle Geschenk, dass er nun mit vielen armen Menschen teilen wollte. Auch der Bauer bedankte sich und ließ nicht unerwähnt, dass er sehr viel über den unterschiedlichen Ausdruck der Menschen gelernt habe, wobei sie doch alle mit der gleichen Grundausstattung auf diese Welt gekommen seien.

Was entnehmen Sie dieser Metapher?

Einstromtor 5
„Wo Deine Talente und die Bedürfnisse der Welt sich kreuzen, dort liegt Deine Berufung." Aristoteles

Befreiung aus geprägter Fremdbestimmung („tut man das?"), nach eigenen Maßstäben leben („stehe ich dazu"), Du-Findung, intensive Du-Beziehung, spontane Herzlichkeit, Eigenschutz vor Verschmelzung mit Gefühlen / Energien anderer, energetische Grenze zwischen Ich und Du, Begabungen erkennen / leben, Aufgabenfindung registrieren, Gabe nicht sichtbare Kräfte zu spüren, Hilfs- und Heilvermögen, Feingeist speisen, Religio zulassen, Sensibilität / Intuition kanalisieren, Wiederbegegnungen erkennen, Spiegelneurone als Basis der Empathie, Eigenverantwortung praktizieren, Vorbildfunktion akzeptieren, Disziplin und Korrektheit
Anima-Integration bei Männern

III.5.1 Focus: Identität
Naturell kreieren

Nehmen Sie sich ein ABC und wählen mit geschlossenen Augen einen Buchstaben.

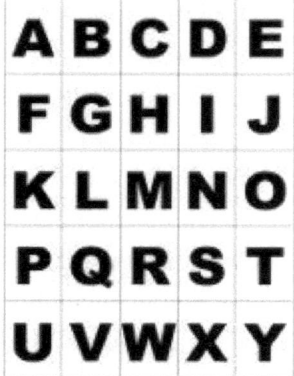

Mit diesem Anfangsbuchstaben schreiben Sie sämtliche Charaktereigenschaften, die Ihnen einfallen – sortiert nach:

z.B. E

möchte ich haben	möchte ich nicht haben	habe ich
echt	egoistisch	eigenständig
edel	eigenwillig	einsatzbreit
emotional	einfältig	empathisch
ehrfürchtig	ehrenwert	einsam
einseitig	exzentrisch	erfolgreich

Im letzten Schritt begründen Sie ihre Einordnung und reflektieren dabei noch einmal ihre Erstzuordnung.

Eigenname

Ihr Name ist ein energieträchtiges Identifikationsmerkmal, mit dem Sie mehr oder weniger zufrieden sind. Er ist mehr als Schall und Rauch.
Schreiben Sie ihren Namen (auch Zweitnamen) auf ein Din A 4 Blatt. Schauen Sie sich ihr Werk an und beschreiben ihr Gefühl dazu. Achten Sie darauf,

ob Sie den Raum, der Ihnen zur Verfügung steht auch nutzen oder ob Sie vielleicht den Wunsch verspüren ein größeres Blatt zu besitzen. Haben Sie nur wenig Platz genutzt, schreiben Sie ihren Namen groß oder klein, in Lettern oder Schreibschrift?...

Vollbringen Sie das gleiche Werk mit der linken Hand, wenn Sie Rechtshänder sind.

Nun setzen Sie sich ein drittes mal mit ihrem Namen auseinander.

Schreiben Sie ihren Namen rückwärts auf ein Din A 4 Blatt und betrachten Sie die Anmutung dieses Bildes. Was fühlen Sie dabei?

Falls Sie die Möglichkeit haben, schreiben oder malen Sie ihren Namen in einer anderen Schrift. Bei der Betrachtung ihres Kunstwerkes achten Sie auf ihre Gefühle. Kleiner Tipp im Internet gibt es zahlreiche ABC-Tafeln mit fremdländischen Schrifttypen.

Petra

Ruf- Name

Ruf – Name heisst nicht umsonst Rufname.

Sprechen Sie ihren Namen laut aus und wechseln dabei ihre Stimmlage, ihre Betonung und die Lautstärke. Achten Sie bitte einmal darauf, welche Empfindungen oder Erinnerungen sich aus ihrer Tiefe lösen, z.B. so kann es sein Sie treffen den Ton mit dem Sie benannt wurden, wenn es um eine Rüge ging oder Sie haben genau die Stimmlage getroffen, die Sie aus der Vergangenheit kennen, wenn Sie um etwas gebeten wurden. Seien Sie auch nicht zögerlich und schreien ihren Namen in die Welt hinaus und singen ihn nach ihrer freien Komposition.

Identitäts-Buchstaben

Nehmen Sie ein Stück Papier und einen ihrer Lieblingsstifte. Schreiben Sie ihren Namen auf das Papier und betrachten sich ihr Werk. Zur Verstärkung können Sie in der Folge kurz ihre Augen schließen und sich das Bild noch einmal vergegenwärtigen.

Durch die Stiftführung schalten Sie ihre Motorik und das Gefühl der Papierberührung ein. Bei all dem hinterlassen Sie die sichtbare Spur ihrer Identität auf dem Papier. Spüren Sie in das Wortbild hinein, möchten Sie noch etwas verändern, soll etwas ausgewogener im Schriftzug sein, möchten Sie einen weicheren Ausdruck… Spielen Sie solange mit ihrer Namensdarstellung bis Sie voll zufrieden sind. Beschreiben Sie ihr Namenswortbild mit Adjektiven und überprüfen zum Schluss, welche Eigenschaften Sie als ihr eigener Graphologe herausgefunden haben.

Ziffernpower

Jeder Mensch besitzt eine Ziffernpower. Sie zeigt sich in den transkulturellen Inhaltsvorstellungen der einzelnen Zahlen. Zahlenworte sind in jeder Sprache ein-deutig und in alle Sprachen mit der gleichen rationalen Menge versehen. Die 1 ist eindeutig – aber die menschliche Erfassungsstruktur ist wenigstens bipolar. Nur wer heiß kennt, weiß was kalt ist- also existiert ein menschliches Unverständnis für einhellig/eindeutig.

Das Zahlenalphabet besagt in allen Kulturen, dass eine Ziffer positive Energien, sowie negative Energien besitzt. Es liegt am Betrachter, (subjektive Realität), wofür er sich entscheidet. Wie sind ihre Lieblingsziffern in ihrem Energy Selfie® belegt? Ändert dies etwas an ihrer ursprünglichen Interpretation der entsprechenden Ziffer?

Ratio- oder Mystikbezug

Ganz zu schweigen von mathematischen Vorlieben oder Abneigungen, stehen wir ständig in Verbindung mit Zahlen. In jedem schlummert ein archetypisches (urhaftes) Verhältnis zu den einzelnen Ziffern. C.G. Jung siedelte diese typischen Vorstellungen im kollektiven[61] Unbewussten an. Im weitesten Sinne besitzt also jeder von uns in sich eine universelle Bibliothek des gesamten Menschengeschlechts. In diesem Wissenspool ist die vollständige Gesamtheit aller existierenden Informationen unbewusst gespeichert. Unumstritten ist die Tatsache, dass alle Kulturen die Zahlen mit gleichartigen Symbolbildern, bzw. Interpretationen, belegen. Im kulturspezifischen Ausdruckgebaren versuchten schon unsere Vorfahren in den Zahlenerscheinungen den Schlüssel zu den Mysterien und der Natur zu finden.

Bereits Pythagoras bezeichnete die Zahlen als den Schlüssel zum Universum und behauptete, dass alles berechenbar sei. Nehmen wir als Beispiel die Ziffer 1 – global betrachtet steht sie als Sinnbild für das ein-malige das Göttliche. Wollte man nun im Gegensatz zu der gesamtmenschlichen Interpretation die individuellen Wahrnehmungen kategorisieren, so müsste man die rationale Sichtweise und das magisch-mystische Zahlenbild voneinander unterscheiden. Niemand kann sich wahrhaftig der Zahlenwelt verschließen, sondern ihr einfach nur „ein-malig" begegnen. Nehmen Sie den Prof. der Naturwissenschaften mit seinem rationalen Begegnungsansatz der Zahlenwelt. Allsamstäglich gönnt er sich das Vergnügen rituell den Lottoladen aufzusuchen. Seit x Jahren tippt er, mit mehr oder weniger Erfolg, sein Geburtsdatum, seinen Hochzeitstag, seinen Ernennungstag zu Professur usw. Er sah in diesem Vorgehen eine erhöhte Gewinnchance – leider kannte die Lotto-Fee nicht „seinen individuellen" Bedeutungsgrad seiner Glückszahlen.

---

61 gesamtmenschlichen Unbewussten

Schauen Sie einfach einmal wie viel von ihrem Zahlenverständnis rational und wieviel mystisch-magisch ist. Eindeutigkeiten wird es nicht geben. Z.B. Theo (34J.) uneingeschränktes Kapital auf Einstromtor 1,5,9,10

Beruf 10 % magisch	Alltagsleben 70% magisch	40% soziale Begegnungen
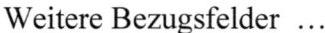		

Weitere Bezugsfelder …

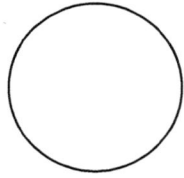

Festhalten können wir auf jeden Fall, dass jeder Mensch seine besondere Art von Zahlensinnlichkeit in sich trägt.

Eman

Schreiben Sie ihren Namen rückwärts auf ein Din A 4 Blatt und betrachten Sie die Anmutung dieses Bildes. Sprechen Sie das Wort bitte laut aus. Was fühlen Sie dabei? Gibt es für Sie eine Identifikation mit dieser Namensschöpfung? Was machen diese verdrehten Energien mit Ihnen?

III.5.2 Focus: Indoktrinationen
Das A-B-C der Gefühle

Das A-B-C der Gefühle ist in den kognitiven Ansätzen der Psychologie beheimatet. A. Ellis[62] hat die Rational emotive Therapie mit der Kernthese, dass jede Situation (A), zu einer subjektiven Bewertung (B) führt, welche dann ein Gefühl entwickelt, was die folgende Verhaltensweise maßgeblich motiviert. Wesentlich ist die klare Zuordnung der subjektiven Wahrnehmungen in die Tabelle, unter Beachtung spezieller Kriterien, einzutragen.

In die Rubrik A tragen Sie bitte eine Situationsbeschreibung – ohne jegliche Bewertung – ein. Alles was Sie aufzeichnen, sollte mit einer Kamera festgehalten oder einer Tonaufzeichnung fixiert werden können.

Unter der Rubrik B zeichnen Sie alles auf, wie Sie die Situation unter A bewerten. Was Ihnen für Gedanken / Phantasien, Eigendialoge durch den Kopf gegangen sind. Da die Bewertungen Dreh- und Angelpunkt für die weitere Arbeit sind, ist eine ausführliche Beantwortung ausgesprochen wichtig.

Aus B resultieren nun die Gefühle. Schreiben Sie bitte alle Fühligkeiten, auch körperliche Empfindungen genauestens auf.

Abschließend tragen Sie bitte in Rubrik D ihr Verhalten ein.

---

62 Albert Ellis * 27. 9. 1913 † 24. 7. 2007 US-amerikanischer Psychologe / Psychotherapeut – siehe Beispiel

  Anhang 6

A-B-C der Gefühle [63]

A	B	C	D
Person X und **Person Y** betreten einen Billigladen	oh wie wunderbar, ein so vielfältiges Angebot ein Paradies der Schnäppchen hier finde ich alles, was ich möchte und sicherlich noch viel mehr	- Freude, Entdeckerlust - positive innere Anspannung	- überall suchen und kramen, Sachen in den Wagen laden - Entschluss fassen: das wird mein Lieblingsladen
	um Gottes Willen, welch ein Durcheinander hier riecht es komisch und außerdem ist es bestimmt schmutzig das ist doch alles Schund, was nichts kostet ist auch nichts	- Wut - ärgerliche Entrüstung	- alles darauf anlegen aus dem Laden heraus zukommen - Entschluss fassen: nie wieder!

Nachdem Sie sich oder einem Klienten das A-B-C Modell transparent gemacht haben, wählen Sie 8-10 Situationen aus ihrem Konfliktkontext aus und erstellen die entsprechenden A-B-C's. Anhand dieser Aufzeichnungen schauen Sie sich die erste Situation an und überprüfen, ob die auslösende Situation für den Fremdleser genau beschrieben ist. Ungleich schwieriger ist die Rubrik

---

63 siehe Band 2 S.354

B mit ihren expliziten Gefühlsbeschreibungen. Sollten Sie Schwierigkeiten beim Ausfüllen haben, halten Sie sich die 6 Grundgefühle mit ihren Schattierungen vor Augen. Ebenso können Sie eine Skala zur Verdeutlichung der Intensität anfügen. C zeigt nun das vorläufige Resultat in Form von Handlungs- bzw. Verhaltensweisen auf.

Nun kann es an die Zielformulierung gehen. Wie immer sind die Kriterien von S. 26/38 verbindlich.

Der weitere Verlauf gestaltet sich sehr individuell.

Rationale Selbstanalyse

A – Tatsachen / Ereignisse - Situationsbeschreibung (was ist passiert? wer war dabei? was wurde gesagt?)	**DA Kamera-Kontrolle** - überprüfen auf Realitätsbezogenheit - hätte eine Kamera / Tonband es ebenso aufgenommen?
B – Bewertungen / Phantasien / Selbstdialoge - Welche Gedanken entstehen in dieser Situation? - Was sage ich innerlich? - Welche Phantasien lösen sich?	**DB – rationale Disputation** - Herausforderung von B - Bildung von Alternativen - Kriterienüberprüfung - Begründungsformulierungen - aus Antworten und Begründungen Alternativen zu B kreieren
C – Gefühle - Gefühle und körperliches Empfinden in Situation A	**DC – realistische Zielformulierung** - gewünschte Gefühle in zukünftig vergleichbaren A´s erarbeiten
D – Verhalten - Was wurde getan?	**DE – gewähltes Ziel** **DC** nach Zielkriterien überprüfen und umsetzen

Beispiel: Frau K. (56 J.) – eine Dogmenverfechterin erster Klasse (Doppe-leinstrom auf Tor 2 von 7) mit einer „Umfall-Angst" aus dem Bereich der Phobien.

Die Doppelaufgabe auf Tor 4 mit dem Einstrom 9 unterstützt die Phobie. Im Gespräch ließ Frau K. deutlich „Mußturbationen"[64] und Generalisierungen erkennen, die sich unter B wiederspiegelten, z.B. ich muss doch immer alles erledigen, ansonsten geschieht ja gar nichts (B) – nervös, innerlich zittrig, Kopfsausen, erschöpft, Angst umzufallen (C) – festhalten wo es nur geht (bei Nachfragen auch an fremden Menschen)

Die A-B-C´s konnten alle auf Glaubenssätze aus der Kategorie der Mußturba-tionen und Generalisierungen (dysfunktionale Glaubenssätze) zurück geführt werden.

---

64 Mußturbationen = innerer Druck von „muss", Dinge müssen geschehen, wie man sie haben will

Kurzkriterien der Hauptkategorien von Glaubenssätzen

Glaubenssatz-kategorie	Merkmale	Auflösung / Entlastung
Katastrophierung	- furchtbar! - es läuft nicht so, wie ich es will - alles Leid ist exogen bedingt - Selbstmitleid / Passivität - perfektionistische Ideen mit der emotionalen Konsequenz der Angst - Vermeidungsverhalten - Schuldgefühle - übermächtige Sorgen	- anstelle von Klagen / Übertreibungen Realitätserkennung - Überprüfung der Änderbarkeit
Mussturbation	- dauerhaft destruktiv - Hassaufbau gegen jeden Prozess zwischen dem Jetzt und dem besagten Augenblick - Fehlen einer Erlaubnisstruktur (darf, kann…) - kindliche Philosophie - Empfänglichkeit für Zwänge	- Muss-Forderungs-philosophie durch Wunschphilosophie ersetzen

Absolutismus	- "immer oder nie denken" - Gedankengut von "es ist so" - Selbstherabsetzung bis Selbstverdammung - Fremdsteuerung steht über Selbststeuerung - stets zu Willen anderer sein - Angst nicht zu genügen	- anstelle von einer Super-spitzenlösung eine reali-sierbare Lösung - Leistung und Vergnügen als gleichwertig leben - eigenen Wert leistungs-unabhängig betrachten
Niedrige Frustrati-onstoleranz	- subjektiv empfunden unangenehme Gefühle können nicht angenommen werden - häufige Selbstge-spräche - rasches Empfinden für Überbelastungen - extrem schnell nie-der-geschlagen - über Probleme von anderen aufregen - Nichtakzeptanz von Realitäten	- Unabänderlichkeiten akzeptieren lernen

Niedrige Unsicher-heitstoleranz	- Unmöglichkeit mit Wahrscheinlichkeiten zu leben - erkennen momentaner Vorteile - mangelndes Selbstvertrauen mit qualvollen Überlegungen und Abhängigkeiten - versperren gegen alles Neue - eigene Bedürfnisse reduzieren - Wunsch alles zu versichern	- Anstelle mangelnder Versicherungsmöglichkeiten Selbstverantwortung und Akzeptanz unerwartbarer Ereignisse, Realitätsbewusstsein lernen

Dysfunktionale B´s begegnen

Durch unterschiedliche Gesprächsstrategien, kann das B „entkräftet" und aus einer anderen Perspektive betrachtet werden.

Sokratischer Dialog:

Eine effektive Dialogform, die darauf ausgerichtet ist, dass der Klient sich selbst ab absurdum führt. Durch Fragen und Gegenfragen werden angezeigte Dinge zunehmend bewusster. Diese Technik bedarf besonderer Fertigkeiten und sollte dem fachlichen Begleiter vorbehalten sein.

Hedonistische Disputation

Im Zentrum einer hedonistischen Disputation stehen Vor- und Nachteilermittlung bestimmter Gedanken oder auch Denkmuster. Ein zweiter Schwerpunkt bezieht sich auf die Ermittlung von Unterschieden zwischen Gedanken und der Realität.

Logisch-empirische Disputation

Zentral wird bei diesem Gesprächsstil ebenfalls der Unterschied zwischen Realitäten und der Gedanken, allerdings unter dem Schwerpunkt Denkwidersprüche aufzudecken, behandelt.

Die Gesprächsführung durch Disputationen erfordert nicht nur Übung, sondern auch einer Ausbildung.

Interpretationstest

Die Interpretation bringt ihre emotionale, themenbezogene Färbung zum Ausdruck. Das Ziel besteht darin, eine umfassende Deutung zu erhalten. Epiket's Weisheit „Es sind nicht die Dinge, die uns beunruhigen, sondern die Meinungen, die wir von den Dingen haben", kommt in dieser Anregung zum Tragen. Setzen Sie die Interpretation ihrer Problematik in ein Bild um, töpfern einen Interpretationsgegenstand, schreiben eine Geschichte oder wählen eine andere Technik für ihre symbolische Darstellung. In der Folge erläutern Sie ihr Werk.

Abschließend kann, der Zielformulierung gemäß, die Planungsphase zur Umsetzung der Ergebnisse, erfolgen. Unter Umständen kann die Hypothese aus der A-B-C Analyse noch Veränderungen erfahren. Die Realitätsumsetzung hat es an sich, unbedachte Elemente aufzuzeigen.

Die Einübung der funktionalen und zielfördernden Kognitionen (B) erfahren durch Übungen noch einmal eine Sonderbehandlung.

- aufschreiben – innerlich oder laut sagen
- autosuggestive Ketten
- in Gedanken situationsgekoppelt durchlaufen
- in der Realität ausführen

III.5.3 Focus: Teilpersönlichkeiten
Facettenreiches Seelenleben

In den letzten Jahren entwickelten sich zahlreiche Beratungs-/ Therapieansätze auf der Basis von Teilpersönlichkeiten / Instanzen. Das verfolgte Ziel fokusiert sich auf die Stimulation der geistig – seelischen Reifung, sowie die Herstellung einer inneren Balance. Wie kann man sich das Ganze vorstellen? Hypothetisch setzt sich die Persönlichkeit aus einem Ensemble von Einzelelementen, die auf sehr verschiedene Weise miteinander in Beziehung stehen, zusammen. So können die „autonomen" Teilsysteme miteinander oder gegeneinander agieren, bzw. positive oder negative Wirkungen hervorrufen. Ganz markant sind die "vorlauten Kopfbewohner", die sich gerne in die Vordergrundposition setzen. Mit diesem Verhalten sind sie uns nicht unbedingt entwicklungsförderlich gesonnen. Andere Teilpersönlichkeiten verhalten sich zurückhaltender oder benötigen sogar einen Aufruf zur Aktivierung. Schauen wir uns einfach einmal an, wie diese inneren Anteile in unseren Alltag eingebunden sein können.

Vergegenwärtigen Sie sich einfach einmal einen Tag aus ihrem Leben. In ihrem Arbeitsbereich gehen Sie konzentriert ihrer Tätigkeit nach, Gefühle stehen im Hintergrund und die Kontaktpflege zu den Kollegen ist eher distanziert. Beteiligt sein könnte der Anteil namens "Mustergeber für den Arbeitssektor" mit seinen speziellen Vorgaben für unser Denken, Fühlen und Handeln.

Des Abends treffen Sie sich mit einer Freundin. Sie sind ausgelassen, heiter, giggeln und gaggeln herum. Ein komplett anderes Musterbild als in der Arbeitswelt. Der Aktivator könnte "Spaßmacher" heißen. Kurz darauf gerät ihre Freundin wie aus dem Nichts, in einen Streit mit der Kellnerin. Sie wollen ihrer Freundin beistehen und ziehen ihre Musterkarte mit dem Anteil "Helfer in der Not". Ui, keinen Ton bringen Sie heraus. Stattdessen fließen dicke Krokodilstränen aus ihren Augen, während Sie sich wie ein hilfloses Kleinkind fühlen. Der "Erinnerungsanteil" an ein Kindheitserlebnis hat sich eingeschaltet und ihre Denk-Fühl- und Verhaltensrichtung bestimmt. Diese nennt man Konfiguration der psychischen Gegebenheiten, bzw. nach Ch. Tart [65] Identitätszustände.

Ein Identitätszustand repräsentiert eine vorübergehende Kombination geistig-seelischer Faktoren mit einer übergreifenden Qualität. Ausgestattet mit dieser Basis ist uns die Identifikation als Ganzheit möglich. Als solche nehmen wir unsere Welt wahr. Unterscheidet sich ein Identitätszustand sehr stark von dem eigenen subjektiven Empfinden, beschreiben wir diese Situation oft mit den Worten:" Es kam so über mich." Die positiven Ereignisse erfreuen uns, die weniger angenehmen führen oftmals in Konflikte. Damit wir uns dann hilf-reich zur Seite stehen können, personifizieren wir die Identitätszustände, wie zuvor in dem Beispiel. Auf ganz natürliche Weise geschieht dieser Prozess häufig in Träumen, Trancezuständen, bei Meditationen oder auch in der Hyp-nose. Der relativ eigenständige Identitätszustand gestaltet sich als ein Wesen mit eigenem Charakter und Bewusstsein. Auf dieser Ebene ist es uns möglich mit den personifizierten Identitätszuständen zu kommunizieren. Gehen wir noch einmal kurz in die Theorie, um uns diese Kopfbewohner transparenter zu machen.

Während sich unsere Persönlichkeit im Entwicklungsprozess aufbaut, erhal-ten

wir unendlich viele Informationen, erfahren Denkmuster, Gefühle, Wahrneh-mungen und Gewohnheiten. Eingebunden sind diese Lerneinheiten in Hand-lungen und Situationen. Auf dieser Basis erfahren wir Möglichkeiten zum adäquaten Handeln, d.h. jeder Mensch verfügt über Massen von Identitätszu-ständen, die unser Verhalten, in Übereinstimmung mit den geltenden Regeln und Normen, leiten und es an Erwartungen anpassen. Dieser Gedankengang macht deutlich, was die Identitätszustände aktiviert und die entsprechenden Verhaltensweisen konfiguriert.

In der Regel können wir unsere Identitätszustände steuern, z.B. die Verabre-dung der Freundin, mit dem "Amüsement Anteil" tritt auf Grund notwendiger Prüfungsvorbereitungen "Zukunftsblicker" zurück. Diese Konfiguration lässt

---

65 Psychologe und Mitbegründer der Transpersonalen Psychologie

der Arbeitshaltung den Vortritt. In diesem Beispiel beeinflusst das Selbst mit seinen beiden Funktionen, einmal als passiver Beobachter der inneren Vorgänge und andererseits als Dynamiker, die Aktivitäten der Persönlichkeitsanteile. Wer tiefer in die Arbeit mit dem Team der Teilpersönlichkeiten einsteigen möchte, sei auf Schulz von Thun[66] hingewiesen.

Konflikte werden immer durch Misskommunikationen zwischen Teilpersönlichkeiten gestaltet. Erkennbaren Ausdruck können die Disharmonien in Unentschlossenheit, leichtes Unbehagen, Depression, Schlaflosigkeit, Alpträumen, Zwangsvorstellungen, Angstzuständen Müdigkeit, Kraftlosigkeit, Unsicherheit, Unruhe Suizidgedanken, innere Lähmung, Handlungsblockaden, geringe Souveränität und körperlichen Erscheinungen und vielem mehr finden.

Schauen Sie in ihrem Energy Selfie® nach derartigen Misskommunikationen. Je nachdem welche Teilpersönlichkeiten aus dem Team ausbrechen, gestalten sich die Probleme.

Wählen Sie sich ein Problem aus und besinnen Sie sich auf die mitmischenden Instanzen.

Schenken Sie ihnen Namen / Gestalt, denn Benanntes / Bebildertes wird greifbar / begreifbar. Sicherlich stoßen Sie auf x-Reaktionsmuster, die sich in (vermeintlich) vergleichbaren Situationen reproduzieren.

---

66 Prof. Dr. Friedemann Schulz von Thun (* 6. August 1944 in Soltau) Kommunikationspsychologe, Gründer des Schulz von Thun-Instituts für Kommunikation

Drei Identitäten im Clintch

Häufig vorkommende Muster beziehen sich auf die Konfiguration des Perfektionisten, Antreibers und inneren Kritikers. So wie diese Instanzen jedem von uns zu großen Erfolgen verhelfen können, sind sie auch in der Lage schwere Belastungen hervorzurufen.

Jeder der drei Persönlichkeitsanteile besitzt spezifische Kennzeichen, die sie mit einbringt.

Welche Merkmale zeigen ihre Identitäten???

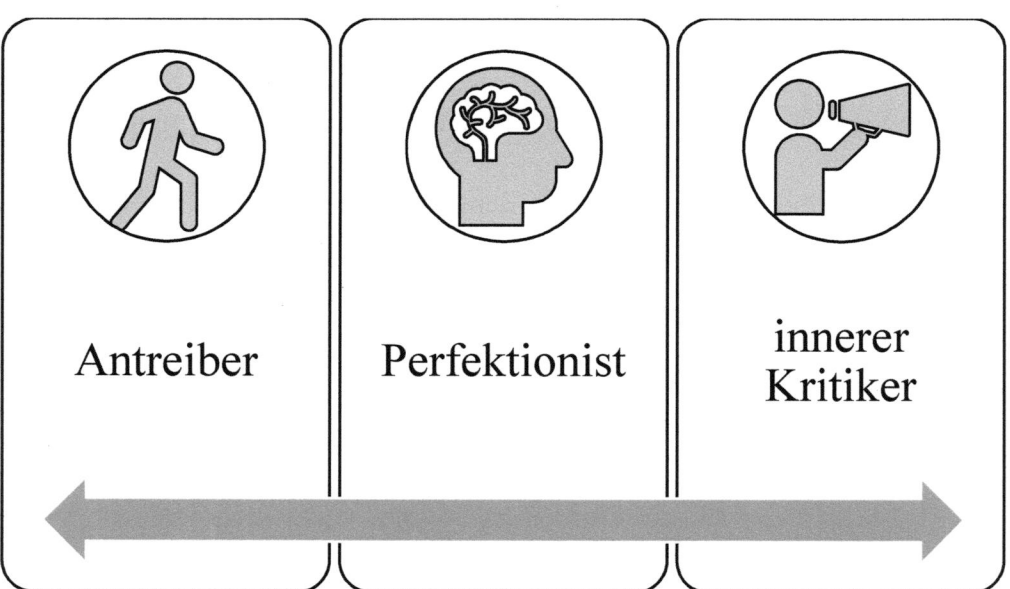

Name des Persönlichkeitsanteils	Merkmale
Antreiber Gegenpol: verkörpert das Gegenteil, vertritt andere Ansichten, verfolgt weder Arbeit noch Erfolge	- treibt beständig zur Aktivität an - will ständig etwas erreichen - verachtet Ruhe, Träumerei, Zeitverschwendung - manifestiert sich in innerer Stimme, die immer mehr Arbeit, Anstrengung, und Leistungsforderung - verschafft dauerhafte innere Unruhe und Anspannung - kann über ständige Sympathicusstimulation zu körperlichen Störungen führen - beinhaltete viele Ge- und Verbote von Eltern / Autoritätspersonen
Perfektionist	- Höchstziele werden gesetzt - Forderung von makellosen, vollkommenen Leistungen - überhöhter Leistungsanspruch mit destruktiver Nebenwirkung, z.B. Mutlosigkeit, Arbeitsstörung, Selbstwertzweifel - sich immer ungenügend fühlen gegenüber der unerbitterlichen Instanz - Arbeitsblockaden
Innerer Kritiker	- Bewertung und Beurteilung von Verhalten und Leistung - alles gnadenlos kritisieren, was getan wird bis zur erbarmungslosen Kritik der gesamten Persönlichkeit - Ohnmachtsgefühle / Minderwertigkeit - Vorteil von Erkenntnis zur Verbesserung, Motivation, usw.

Im optimalen Fall arbeiten diese drei Instanzen harmonisch miteinander. Der Perfektionist setzt die Leistungsmaßstäbe, der Antreiber sorgt für die notwendige Motivation und der innere Kritiker beurteilt das Ergebnis.

Ziele der Interventionen liegen zum einen darin Identitätszustände bewusst zu machen, die positiven Aspekte der destruktiven Instanzen zu erkennen und vor allem das Kern-Ich zu stärken.

Zugang zu den Teilpersönlichkeiten

Stellen Sie 2 Stühle gegenüber und setzen mental auf jeden Stuhl einen Persönlichkeitsanteil. Nun setzen Sie sich auf einen Stuhl und sprechen aus diesem Anteil ihrer selbst. Sowie der 2. Teil antworten soll, wechseln Sie den Stuhl und agieren aus diesem Anteil heraus, bis die beiden ihren Konflikt in einer win-win Situation gelöst haben. Es ist empfehlenswert bei den ersten Schritten einen kleineren Konflikt aus ihrem Energy Selfie® zu wählen und vor allem die beteiligten Parteien auch mit einer deutlichen Namensgebung zu versehen. (siehe Folgebeispiel)

Tyrannei einzelner Persönlichkeitsanteile

Die folgende Liste umfasst nicht ihre Persönlichkeitsbeschreibung, sondern zeigt beispielhaft einige Kerneigenschaften einzelner Instanzen auf, z.B.
- kritische innere Stimme, die Leistungen und / oder Aussehen über Gebühr bemäkeln
- lähmender Angstanteil vor z.B. geistigen Blockaden / Versagen
- innerer bedrängender Dauerratgeber " zu viel, zu süß oder…oder… zu essen / zu trinken…"
- Eifersuchtsanteil, Besitzansprüche Menschen gegenüber
- gieriger Forderungsanteil nach Luxus, Macht, Intimität…
- Einschleuseranteil von Zukunftsängsten / Katastrophenideen
- Gramanteil für Eventualitäten, z.B. verlassen zu werden, Haus und Hof zu verlieren, gegebenenfalls zu erkranken

- produzierender Anteil von quälenden Gefühlen der Wertlosigkeit
- Antreiberanteil zur ständigen Arbeit / Ruhelosigkeit
- Helferanteil mit der Daueraufforderung zur Seite zu stehen
- höchstsensibler Kränkbarkeitsanteil
- Opferanteil mit beständiger Meldung
- ………………

Suchen Sie treffende Charakterisierungen ihrer Teilpersönlichkeiten, die sich als innere „Tyrannen" aufspielen.

Betrachten Sie ihre Auflistung unter folgenden Kriterien:
- schließen sich bestimmte Instanzen häufiger zusammen?
- stehen sich einige Anteile feindlich gegenüber
- bereichern sich einige der "Kopfbewohner" gegenseitig?

Seien Sie sich bei all dem bewusst darüber, dass jede Instanz Sie zu Veränderungen geleiten möchte.

Kopfbewohner Herr I. (61J.)

Koalitionen: Tadler, Kritiker, Verantwortlicher
Befreundet: Schlichter, Verständnisvoller, lieb sein Müsser
Feinde: Verantwortlicher, Grübler und Regler, Kritiker

Wählen Sie eine Problematik aus ihrem Energy Selfie® mit momentaner Dringlichkeit. Welche "Kopfbewohner" können Sie identifizieren? Kommunizieren Sie mit ihren einzelnen Anteilen, z.B. nach der 2-Stühle Methode.

Nimm mich mit

Nehmen Sie sich für ihren nächsten **Spaziergang** vor darauf zu achten, welches „Ding" Sie aufruft, es mit nach Hause zu nehmen. Dies kann ein Stein, ein Stück Holz …sein.

Wenn dieses Kleinod Sie gefunden hat, schauen Sie es sich an und lassen ihrer Phantasie freien Lauf, was dieses Teil für Sie persönlich verkörpert, z.B. Tannenzapfe – „Aufruf, mich um meine Epiphyse zu kümmern, mich zu strukturieren… Stein – innere Festigkeit, runde Seiten an mir erkennen…Vielleicht machen Sie sich die Qualität ihres Findlings deutlich und schauen bei sich selbst, ob Sie ähnliche Eigenschaften besitzen. Vielleicht stoßen Sie auch auf ein Symbol, dass einen Glaubenssatz von Ihnen zur Veränderung hervorlockt.

Z.B. Sie finden einen Weidenstock, erkennen ihre eigene Fähigkeit der Biegsam, – und Nachgiebigkeit. Es schießt ihnen der Satz in den Kopf " du musst dich immer anpassen". Nun Frisch ans Werk der Veränderung.

III.5.4 Focus: Grenzziehungen
Individuelle Abgrenzung

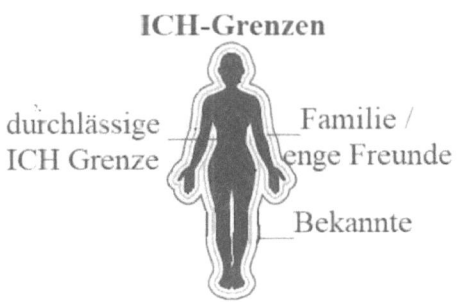

Jeder von uns besitzt seine individuellen Grenzen, die in unterschiedlichen Bezügen eng oder weit geöffnet werden. Ganz grob wird davon ausgegangen, dass der gerade nach vorn ausgestreckte Arm an seinen Fingerspitzen, den sozialen Grenzzaun zieht. Die Deutlichkeit der Grenzziehung liegt dem einen mehr als dem anderen. Wie hoch stufen Sie ihre Fähigkeit ein, ihre Grenzen deutlich zu machen, d.h. in welchem Maß können Sie für ihre eigenen Werte / Bedürfnisse einstehen?

$$0---1---2---3---4---5---6---7---8---9---10$$

Niedrig   **Mittel**   **Hoch**

Je geringer ihre Grenzverteidigung ausgeprägt ist, umso grösser ist Chance, dass ihre Grenzen von anderen in irgendeiner Form, sei es Unhöflichkeit, emotionaler Druck, körperliche Attacken…verletzt werden. Als wie wertig finden Sie sich selbst? Ihre Stärke im Bezug auf das Recht ihre individuellen Grenzen zu ziehen, hängt kausal mit ihrem Selbstwert zusammen. Stufen Sie den Wert anderer Menschen höher als ihren eigenen ein, dann sprechen Sie prinzipiell schon eine Einladung in ihren eigenen Raum aus. Sobald Sie sich selbst nicht ausreichend Schutz gewähren, machen sich Verunsicherungen / Ängste breit.

Nun bestehen zwei Möglichkeiten: die Besorgnisse schließen die Grenzen total oder die Kraft fehlt die Grenzen überhaupt erkennbar zu ziehen.
Wie würden Sie ihre Grenzen beschreiben?
In welchen Bereichen schützen Sie sich?
In welchen Sektoren fühlen Sie ihre Grenzen verletzt?
Gibt es Summierungen in speziellen Gebieten?
Bemerken Sie Grenzverletzungen direkt oder erst im Nachhinein?
Was genau verletzt ihre Grenzen nachhaltig?
Welche Art der Grenzüberschreitung möchten Sie zukünftig nicht mehr erfahren?

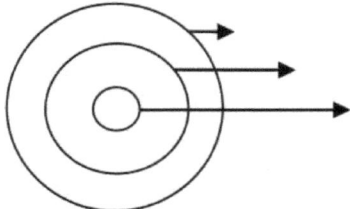

Nehmen Sie die Darstellung und tragen in die drei vorgegebenen Grenzen ihre eigenen Empfindungen ein.
Wer darf ihren inneren Schutzraum betreten?
Gibt es besondere Situationen, in denen Sie diesen Raum öffnen?
Beantworten Sie diese Fragen auch für die beiden anderen Grenzräume.
Gehen Sie mit diesem Bewusstsein ihrer Grenzen in die nächste Phase.
Wie genau möchten Sie ihre Grenzen aufstellen und die Respektierung ihrer persönlichen "Zäune" einfordern?
Was ist für Sie ausschlaggebend Spielraum in ihrer Grenzziehung einzubauen, d.h. wie viel Toleranzspielraum ist für Sie in Ordnung? Wenn Ihnen all diese Aspekte deutlich sind, folgt ein weiterer Schritt. Wie genau können Sie ihre Grenzen verteidigen? Machen Sie sich ihr Konfliktpotential deutlich. Würden Sie ihre Grenzen auch unter der Prämisse, dass man sie nicht mehr für "lieb" hält, verteidigen? Sobald Ihnen ihre Grenzen transparent sind, umso klarer wird Ihnen, dass ihre Mitmenschen nicht mehr Recht auf die Einhaltung ihrer

Grenzen haben als Sie selbst. Wie sagt der Volksmund so schön, der eigene Freiraum hört dort auf, wo das Hoheitsgebiet des Anderen missachtet wird. Stellen Sie sich vor, ihr Wohnbereich wird von ungebetenen Gästen aufgesucht. Was würden Sie tun? Bewirten Sie die ungebetenen Eindringlinge? Bitten Sie die Leute ihren privaten Bereich zu verlassen? Holen Sie sich Hilfe um die Gäste zu entfernen?

Gehen Sie eher aus sich heraus oder grenzen Sie sich häufiger ab? Versuchen Sie einmal symbolisch Grenzen zu überschreiten. Sie nehmen sich ein Papier mit einem vorgezeichneten Rand. Überschreiben Sie diese Grenze und achten darauf was sich in Ihnen regt.

Expansion eigener Grenzen

Fühlen Sie sich manchmal in ihren eigen gesetzten Grenzen unfrei oder blockiert in dem Ausleben ihrer Lebenswünsche? Zur Veränderung ist es erst einmal von hoher Wichtigkeit für Sie zu akzeptieren, dass Sie selbst diese Box für sich gebastelt haben. Wahrscheinlich war diese Grenze für lange Zeit ein Pool ihrer Sicherheit und auch Bequemlichkeit. Nun spüren Sie die Einschränkungen und haben vielleicht sogar schon den Mut gefasst ihre Schranken zu überwinden. Zuvor machen Sie sich bitte noch den Unterschied zwischen der Grenzerweiterung, Grenzüberwindung und Grenzüberschreitung transparent, z.B. Sie haben für sich die Grenze festgelegt 1x pro Woche für 2 Stunden Sport zu treiben. Lange Zeit waren Sie damit zufrieden. Mittlerweile meldet sich ein spürbares Bedürfnis nach mehr sportlicher Aktivität. Ihr Verstand kommentiert mit seinen Argumenten, dass noch ein Tag für ihr Fitnessvergnügen nicht in ihren Zeitplan passt. 1x pro Woche 2,5 Stunden Sport. Mit diesem Kompromiss sind Sie eine kurze Zeit zufrieden, doch dann meldet sich wieder die Enge der eigenen Grenzen. Vielleicht werden Sie wütend auf sich selbst und überschreiten ihre Grenzen, indem Sie 2x pro Woche 2 Stunden Sport betreiben. Doch glücklich sind Sie nicht, sondern es stellt sich eher ein Gefühl ein, als würden Sie permanent in einer 30iger Zonengrenze wenigstens 120 Stundenkilometer fahren. Folglich kann der Weg nur eine Grenzüberwindung sein. Diese beginnt aber schon, indem Sie neben dem Mut zur Grenzveränderung auch den Wert ihrer eigenen Bedürfnisse als so hoch einschätzen. Versuchen Sie ihre eigen gesetzte Selbstbegrenzung zu erneuern.

Eigene Barrieren

Ihre eigene Grenzziehung ist ihr ungeschriebenes Regelwerk, welches die Art der Beziehung ebenso vorgibt, wie ihren Vorsatz, was Sie preisgeben möchten. Physische, mentale und emotionale Grenzen stellen ihr Schutzbedürfnis dar, um ihre gesetzten Ziele zu erreichen. Der physische Schutz bezieht sich auf die Entfernung, wie nah Sie jemanden an sich heran lassen möchten. Zumeist vermitteln wir wortlos, energetisch unseren gewünschten Nähegrad und damit auch, was wir von uns offenbaren möchten.

Eine Regel geht davon aus, dass der soziale Raum eines jeden Menschen so groß sein sollte, wie seine Armlänge beträgt. Um diesen persönlichen Raum deutlich darzustellen, bedarf es der Sicherheit im Selbstwert.

Ihre mentale Grenze liegt in dem Sektor ihrer Vorstellungen, Meinungen und Werten. In diesem Bereich festigen Sie ihre Selbst- und Fremdachtung, gekoppelt mit dem Schutz vor der Verschmelzung mit Stimmungen anderer Menschen. Vor allem erhalten Sie sich durch diesen Schutzraum die Möglichkeit "nein" zu sagen, was in den meisten Fällen ein "ja" für sich selbst bedeutet.

Die emotionalen Grenzbereiche schließen sich an. Sie ermöglichen verstärkend ihre Gefühle von denen anderer Menschen zu trennen und ihre eigenen Bedürfnisse aufrecht zu erhalten. So errichten Sie sich eine Schutzzone vor der Übernahme von Fremdverantwortung. Alle Grenzen sollen selbstverständlich flexibel sein und die Möglichkeit bieten nicht grenzenlos lieb sein zu müssen oder die Glücksverantwortung für andere Menschen zu übernehmen. Wie erleben Sie ihre Grenzen? z.B. starr, zu durchlässig, künstlich. Was wäre ihre Vorstellung von einem optimalen Grenzverhalten?

Gott sei Dank lassen sich unsere Grenzen flexibel gestalten. In Sekundenschnelle können wir unser Wohlempfinden situationsadäquat bestimmen.

Wie verspüren Sie Grenzüberschreitungen? Tauchen Momente der Verwirrung auf oder fühlen Sie sich unwohl, unernst genommen, energetisch ausgesaugt? Besitzen Sie ein Repertoire an verbaler Verdeutlichung ihrer Grenzen? Welche Grenzen können Sie am leichtesten ziehen – die physischen, d.h. wie nah darf Ihnen jemand kommen? oder die mentalen Grenzen, d.h. ihre Werte, Vorstellungen die ihre Selbstachtung festigen. In diese Rubrik würde auch die Fähigkeit des „Nein-Sagens" gehören. Ganz eng verwurzelt damit sind die emotionalen Grenzen unter Berücksichtigung der besonderen Vorsicht eigene Bedürfnisse zu opfern, bzw. für die Empfindungen anderer Verantwortung zu übernehmen.

Soziale Empathie

Grenzen sind ein gesunder und wichtiger Schritt, um die eigene Autonomie zu stärken. Sie sind ein Zeichen für emotionale Gesundheit, Selbstachtung und Stärke.

Indem Sie Grenzen ziehen, verpflichten Sie sich, Ihre eigene Identität, Bedürfnisse, Gefühle und Ziele in den Focus zu stellen.

Selbstsabotage und Abhängigkeit sind ein no go, um durchlässige Grenzen zu praktizieren. Neue Wege erfordern tägliche Pflege und Aufmerksamkeit in der Selbstfürsorge. Die Arbeit, gesunde Grenzen zu setzen / einzuhalten, vergesellschaftet sich oft mit den Nebenkriegsschauplätzen der Selbstvergebung und Eigenliebe.

Stellen Sie sich doch einfach einmal in ihren Lieblingsraum. Leben Sie mit einem Seil einen Grenzraum um sich herum. Spüren Sie hinein, ob er die richtige Größe besitzt? Verändern Sie ihren Schutzkreis je nach ihrer Vorstellung mit einem fremden Menschen im Raum zu sein, mit einem Vertrauten oder…Auf diesem Weg wird Ihnen ihre Flexibilität in ihrer sozialen Empathie offensichtlich. Gleichsam erkennen Sie wie sich ihr Schutzraum adäquat anpassen kann.

Grenzüberschreiter

Jeder und alles besitzt Grenzen, d.h. es gibt eine Anordnung eines Endes und eine des Beginns von etwas anderem. So wie Länder Trennungslinien besitzen, besitzen auch wir Menschen Grenzen zu unserem persönlichen Schutz. Die eigene Sphäre zu wahren, setzt ein hohes Maß an Eigensteuerung voraus. Das gesunde Empfinden zur richtigen Zeit in der richtigen Situation ein "Ja" oder "Nein" auszudrücken, legt legitime Verhaltensweisen fest.

Durch den Umgang mit unseren Grenzen können wir unsere physische, mentale, soziale und spirituelle Gesundheit erhalten. Unklare Grenzziehungen verleiten zur Überschreitung der Trennungslinie. Doch wer ist so respektlos und latscht über Grenzen? Richtig! für dieses toxische Verhalten gibt es 2 Möglichkeiten – Sie selbst oder Andere. Die Motive seine eigenen Grenzen zu übertreten, gestalten sich vielseitig. So kann es sein, dass ein innerer Antreiber Sie immer zur Arbeit zwingt, auch wenn der Körper schon lange seine Pausenforderung gestellt hat oder die gerechtfertigten Gefühle erfahren Unterdrückung…Was hindert Sie daran sich selbst gegenüber so respektvoll zu sein, wie Sie die Grenzen anderer Menschen anerkennen?

Verbotene Therapeutenfrage

Ein Fragewort sollte im beraterischen / therapeutischen Kontext nicht benutzt werden. Es handelt sich um das Wörtchen „warum". Diese Fragestellung stupst den Antworter in einen Verteidigungsmodus. Hingegen sind "warum-Fragen" sich selbst gegenüber gar nicht so schlecht, denn sie decken häufig unsere Mechanismen auf, z.B. schauen Sie einmal auf ihre Abgrenzungsmöglichkeiten. Sollten Sie Schwierigkeiten haben ihre eigenen Grenzen zu ziehen, so begegnen Sie diesem heiklen Thema einfach einmal mit "Warum", z.B. warum sage ich immer "ja", wenn ich eigentlich "nein" sagen möchte? Warum lasse ich körperliche Nähe zu, obwohl ich es nicht möchte? Warum vertraue ich mir nicht? Vielleicht stoßen Sie auf Ängste oder Komfortzonen, die ihnen lieber als ihre Abgrenzung sind oder… oder…

Nachdem Sie sich ausreichend durch ihre Warum´s gearbeitet haben und reich an Erkenntnissen geworden sind, entscheiden Sie ihr weiteres Tun.

Schwammiger Blickwinkel

Gerade scheint ihre Welt von grau durchzogen, ihre Identität fühlt sich nicht Fisch, nicht Fleisch – ihre Gefühlsgrundlage ist weder fröhlich, noch traurig… In derartigen Zuständen fällt es oft schwer sich aufzuraffen und wieder in das bunte Treiben des Lebens vorzustoßen. Machen Sie sich ihre Welt wieder farbig. Greifen Sie zu einem Kaleidoskop und betrachten die bewegte, verzerrte, farbige Welt.

Je intensiver Sie diese Handlung fortführen, umso stärker wird ihre Gefühlszentrale über diesen Anblick beginnen zu jubeln. Aus dieser Stimmung heraus, können Sie sich nun auch selbst wieder besser einordnen. Die Grenze des Grauguckens oder Schwarzsehens können Sie wie andere unerwünschte Zustände mit kleinen Aktionen verändern.

Schlagbaum hoch

Wir leben auf einem Erfahrungsplaneten und dürfen unsere vermeintlichen Grenzen verantwortungsvoll, im Sinn der eigenen Erweiterungsplanung, verlassen. Generell benötigen wir unsere Begrenzungen, um mit Maßstäben für unsere eigene Sicherheit zu jonglieren. Das Bewusstsein für Werden und Vergehen in unserer Existenz reguliert die Funktion unseres „inneren Schlagbaums". Mancher steuert sein Leben, freiwillig sitzend, in seinem sicheren „Gehege", schaut vielleicht manchmal sehnsüchtig über seine Grenzen, doch würde es nicht wagen einen Schritt aus dem gewohnten Terrain heraus zu machen. Andere gelangen unfreiwillig durch Unfälle, Schicksalsschläge oder Extremsituationen unterschiedlichster Art in die Forderung eigene Grenzen zu überschreiten. Die Palette der Reaktionsmechanismen ist unzählig – von der

Hingabe bis zur Verzweiflung, von der Starre bis zum Wandel der eigenen Seinsbewusstheit. Haben Sie schon einmal ihre Grenzen gesprengt? Sind Sie schon einmal bewusst aus ihren Gehege gehopst? Ist es einfach so geschehen? oder haben Sie durch eine Meditation, ein religiöses Ritual, einen bewussten Sprung aus ihrem eigentlichen So-Sein, nachgeholfen. Was waren ihre Grenzerfahrungen und welche Bewusstseinsprozesse haben sich bei Ihnen ereignet? Vielleicht möchten Sie aber auch zuerst Visionen über das entwickeln, was Sie hinter ihren Grenzen erwartet. Betrachten Sie ihre „Gehegepflege" einmal unter den Aspekten der körperlichen, mentalen und psychischen Trennungslinien.

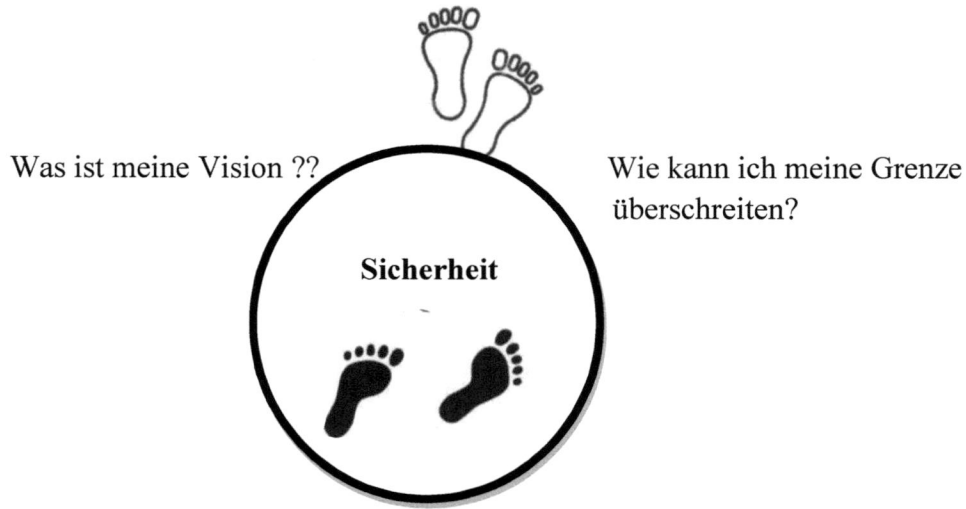

Was ist meine Vision ??

Sicherheit

Wie kann ich meine Grenze überschreiten?

III.5.5 Focus: Geächtete Gefühle
Zorn

Wut ist ein wenig gelebtes Gefühl, ein Stiefkind unter den Empfindungen. Gehäuft wird die Assoziation von Gewalt und Zerstörung freigesetzt, was sicherlich ein Grund ist, um dieses Gefühl bevorzugt im Erziehungsbereich zu unterdrücken. Wut soll vermieden, verschluckt und versteckt werden. So ist es wenig verwunderlich, dass Wut oft im Stillen abgehandelt wird und sich

216

symptomatisch einen Ausweg sucht, z.B. Zähne zusammenbeißen / knirschen, Stau von Gallenflüssigkeit. Lassen Sie sich diese Gedanken einmal in ihrem Gefühlsreflektor zergehen. Wie gestaltet sich ihr Umgang mit Wut?

Macht Wut blind?

Kennen Sie die schützende Basisemotion der Wut als natürliches Empfinden in bedrohlichen Situationen? Wenn ja, dann können Sie sich glücklich schätzen. Sie gehören zu den Wenigen, die das „unschickliche" Erleben der Wut nicht als „schlimmes" Gefühl (was immer das auch ist) zu betrachten. Es gibt kaum eine Empfindung, die so negiert und pädagogisch unterdrückt wird, wie die Wut. Alles, was wir in uns tragen ist sinnvoll für unser Leben – so auch das Grundgefühl mit Warncharakter, welches wie eine Sirene heult, wenn die Situation nach Veränderung schreit, z.B. bei Terretoriumsverletzung. Beschneidung einer natürlichen Bedürfnisäußerung, Ungerechtigkeiten...Gerade Wut befähigt zu mehr Selbstbehauptung und erweist sich als Helfer Hemmnisse zu überwinden.

Selbstverständlich sollte für diese sinnvolle Funktion der Wut ein achtsamer Umgang bestehen, d.h. wertefrei, mit wachen Sinnen und dem gegenwärtigen Moment angepasst. Der Vulkan bricht nur dann aus, wenn er die Faxen des inneren Drucks echt dicke hat. Erobern Sie sich ihr geschenktes, natürliches Wutempfinden zurück.

Grundsätzlich steht die Frage am Anfang, ob Sie das Gefühl der Wut überhaupt kennen? Oder ob Sie gelernt haben es über andere Kanäle, als unschickliche Empfindung, zu kanalisieren.

Was genau macht Sie wütend?

Wie wurde mit der Wut in ihrer Familie umgegangen?

Welche Signale setzt ihr Körper in diesen Momenten?

Können Sie sich daran erinnern, wann das erste mal Wut bei Ihnen auftrat?

Wohin mit der Wut? Welche Kanalisationswege benutzen Sie? Sport, Hausputz, Gartenarbeit? Tanzen?

Wie können Sie ihrer Wut angemessen Ausdruck verleihen?

Sind Sie schon einmal vor Wut übergeschäumt?

Welche Strategien haben Sie bereits probiert?

Was assoziieren Sie zu dem Satz „einige Veränderungen bedürfen der Kraft aus Wut"?

Was genau schätzen Sie an ihrer Wut? Vielleicht erinnern Sie eine Situation, wo Ihnen ihre Wut behilflich war.

Wenn ihre Wut gegenständlich wäre, was wäre sie dann – beschreiben Sie das Objekt möglichst genau.

Drehen Sie das „W" von Wut einmal um und Sie erhalten das Wort Mut. Setzen Sie diesen ein, um ihre Wutgefühle adäquat auszudrücken.

Um die Wut heraus zu lassen, ist es oft der erste Schritt sie anzuerkennen und gegebenenfalls innerlich zu benennen. Automatisch wird deutlich, dass die Wut nur ein Teil von Ihnen ist und Sie noch viele andere Teile besitzen. Nicht Sie sind die Wut, sondern Sie sind mit dem Grundgefühl der Wut beschenkt. Damit sind die Machtverhältnisse erst einmal geklärt. Benötigen Sie weitere Innenklärung, können Sie durchaus den alten „Zähl bis 10" Trick benutzen oder die Auseinandersetzung vertagen.

Brüskieren

Ärger ist ein Gefühl, welches die eigene Unzufriedenheit deutlich macht und in seinem Gefolge nach Rache / Strafe schreit. Beides ist in der Regel kein zufriedenstellendes Ergebnis. Ärger will aber auch nicht heruntergeschluckt werden, denn so wird er zur Selbstbestrafung. Oftmals ist es ein Weg die ärgerliche Situation in der Rückschau zu betrachten und die Fakten aus der Situation aufzuzeigen. Nach dieser Entschärfung kann ein klarer Weg zum Ausdruck des Ärgers entstehen. Dieser kann individuell sehr verschieden sein,

z.B. Energie heraus schreien, mit dieser Energie eine Hausarbeit verrichten, den Ärger mit Farben ausdrücken, im Garten buddeln, oder…
Wie gestalten Sie ihren Umgang mit Ärger?

III.5.6 Focus: Ein-maligkeit
Imitat unerwünscht

Erinnern Sie sich daran, dass Sie einzigartig und einmalig sind! Fällt es Ihnen noch schwer die Impulse ihrer Seele auszudrücken? Finden Sie hingegen aber erstrebenswerte Merkmale an anderen Personen?
Versuchen Sie sich vor dem abwägenden Vergleich mit anderen Menschen zu hüten. Sie, sowie jeder Andere, sind Sie ein unverkennbares Unikat. Unbenommen ist es spannend sich die Unterschiede zwischen sich und dem Rest der Menschheit anzuschauen – doch bitte ohne Bewertung. Im Vergleich liegt immer die Gefahr sich selbst klein zu machen. Tendenziell zieht diese Sichtweise herunter und blockiert den klaren Blick auf die individuellen Charaktereigenschaften. Praktizieren Sie das Gegenteil und machen sich größer als die Anderen, so schauen Sie herab auf ihre Mitgeschöpfe, was auch keine Lösung für Sie darstellt.
Die Variante einen anderen Menschen zu imitieren bietet zumeist auch keine befriedigende Möglichkeit. Viel eher wirkt eine Nachahmung als ein billiger Abklatsch. Ein fremdes Persönlichkeitskleid und erscheint es noch so erstrebenswert, kann nicht authentisch getragen werden. Viel sinnvoller gestaltet es sich das selbsterwählte Modell zu beobachten. Wie genau setzt mein Vorbild das eigenerstrebte Merkmal um? Vielleicht gibt es Anteile, die Sie mit ihrem eigenen Potential synchronisieren können. So erhalten Sie eine erstrebte einmalige, einzigartige Verhaltensweise, die 100% zu Ihnen passt.
Versuchen Sie es doch einfach einmal.

Ich und Du

Jeder Mensch ist individuell, d.h. er weist ganz persönliche Merkmale, die ihn von anderen Individuen unterscheiden, auf. Wählen Sie einen Menschen aus ihrem Umfeld aus. Durch welche ihrer Eigen-arten unterscheiden Sie sich?

Meine Wahlperson	Unterschiede zu Person
XXX	XXX
YY	YY

Biografische Helfer

Manchmal kann es sich als hilfreich erweisen, biografische Materialien als Hilfs-bzw. Ergänzungsmaterial in die Joblösungen, aus ihrem Energy Selfie® einzubeziehen. Bestimmte Prozesse werden in ein anderes Licht gesetzt, so-dass u.a. Haltungen, Ereignisse, Gefühle in bestimmten Lebensabschnitten transparenter/erinnerbar werden. Das Einbeziehen von Fotoalben, Tagebü-chern, Notizen, Briefen, Schulheften, Zeichnungen und Arztberichten stellen eine Bereicherung für speziellen Hypothesen dar. Nicht nur jede Biografie ist einmalig, sondern auch das persönliche Erleben in der eigenen Lebensrück-schau.

Signifikantes ICH

Die große Frage lautet: " wie gestaltet sich meine Individualität?, d.h. was sind meine Besonderheiten? Wie entfalte ich diese Eigenschaften? Gibt es vielleicht noch mehr an mir, was mich unverwechselbar macht? Besitze ich seltene und einmalige Kombinationen von vielen Einzelmerkmalen? " Notieren Sie einige Stichworte zu ihren Eigenarten im Handeln/Verhalten, persönlichen Einstellungen, Werten, Interessen, Überzeugungen in verschie-denen Fachbereichen wie Religion, Philosophie, Sozialverhalten, Kommuni-kationsstil, Einmaligkeit der Biografie…

Die Individualität eines Menschen schließt auch die körperliche Individualität ein. Die Vielfalt anatomischer, physiologischer und biochemischer Merkmale gilt es ins Auge zu fassen.

Abschließend geben Sie sich der Frage hin, wie sich ihre äußere Wahrnehmung zu ihrer inneren Wirklichkeit gestaltet. Dieser Aspekt ist nur Ihnen wirklich bekannt

Asyl in sich selbst

Zuflucht vor Kränkungen und Verletzungen des Lebens können Sie erst einmal nur in sich selbst finden. Gemeint ist nicht, dass Sie sich in ihrem Schmerz abkapseln sollen, sondern dass Sie ihre stabile innere Struktur spüren. Auch wenn Sie sich im Außen Hilfe suchen, geschieht dies aus ihren eigenen Ressourcen. Es bedarf Mut sich zu offenbaren und den Teil der Selbstliebe, den man Eigenfürsorge und Wunsch nach Veränderung nennen könnte, zu leben.

Wie sieht ihre Zufluchtsstrategie aus?

Wo und wie finden Sie ihr Asyl?

Wer könnte Ihnen behilflich sein? Was genau sollte derjenige tun?

Mein ureigenster Kern

Stellen Sie sich ihre Einmaligkeit einmal bildlich vor. Vielleicht als einen Gegenstand, ein Tier, eine Pflanze oder…oder…Mag sein, dass Sie auch eine abstrakte Vorstellung, z.B. eine Farbkombination, entwickeln. Bauen Sie alle Merkmale, die Sie von anderen Menschen in ihrem Umfeld unterscheiden, in ihr Bild ein.

Hab-(M)acht

Jeder von uns wird sich irgendwann einmal seiner Defizite bewusst. Nun liegt es an der eigenen Entscheidung einen Schlachtplan für den Umgang mit diesem „Manko" auszuhecken. Eine Vielzahl von Möglichkeiten kommen in Betracht, z.B. alle Ressourcen mobilisieren und das Defizit angehen oder das Defizit kompensatorisch mit der „Muss-haben-Macht" ausgleichen. In diesen Bereich kann der (vermeintliche) Ausgleich durch materiellen oder immateriellen Ersatz…. geschaffen werden.

Benennen Sie eine defizitäre Struktur, die Sie bei sich erkennen. Beschreiben Sie ihr Lösungskonzept und spüren in ihre erlebte Befriedigung hinein. Ist ihr Coping-Verhalten o.k. oder bedarf es einer Veränderung?

Spieglein, Spieglein an der Wand

Begegnen Sie sich vor dem Spiegel so, wie Sie auf der Straße einem fremden Menschen begegnen. Schauen Sie sich an, begrüßen Sie sich und betrachten sich als Gegenüber. Schauen Sie sich ihr Gesicht, ihr Haar, ihren Ausdruck an. Lassen Sie sich Zeit und achten auf jedes Detail. Wenn Sie ihre Gesamtschau beendet haben, schauen Sie sich in die Augen, halten Sie den Blick und bestätigen Sie sich laut oder leise ihre Einzig-artigkeit.

Nun setzen Sie sich einmal richtig in Szene, indem Sie sich in eine wunderbare Beleuchtung setzen und erneut betrachten. Gibt es Erkenntnisse für Sie?

III.5.7 Focus: Prägende Fremdbestimmungen
Rollendesaster

Jeder von uns ist Träger vieler Rollen, an die unterschiedliche Erwartungen geknüpft sind. Sie selbst haben spezielle Vorstellungen ihre Rolle entsprechend zu bedienen und das Aussen besitzt ebenfalls Ideen zu ihrer Rollenverwirklichung. Global betrachtet handelt es sich bei dem Rollenverständnis um die dazu gehörigen Aufgaben, spezielle Verantwortlichkeiten und die Prozesse innerhalb der Rollenerfüllung.

So kann die Ehefrau gleichzeitig Mutter, Schwester, Berufstätige, Freundin usw., sein. Jede Rolle will für sich gefüllt und erfüllend sein. Sie besitzt ihre klaren Grenzen und Einsatzgebiete. Machen Sie sich ihre unterschiedlichen Rollen ebenso bewusst, wie die Erwartungen, die aus dieser speziellen Rolle erwachsen.

Welche Rollen nehmen Sie ein? Wie möchten Sie diese ausfüllen? Was wird in dieser Rolle von Ihnen erwartet? Was erwarten Sie von sich selbst in dieser Rolle? Gibt es für diese Rolle zeitgeistliche Wunschvorstellungen?

Welche Rollen schreiben andere Ihnen gerne zu? (Bei dieser Frage ist zu berücksichtigen, dass die Rollenzuschreibungen oft aus dem Unbewussten gesteuert werden.)

Vielleicht mögen Sie einmal vermuten aus welchen Gründen Ihnen andere Menschen gehäuft bestimmte Rollen zuschreiben. Was glauben Sie welchen Anteil Sie aktiv nach außen senden, was andere Menschen dazu veranlasst Ihnen reaktiv eine Rolle zu schneidern.

Zeichnen Sie ihre Rollen mit Beschreibung auf, z.B. Bärbel (42 J.)

Mein Umfeld sieht mich als: ………   weil: ………

Mein Umfeld sieht nie in mir:

Betrachten Sie ihre Aufzeichnungen aufgrund von Ähnlichkeiten in den Rollenerwartungen bzw.-ausführungen.

Zwangsrolle

Generös drückt Elazar Benyoetz[67]in seiner Weisheit „Meine Rolle, deine Vorstellung" die Fehlbesetzung einer Rolle im Leben aus. Die notwendigen Rollen im Leben sollten von uns authentisch und geradlinig besetzt sein. Stellen Sie sich vor

eine höfliche, nette, junge Frau beginnt als Kellnerin in einem Kaffee. Ihre ruhige und freundliche Art kommt sehr gut bei den Gästen an. Die Chefin hingegen erwartet von ihr, dass sie aktiver das Gespräch zum Gast sucht, mit einer Phrase „ja gerne" den Gästen ihre Bereitschaft zur Wunscherfüllung bekundet, usw.

Angewiesen auf diese Arbeitsstelle schlüpft sie in diese Rolle. Sie fühlt sich unwohl, verkrampft und merkt auch an der reduzierten Trinkgeldeinnahme, dass in dem Beziehungsgefüge etwas unrund läuft. Sie leidet zunehmend unter der Diskrepanz zwischen ihrer natürlichen, wohlwollenden Art und dem aufgepfropften Rollenverhalten. Sie kündigt ihre Stelle. Damit kündigte Sie auch die Fehlbesetzung in dieser Rolle.

Lassen Sie einmal einige ihrer Rollen Revue passieren und spüren hinein. Fühlen Sie die richtige Besetzung, dann schweifen Sie gedanklich zur nächsten Rolle, um diese zu überprüfen.

Fehlbesetzungen sollten Sie auf 2 Ebenen hinterfragen: - wer hat Ihnen die Rolle übergestülpt und was hat Sie dazu veranlasst diese anzunehmen und gegebenenfalls trotz Mißgefühlen aufrecht zu halten.

Wild figurieren

Jeder hat eine Vielzahl von Rollen im Rahmen seiner Interaktionen, die mit mehr oder weniger Inbrunst ausgeführt werden, z.B. eine Freundin schlüpft ihnen gegenüber in die Rolle der Mutter. Damit kommen Sie gar nicht klar. Versetzen Sie sich in ihre Freundin, versuchen Sie ihre Empfindungen nach zu spüren und erleben Sie gespannt, zu welchem Verhalten Sie veranlasst

---

67 Elazar Benyoëtz Aphoristiker / Lyriker *24.3.1937

werden. Ebenso dürfen Sie einen Blick darauf werfen, ob Sie ihrer Freundin "Futter" für eine Rollenzuschreibung geben.

Leben auf der Bühne

Es gibt sicherlich eine Rolle, die Sie gerne einmal spielen würden. Vielleicht die einer Lady oder einer Oma, ohne Enkelkinder zu haben. Verfeinern Sie ihren Wunsch, indem Sie alle Attribute, die für Sie zu dieser Rolle gehören sammeln. Steht ihr Verlangen dann immer noch im Raum, treten Sie in das Rollenspiel ein.

z.B. Frau M. kinderlos und somit auch ohne Enkel beneidet ihre Freundinnen um die Oma-Rolle. Von den Kaffeetrinktreffen geht Sie immer traurig nach Hause. Das einzige jüngere Kind in ihrem Umfeld ist das Mädchen ihrer Nachbarin, welches ihr zugetan ist. Doch außer kurzfristigen Kontakten im Hausflur oder auf der Straße, gibt es keine Berührungspunkte. Frau M. legt zu den Feiertagen immer eine kleine Überraschung vor Lindas Haustür. Frau M. arbeitete die Rolle einer (Ideal-)Oma aus und war immer noch der Überzeugung, dass ihr diese Aufgabe zu ihrem Lebensglück fehlt. In Absprache mit Lindas Mutter, die mehr als glücklich darüber war, dass Frau M. etwas mit Linda unternehmen wollte, fand das erste Treffen mit der Planung eines Eisdielenbesuchs statt. Frau M. berichtete anschließend, dass es sehr schön gewesen sei, aber ihre Vorstellungen doch etwas anders waren. Sie führte es darauf zurück, dass Linda ja nicht ihre wirkliche Enkelin war. Linda liebte Frau M. abgöttisch und so wurde ein Oma M. Tag in der Woche eingerichtet. Nach mehreren Monaten ging Frau M. mit ihren Freundinnen zu einem Altentreff. Dort fehlte es an Personal, um alle mit Kuchen und Kaffee zu versorgen, so wie die ein oder andere Handreichung zu erledigen. Spontan sprang Frau M. ein und berichtete danach dieses Gefühl der „Omasehnsucht" erfüllend erlebt zu haben. Mittlerweile ist Sie regelmäßige Hilfskraft beim Altentreff und behält auch den Oma M. Tag bei, wenn Linda nichts anderes mit ihren Kindergartenfreunden geplant hat.

"Zu späte Erfüllung einer Sehnsucht labt nicht mehr. Die lechzende Seele zehrt sie auf wie glühendes Eisen einen Wassertropfen."

Marie von Ebner Eschenbach (1830 – 1916)

Mein Zeugnis

Wählen Sie für sich eine Rolle aus, deren internen Referenzen Sie erkennen möchten. Vielleicht mögen Sie sich ein Zeugnis als Freundin, Mutter, Berufstätige, Ehefrau oder… schreiben. Im Folgeschritt schauen Sie nach den externen Referenzen, indem Sie aus der Sicht des Betreffenden gleichsam ein Zeugnis verfassen.

Beim Vergleich der beiden Beurteilungen achten Sie darauf inwieweit Übereinstimmung, bzw. Abweichungen zu vermerken sind. Reflektieren Sie die beiden „Dokumente".

III.5.8 Focus: Soziale Bänder
Mein sozialer Kontext

Jeder von uns lebt in Beziehungsgefügen, die frei gewählt oder vorgegeben sind. In jedem Beziehungsraum nehmen wir einen anderen Raum / Platz ein. Erstellen Sie für die ihnen wichtigen Beziehungsebenen in folgender Art Begegnungsräume.

Arbeitsplatz - im Büro – in der Teeküche – 1xpro Woche Feierabendbierchen- betriebs-internes Yoga	Kernfamilie
eigene Familie	Sportverein

oder

Zeichnen Sie sich in Beziehung zu ihren anderen Raumbewohnern ein, z.B. in dem Sie ihnen einen Platz in ihrem Wohnzimmer zuteilen. (siehe Beispiel Christian S.135)

Mein Metapher Selbst

Metaphern lassen sich als übertragene Bilder beschreiben. Die Verbindung zweier Dinge – in diesem Fall Sie und … - haben eigentlich nichts miteinander zu tun. Sie schaffen ganz individuelle Brücken zwischen sich und einem Objekt. Über den metaphorischen Weg arbeiten Sie mit Übertragungen aus Bildern, was ihr Unbewusstes nicht nur mag, sondern auch zur geliebten assoziativen Arbeit anregt.

Was genau wäre ich als…	Wie charakterisiere ich …
Tier, z.B. Löwe	Stark, familiär, in mir ruhend…
Blume	
Baum	
Gemüse	
Obst	
Gewürz	
Wildkraut (Unkraut)	
Mineral	
usw.	

Schauen Sie welche Aspekte aus den Übertragungen von Ihnen gelebt werden, gewünscht oder im Ansatz vorhanden sind, erträumt werden und in sich in der Zukunft realisieren lassen, als Vision bestehen, aber in diesem Leben keine Verwirklichung (mehr) finden können.

Merk-würdige Beziehungsmuster

Beziehungen zeichnen sich durch verschiedene Merkmale aus. Global betrachtet, könnte man die Kennzeichen gesund, ungesund oder toxisch auswählen.

Eine häufig auftretende ungesunde und gleichsam toxische Beziehung ist die symbiotische Verbindung. Das markanteste Kennzeichen ist die gegenseitige Abhängigkeit in dem Beziehungsgefüge, die häufig verkannt wird. Partnerschaftsbeziehungen können ebenso wie Eltern-Kind-Verhältnisse betroffene sein. Es kommt zu einer Verschmelzung, die kein Raum mehr für ein Ich bietet, sondern nur noch ein Wir zulässt. Eigene Bedürfnisse besitzen ebenso wenig Raum wie weitere Kontakte, die Eigenständigkeit geht zunehmend verloren. Es entwickelt sich das Gefühl, dass ein Leben ohne die andere Person absolute nicht möglich ist. Nicht selten scheinen sich in einer symbiotischen Beziehungsform alle Selbstwertprobleme aufzulösen. Vielleicht ist es das Erinnerungsfragment der Sicherheit, die aus der, natürlichen symbiotischen Beziehung im Mutterleib so vertraut ist. Solange Entfaltung, Eigeninteressen, Selbständigkeit vorhanden sind, ist eine symbiotische Beziehung auszuschließen.

Weniger häufig, aber ebenso toxisch sind die Beziehungen in der Co-Abhängigkeit. Die Empfindungen zu den eigenen Gefühlen, Wünschen und Bedürfnissen gehen verloren, denn im Focus steht ausschließlich der Partner. Freiwillige Opfer sollten möglichst mit liebevoller Zuwendung belohnt werden. Für diesen Preis wird alles getan, um möglichst zu gefallen.

Eine letzt benannte Beziehungsschwierigkeit ist die Ein-Ausschaltverbindung. Zumeist wird nach der ersten Verliebtheit die Feststellung getroffen, dass es sich doch nicht um den Traumpartner handelt. Die Beziehung findet ein (unerträgliches) Ende. Nach der Trennung wird wieder Kontakt gesucht. Für diesen Schritt benennen die Betroffenen oft den Grund die Wichtigkeit des Partners festgestellt zu haben. Im Hintergrund verbergen sich nicht selten Nähe-Distanz-Schwierigkeiten, Bindungsängste, Unsicherheiten und Losslaßschwierigkeiten. Die einzelnen Phasen wiederholen sich nach dem Motto "es geht nicht mit dem Partner, aber auch nicht ohne ihn".

Finden Sie von jeder Form Anteile in ihrer Beziehung, so ist das o.k. Denn auch hier gilt die Regel: zu viel oder zu wenig von einer energetischen Strömung bestimmen die anstehende Aufgabe.

Beschreiben Sie ihre Beziehung a.) als Partner und b.) Elternteil.

Mitleid versus Mitgefühl

Beim Mitleid vermischen sich die Gefühle zweier Menschen. Leiden Sie mit Jemanden, dann identifizieren Sie sich mit ihrem Gegenüber und werden automatisch im fremden Leid gefangen. Geteiltes Leid, mag zwar halbes Leid sein, aber ist es auch lösungsorientiert oder hilfreich?

Stellen Sie sich zwei Nichtschwimmer vor, von denen einer der Retter sein möchte.

Zwei Ertrinkende, die sich im „Absaufen" unterstützen. Das naturgeschenkte Mitgefühl mutiert aus den unterschiedlichsten Beweggründen häufig zum Mitleid.

Mit jemanden fühlen, erhält ihre eigene Identität und erhält ihre Handlungsfähigkeit. Ihre Intuition, als Herzensfähigkeit, ist dann in der Lage ihren Selbstausdruck stabil und einfühlend zu gestalten. Der Ertrinkende kann durch einen authentischen Helfer gerettet werden. Sie als mitfühlender Retter trauen ihrem Gegenüber auch Selbstführung zu, denn wenn Sie in der Situation auch zwei Individuen sind, so ist der Schirm des All-Eins über empathische Begegnungen gespannt.

Versuchen Sie doch einfach einmal in einem unverfänglichen, freundschaftlichen Gespräch mit zu fühlen, z.B. wenn diese Person von ihren wunderbaren Urlaubserlebnissen berichtet. Überprüfen Sie für sich, ob Sie den Erzählungen mitschwingend folgen können.

Derartige Übungen erhöhen ihren Schwierigkeitsgrad, wenn Sie das Gleiche mit einer weniger emotional verbundenen Person versuchen. Die höchste Intensität erreicht ihr Selbstversuch, indem sie einem „feindlichen" Gesprächspartner ihr Ohr leihen und empathisch folgen.

	Situation	mit wem	Resultat
Mitgefühl			
Mitleid			

Modell des Mitgefühls

Stellen Sie sich doch einmal die Frage, wer aus ihrem Umfeld Mitgefühl verkörpert. Beschreiben Sie ihr Erleben dieser Person, vor allem was sie tut, dass Sie der Überzeugung sind, dass dieser Mensch ein Idol für Mitgefühl darstellt, z.B. Tante Erika, die immer für Sie da ist, wenn Probleme auftauchen – sie schaut liebevoll, zeigt ihre zugewandte Art, dass Sie gerade das Wichtigste für Sie sind, ist aufmerksam, verurteilt Sie nicht, traut Ihnen Selbsthilfe zu … Welche dieser Fähigkeiten sind ihnen auch zu eigen? Welche dieser Gaben wünschen Sie sich in ihrem Repertoire? Wären es Verhaltensweisen, die Ihnen zu eigen werden könnten? und wenn, wie genau?

III.5.9 Focus: Berufung

Beruf und Berufung

Wie viel unerkannte Talente und Fähigkeiten Sie wohl mit sich herum tragen? Betrachten Sie bitte einmal ihre Ressourcen im Energy Selfie®. Hatten Sie schon einmal eine Sinnkrise in Bezug auf ihre berufliche Tätigkeit? Können Sie ihre speziellen Neigungen einsetzen? Manches mal ist ein kompletter Wechsel nicht möglich, aber die Integration von Fertigkeiten im bestehenden Sektor sind oft machbar, z.B. Herr R. fühlte sich in seinem Büro in der Buchhaltung nicht ausgefüllt. Er vermisst verbindliche Kommunikation mit Kollegen und Chancen seinen reformerischen Geist zu leben. Nachdem er sich für den Betriebsrat aufstellen ließ und auch gewählt wurde, war auch sein eigentlicher Arbeitssektor für ihn wieder erfüllender.

In unserer Gesellschaft ist der Faktor Beruf ein wesentliches Kriterium für unseren Lebenssinn. Wie wenig erfreulich es ist dreiviertel des Tages mit Tätigkeiten zu verbringen, die nicht der eigenen Berufung entsprechen wird neben Unzufriedenheiten, auch durch Krankheitsausfälle, deutlich. Unterscheiden sich bei Ihnen Beruf und Berufung? Wenn ja, schauen Sie doch einfach einmal aus welchem Beweggrund dieser Zustand so ist, wie er ist. Vielleicht bietet ihr jetziger Beruf Ihnen eine finanzielle Absicherung oder eine spezielle Komfortzone, die Sie trotz ihrer Unzufriedenheit nicht aufgeben wollen? Spüren Sie nur ihre Unzufriedenheit und haben keine andere Idee? Haben Sie ihren Beruf selbst gewählt oder gab es Umstände, die Sie in diesen Bereich verschlagen haben? Vielleicht gesellt sich Besorgnis vor Veränderungen oder Angst vor Neuem zu Ihnen? Eventuell trauen Sie sich einen anderen Bereich nicht zu oder ist es gar die Angst vor Erfolg? Schauen Sie in ihr Energy Selfie ®vor allem in das Einstromtor 5. Was wird Ihnen dort als Ressource, Aufgabe oder Blockade präsentiert? Wie bindet sich ihr Einstromtor 5 in die Gesamtauswertung ein? Können Sie mit diesen Aussagen in Resonanz gehen? Löst es in Ihnen Ideen zu ihrer Berufung aus. Verfolgen Sie diese, denn alleine mit den Gedanken darüber treffen Sie noch keine Entscheidung. Im letzten Schritt schauen Sie, ob es eine Möglichkeit der Realisierung gibt, um aus ihren alten Mustern auszubrechen. Der gesamte Prozess wird durch die Unterstützung in beratender oder therapeutischer Behandlung oftmals sehr erleichtert. Die Entscheidung sollte möglichst schnell in die Umsetzungsphase gehen, denn am günstigsten ist es, heute etwas zu erledigen, was morgen glücklicher macht.

Spitzen Position

Zum Auffinden eigener Begabungen, Berufungen, so wie eigener Maßstäbe, liebt es unser Geist-Seelenleben in Rollen zu schlüpfen. Erkenntnisse über ungeahnte Möglichkeiten steigen wie Phönix aus der Asche.
Stellen Sie sich vor Sie wären Regent eines Landes, eines Inselstaates, eines Stammes… Wählen Sie sich den Ort ihrer Regentschaft. Vor ihrem Regierungsantritt überlegen Sie sich ihr Konzept.

Regentschaft	Meine Massnahmen
Ort Kairo - Khan el Khallili	Beschulungsmöglichkeiten, bilateral Ausbildungen, Pflege der alten Kultur…
Erste Aktionen	
Resultierende Konsequenzen / Regelungen	
Verbote / Gesetze	
Ehrungen	
Mögliche Helfer	
Einführung von Neuerungen – welcher Art? – wie?	
Welche drei Wünsche würden Sie sich als Regent erfüllen?	

Abschließend versuchen Sie die regentischen Maßnahmen auf ihr Leben zu transformieren.

Erfolgszweifel

Gehören Sie zu den Menschen, die ihren eigenen Erfolg nicht erkennen? Zudem auch noch glauben ihre Mitmenschen, die ihre besonderen Fähigkeiten lobend hervorheben, zu betrügen?

Viele erfolgreiche Menschen haben Schwierigkeiten mit ihren hervorragenden Leistungen umzugehen. Sie plagen sich mit Selbstzweifeln, fühlen sich als Mogelpackung, Hochstapler, Anerkennungserschleicher, o.ä. Durch das schlechte Selbstwertempfinden erscheint der Erfolg als unverdient, eine Gnade des Schicksals, ein Glückstreffer. Angstgefühle machen sich breit, dass die Anderen den Erfolgsmenschen enttarnen könnten, Mängel bei ihm feststellen, Unfähigkeiten bemerken. Die belastenden Ängste versorgen die Selbstzweifel beständig mit Futter und kreieren ein Selbstbild des Betrügers.

Beschreiben Sie ihren Erfolg. Benennen Sie alles was Sie dafür getan haben.

Was betrachten die anderen als ihren Erfolg? Was genau bekommen Sie zu hören?

Bewerten Sie sich und lassen sich von einer Person, die Sie gut kennt nach den gleichen Kriterien beurteilen. Eine Merkmalsliste können Sie gemeinsam erstellen.

Lebenserfüllung

Was genau fehlt Ihnen um ihre Lebenserfüllung zu finden, bzw. zu leben? Ist es eher eine soziale Lücke, eine berufliche Unzufriedenheit… oder kennen Sie ihre Lebenserfüllung ohne die Umsetzungslösung parat zu haben? Welcher Herzenswunsch soll sich erfüllen, um Sie zu füllen? Wie können Sie diese Selbstverwirklichung leben? Bevor Sie sich nun an die Arbeit machen, überprüfen Sie noch einmal, ob ihre Ideen frei von jeder Fremdbestimmung sind. Manchmal verbirgt sich ganz in der Tiefe die stille Erwartung eines geliebten Menschen.

Ü-Ei Talente

Die Enthüllungen aus dem Einstromtor 5 über ihre Talente und Begabungen mögen Sie in Erstaunen versetzen. Unser Geist-Seele System gibt uns die Chance mental in eine Rolle zu schlüpfen und unerkanntes Potential aus der Tiefe ins Bewusstsein zu bringen.

Stellen Sie sich vor, Sie bekommen den Auftrag 20 Leute unterschiedlichen Alters, Geschlechts und Kultur durch die Wüste von einem Nomadendorf zum nächsten (Entfernung ca. 50 km) zu führen.

Was wären ihre ersten Handlungsschritte?

Mit welchen Reaktionen würden Sie rechnen?

Welche Regeln würden Sie aufstellen?

Welche Konsequenzen hätte die Nichteinhaltung ihrer Vorgaben?

Würden Sie sich Hilfe wünschen? Wie könnte diese aussehen?

Welche Aspekte wären Ihnen bei dieser Unternehmung besonders wichtig?

Nachdem Sie den Trupp zum Ziel gebracht haben, stellt Ihnen der Nomadenherrscher drei Wünsche frei? Welche hätten Sie spontan? Im 2. Schritt übertragen Sie ihre Antworten auf ihr eigenes Leben und reflektieren diese Ergebnisse mit ihrem Berater / Therapeuten.

III.5.10 Focus: Selbstbetrachtung
Innenfoto

Die grundsätzliche Frage lautet: „Wie sehen Sie sich?" Schauen Sie einmal ihr Bild von sich selbst in der Vorstellung an. Beschreiben Sie sich, so wie Sie sich sehen. Am besten notieren Sie ihre Selbsteindrücke.

Selbstbildbeschreibung	Mein Idealbild von mir	Fremdbeschreibung von meinem Selbst

Betrachten Sie ihre Selbstbeschreibung, achten Sie auf den Realitätsbezug ihrer Aussagen, auf ungewöhnlich hohe Strenge / Milde ihrer Selbstbeobachtung und den Bezug zu ihrer Einzigartigkeit. Vergegenwärtigen Sie sich, dass es niemanden auf der ganzen Welt gibt, der ihnen gleich ist. Ohne etwas zu tun oder mit Glücksgütern gesegnet zu sein, Sie sind ein-malig!

Manchmal besitzen Sie sicherlich Vorstellungen über ein Idealbild von sich, dass 100 %ig ihrem Gusto entspricht. Notieren Sie diese in der 2. Spalte der Tabelle. Last not least ist es sicherlich interessant, wenn Sie sich vorstellen wie eine fremde Person das Bild von Ihnen beschreiben würde. Diesen Aussagen ist die dritte Spalte vorbehalten. Abschließend betrachten Sie sich die drei Beschreibungen und legen ihren Focus auf die Unterschiede in der drei Perspektiven Auflistung.

Ehrenrettung

Sie haben sicherlich schon einmal jemanden verteidigt. Eine andere Person zu schützen, fällt oftmals leichter als sich selbst in das rechte Licht zu setzen. Gehäuft liegt es daran, dass wir uns gar nicht bewusst sind, was es an unserer eigenen Person zu verteidigen gibt. Spüren Sie in sich hinein, was Ihnen an sich selbst so wertvoll ist, dass Sie es in jedem Fall verteidigen würden? Welche Geschütze aus dem verbalen / motorischen Bereich sind für Sie vorstellbar?, wenn ihr Gegenüber nicht nur uneinsichtig, sondern sehr uneinsichtig ist. Zwischendurch befreien Sie sich auch aus den Klauen des "Tut man das?".

Selbstvorwürfe

Auf die Frage, was wir an uns selbst mögen, finden wir in der Regel nicht so schnell eine Antwort, wie auf die Frage nach unseren Selbstvorwürfen. Was genau werfen Sie sich vor??

1._____ 2._____ 3. _____ 4._____ 5._____

Würden Sie diese Dinge auch anderen Menschen vorwerfen?

Selfdating

Verabreden Sie sich zu einem Date mit sich selbst. Zeigen Sie sich die Gesamtheit ihrer Vorzüge auf und benennen alles was Sie zu bieten haben. Fairer Weise erwähnen Sie auch **eine** Schattenseite.

Eye catcher

Schauen Sie in den Spiegel und beschreiben Sie das was Sie sehen. Im ersten Teil beschreiben Sie die Fakten, die jeder andere gleichsam an Ihnen wahrnimmt, z.B. braune Augen, symmetrisch geschwungener Oberlippenbogen. Im zweiten Teil sind ihre Beschreibung zusätzlich gefragt, z.B. warme, leuchtende, braune Augen, wunderschöne symmetrisch geschwungener Oberlippenbogen. Im dritten Durchgang erinnern Sie sich an Fremdäußerungen, die Sie jemals über ihr Gesicht gehört haben.

Meine faktische Beschreibung	Meine Beschreibungen	Fremdäußerungen

Akzeptanz

Akzeptanz bedeutet einfach nur: Annehmen, was ist. Mit dieser Aussage ist noch nichts darüber gesagt, ob Sie dies oder jenes gut finden oder nicht, sondern einfach nur, dass Sie es so annehmen, wie es ist. Beginnen wir mit dem einfachen Teil, der Akzeptanz einer Situation, z.B. Sie haben sich monatelang auf einen Urlaub gefreut.

Diesen sagen Sie aufgrund der Krankheit ihres Partners ab. Möglichkeit Nr. 1 Sie lamentieren die ganze Zeit darüber, wie schade es ist, dass Sie nicht fahren konnten. Sie malen sich in den schönsten Farben aus, wie die Reise gewesen wäre und es geht Ihnen damit nicht gut. Möglichkeit Nr. 2 Sie akzeptieren die Situation, dass Sie aufgrund einer Priorität ihren Urlaub abgesagt haben. Mit dieser Haltung tragen Sie die Verantwortung für ihre Entscheidung und zeigen auch Selbstakzeptanz.

Suchen Sie einige Beispiele zu ihrer situativen Akzeptanz und stufen Sie die Intensität ihrer Annehmensstärke ein.

Situation / mein Verhalten	Intensität meiner situativen Akzeptanz
1.	0---1---2---3---4---5---6---7---8---9---10
2.	0---1---2---3---4---5---6---7---8---9---10

Die Selbstakzeptanz bezieht sich in der Regel auf ihr Aussehen oder Persön-
lichkeitszüge, die zu einem für Sie nicht wünschenswerten Verhalten führen.
Diese Position veranlasst Sie in der Regel zum Kühmen, was den Weg zur
Veränderung blockiert und nicht gerade Glückseligkeit beschert. Also Schluss
mit dem wenig zielfördernden Gezeter und hin zu der Selbstannahme, d.h. die
Anerkennung des momentanen So-Seins.
Ihre Akzeptanz der momentanen Situation, setzt Kraft frei den Zielplan zu
konstruieren. Bitte beachten Sie die Kriterien für eine realistische Zielsetzung
(S. 28 ff)

Momentane Situation (ungeschönt)	**Ziel**
Beschreibung der momentanen Situation und Einstufung der Akzeptanz 0---1---2---3---4---5---6---7---8---9---10 Was möchte ich verändern?	Bei der Akzeptanzstufe 9 /10 formulieren Sie ihr Ziel. Was bin ich bereit dafür zu tun?

Ihre Selbstakzeptanz, mit einem zustimmenden Werteurteil, ist ein guter
Schritt zur Selbstliebe. Ebenso sparen Sie Kräfte ihre Akzeptanz im Außen zu
suchen, manchen Handstand oder irgendein Männeken zu machen.

Ressourcen Paket
Verborgen in uns finden sich zahlreiche Ressourcen, die nie oder selten zum
Einsatz kommen. Zusammenfassend sichtbar werden ihre verborgenen Kräfte
im Energy Selfie®. Sie sind der Bewältigung in schwierigen Situationen dienlich, erleichtern den Umgang mit Alltagsanforderungen und versetzen Sie als

Besitzer oft in Erstaunen. Lassen Sie einmal Situationen aus ihrem Leben Revue passieren und machen sich ihre einsatzbereiten Reserveenergien bewusst. Ziehen Sie ihr Energy Selfie® zwischendurch immer wieder zu rate. Schauen Sie beispielhaft in ihre verbalen Ressourcen.

Jeder formuliert seiner besonderen Wahrnehmung gemäß. In der Hinterhand liegen noch ungenutzte Möglichkeiten. Probieren Sie sich in folgender Übung. Übersetzen Sie folgenden kleinen Text aus der Metasprache in eine sinnesbezogene Sprache.

Metasprachlicher Text	Übersetzung
Im Katalog sind viele Dinge. Der Preis ist gering. Der Bestellschein ist auf der letzten Seite.	
	Visuell Im Katalog **erblicke** ich viele **anschauliche** Dinge. Der Preis **sieht** echt gut aus. Der Bestellschein ist auf der letzten Seite **anzusehen**.
	Kinästhetisch Im Katalog **finde** ich viele **erfassbare** Dinge. Der Preis ist **griffig**. Der Bestellschein **liegt** auf der letzten Seite.
	Auditiv Im Katalog lassen die vielen Dinge **aufhorchen**. Der Preis **hört** sich gut an. Lassen Sie sich **sagen**:" Der Bestellschein ist **marktschreierisch** auf der letzten Seite"

Ihre handlungsorientierten Ressourcen können Sie am besten erleben, wenn Sie sich einer ungewohnten Anforderung stellen.

Sieh mich

Niemand muss ein graues Mäuschen sein. Nutzen Sie die nächste Gelegenheit, um auf sich aufmerksam zu machen. Seien Sie kreativ und suchen sich ein Betätigungsfeld. Dies kann im kleinen Rahmen an der Supermarktkasse sein, wo Sie einen kurzen Plausch mit der Kassiererin beginnen oder in einem größeren Rahmen, wo Sie unerwartet, etwas auf einer großen Veranstaltung vortragen. Zu den unendlichen Möglichkeiten zählen auch aufmerksamkeitsheischende Kleidungsstücke, Accessoires…Wie möchten Sie das Gesehen werden erreichen?

III.5.11 Focus: Licht und Schatten
Dem Impuls auf der Spur

Die Klarheit über den Antrieb oder die eigene innere Anregung kann häufig zu einer „Selbsterleuchtung" führen. Bedenken Sie die folgenden Fragen für sich.

- Was genau treibt mich zu... an?
- Wie kann ich meinen eigenen Impuls beschreiben?
- Mit was setze ich Impulse für andere?
- Was genau setzt Impulse bei mir?
- An welche Impulsaktionen erinnern Sie sich?

Inneres Dunkel

Generell ist der Schatten ein Ego-Anteil, der uns in grauen Vorzeiten als Schutz gedient hat. Irgendwann in unserer Biografie war es überlebenswichtig, den ein oder anderen Wesenszug nicht zu zeigen oder die „dunkle Seite" unseres Seins zu leben.
Jedem von uns sind Schattenseiten zu eigen, die wir nicht so gerne anschauen. Diese ungeliebten Anteile leben im Dunkel unserer Seele – tief im Urbewussten beheimatet. Unsere Lichtseiten hingegen lassen wir gerne leuchten, doch

werden ihre Potentiale zwischen durch von Überschattungen blockiert. Dummerweise benötigt das in Schach halten der abgelegten Schattenelementen viel Energie. Sie erinnern sich die Menge der Energie bleibt immer gleich, nur ihre Verteilung kann sich verändern. Der logische Schluss daraus, wir verzichten auf wertvolle Lebensenergie, wenn wir den Schatten unberührt lassen. Aber Sie besitzen die Willensenergie sich zu entschließen einige Schattenseiten auf gewollte Erhellung zu überprüfen. (siehe auch Folgeübung) Erschwerend können aus den Schattenelementen Glaubenssätze erwachsen, die übergenerational weitergereicht werden, z.B. „Aggression ist nur etwas für Proleten". Ups und was ist mit unserer überlebenswichtigen konstruktiven Aggression? Die können wir auch nicht leben, denn wenn wir so mutig sind und die Aggression aus dem Schatten – wider des Glaubenssatzes- hervor zaubern, wird sie auch ihre Schattenseite – nämlich die destruktive Aggression zeigen, z.B. die eigentliche Schaffenskraft der Aggression kehrt die zerstörerische Seite hervor, die ungelebte Trauer kann sich in depressiven Stimmungen aus dem Schatten entwickeln, Gedanken, Phantasien, Nacktheit o.ä. Aspekte aus dem Bereich der Sexualiät, können im Erwachsenenalter Fragen nach der eigenen Normalität auftun, leidvolle Prüderien oder ... oder... ergeben.

Prinzipiell können alle Lebensbereiche betroffene sein, die zu Kindertagen in das Schattendasein verbannt wurden. Im Erwachsenenalter eilt der Schatten dem Erleben voraus und kann so in Abwehrmechanismen münden.

Bevorzugt findet die Projektion ihren Einsatz, d.h. der eigene ungelebte emotionale Anteil wird gehäuft bei anderen Menschen gesehen und erfährt eine Negativbewertung erster Klasse. Genau an dieser Stelle ergibt sich die Möglichkeit eigene Schattenseiten zu beleuchten.

Die klassische Frage, die Sie sich selbst stellen lautet „Was finde ich an anderen Menschen unmöglich und regt mich immer wieder über Gebühr an ihnen auf? Was genau verurteile ich?" Mit Sicherheit werden Ihnen einige Dinge einfallen. Weitere mögliche Fragen wären:

- Was macht mir Angst / Scham wenn ich es bei anderen sehe / erlebe?
- Welche Anteile darf / durfte ich selbst nie leben?

- Wo bemerke ich bei mir mangelnde Toleranz / Akzeptanz?
- Kann ich meine Schattenseiten so lieb haben wie meine Sonnenseiten, auch wenn ich an ihnen arbeite.

Die letzte Frage ist mit einem klaren „Ja" zu beantworten, denn die bewusst gewordenen Schattenanteile lassen sich jederzeit wieder in das eigene Selbst integrieren.

Sonnen-und Schattenseiten

Jeder von uns besitzt Sonnen – und Schattenseiten. Gehen Sie doch einmal ihre Eigenschaftsprofile durch. Notieren Sie 3 Sonnen- und 3 Schattenseiten, die Sie als besondere Merkmale ihrer Persönlichkeit empfinden, z.B. hilfsbereit, rasch ungeduldig. Im zweiten Schritt taufen Sie ihre Anteile mit eigenschaftsverdeutlichenden Namen, z.B. Helfer in der Not, Geduldsverweigerer. Schauen Sie einmal, ob es zu ihren einzelnen Merkmalen Zitate, Sprichworte, Redewendungen oder Volksweisheiten gibt, z.B. „Gegenseitige Hilfe macht selbst arme Leute reich", "Geduld ist das Vertrauen, das alles kommt, wenn die Zeit reif ist".
Nachdem Sie sich nun mit den einzelnen Eigenschaften intensiv beschäftigt haben, schauen Sie bei den Sonnen- und Schattenanteilen einmal wo sie ihnen förderlich sind oder blockierend wirken, z.B. Hilfsbereitschaft wird ausgenutzt und hält mich oft von eigenen Belangen ab, spontane Hilfsbereitschaft macht zwei Seiten glücklich… Für ganz Eifrige kann auch der Auftrag attraktiv sein, nach der dahinterstehenden Gefühlslage zu fahnden, z.B. Schwierigkeiten "nein" zu sagen, der eigene Wunsch in einer Notsituation Hilfe zu erfahren…
Nach der Reflektion werden Sie sicher zu der Erkenntnis gelangen, dass jede Schattenseite auch Sonnenanteile besitzt und umgekehrt.

Platzende Bombe

Sehr viele Menschen haben gelernt, dass sich das vermeintlich ungute Gefühl der Wut „nicht schickt". Mit dieser Überzeugung besteht die Gefahr unbemerkt in vielen Situationen zum grenzenlosen Spielball zu werden. Sie verbrauchen unendlich viel Energie zur Zurückhaltung, die sich in ihnen aufstaut. Irgendwann ist das Maß voll. Die Bombe platzt und die Schattenseite der Wut kommt zum Tragen. Nun besteht aber die große Chance die Wut zu erkennen und als eine natürliche Empfindung zu registrieren. Mit ein wenig „explosiver Bomben Auseinandersetzung" erschließt sich Ihnen der Weg, dass die Natürlichkeit der Wut schon sehr rechtzeitig aus sich heraus ein Aufstau-Nein setzt und eine adäquate Möglichkeit, vielleicht auch über Sublimierung, anbietet. Sensibilisieren Sie sich auf die Vorboten.

Eigenregie

Das Selbstmanagement umfasst die Organisation aller persönlichen Angelegenheiten. Selbstständig und unabhängig werden die eigenen Entwicklungsprozesse mit eigenständigen Mitteln versorgt. Selbstaufgestellte Regeln, sei es in Bezug auf den Zeitrahmen oder die Art der Ausführung, stellen das Zentrum der Eigenregulation dar. Jedes Gelingen stellt eine Art Selbstverstärkung dar, wenn Sie in der Lage sind, sich ihre Managementleistung zu honorieren. Die Folge wird sein, dass die Motivation für weiteres selbstgesetztes Verhalten geschaffen wird. Das Ergebnis ist eine erfüllende Selbstwirksamkeit, d.h. das Gefühl des eigenen Könnens und durch das Gefühl der selbstgewählten Handlung und Empfindung einen persönlichen Verdienst zu erhalten.
Kernsatz: Ich bin eine kompetente Person die wirksam als unabhängiges und selbständiges Wesen leben kann.

Brille des Wohlwollens

Stellen Sie sich vor, dass Sie eine Brille des Wohlwollens besitzen. Sobald Sie diese aufsetzen, ist ihr Blick mit Wohlwollen, Toleranz, Güte und Liebe bestückt. Betrachten Sie sich durch diese Brille. Was können Sie für liebevolle und aufbauende Aspekte in ihrem Selbstbild entdecken? Notieren Sie diese Erkenntnisse über sich Was haben Sie Neues oder Verborgenes an sich entdeckt? Diese wohlwollend entdeckten Selbstmerkmale sollten Sie der Welt mitteilen, in dem Sie diese laut vortragen. Achten Sie auf ihre Stimme und ihr Empfinden. "Erleuchten" Sie sich selbst.

Gefühlsmäßige Gelehrtheit

Emotionale Intelligenz umfasst die Wahrnehmung, Verständnis und Beeinflussung eigener und fremder Gefühle. John D. Mayer / Peter Salovey sind die Nestoren des EQ. In den 90er Jahren setzte ein regelrechter Boom rund um diesen Begriff ein.

Daniel Golemann unterteilte die EQ in 4 verschiedene Bereiche

- *Empathie (Wahrnehmen und Verstehen der Gefühle und Beziehungen anderer*
- *Selbstwahrnehmung (Verstehen und wahrnehmen eigener Gefühle)*
- *Selbstmanagement (Kontrolle eigener Gefühle, Handlungen*
- *Beziehungsmanagement (Verstehen und beeinflussen zwischenmenschlicher Beziehungen).*

Vorteile emotionaler Intelligenz

- *einschätzen eigener Gefühle und Gefühle anderer – gute Sozial- und Liebespartner*
- *in schwierigen Situationen angemessen reagieren*
- *geschätzt von anderen Menschen*
- *guter Teamworker – Kontaktträger - Konfliktlöser*
- *Vermittlungsfähigkeit aufgrund Kontrolle eigener Gefühle und Einschätzung anderer*
- *gute Situationseinschätzung zur Konfliktvermeidung*
- *höhere Belastbarkeit weil auch in Stresssituationen gut sortierte Gefühle*
- *emotional intelligente Menschen sind sympathisch / beliebt / respektiert Schauen wir auf die andere Seite der Münze, so kann die hohe emotionale Intelligenz zur Manipulation verleiten, denn auch die Vorteilserheischung setzt emotionale Intelligenz voraus.*

243

*Mangelnde emotionale Intelligenz zeigt sich gehäuft durch fehlende Selbst-
beherrschung in Konfliktsituationen, wenig empathisches Verhalten und
geringfügig in der Lage Missverständnisse und Streit zu regulieren. Empathie setzt voraus, dass Sie ihren eigenen Gefühlen trauen.*

Verschenken Sie in Gedanken doch einfach einmal Gefühle und stellen sich
vor wie der Empfänger auf das sorgfältig ausgewählte Präsent reagiert. Erinnern Sie sich an das Gefühlsrad.[68] Scheuen Sie sich nicht einen Adressat für
jedes Gefühl zu finden. Drücken Sie sich bitte nicht davor die Reaktionen
gleichsam gedanklich durchzuspielen.

Feeling in der Story
Nehmen Sie sich eine Geschichte [69], einen Reisebericht, eine Frauenzeitschrift
o.ä. Lesen Sie ihr ausgewähltes Werk und identifizieren sich mit einer der
Figuren. Versuchen Sie die Gefühle zu erspüren. Am günstigsten erzählen Sie
Jemandem dann die Geschichte und fügen ihre Gefühlserkennungen hinzu.
Versuchen Sie ihre Erkenntnisse auf eigene Situationen zu übertragen.
Vielleicht haben Sie auch Lust einen Tag einmal aus der rein emotionalen
Perspektive aufzuschreiben.

Selbst im neuen Licht
Sehen Sie sich die Selbst-Begriffe an, erweitern Sie die Liste unter Umstän-
den und ordnen dann die Bezeichnungen in die Figur ein. Sie bestimmen den
Ort nach dem Kriterium, wo Sie diese Empfindung emotional erleben. Nach
Fertigstellung schaffen Sie Verbindungen zu dem Ort und Begriff, z.B. das
Selbstverständnis sitzt in der Fußregion – treten Sie ihr Selbstverständnis mit
Füssen?

---

68 siehe Band 2 S.63

69 Empfehlenswert Nossrat Peseschkian „Paradies" (kurze Geschichten mit Fragenanhang)

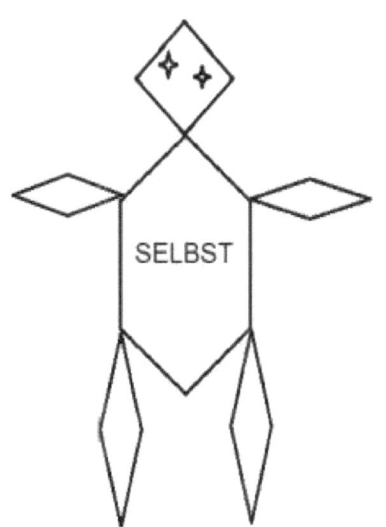

Selbstständig	Selbsterkenntnis
Selbstsicher	Selbstschutz
Selbsterniedrigung	Selbsthass
Selbstgefälligkeit	Selbstbekenntnis
Selbstgenuss	Selbstbesinnung
Selbstliebe	Selbstverurteilung
Selbstüberwindung	Selbstwert
Selbstüberschätzung	Selbstlosigkeit
Selbsterniedrigung	Selbstsucht
Selbstbestimmung	Selbstverletzung
Selbstvergötterung	Selbstverschulden

Selbstvertrauen-Booster?

Stellen Sie sich vor, Ihnen wird ein verantwortungsvoller Job angeboten.
Nennen Sie die Gründe aus denen Sie sich selbst einstellen würden. Setzen
Sie sich mit all ihren Eigenschaften in ein gutes Licht.

Eigenblick

Die grundsätzliche Frage lautet: „Wie sehen Sie sich?" Schauen Sie einmal
ihr Vorstellungbild von sich an. Beschreiben Sie sich so, wie Sie sich sehen.
Am besten notieren Sie ihre Selbsteindrücke. Beleuchten Sie sich aus allen
Perspektiven.

Selbstbildbeschreibung	Mein Idealbild von mir	Fremdbeschreibung von meinem Selbst

Betrachten Sie ihre Selbstbeschreibung, achten Sie auf den Realitätsbezug ihrer Aussagen, auf ungewöhnlich hohe Strenge / Milde ihrer Selbstbeobachtung und den Bezug zu ihrer Einzigartigkeit. Vergegenwärtigen Sie sich, dass es niemanden auf der ganzen Welt gibt, der ihnen gleich ist. Ohne etwas zu tun oder ohne etwas zu besitzen sind Sie ein-malig!

Manchmal besitzen Sie sicherlich Vorstellungen über ein Idealbild von sich, dass 100 % ihrem Gusto entspricht. Notieren Sie diese in der 2. Spalte der Tabelle. Last not least ist sicherlich die Vorstellung interessant, wie eine fremde Person das Bild von Ihnen beschreiben würde. Diesen Aussagen ist die dritte Spalte vorbehalten. Abschließend betrachten Sie sich die drei Beschreibungen und legen ihren Focus auf die Unterschiede innerhalb der drei Perspektiven.

III.5.12 Focus: Bewusste Selbstregulation
Fachgebiet Eigenkontrolle

Disziplin ist Ihnen keineswegs fremd, wenn Sie es vielleicht auch glauben. Zahlreiche Aktionen in ihrem Leben vollbringen Sie täglich ohne sie unter der Schirmherrschaft der Disziplin zu betrachten. Sie betreiben regelmäßig Körperhygiene, bearbeiten ihren mail Verkehr, putzen ihren Wohnbereich… Das praktizierte Durchhaltevermögen bildet einen wesentlichen Baustein für ihre Selbstdisziplin, nämlich die Beherrschung ihres Willens, um etwas zu erreichen. Im günstigsten Fall empfinden Sie dabei auch Spaß und Freude. Diese drei Bereiche schaffen die Motivation für ihre Selbstdisziplin. Jeder Zwang und Druck darf vermieden werden, denn die Gefahr des Misserfolges wäre zu hoch.

Wenn die Erreichung des gesetzten Ziels nicht ausreicht, legen Sie sich einfach ein Belohnungsrepertoire zu. Es kann auch behilflich sein, wenn sich Hürden in der Selbstdisziplin auftun. Nun noch ein paar kleine Tricks um ihrer Selbstdisziplin zu stärken.

Kombinieren Sie ihre bekannten Gewohnheiten mit ihren neuen Zielen. Alle Abläufe, seien sie thematisch noch so verschieden, lassen sich wunderbar verbinden, z.B. Sie nehmen sich vor, anstatt süßer Limonade mehr Kräutertee zu trinken. Wenn die Selbstdisziplin nicht direkt funktioniert, richten Sie kleine Stufen ein. Stellen Sie ein Schnapsgläschen voll Limonade zu dem Kräutertee. Diesen trinken Sie zuerst und belohnen sich mit der Limonade. In das Schnapsgläschen füllen Sie immer weniger Limonade. Falls die Selbstdisziplin durchschlägt und Sie die Limo nicht mehr mögen, kippen Sie das Gläschen mit Limo stolz und erhaben in den Ausguss.

Herantasten an Selbstdisziplin

Seit x-Zeiten tragen Sie einen verwegenen Plan in sich. Sie wollen Sport gegen ihre Bewegungsschmerzen einsetzen. „Leider" haben Sie nicht das passende gefunden, bei dem einen passte die Uhrzeit nicht, beim anderen die Sportart, zu dem einen Studio ist der Weg zu weit und das andere Studio ist zu groß… Der Wille ist wirklich sehr hoch, doch die Selbstdisziplin schafft den letzten Kick noch nicht. Vielleicht nehmen Sie sich erst einmal einen Stift und ein Blatt Papier, um ihre genauen Vorstellungen detailliert zu notieren. Es kann auch sein, dass Sie als ersten Schritt Erkundigungen einziehen, was es in ihrer Nähe für Angebote gibt. Neben Kraftsport, Zirkel-Training und geräteorientierter Körperertüchtigung gibt es noch zahlreiche spannende und weniger bekannte Aktivitäten. Es kann sein, dass ihre erste selbstdisziplinarische Übung eine Probestunde ist. Interessant in diesem Zusammenhang ist der Marshmallow Test von Professor Walter Mischel (US-amerikanischen Elite-Uni Stanford 1960) mit rund 600 Kindern zwischen 4 und 6 Jahren. Jedes Kind bekam ein Marshmallow mit der Option es gleich essen zu dürfen oder nach 15 Min. Die ausharrenden Leckermäulchen sollten ein zweites Marshmallow erhalten. Über 40 Jahre wurden die Probanden beobachtet und es wurde festgestellt, dass die impulsgesteuerten Kinder im späteren Leben erfolgreicher waren, in stabileren Beziehungen leben und konzentrierter im Leben stehen, stressresistenter sind und weniger Drogen konsumieren. Was entnehmen wir dieser Untersuchung? Es ist nicht immer gut in Erwartung auf einen Gewinn, ein momentanes Bedürfnis zurück zu stecken.

Symbolmemo

Das Anliegen mit ihrer Selbstdisziplin ist Ihnen superwichtig, doch kann der innere Schweinehund sich oft so aufplustern, dass die Selbstdisziplin ihren vorrangigen Platz verliert. Um dem zu entgehen, können Sie sich ein Symbol ausdenken, wie genau ihre Selbstdisziplin aussieht. Bestücken Sie einige Kärtchen mit diesem Erinnerungscode oder einen entsprechenden Sticker. Die geheime Botschaft zwischen Ihnen und ihrer Selbstdisziplin lautet: "vergiss mich nicht!

Falls die Kärtchen keine Option für Sie sind, liegt es Ihnen vielleicht mehr eine andere Person in ihre selbstdisziplinarischen Maßnahmen einzuweihen, z.B. dass Sie ihren Kleiderschrank in den nächsten drei Wochen sukzessive von den Altlasten befreien. Die Mitwisserschaft bedeutet für Sie eine Art sozialer Vertrag.

Gefahrenherd Disziplin hoch zehn

Disziplin, sowie Selbstdisziplin sollten das gesunde Maß nicht überschreiten. In zahlreichen Untersuchungen von Christy Koval[70] von der Duke's Fuqua School of Business wurden umfangreiche Gefahrenmomente erkannt, z.B. das eigene Anspruchsniveau kann sich ins Unermessliche steigern. Rasch erkennt das Umfeld die Erfolgsorientiertheit und neigt dazu der betreffenden Person noch die ein oder andere Aufgabe aufs Auge zu drücken. Mit der Zeit ebnet sich der Weg ins burn out. Denn auch für die eigene Disziplin zu brennen, kann ein Fehlmanöver sein. Ohne Ablenkung und ohne sich abbringen zu lassen, – auch von Körpersymptomen – wird beharrlich das Ziel verfolgt. Pflichtbewusst, und teilweise aus dem letzten Loch pfeifend, wird die Konsequenz der Zielerreichung als lebensnotwendig betrachtet. Im Energy Selfie ® schauen Sie bitte vorrangig ihr Einstromtor 5 an.

---

70 Christy Zhou Koval, Ph. D. in Management and Organizations from the Fuqua School of Business at Duke University

248

Beachten Sie bitte den Aspekt, dass disziplinarisch erfolgreich durchgeführte Aufgaben dazu führen können, an einen Erfolg zu glauben, obwohl wenig Talent für diesen Job besteht. Klären Sie unter Umständen mit ihrem Umfeld, in Beratungs- oder Therapiestunden, realistische Zielsetzungen für ihre Vorhaben.

Kurzer Perfektionismusausstieg

Ein Verbündeter des Perfektionismus ist die Uhr. Ihre erste Anti-Perfektionismus-Übung ist wirklich nicht einfach und lautet „kommen Sie einmal ganz bewusst 5 Min. zu spät zu einer Freundschaftsverabredung". Vielleicht ist es ein beruhigender Gedanke für Sie, dass eine Freundschaft sicherlich nicht aus diesem Grund gecancelt wird. Vorhersehbar wird ihre Unpünktlichkeit formuliert, da ihre Freunde so etwas von Ihnen nicht kennen. Aber auch das ist ein wichtiger Teil dieses Experimentes. Selbstverständlich können Sie jederzeit wieder pünktlich sein, aber dann freiwillig. Das Wesentliche ist, dass sie aus der Zwangsjacke herauskommen. Schauen Sie in welchen Situationen Sie vergleichbare Versuche unternehmen können. Raus aus dem Zwang, rein in die Eigenbestimmung. Je vielfältiger Sie ihre Übungsfelder gestalten, umso höher ist die Chance aus den einengenden Mechanismen des Perfekt-Wesens aus zu steigen.

Lobeshymne

Stellen Sie sich selbst ein Rezept mit den Worten „wenigstens 3x täglich loben, weil ich so bin, wie ich bin" aus. An diese "disziplinarische" Selbstverordnung sollten Sie sich unbedingt halten. Bewahren Sie ihre Verordnung an einem sichtbaren Platz auf.

Ach wär ich doch...

Preisvergleiche sind oftmals ratsam und schenken uns die Freude der Ersparnis. Hingegen bescheren uns Vergleiche mit anderen Menschen und unserer Person selten freudenreiches Empfinden. Im günstigsten Fall erwerben wir im Vergleich eine Motivation Vergleichbares zu bewerkstelligen. Doch Vorsicht – kopieren funktioniert nicht, während die individuelle Umsetzung einer Anregung Vorteile bietet. Kennen Sie so etwas?

Genau oder perfekt?

Dinge gut erledigen zu wollen ist erst einmal eine prima Sache, doch in extremer Form des Perfektionismus, kann es Auswirkungen auf die psychische Freiheit und die körperliche Gesundheit haben. Die Crux liegt vor allem darin, dass ein Ziel verfolgt wird, dass gar nicht erreichbar ist. Perfektionismus ist eine unendliche, im Kopf gehortete Illusion mit einer riesigen Erwartungshaltung an sich selbst. Es sollen alle Ressourcen höchst aktiviert werden, um das eigene Aufgabenspektrum übergewissenhaft zu erledigen. Glückt das Vorhaben nicht den Vorstellungen gemäß, ist es nicht nur schwerwiegend, sondern der Weltuntergang scheint zu drohen. Natürlicher Weise wird ein Ansporn zur Weiterentwicklung in dem Scheitern erkannt. Hier lässt sich ein erstes Zeichen vom dysfunktionalen Perfektionismus erkennen. Oftmals kann sich auch nur geringe Freude bei gelungenen Vorhaben einstellen, da ständige Versagensängste mit dem Empfinden nicht zu genügen, dauerhaft präsent sind. Gerne verbindet sich dieser Zustand mit innerer Getriebenheit, begleitet von anhaltender Unzufriedenheit. [71]

Positionswechsel

Wählen Sie eine ihrer Schwierigkeiten aus dem Einstromtor 5.
Versuchen Sie als erstes ihr Problem in einem Satz zusammen zu fassen.
Dann geben Sie sich ihren Überlegungen hin, ob schon einmal irgendjemand ein derartiges Problem bravourös gelöst hat. Vielleicht eine Freundin,

---

[71] Weitere Steigerungen der perfektionistischen Muster, (z.B. nicht mehr eigenbestimmt im Handeln, sondern durch perfektionistischen Zwang gesteuert), bedürfen therapeutischer Hilfe.

ein Bekannter oder eine berühmte Persönlichkeit. Vergegenwärtigen Sie sich noch einmal, wie dieses Vorbild vorgegangen ist. Stellen Sie sich vor, dass Sie dieses Idol sind und Ihnen aus dieser Perspektive Fragen gestellt werden. Sie dürfen auch konstruktive Vorschläge annehmen. Sammeln Sie erst einmal alles, was Sie sich anbieten. Im letzten Schritt selektieren Sie unter dem Aspekt ihrer eigenen Identität. Erstaunt was da alles zum Tragen kommt? Dann haben Sie alles richtig gemacht.

Herdentrieb im Aktionismus

Der menschliche Herdentrieb stammt aus unserem evolutiven Überlebensprogramm, welches bis heute funktionsfähig ist. Was tun Sie wenn erst einer, dann noch einer und noch einer bei roter Ampel die Straße überquert? Schließen Sie sich an oder verharren Sie mutig bis das Grün an der Ampel erscheint, losgelöst von der Herde, in der Außenseiterposition? In der Regel wird das „Nachlaufen" durch einen automatischen Impuls ausgelöst. (Dr. T. Brudermann[72]) Der Natursoziologe R. Brämer bereichert das Thema durch seine Beobachtungen, dass der Leithammel den rechten Weg gar nicht wirklich kennen muss. Sein entschlossener Anschein des Wissenden reicht völlig aus. Vielleicht fühlt sich der erste Straßenüberquerer von dem roten Licht in seiner motorischen Dynamik angetriggert. Da lauert das Gefahrenpotential für die Mitläufer. Sie können in ihr Glück oder ihr Verderben sausen. Tja, das Lemmingverhalten ist nicht risikolos. B. Lange (Göttinger Evolutionspsychologe) hat die Herdentriebstory in einen Satz zusammengefasst. „Was die Masse macht, kann so falsch nicht sein, und wenn die Masse irrt, dann sitzen wir wenigstens alle im selben Boot und können das Problem gemeinsam lösen."

Mein zwielichtiger Steckbrief

Erstellen Sie einen Steckbrief von sich, in dem Sie all ihre Besonderheiten, Talente und Persönlichkeitszüge aufzeichnen, die für Sie von Bedeutung sind.

---

72 Dr. T. Brudermann Systemwissenschaftler

Schauen Sie in ihr Energy Selfie® um ihre favorisierten Aspekte zu finden. Sind es Ressourcen, Aufgaben oder blockierte Energien? Bevor Sie nach Realisierungsmöglichkeiten schauen, betrachten Sie ihre Liste und suchen nach vermeintlichen Gegensätzlichkeiten, z.B. ängstlich und risikobereit. Fahnden Sie nach den Verbindungen der beiden Eigenschaften und machen sich die Beziehung der polaren Wesenszüge zueinander deutlich. Danach geht es frohen Mutes in die Umsetzung.

Einmalige Biografie

Wie Ihnen schon aus ihrem Energy Selfie® bekannt ist, besitzt jeder seine Ressourcen, seine Aufgaben, seine Lebenshürden und seine ganz eigene Art damit umzugehen. Natürlich haben wir uns unsere Familie als Entwicklungshelfer und prägende Personen ausgewählt. Die psychologischen Merkmale von Erleben und Verhalten entwickeln sich durch unsere Kernfamilie und das weitere Umfeld in einer ganz eigenen Biografie, denn unseren Selbstwillen gibt es ja auch noch. Welche Aspekte sind in ihrer Biografie von ganz besonderer Bedeutung?

Anpasser aus Passion

Wenn Sie immer bemüht sind sich anzupassen, um Konflikten aus dem Weg zu gehen oder sich selbst für weniger gut erachten als andere Menschen, verlieren Sie sich selbst. Bis zu einem gewissen Grad gehört die Anpassung zu unserem sozialen Miteinander, doch wenn Sie nur noch darauf schauen unauffällig im Strom mitzuschwimmen, entgehen Sie zwar Auseinandersetzungen, aber achten sich selbst immer weniger in ihrem individuellen Dasein. Betrachten Sie bitte einmal ihre Anpasseritis. Wo und bei wem taucht es besonders stark auf. Welche vergleichbaren Merkmale zeigen diese Situationen? Was kennzeichnet die Menschen, in deren Gegenwart Sie ihre Identität ablegen? Was befürchten Sie, wenn Sie sie selbst sind?

Lastenträger

Bitte machen Sie sich einmal Gedanken darüber wie schwer ihre gesamten Probleme in kg wären. Es ist oft hilfreich sich ein Gewichtsparameter, z.B. 1l Milch = 1kg vor Augen zu halten. Wenn Sie ihre Gewichtsklasse eruiert haben, nehmen Sie einen leeren Rucksack und füllen diesen mit …kg Steinen auf. Nun geht´s ab mit ihrem Konfliktgepäck. Setzen Sie ihren Rucksack auf und laufen zwischen 20 und 30 Minuten bewusst mit ihrem Problemsack durch die Lande. Nach ihrer Rückkehr vergegenwärtigen Sie sich, dass Sie diese schwere Last immer, oft unbemerkt, mit sich herum schleppen. Nun stehen Sie vor der entscheidenden Frage: "möchte ist das noch länger so fortsetzen und reduziere ich meine Last, in dem ich das ein oder andere Problem angehe und mich erleichtere?" Bei einer positiven Entscheidung nehmen Sie die Steine aus dem Rucksack und beschriften jeden einzelnen mit dem Konflikt-Thema. Sobald Sie ihre Lösung gefunden haben, schenken Sie den stellvertretenden Stein der Natur zurück. Zwischendurch können Sie immer wieder den Rucksack-Lauf-Test durchführen, um für sich zu erspüren, ob die Last ihrem Gefühl entspricht.

Im Überschwang

Suchen Sie auch manchmal ihre spontane Art, die Sie aus der Vergangenheit von sich kennen. Sie scheint im Strudel der Termine und im alltäglichen Stress verloren gegangen zu sein. Sobald sie merken, dass Sie ständig unter Strom stehen und ihnen eine Gelegenheit nach der anderen entgeht Freunde zu treffen, Hobbies zu pflegen oder einmalige Gelegenheiten kurzfristig wahrnehmen zu können. Würde es Sie sehr aus dem Rhythmus bringen, wenn Sie ihren durchgetakteten Alltag einmal durchbrechen? Sollten Sie sich entscheiden ihre Spontanität wiederzufinden, dann ist es notwendig die routinierte Lebenszone zu unterbrechen. Hört sich gewünscht und einfach an, doch bedeutet es den Sicherheitsterrain der Verplanung zu verlassen. Es erweist sich als günstig die niedrige Entropie erst einmal zu erhöhen. Versuchen Sie ihre festgefahrenen, routinierten Abläufe durch minimale Änderungen durcheinander zu bringen, so hören sie morgens nicht zuerst den AB ab, sondern setzen zuerst den Kaffee auf, wählen Sie einen anderen Heimweg oder suchen Sie andere Gewohnheiten aus ihrem Alltag, denen Sie eine Variante schenken möchten. Überwinden Sie sich selbst. Sobald Sie bemerken, dass derartige Umstellungen gut gelingen, überlegen Sie ihr erstes Ziel für die Spontanität. Vielleicht ermitteln Sie einen bestimmten Tag, an dem Sie sich eine gewisse Zeit zur freien Verfügung einrichten.

In den weiteren Schritten erwecken Sie ihre Neugier und Offenheit für Spontanaktionen. Wenn es nicht ganz so klappt, können Sie auch einen Vertrauten in ihren Plan einweihen. Manchmal ist es gut daran erinnert zu werden, dass im Vorhaben das Durchbrechen der Routine liegt.

Zeitmanagement

Die spontane Ader besitzt viele Vorteile – sie erhöht die Flexibilität, fördert die Anpassungsfähigkeit, erhöht den Handlungsspielraum und ihr Improvisationstalent lernt wieder aktiv zu werden. Spontanität ist ein nicht zu unterschätzender Anteil in ihrer Problemlösekompetenz.

Wenn Sie sich Stück für Stück ihre Spontanität wieder erobert haben, können Sie das Resumée ziehen, ob es auch zu impulsiven Spontanitäten aufgrund des längeren Mangels gekommen ist. Reflektieren Sie wie "gefährlich" Spontanität für ihr allgemeines Leben ist. Vielleicht haben Sie bemerkt, dass die Spontanität ihren Kopf frei gemacht hat und sich wieder eine lang vermisste Kreativität einstellen konnte. Ganz nebenbei schleicht sich zumeist eine positivere Ausstrahlung in ihr Auftreten ein.

Henno, das Multitalent

Gedanken verloren spaziert Henno durch den Wald bis ein sonderbares Vogelgezwitscher an sein Ohr dringt. Er schaut sich um und sieht auf der Lichtung eine Frau sitzen. Ihr Blick ist auf den Vogel im Geäst gerichtet und es erscheint so als würden die Beiden miteinander plaudern. Als Henno sich näherte unterbrach das Gespräch jäh. Er war fasziniert vom Anblick dieser Frau und hauchte voller Verwunderung „du siehst so glücklich aus, so etwas habe ich noch nie gesehen. So lange ich denken kann, suche ich nach meinem Glück und meiner Erfüllung.

Vielleicht kannst du mithelfen. Alle meine Freunde haben ihren Platz im Leben gefunden. Ernst hat nach seiner schweren Erkrankung beschlossen seine „Schreibstube" zu verlassen, um sich seinen Traum als Hufschmied zu erfüllen, Edi, der Klemptner, musste seiner Mutter während ihrer extremen Rheumaschübe immer in der Änderungsschneiderei helfen und entdeckte sein Talent mit Nadel, Faden und Kreativität.

Nach dreijähriger Unterstützung wechselte er zu seiner Berufung und führte das mütterliche Geschäft. Fred, mein Bruder wusste schon als Kind, dass er Lehrer werden wollte und so ist es auch. Nur ich bin auf der Strecke geblieben und mir eilt der Ruf voraus „Henno mit den tausend Talenten aus dem nichts wird." Die Frau blickt auf und lächelt Henno an. „Wer viele Talente besitzt, unterliegt der Qual der Wahl und benötigt manchmal etwas mehr Zeit." „So etwas Schönes hat mir noch niemand gesagt, bitte hilf mir bei meiner Wahl" stammelte Henno mit Tränen unterdrückter Stimme.

Immer noch lächelnd sagte die Frau zu ihm „das kann ich leider nicht, denn die Antwort liegt ausschließlich in dir selbst. Wenn ich meine Antworten suche, spreche ich mit dem Vögelchen und merke wie Ruhe, Zufriedenheit und meine innere Stimme mich leiten. Fahnde danach, was dir auf deinem Weg von deinem Ruf zu deiner Berufung helfen kann." Beschwingt und zuversichtlich macht sich Henno auf die Spur zu sich selbst.

Kennen Sie von sich vergleichbare „Henno-Situationen"?

Mit welcher Hilfe könnten Sie zu sich selbst finden?

Einstromtor 6
  „Ich bin Leben, das leben will, inmitten von Leben, das leben will."
  (Albert Schweitzer, ca. 1919)

Lebensfreude, Lebensneugier, allgemeine Vitalität, jede lustvolle Aktion belebt dieses Tor, aktive Spannkraft, Selbstakzeptanz, Selbstliebe, Beziehungs-Partnerschaftsfähigkeit (auch zu sich selbst), Verabschiedung "moralinsaurer" Lehren, Analysefähigkeit, Aufklärungsbestreben, Forschungsgeist, Leben / Begegnungen als eigene Prüfung erfassen, Kritikbefähigung, vielseitige Interessen leben, Kompetenz / Macht in der Selbstverwirlichung, Einfluss leben, Charme ausströmen, persönlichen Magnetismus ausstrahlen, betontes erotisch sexuelles Interesse

III.6.1 Fokus: Lustvolle Lebensneugier
Schrei nach Neuem
Das Bedürfnis nach Neuem entspringt in der Regel einem Gefühl des Unerfüllt seins. Es kann alle Lebensbereiche betreffen. Eruieren Sie im ersten Schritt in welcher groben Richtung Sie etwas Neuem bedürfen, z.B. Beruf, Hobby, Freunde, Partner…
Im zweiten Schritt informieren Sie sich über Angebote in ihrem Interessenssektor. Nach einer Selektion, schreiten Sie zur Tat der Verwirklichung und nutzen ihr Lebensfeuer. Vielleicht entdecken Sie auf dem Weg auch etwas, woran Sie in ihrem kühnsten Traum nicht gedacht haben.

Token gefällig?
Machen Sie sich Freude bei ihrer Weiterentwicklung und schenken Sie sich ein Belohnungsprogramm der besonderen Art.
Das Token-System ist bekannt aus der Verhaltenstherapie und dient der Eigenverstärkung von erwünschten Verhaltensweisen. Die Übersetzung "Münzverstärkungssystem" lässt den Trugschluss zu, dass es sich um monitäre Zuwendungen handelt. Weit gefehlt. Lassen Sie sich überraschen.

Wählen Sie einige Ziele aus, z.B. Lebensgenuss gestalten, Entscheidungen fällen, Natur erforschen…

Ihr kompletter Einsatz beträgt 100 Punkte (Token). Statten Sie die einzelnen Aufgaben mit Teilzeilen aus. Je nach selbst empfundenen Schwergrad „bepunkten" Sie ihre Teilziele z.B.

Aufgabe: Kritikfähigkeit üben

Aufmerksam zuhören – faktisch nachfragen, um sachliche Kritik zu erkennen = 5 Punkte

Unterschied zwischen Selbst- und Fremdwahrnehmung aus Kritiksituation reflektieren = 10 Punkte

Rechtfertigungen unterlassen = 10 Punkte

Auseinandersetzung mit Kritik, Kritik als Lernerfahrung betrachten = 20 Punkte

Umsetzung aus Kritik = 15 Punkte

…

Nun ordnen Sie den Punkten erwünschte Belohnungen für ihre durchgeführten Lebensgenüsse zu.

Was für mich eine erstrebenswerte Belohnung wäre:

100 Punkte = ein Wochenende alleine zuhause, nicht waschen, nicht kämmen, schlafen, gammeln, Fernsehen, ohne Telefonate und e-mails

90 Punkte = Segelflughafenbesuch

80 Punkte = Fußreflexzonenmassage

70 Punkte = Aquarellbild malen

60 Punkte = Taschenbuch kaufen

50 Punkte = ohne Zeitlimit mit einem Freund treffen

40 Punkte = ein Lesezeichen aus Batikpapier basteln

30 Punkte = ein Stück Lieblingskuchen ohne schlechtes Gewissen vertilgen

20 Punkte = eine exclusive Illustrierte kaufen

10 Punkte = so viel Sudokus machen, wie ich mag

5 Punkte = ½ Stunde in Tauschbörse surfen

2 Punkte = 1 Eiskugel in der Waffel

Verhalten vom 1.-8. Mai 3 Kritikerfahrungen	Ausgeführt (Gewinn)	Nicht ausgeführt (Verlust)
Kritik anhören-hinterfragen	5,5,	5
Unterscheidung Selbst- und Fremdwahrnehmung	10,10	10
Rechtfertigung unterlassen	10,10	10
Umsetzung aus Kritik	15	15,15
Kritik als Lernanregung auffassen	20	20,20
…		
	85	105
Ergebnis: **- 20** Zwischendurch keine Token eingetauscht Neustart mit -20 Punkten		

Für jedes ausgeführte Zielverhalten erhalten Sie die zuvor festgelegte Punkt-zahl und tragen diese unter Gewinn ein. Sie haben jederzeit die Möglichkeit ihre erworbenen Punkte gegen die Belohnung aus ihrer Liste einzutauschen oder ihre Punkte zu sammeln, um sie für die 100 Punkte Aktion einzulösen. Sie haben es in der Hand, wann Sie ihren Hauptgewinn einlösen können. Wenn Sie ihr erwünschtes Verhalten in ihrem gewählten Zeitraum nicht durchführen, tragen Sie auf der Verlustseite bitte die festgelegten Punkte ein, welche später von der Gesamtsumme abgezogen werden. Das 100 Punkte Einlöseverfahren rückt also in die weitere Ferne.

Glücksfresser

Seien Sie doch einmal ihr eigenen Glückes Schmied. Nehmen Sie grünes Esspapier und schneiden einen vierblättrigen Glücksklee zu. Spüren Sie ihr Glück beim Betrachten ihres Werks und verleiben Sie sich ihr Glück genüsslich ein.

Reaktor oder Aktivist

Die Dynamik von Aktion und Reaktion umhüllt uns den ganzen Tag. Oftmals ist es nicht ganz einfach zu erkennen, welche Position wir überwiegend einnehmen, bzw. wie adäquat wir in der jeweiligen Stellung handeln Lassen Sie uns zu Beginn in das Beziehungsgefüge von Mensch zu Mensch einsteigen. Die Aktionen und Reaktionen können sich harmonisch, bereichernd,…oder zerstörend,… darstellen. Im letzten Fall betrachten sich beide Gesprächspartner gerne als reaktiv. P.Watzlawik[73] hat aus derartigen Konstellationen ein Urbild vom Teufelskreis[74] entwickelt. Sein Beispiel bezieht sich auf eine Frau, die sich über die häufige Abwesenheit ihres Mannes beschwert. Er bezeichnet sein Ausgehen als Flucht vor den Nörgeleien seiner Frau. Beide sehen sich als reaktiv in der Beziehungsdynamik. Mit der Verfolgung dieser Strategie wird es kaum zu einer Lösung kommen. (Frau nörgelt – Mann zieht sich zurück – Frau nörgelt – Mann zieht sich ………..usw.)
Vielleicht kennen Sie dieses Muster bei sich selbst auch. Kramen Sie doch einfach einmal in ihrer Erinnerung nach vergleichbaren Erlebnissen.

Wenn Sie nun das ein oder andere Beispiel gefunden haben, versuchen Sie ihre Gedanken und Empfindungen zu dieser Situation zu erinnern. Tragen Sie diese ebenfalls ein.

---

73 Paul Watzlawick + 2007, österreichischer Philosoph, Psychotherapeut und Kommunikationswissenschaftler

74 Weiterentwicklung durch Schulz von Thun

Nun gelangen Sie zum letzten Schritt. Welche möglichen Lösungen ergeben sich aus dem was sie aufgezeichnet haben?

Können Sie ihre Ergebnisse auf andere Situationen übertragen? Oftmals lösen sich alte Fallstricke mit der Erkenntnis und den Versuchen des Neuverhaltens in alltäglichen Situationen.

Hamster Allrad

Tag ein Tag aus, der gleiche Ablauf, alles geschieht unspannend nach dem Plan von gestern, vorgestern und vorvorgestern. Durchaus ein Konzept, wenn Sie wenig neugierig in die Welt schauen, gering fügig an Veränderungen interessiert sind und tief in sich, wirklich zufrieden mit der Meisterschaft im Hamsterrad, sinnerfüllt ihren Tag abschließen. Lieben Sie allerdings ihre eingefleischte Routine, weil Veränderungsgedanken Besorgnisse hervorlocken und die Vorstellung gewohnte Strukturen zu verlassen Sie in Angst und Schrecken versetzt, sollten Sie eine andere Ebene betrachten. Schauen Sie wann und aus welchen Gründen Sie ihrer Lebensvitalität abgeschworen haben und das Hamsterrad favorisieren.

Welche Gewohnheiten bieten Ihnen am meisten Sicherheit? Gibt es nervige Verhaltensweisen in ihrem Hamsterrad, auf die Sie gerne verzichten möchten?

Assoziation pur

Wählen Sie einen Begriff, der Ihnen bei der Betrachtung ihres Energy selfies® in den Sinn kommt. Notieren Sie dieses Wort senkrecht auf ein Blatt Papier. Mit den Anfangsbuchstaben bilden Sie Referenzworte, die dann die Basis für ihre Assoziationen bildet. Nicht nur der Wortsinn füllt sich, sondern auch Sie werden eine innere Fülle zu diesem selbstgewählten Begriff spüren.

Buchstabe	Referenzwort	Assoziation
F	Fröhlichkeit	Feier, Lust, Lachen, Jubel, Wohlgefallen, Heiterkeit …
R	Rausch	Ekstase, Glückseligkeit, Gefühlsüberschwang…
E	Enthusiasmus	Dynamik, Leidenschaft, Schwung…
U	Unterhaltung	Gedankenaustausch, Gespräch, Abwechslung…
D	Dasein	Existieren, leben, Präsenz…
E	Emotionalität	Anteilnahme, Sinneswahrnehmung, Gefühlsregung…

Der Gewinn dieser Reflexion liegt vor allem darin, durch eigene Regeln mehr Selbstbestimmtheit zu erfahren und vor allem die Konsequenzen, gleich welcher Entscheidung, zu tragen. Letztendlich stärken Sie ihren Selbstwert durch die Überprüfung ihrer Murmeltierstrategien.

Wunschliste

Wer kennt sie nicht, die Wunschliste an den Nikolaus oder das Christkind. Die Erfüllung der Wünsche wurde im Vorfeld zumeist an „Wohlverhalten" gekoppelt. Wünsche haben wir alle immer noch, doch richtet sich der größte Teil unseres Wunschpotentials an uns selbst und sollte nicht, wie im 'kindlichen Sinn", an Bedingungen geknüpft sein.

Äußern Sie fünf Wünsche, die sie nach Wichtigkeit sortiert in die Liste eintragen.

Meine Wünsche – sortiert nach Priorität
1.
2.
3.usw.

Im nächsten Schritt überlegen Sie ob es diesen Wunsch schon früher bei Ihnen gab. Vielleicht wissen Sie auch noch den Zeitrahmen. Tragen Sie die vergangene Wunschzeit ein oder markieren Sie die Wünsche, die schon lange in Ihnen schlummern.

Widmen Sie sich folgend bitte der Frage:

Was sprach bislang dagegen diesem Wunsch zu entsprechen?
1.
2.
3. usw.

Wie sähe es heute bei mir aus, wenn diese Wünsche schon erfüllt wären?

Veränderungen in meinem Leben durch die damalige Wunscherfüllung:
1.
2.
3. usw.

Was genau haben Sie in ihrem Repertoire, um die Wunscherfüllungen Realität werden zu lassen? Was könnte Sie an der Wunscherfüllung hindern?

Eigenes Repertoire zur Wunscherfül-lung	Verhinderer der Wunscherfüllung
1.	
2.	
3.	
4.	
5.	

Bedenkenträger

Misstrauen ist ein Schutzgefühl, welches uns vor negativen Erfahrungen behüten soll. Wie immer liegt die Verträglichkeit mit dieser Empfindung in ihrer Intensität. Ist die Misstrauensstruktur zu stark ausgeprägt, wirkt sich dies nicht wirklich positiv auf ihr Verhalten aus. Beobachtbar ist in der Folge, dass gehäuft „schlechte Erfahrungen" gemacht werden. Die eigene Misstrauenshaltung unterstellt dem Gegenüber erst einmal „böse Absichten". Durch das entsprechende Verhalten findet sich dann oftmals auch der Beweis dafür. Denken sie an das Gesetz der Anziehung.

Dieser Mechanismus wird als sich selbst erfüllende Prophezeiung bezeichnet, da sich die Ursprungsannahme bestätigt. Die Crux zwischen Vertrauen und Misstrauen liegt in einem hohen prozentualen Anteil in unserem Selbstvertrauen begründet. Vertraue ich mir, benötige ich kein Hypermisstrauen, sondern kann aus meiner Eigenvertrauensstruktur gesunde Vorsicht entwickeln. Diese schützt im adäquaten Mass vor blindem Vertrauen. Wie könnte man es schöner ausdrücken als es Christian Morgenstern[75] getan hat: „Vorsicht und Misstrauen sind gute Dinge, nur sind auch ihnen gegenüber Vorsicht und Misstrauen nötig."

Überprüfen Sie ihre Ebenen: Vertrauen – Vorsicht – Misstrauen.

---

75 Christian Otto Josef Wolfgang Morgenstern,+ 1914, deutscher Dichter, Schriftsteller und Übersetzer

Der Faden reißt

Sie erinnern sich an die Stressdarstellungen aus Band 2. Die Eustress-Variante bedarf an dieser Stelle keine Erläuterung. Wir beschäftigen uns mit dem Disstress. Erinnern Sie sich daran, dass die Stressgrenze immer individuell zu betrachten ist. Läuft jemand längere Zeit über seine Belastungsgrenzen hinaus, so sind seelisch-körperliche Gesundheitsprobleme absehbar.

Es können Überreaktionen im Alltag entstehen, die aus der permanenten Anspannung hervor sprudeln. Ein dauerhaftes Gefühl der inneren Unruhe lässt weder einen erholsamen Schlaf zu, noch ein Abschalten im Kopf.

Reizbarkeit und schlechte Laune, Reduktion von Vitalerleben, diffuse körperliche Symptome werden spürbar. Ihnen atypische Verhaltensweisen zeigen, dass ihre Nerven blank liegen, was auch ihr soziales Umfeld reduzieren kann. Kennen Sie derartige "Nervenkrisen" von sich? Wenn Sie sich selbst nicht mehr begegnen können, klappt es auch mit keinem Anderen. Reflektieren Sie die letzte Situation, in der Ihnen der Faden gerissen ist. Versuchen Sie im Nachhinein Stopp-Punkte zu finden, die Sie zukünftig beachten werden.

Me time

Ein allgemeiner Wunsch für die eigene Zeit richtet sich auf die entsprechende Vitalität, d.h. lebenskraftgebende und lebenskrafthabende Energien. Durch diese Lebenskräfte gespeist kann der Körper, der Geist und die Seele sich anpassen, die Daseinsangebote nutzen und die individuellen Anforderungen schaffen. Dieses Lebensfeuer kann lodern oder glimmen, wärmen oder verbrennen, erhalten oder zerstören und noch viel mehr. Die Weisheiten des Volkes haben die Feuerbedeutung in den Sprachschatz treffend eingepackt – wir brennen für etwas oder wir machen jemanden Feuer unter dem Hintern oder jemand ist Feuer und Flamme…

Sie spüren sicherlich die Dynamik in diesen Sprichworten – sie bezieht sich auf Verwandlung und Änderung. Die feurige Energie sollte immer ausgeglichen sein um weder in die burn-out-Schiene zu geraten, noch als Prinz Valium das Leben zu fristen. Nehmen Sie sich eine „me time" Zeit, in der Sie all das tun, was Sie möchten. Es gibt keine Leistungsanforderung, sondern nur ihre Lebensfreude. Egal was Sie tun, spüren Sie ihr Feuer des Lebens und seinszugewandte Vitalität. Wichtig ist, dass Sie selbst sagen „das ist meine Zeit für meine Lebensfreude".

Partnerwahl

(Material aus der Lebensschnur)

Nehmen Sie 2 Seile zur Hand und legen daraus 2 Kreise. Der eine Kreis symbolisiert Sie selbst (die Gesamtpersönlichkeit, ihren Seelenteil, Körperteil, Geistteil…) während der andere Kreis eine weitere Person oder Teilpersönlichkeit symbolisiert. Zur inhaltlichen Füllung wählen Sie sich Materialien aus der Kiste[76] aus und postieren einzelne Teile. Erläutern Sie den Symbolgehalt ihrer

gewählten Teile. Die Aufgabe des Therapeuten besteht darin, bestimmte vorhandene Teile an einen anderen Platz zu geben oder einzelne Gegenstände austauschen, um einen neuen Gefühlsinhalt zu kommunizieren, eine Geschichte zu jedem Kreis zu entwickeln, Kraft- oder Glaubenssätze eruieren.

III.6.2 Fokus: Kritik- /Konfliktfähigkeit
Versteckspiel mit mir

Ablenkungen in jeglicher Form sind der beste Weg, um sich selbst nicht mit sich zu konfrontieren. Welche Muster zum Verdeckspiel mit sich selbst haben Sie sich zurecht gebastelt?

---

76 In der Kiste befinden sich Tiere, Münzen, Gefährte, Gegenstände des Alltags, Suchtsymbole usw. das Repertoire sollte vielseitig gestaltet sein

Suchtvolles Sehnen

Konrad Lorenz [77] postulierte „Der Wunsch, ein Tier zu halten, entspringt einem uralten Grundmotiv - nämlich der Sehnsucht des Kulturmenschen nach dem verlorenen Paradies. „Nun ist es nicht jedem möglich ein Tier in seine Lebensgemeinschaft aufzunehmen, auch wenn er sich nach dem verlorenen Paradies sehnt. Sollten Sie zu dieser Gruppe gehören, ersinnen Sie Möglichkeiten wie Sie speziell ihre Sehnsüchte erfüllen können.

Observation meiner selbst

Lieben Sie Kontrolle? Praktizieren Sie diese auch bei ihren allernächsten Mitmenschen? Zumeist bemerkt man dieses Verhalten nicht selbst und wird gehäuft darauf aufmerksam gemacht. Die Motive können vielgestalt sein, Ängste, geringe Frustrationstoleranz, innere Leere, Unsicherheit, negatives Selbstbild, geringes Selbstwertempfinden… Um sich dem eigenen Problemfeld nicht stellen zu müssen, entwickelt sich der unwiderstehliche Drang das Umfeld zu kontrollieren. Auf diese Weise werden die Ängste weniger dramatisch, die innere Leere füllt sich und das Selbstempfinden erfährt eine Aufwertung. Der selbstgewählte Job als Kontrolleur wird auf Dauer zur Überforderung, aber der Selbstwert stärkt sich, obwohl die Kontrolle eigentlich dem eigenen Körper-Geist-Seele gewidmet sein sollte. Eine dysfunktionale, allerdings unproduktive Dynamik macht sich breit. Der Mangel an emotionaler Autonomie soll einen Ausgleich finden, indem andere Menschen so reglementiert werden, dass sie in die eigene Vorstellung passen. Die kontrollierenden Personen weisen eine geringe Empathie auf. Dieser Aspekt erleichtert es ihnen sofortige Befriedigung ihrer eigenen Bedürfnisse zu verlangen. Im weitesten Sinne könnte von einem emotionalen Missbrauch gesprochen werden, da das eigentliche Problem nicht wirklich im Aussen, sondern im Inneren des Controllers liegt.

---

77 Konrad Zacharias Lorenz (* 7. November 1903 in Wien; † 27. Februar 1989 ebenda) österreichischer Zoologe, Medizin-Nobelpreisträger .Hauptvertreter der klassischen vergleichenden Verhaltensforschung (Ethologie)

Konfrontieren Sie sich mit folgenden Fragen.

Gibt es Menschen, die ich durch meine Kontrolle beherrschen möchte?

Kann ich mir vorstellen, wie sehr ich den Menschen in meinem Umfeld ihre Freiheit verweigere.

Versuchen ich die Kontrolle über die Zukunft zu erwerben? Tut mir leid – diese Illusion muss ich Ihnen vorweg nehmen– es wird nicht funktionieren. Gehen Sie lieber mit der greifbaren Gegenwart um.

Wie viel Sicherheiten gibt es % ual in meinem Leben im Vergleich zu den Unsicherheiten?

Was löst der Gedanke, dass wir nicht alles kontrollieren können, bei mir aus?

Welche Strategien besitze ich, um mit Unerwartetem umzugehen?

Sollten Sie bemerken, dass Sie dem Kontrolltum zugetan sind, ist es wichtig die Ursächlichkeit und nicht das Symptom anzugehen. Was vermuten Sie in ihrem Hintergrund? Schauen Sie in ihr Energy Selfie® um dort Hinweise zu finden.

Partnerschaftsreform

Materialverschleiß, gleich bei welcher Gerätschaft, akzeptieren wir in der Regel nicht. Wir reparieren auf Teufel komm raus, bis es keine Chance mehr gibt oder wir wählen den direkten Ersatz. Doch wie gehen wir mit Partnerschaften um, die unter Verschleiß durch Stress, Geldmangel, Wohnungsunzufriedenheit, o.ä. leiden. Hätten Sie eine Idee zu einem Reparaturkonzept? Vielleicht mögen Sie einfach einmal folgende Vorschläge für sich überdenken oder die Liste nach ihren individuellen Möglichkeiten erweitern.

 Könnten Sie sich vorstellen mit ihrem Partner den Konflikt auf einem neutralen Boden, z.B. einem Restaurant, zu besprechen?

Könnten Sie gemeinsam Rituale entwickeln?

Wäre es möglich high-lights für sie als Paar zu schaffen? Haben Sie gemeinsam gedanklich schon einmal eine Trennung von A-Z durchgespielt?

Bekümmerung

Suchen Sie sich etwas oder jemanden, wo Sie eine Versorgung praktizieren können. Wichtig ist, dass Sie Freude an ihrem Tun und dessen Ergebnis haben. Versorgen heißt jemanden etwas, zu geben, was ihm fehlt. So kann der Blume Wasser fehlen, einem Tier das Futter, einer Freundin eine Schlafstätte, einem älteren Menschen eine Einkaufshilfe, einem Partner das zuhause Gefühl…Da nichts wirklich altruistisch geschieht, überlegen Sie, was Sie als „Lohn" für ihre Versorgung ansehen. Vielleicht ist es die Blüte der Pflanze, die Sie versorgt haben, die Verbundenheit eines Tieres, das Sie gefüttert haben, die Dankbarkeit eines Menschen…

Amors Präsent

Bevor Sie sich auf den Weg machen, um einer ausgewählten Person eine Liebesgeste zu schenken, überlegen Sie sich, was Sie alles in ihrem Repertoire haben. Gibt es spezielle Liebesgesten für ihnen bekannte Menschen, befreundete Menschen, Familienangehörige… Vielleicht möchten Sie auch nach männlich – weiblich unterscheiden.

Art der Liebesgeste	Fremde	Bekannte	Freunde	Familie	Anderes
- Herzlich anlächeln	X	X	X	X	
- Worte					
- Berührungen					
- Aufmerksamkeit					
- Usw.					

Obhutsfindung

Wie genau schenken Sie sich und anderen Geborgenheit? Listen Sie ihre Möglichkeiten auf und überprüfen Sie für sich, wem sie es zu teil werden lassen möchten. Vielleicht spüren Sie auch Defizite bei sich selbst, dann schauen Sie hin, was Ihnen fehlt und was sie sich selbst geben können.

Dankbarkeit

Nehmen Sie sich eine ruhige Minute und sinnen darüber nach, wofür Sie dankbar sind. Vielleicht mögen Sie ihre Themen der Dankbarkeit in einem schönen, besonderen Heft notieren. Das Dankbarkeitsbüchlein kann gleichsam täglich genutzt werden, um eine Notiz zu hinterlassen, für was man an diesem Tag dankbar ist. Vielleicht, dass man das erste Gänseblümchen an einem schneefreien Fleck entdeckt hat, dass man ein nettes Treffen mit einer Freundin hatte, dass man sich den neuen Pullover einfach so erlauben konnte …

Spüren Sie in das Wort Danke hinein und schenken Sie sich selbst diese Energie täglich "Danke, dass es mich gibt". Auch wenn die Wirkung eintritt, wenn Sie diese Affirmation ausschließlich denken oder aussprechen, wäre es genial wenn Sie es auch zu spüren.

Erkorene Gegner

Unter einem Feind versteht man einen Widersacher. Nicht selten deklarieren wir aus unserer subjektiven Wahrnehmung heraus jemanden / etwas als unseren Feind. Mit dieser inneren Empfindlichkeit begegnen wir dem Subjekt / Objekt und lösen in unserem Organismus seelische, so wie körperliche Prozesse aus.

Beispielhaft lässt sich die Allergie nennen, wo namhafte Wissenschaftler die „Feinderklärung" untersucht haben. Z.B. Der Arzt stellte im Sprechzimmer einen täuschend echt aussehenden Kunstgrasstrauß im peripheren Feld des Klienten auf. Nach einiger Zeit des Verweilens in diesem Raum, entschuldigte sich der Allergologe ob seiner Unsensibilität ausgerechnet diesen Strauß bei dem Wissen um die Allergie des Patienten aufgestellt zu haben. Kurz nach dem Hinweis erfolgte die Symptomatik beim Patienten.

Bei dem Kontakt mit zweibeinigen Allergenen wird nachweislich unser Körper auf Abwehr geschaltet und veranlasst ein entsprechendes Verhalten. Vergegenwärtigen Sie sich einen Menschen, den Sie als Widersacher für sich erklärt haben. Beschreiben Sie detailliert sein Verhalten und ihre Reaktionen darauf. Vielleicht fällt Ihnen bei genauer Betrachtung auf, dass es sich um eine symbolische Feindschaft handelt.

Test der Unfreiheiten

Das Empfinden einer Abhängigkeit basiert auf einem superstarken Verlangen nach einem spezifischen Erlebenszustand. Um diesen zu erreichen bedarf es materieller oder immaterieller Befriedigungsmöglichkeiten (Suchtstoffe). Der Schrei einer Abhängigkeitsstruktur kann aus ihrem körperlichen, seelischen oder emotionalen Bereich stammen. Mit unterschiedlichen Prioritäten spielen alle drei Abhängigkeitsbereiche ineinander. Die Bewältigung von Suchtproblemen gehört immer in die Hand von Fachleuten.

In diesem Rahmen schauen wir auf die Abhängigkeiten als die Unfreiheit sich dagegen zu entscheiden, z.B. eigene Bedürfnisse immer hinten anstellen, Kontaktreduktion, Partner(n) immer recht geben, auch wenn man anderer Meinung ist, Aufrechterhaltung toxischer Beziehungen…

Somatische Abhängigkeit	Psychische Abhängigkeit	Emotionale Abhängigkeit
Gewöhnung an das „Sucht- mittel" und verlangen nach immer mehr	Gedanke, dass seelisches Wohlgefühl nur durch „Suchtmittel" erreicht werden kann	überstarkes Bedürfnis nach Anerkennung, Liebe…
gegebenenfalls „Entzugserscheinungen", um diesen zu entgehen weiterer Konsum	Gefühl keine Kontrolle über sich selbst zu besitzen	Ängste Menschen zu verlieren, vor dem Allein- Einsam sein

unbezwingbares Verlangen nach dem „Suchtmittel"	Empfinden mit der Sucht nicht aufhören zu können	emotionales Klammern Menschen gegenüber
	hoher Energieaufwand das Befriedigungsmittel zu beschaffen	unterwürfig, Opferempfindungen
	Vernachlässigung anderer Lebensbereiche	Komorbidität, Depressionen
	oftmals Abhängigkeits-leugnung	

Gibt es bei Ihnen Abhängigkeiten von stofflichen oder nichtstofflichen Befriedungsmöglichkeiten?

Wie hoch würden Sie ihre stoffgebundene / nicht stoffgebundene Abhängigkeit einstufen?

Stoffliche Abhängigkeit   0------------------------------10

Nichtstoffliche Abhängigkeit   0------------------------------10

Wie gehen Sie damit um?

Wollen Sie diese Abhängigkeit ablegen?

Im Eifer der Sucht

Die Eifersucht beschäftigt sich mit der Überzeugung der Untreue eines geliebten Menschen oder auch Tieres. Es gilt nicht als Gefühl, sondern als Symptomkomplex, der sich zumeist aus einem gering ausgeprägten Selbstwertgefühl oder Trennungsängsten entwickelt.

Zahlreiche psychische Störungsbilder beinhalten die Eifersucht als Symptom. Die Eifersucht selbst begünstigt orale Süchte, depressive Episoden, Zwänge oder psychosomatische Schmerzleiden, Ess- und Schlafstörungen, Verdauungsschwierigkeiten und dauerhafte Kriegshaltung des Sympathicus. Kurz und gut die Eifersucht schmälert die Lebensqualität erheblich.

Kontrollverhalten, das Schnüffeln in den Sachen des Partners, Vorwürfe machen und darüber Streit anzetteln, sind die häufigsten Ausdrucksformen.

Es wird alles getan, um den Partner an sich zu binden. Forderungen nach Treue und Liebesbeweisen werden häufig durch den Zusatz eines angedrohten Suizides bereichert.

Die Ausprägung der Eifersucht entscheidet darüber, wie man sie ergründen und schmälern kann. Bei einer leichten Form der Eifersucht ist das Selbstvertrauen in der Regel nur situativ „eingebrochen", so dass ein Gespräch über Zweifel zur Treue oder die subjektive Wahrnehmung durchaus möglich ist.

Die stärkere Form der Eifersucht beginnt schon langsam von realen Begebenheiten abzurücken und läuft verstärkt über die Angstschiene. In der Regel trifft den Partner der Vorwurf an diesem Zustand schuldig zu sein. Je nach eigener Verfassung der eifersüchtigen Person schwankt die Heftigkeit der Vorwürfe und die Forderung nach Wiedergutmachung. Diese Form der Eifersucht stellt die Forderung ihr auf den Grund zu gehen. Wegweisend sind gehäuft Gedanken, bzw. Glaubenssätze wie z.B. ich genüge nicht, ich bin beziehungsunfähig, allein bin ich nicht lebensfähig, andere sind besser als ich, womit habe ich das verdient?

Die krankhafte Eifersucht bedarf zur Behandlung auf jeden Fall fachkundige Begleitung. Der Eifersuchtskomplex wird zumeist von unterdrückter Scham, Selbstwertproblemen und Verlustangst geleitet. Welch fatale Gefühlsmischung, die immer weiter in die Verunsicherung treibt und kompensatorisch Beschwichtigungen hervor quellen lässt. Der Mechanismus ist aber nicht wirklich wirksam, denn darunter brodelt mit Eifer die Sucht. (Pathologische Eifersucht gehört unbedingt in eine Therapie).

Wort-Wehr

Haben Sie sich einmal gefragt, welche verbale Wehrmechanismen Sie zur Verfügung haben?

Einer der offensichtlich schwierigsten Begriffe ist das kleine Wörtchen „Nein". Es hat eine derartige Macht uns in Schuldgefühle, Zweifel an unserer Verlässlichkeit, Enttäuschung für den anderen, der uns als so nett eingestuft hat, zu stürzen.

Fragen oder Bitten aus unserem Umfeld richten sich an unser Pflichtbewusstsein, unsere Harmoniezentrale, unsere Menschliebe und unser Bedürfnis nach
Anerkennung und Zuwendung. Wie häufig tappen Sie in die Falle, dass Sie
wider ihrer eigenen Wünsche und Bedürfnisse das Wörtchen „Ja" hervorbringen. Was genau ist ihr Gewinn aus diesen Aktionen? [78]

III.6.3 Focus: Analysebestrebungen
Lebensvisionen
Jeder Mensch definiert Leben anders, sowie auch in den Wissenschaften, Re-
ligionen oder in der Philosophie immer andere Merkmale zur Priorität erkoren
werden. Grundsätzlich hat jeder aus seiner Perspektive recht.
Welche Definition von Leben besitzen Sie?
Was genau ist für Sie ein Lebewesen?
Die global festgelegten Merkmale eines Lebewesens sind:

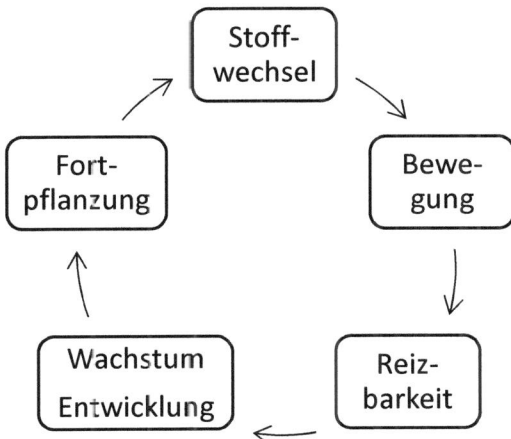

Wie gewichten Sie diese Eigenschaften? Welchen Stellenwert messen Sie den
einzelnen Merkmalen zu?

78 Energien des Wortes „Ja" = denkerische Prozesse, verbunden mit dem universellen Wissen führen in den
reformerischen Handlungsrahmen, der wiederum Anschluss an das Alleins besitzt/ Energien des Wortes „Nein"
= disziplinarisches Denken und Handeln reichen sich die Hand, um die Selbstverwirklichungskräfte zu schützen.

Durch welche Veränderungen haben Sie am stärksten bewiesen, dass Sie sich auf ihr Leben einlassen?

Welchen Dingen ihres Lebens wollen Sie auf den Grund gehen?

Von was haben Sie sich in ihrem Leben hinreißen lassen?

Was genau erfüllt Sie in ihrem Leben?

Welche Visionen schmücken ihr Leben?

Jonglieren

Nehmen Sie sich zwei Tennisbälle und versuchen Sie mit diesen zu jonglieren. Erleben Sie ihre Erfahrung mit diesem Experiment bewusst und versuchen nach ihrer künstlerisch, motorischen Aktion, den Bogen zu ihrer Technik des Jonglierens im Leben zu schlagen. Welche Begebenheiten erinnern Sie spontan?

Wochenrückschau

Bewerten Sie ihre komplette Woche auf einer Skala von 1-5

Sehr gut ▪ gut ▪ mittelprächtig ▪ schlecht ▪ sehr schlecht ▪

Im gleichen Zug überlegen Sie sich, was Sie in der kommenden Woche ändern möchten und für welche Dinge noch ein Lob aussteht.

Mein Widersacher

Notieren Sie den Namen ihrer Konfliktperson senkrecht auf ein Blatt Papier. Nun beginnen Sie waagerecht ein Wort mit dem entsprechenden Buchstaben zu schreiben, das zu ihrem Konflikt mit dieser Person gehört. Abschließend erzählen Sie dazu eine Geschichte und versuchen mit einem Gegenüber die Problemlösung aus der Geschichte zu eruieren.

P hantasie   (von Paul ist so hoch, dass ich mich belogen fühle)

A rroganz   (legt Paul an den Tag, wenn er sich ertappt fühlt)

U nverständnis (zeigt Paul über meine Entrüstung bei dem Auftischen seiner Lügenmärchen)

L achen   (Paul legt ein albernes, künstliches Lachen an den Tag, wenn er unsicher wird)

274

Reversibilität der Gedanken

„Wenn das was ich tue, nicht funktioniert, muss ich etwas anderes tun" lautet der Leitspruch für die eigene Flexibilität, bzw. Umdenkprozesse. Nähern Sie sich dem Konzept durch die Auseinandersetzung mit einigen Fragen zu einem ihrer Probleme aus dem Einstromtor 6, bzw. einer Aufgabe der 6er Energie auf einem der Einstromtore.

Anregende Frage	Meine Antwort
Problembeschreibung:	
Was habe ich aus meinem Problem gelernt?	
Wenn das Problem / die Bewältigung lustige Anteile besitzt, worüber würde ich lachen?	
Wie würde ich mit diesem Problem umgehen, wenn ich 10 / 20 Jahre älter / jünger wäre?	
Wenn das Problem eine Chance wäre, was würde ich denken / tun / sagen?	
Wie waren die bisherigen Gedanken / Lösungen? Wie genau haben sie funktioniert? Aus welchem Grund ist dies nun problematisch?	
Was könnte geschehen, wenn diese Situation das Gegenteil von dem bedeuten würde, was ich denke?	
Wie würde ein anderer Mensch dieses Problem sehen?	
Welche Gefühle erlebe / blockiere ich bei diesem Problem?	
Was genau will dieses Problem wirklich von mir?	
Gibt es ein viel größeres, darunter liegendes, Problem?	
Was soll ich in die Problemlösung mit einbeziehen? (vielleicht brainstorming einfügen)	
Was wäre wenn……………	

Einstromtor 7

„Sei du selbst die Veränderung, die du dir wünschst für diese Welt."
(Mahatma Gandhi)

Naturkraft spüren / leben, Verbundenheit zu Mutter Erde empfinden, Standhaftigkeit, bewertungsfreie Annahme der Vitalkräfte, Sexualität als Naturereignis / Fortpflanzung, Erlangen von Demut, Selbstüberwindung, Souveränität walten lassen, Zähigkeit , Durchstehvermögen, Lernprozess orientiert, Einweihungsweg beschreiten, lehren und lernen, allgemeine Überwindungsstärke, Entwicklungsorientierung, Selbstbeherrschung, Respekt vor der Natur, Anerkennung selbst Teil der Natur zu sein, Seelenstärke, Rhythmusbedürfnis

III.7.1 Focus: Durchstehvermögen

Let´s go

Setzen Sie sich ein nicht allzu fernes Ziel (ca. 10m) und gehen sie langsam und gemächlich zu diesem Ort. Normalen Schrittes kehren Sie zu dem Ausgangspunkt zurück. Sie nehmen sich nun vor mit Gänseschrittchen ihr auserkorenes Ziel zu erreichen. Erneut gehen Sie zu ihrem Start um die gleiche Strecke mit einem festen Schritt und zielorientiert zurück zu legen. Bei welcher Gangart haben Sie sich am wohlsten gefühlt? Schaffen Sie Analogien mit welcher Gangart Sie welche Lebensangelegenheiten angehen?

Murmeltierstatus ade

Die in der Endlosschleife laufenden Gewohnheiten im Tagesablauf werden in der Regel selten reflektiert. Täglich der gleiche Trott ohne zu hinterfragen: „gäbe es etwas Erfüllenderes für mich?", „würde es anders vielleicht besser funktionieren?", „könnte eine andere Sichtweise der Dinge bei mir einkehren?"…

Nehmen Sie sich ein paar Minuten Zeit für sich, greifen Sie zu einem Stift und Blatt Papier. Ihr Thema ist die tägliche Routine. Stellen Sie sich ihren Tagesablauf vor und machen sich zu den ständig wiederkehrenden Aktionen ihre Notizen.

Routineaktion	Reflexion
1.	Möchte ich diese Denk- / Verhaltensweise verändern? Wie sinnvoll ist meine jetzige Routineaktion? Wie genau könnte es besser für mich sein? Was verhindert eine Veränderung? Wie könnten die Konsequenzen meiner Veränderung aussehen?
2.	Möchte ich diese Denk- / Verhaltensweise verändern? Wie sinnvoll ist meine jetzige Routineaktion? Wie genau könnte es besser für mich sein? Was verhindert eine Veränderung? Wie könnten die Konsequenzen meiner Veränderung aussehen?

Verbäumlichung

"Pflanz einen Baum, und kannst du auch nicht ahnen, wer einst in seinem Schatten tanzt. Bedenke Mensch: Es haben deine Ahnen, Eh' sie dich kannten, auch für dich gepflanzt!" Max Bewer[79]

Stellen Sie sich ihren Vater, ihre Mutter und sich selbst als Bäume vor.

Tragen Sie die Baumsorte ein:

Mein Vater:	Meine Mutter:	Ich:

Beantworten Sie folgende Fragen für jeden Baum separat und tragen ihre Ergebnisse in die Tabelle ein:

Welche Krone hat der Baum? Wozu dient sie?

Beschreiben Sie das Blätterwerk.

Wie gestaltet sich der Stamm / die Rinde?

Wie verteilt sich das Astwerk?

Was gibt es zu dem Wurzelwerk zu sagen?

Stellen Sie sich den Baum in jeder Jahreszeit vor. Was macht das Besondere an ihm aus?

Trägt der Baum Früchte, Nüsse, Schoten, Zapfen, Kastanie o.ä.?

Was bedeuten all diese Qualitäten für Sie und ihr Leben?

Wurzel-Ich

Wurzeln sind haltbietend, können aber auch fixieren – dienen der Nahrungsaufnahme, können aber auch verdursten lassen… Analog besitzen auch wir Menschen multifunktionelle Wurzeln, z.B. in der Gattungszugehörigkeit, der Familie, der Heimat…Jeder von uns kann sich ver- oder entwurzelt fühlen.

---

79 Max Bewer, +1921, Schriftsteller und Dichter

Besonders aus dem bayrischen Raum sind die ausdrucksvollen, geschnitzten Wurzelfiguren bekannt. Greifen wir diese Art der menschlichen Darstellung als Idee auf. Greifen Sie zu einem Bleistift und Papier. Malen Sie sich als Wurzelfrau / -mann.

Fragen Sie sich wodurch die Wurzel gehalten wird, welchen Dünger sie benötigt, um kräftig zu sein, wie sie sich ihre lebenserhaltende Nahrung aussucht, was oberhalb des Wurzelwerks wachsen könnte. Im übertragenen Sinn bildet die Wurzel den Anfang des Seins. Sie versorgt die sichtbaren Teile des Baumes mit Nährstoffen, bleibt aber selbst meist im Verborgenen. In den Volksweisheiten hat diese Thematik auch „Wurzeln geschlagen". So packt man ein „Übel bei der Wurzel", wenn „radikal" (lat.Radix – Wurzel) die Ursache für das Übel beleuchtet wird. Die Wurzel des Geschehens anzugehen, bedeutet eine umfassende, vollständige Basisuntersuchung der Problemlage mit dem Ziel eine nachhaltige Lösung zu schaffen.

Anbei zwei Beispiele:

Eva, 47 Jahre alt ist momentan in der Phase alles in ihrem Leben umgestalten zu wollen. Den starken Wurzeltrieb betrachtet sie als ihren momentanen Kraftgeber, der aber noch keine Verknüpfung zu ihrem bislang als entwurzelten Leben gefunden zu haben.

Eva Tor 7 Einstrom u. Aufgabe – 2/7 Achse beidseitig belastet

Volker (48 J.) fühlte sich durch seine starken Verwurzelungen in seiner Entwicklung fixiert. Zu dieser Erkenntnis gelangte er nach einer mittelgradigen burn-out Phase. Zarte Vorstöße in noch unbekannte Bereiche saugt er auf und versucht mehr mit dem Gefühl zu entscheiden, als wie bislang mit dem Kopf. Beachten sie das kleine Kreuz im Brustbereich neben der stärksten Wurzel in dieser Darstellung. Volker litt zur Zeit der Darstellung noch unter einer Herzphobie (Da Costa oder Effort Syndrom) Nach 9monatiger therapeutischer Begleitung verbunden mit einer Heiltee-Therapie, entstand ein weiteres Wurzelbild.

Volker Kapital Einstromtor 7- Achse 2/7 störungsfrei

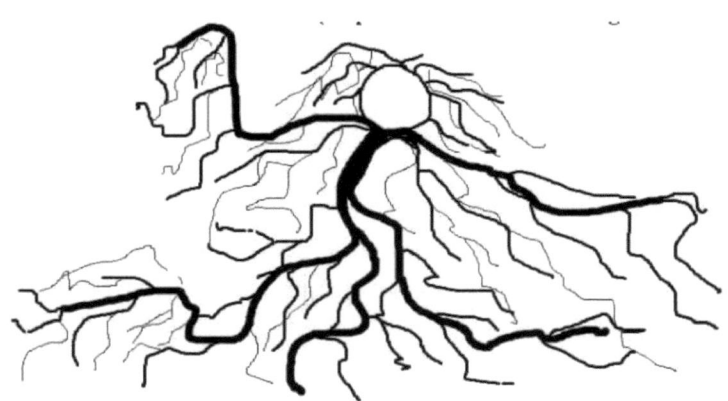

Nach 9monatiger Therapie wie neu geboren. Kräftige Wurzeln mit Ablegern wirken lebendig voran schreitend, wobei ein drittes, nach hinten stützendes und abstoßendes Bein derzeit noch einen Sicherheitspool bildet.

III.7.2 Focus: Entwicklungsorientierung
Saat und Ernte
Wachsen, gedeihen, entwickeln und reifen sind gängige Menschheitsthemen. Die Freude des natürlichen Wachstums können Sie sich jederzeit gönnen. Säen oder pflanzen Sie ihrer Vorliebe gemäß, Kräuter, Blumen, Salat oder Gemüse. Betreuen und beobachten Sie das Wachstum und die Reifung ihrer

Pflanze. Ihrer Experimentierfreude sind keine Grenzen gesetzt. Finden Sie ein Stückchen überalterten Ingwer mit einer kleinen Ausbuchtung in ihrer Obstschale, so setzen Sie es auf etwas angefeuchtete Erde, überziehen den Topf mit Haushaltsfolie und stellen ihn an einen hellen, warmen Ort. Nach einer Weile stülpt sich ein Stil aus der Ausbuchtung und die Schutzfolie können Sie beruhigt entfernen. Mit der neuen Freiheit ist dem Wachstum keine Grenze mehr gesetzt. Auf dem gleichen Weg lassen sich Avocado- oder Mispelbäumchen züchten. Sie sind der „beste Dünger" für ihre Pflänzchen.

Welche Bedingungen benötigen Sie selbst zum Wachsen und Reifen?

Lebensangst bei Unrhythmus

Jeder von uns unterliegt bestimmten Rhythmen und Ritualen, die sich als Haltestangen in unserem Leben beweisen. Sie bieten uns sinnvollen Krafteinsatz und persönliche Struktur. Um festzustellen wie gut Sie ihre Rhythmen als Energiespender nutzen, können Sie folgendes Experiment mit sich gestalten. Klopfen Sie mit beiden Händen einen Rhythmus auf ihrem Tisch. Wenn Sie die Beruhigung des regelmäßigen Schlags spüren, verlassen Sie die Regelmäßigkeit und klopfen dysrhythmisch. Wie verändern sich ihre Gefühle? Wollen Sie sich eher passiv leiten lassen, können Sie rhythmische Herztöne und arhythmische Herztöne hören um den Wandel ihrer Gefühle zu erkennen. Sind Sie eher ein Mensch der Tat, verlassen Sie ihren Tagesrhythmus, stehen Sie zu einer anderen Zeit auf, verändern Sie ihre Essenszeiten usw. Wie reagieren Sie auf Dysrhythmen.

Gehirn-Timer

Der Ausgangsgedanke liegt darin, dass unser Gehirn seine Erinnerungen an verschiedenen Stellen im Gehirn ablegt und gern bereit ist diese auch wieder zur Verfügung zu stellen.

Bereiten Sie einige Zettel vor. Die Zeitabstände können Sie je nach Problemlage variieren.

Hier und jetzt	Heute	Gestern	Vor einer Woche	Vor einem Monat
Vor einem Jahr	Vor 5 Jahren	Vor 10 Jahren	Usw.	

morgen	Übermorgen	Nächste Woche	Nächsten Monat	Nächstes Jahr
In 5 Jahren	In 10 Jahren			

Nun suchen Sie sich einen Platz im Raum und legen in Gedanken ihr Gehirn vor sich hin. Nun erinnern Sie sich daran, wie Sie heute Morgen ihre Zähne geputzt haben. Spüren Sie die Bewegungen, schmecken Sie die Zahnpasta, hören Sie das typische Geräusch und sehen den Schaum. Wenn all das vor ihrem geistigen Auge ist, spüren Sie wo genau diese Erinnerung in ihrem Gehirn sitzt, greifen den Zettel mit heute Morgen und legen ihn an diese Stelle in das imaginierte Gehirn. Nach diesem Schema gehen Sie ihre speziellen Themen durch. Ganz wichtig sind die konkreten Zielformulierungen für die Zukunft.

Saisonale Saat und Ernte
Jede Jahreszeit bietet besondere Qualitäten und Merkmale. Welche Lieblings-Jahreszeit haben Sie für sich erkoren? Gibt es bei Ihnen analoge Wesenszüge aus dieser Jahreszeit? Welche Jahreszeit mögen Sie gar nicht? Finden Sie in den Merkmalen dieses Jahresabschnittes ungeliebte Eigenschaften analog zu ihrer Persönlichkeit? Vielleicht mixen Sie für ihre facettenreichen Eigenarten auch alle Jahreszeiten miteinander.
Ein kleines Spiel mit dieser Tabelle können Sie mit ihrem Lebensalter gestalten; z.B. das 69. Lebensjahr könnte man als das letzte Herbstjahr betrachten. Der Geburtsmonat ist der April. Nun beginnen Sie Fragen zu basteln, z.B. was

möchten Sie in sich öffnen / sich eröffnen / in welchem Bereich möchten Sie Ernten erschließen? / was möchten Sie aus ihren goldenen Zeiten noch einmal zum Erblühen bringen? / was verbirgt sich bei Ihnen im Nebel?

Frühling	Sommer	Herbst	Winter
Aufblühen des Lebens Jugend	Blütezeit des Lebens Mittleres Er-wachsenalter	Vergehen des Lebens Lebensabend	Starre des Lebens Lebensende
März Säen **April** Öffnen **Mai** Wonne Erwachen neuen Lebens	**Juni** Knospen **Juli** Wachstum **August** Reife Reifen in der Natur	**September** Ernte **Oktober** Goldzeit **November** Nebel Eintretende Ruhe ins Dasein	**Dezember** Kälte **Januar** Dunkel-heit **Februar** Austrei-ben Einfrieren und Auftauen der Welt
Tage werden länger	**Tage am längsten**	**Tag nimmt ab Zeit der Nebel**	**Zeit langer Dun-kelheit** [80]

80 Tabelle in Anlehnung an einen Zeitungsbericht mit der Co-Autorin: Britta Pawlak

Rhythmusschenker

Schon im 3. Gebot wird auf die Wichtigkeit des Rhythmus zwischen Aktivität und Ruhe hingewiesen. Alles auf dieser Welt läuft in Rhythmen, in einige sind wir unausweichlich eingebunden (planetare Rhythmen), einige ängstigen uns (z.B. Werden und Vergehen), andere bieten uns Orientierung (z.B. Tag und Nacht), wieder andere schaffen wir uns selbst als Sicherheitspfosten in unserem Leben. Überprüfen Sie ihre individuellen Reaktionen und Aktionen in Bezug auf Rhythmen. Gibt es in ihrem Leben naturwidrige Rhythmen, die ihrem geistig-seelisch-körperlichen Befinden nicht zuträglich sind? Z.B. Arbeitszeiten, Schlafregularien, Mahlzeitenaufnahme…

Rhythmus Schütteler

Schauen Sie nach einem handlichen Gefäß, z.B. ein leeres Konservenglas, eine Blechdose mit Plastikdeckelverschluss, eine Geschenkschachtel. Dieses füllen Sie mit Erbsen, Kaffeebohnen oder Reis…Seien Sie ruhig wählerisch und probieren unterschiedliche Materialien aus, bis Sie einen Hör- und Fühlschmaus für sich gefunden haben.

Nun legen Sie los und schütteln ihren gerade empfundenen Lebensrhythmus, spüren und hören hinein. Schütteln Sie was das Zeug hält bis Sie ihren Wohlfühlrhythmus komponiert haben.

Through-In-Time Typ

Bei jedem menschlichen Veränderungsprozess spielt der Zeitfaktor eine Rolle Die Erinnerung (Vergangenheit) kann neben Schwierigkeiten und Problemen auch Ressourcen und Erinnerungen an Lösungsstrategien für Konflikte beinhalten. Nur im Hier und Jetzt (Gegenwart) kann aktiv gehandelt und verändert werden. Die Vorstellung (Zukunft) eines veränderten Zustandes kann sich in der Gegenwart durchaus als Motivationsfaktor für den aktuellen Prozess auszeichnen. Behandlungstechnisch finden alle drei Zeitebenen Berücksichtigung. Allerdings sollte der subjektive Zugang des Einzelnen zur Zeit geklärt werden. Es gibt 2 Kategorien des Zeiterlebens –

Wir alle kennen aus dem Urlaub in südlichen Gefilden Begriffe wie maniana, bocra... (morgen) In unseren Breitengraden herrscht ein hohes Regel- und Pflichtbewusstsein, was sich u.a. durch das geflügelte Wort: „Morgen, morgen nur nicht heute – sagen alle faulen Leute." Wer will schon faul sein? – aber im Urlaub kann man sich an dieses Zeitmanagement durchaus gewöhnen. Oder?

Wunderbar, wenn wir beide Möglichkeiten des Zeitumgangs nutzbar zur Verfügung haben. Die Chance situationsangepasst zwischen der In-Timer und der Through-Timer Variante wählen zu können, ist genial.

In Timer	Through Timer
Zeitvereinbarungen ohne Schuldbewusstsein nicht einhalten Mensch lebt im Moment, von diesen gab es schon viele und wird es auch noch viele geben. Es findet keine Einteilung in Vergangenheit, Gegenwart, Zukunft statt. Alles entscheidend ist der Moment.	Deutliche Zeitebenendifferenzierung, lineare Zeitvorstellung resultierend: sorgfältige Pünktlichkeit, wobei auch kleine Verspätungen als unverzeihlich empfunden werden.

In der Regel erweist sich eines der Systeme als dominant, was immer eine Einschränkung bedeutet. Erweitern Sie ihre Flexibilität im Zeitumgang, in dem Sie das schwächer ausgeprägte System fördern.

Im Fluß der Jahreszeiten

Jeder von uns durchläuft mit seinem Geist-Seele-Körpersystem dauerhaft die einzelnen Phasen der Jahres Zeiten. Analog zu dieser Einteilung kann auch das gesamte menschliche Leben betrachtet werden. Wie in der Natur stehen phasenweise bestimmte Prozesse im absoluten Vordergrund. Auch wenn der Mensch in seiner fortschreitenden Entwicklung es immer mehr schafft dem Rhythmus der Natur äußerlich zu entgehen, ist die innere Ausrichtung immer noch im „Takt naturale" verhaftet. Weder der in sonnigen Gefilden verbrachte

Winter, noch die künstlich belichtete Verlängerung des Tages schaffen es bislang die eingebaute Uhr in uns zu übertölpeln.

Schauen wir uns das Frühlingsgebaren einmal näher an. In der Natur sprießt das neue Grün, Blumen porkeln sich aus Zwiebeln, stupsen mit ihrem Wachstumsdrang durch die Erde, um das Frühlingslicht zu erblicken. Die Vögel erinnern sich an ihre Stimme und trällern was das Zeug hält, um den Drang nach Erneuerung zu verkünden. Welch ungestüme Energie, die nach Taten drängt und die Animus geprägten Potentiale des Durchbruchs, Mutes und der Lebenslust erweckt. Schwungvoll, aus dem eigenen Erblühen wird die Folgephase des Sommers gut vorbereitet.

In der Helligkeit und der sonnengeschwängerten Atmosphäre können die Frühlingsfrüchte heran reifen. Lange, lichte Tage schenken uns analog eine hohe Lebenskraft zur Realisierung unserer Seinsfrüchte. Wollen wir die Lichtglanzzeit gut nutzen, bedarf es der Sorgsamkeit in Bezug auf das verbrennende Feuer, was durchaus ergreifend sein kann. Rhythmusgemäß steht nun wieder eine Umbruchzeit an.

Die Früchte wollen geerntet und verarbeitet werden. Parallel dazu bereitet sich die Natur wieder auf ihre Ruhephase vor. Unsere analoge Ernte wird gefeiert und nach „brauchbar" und „unbrauchbar" sortiert. Altes und Wandelbares darf sich verabschieden und das Winterruhenest findet Vorbereitung. Die wärmende Heimdecke umhüllt unser Geist-Seele Körpersystem und schafft das Milieu zum Verfestigen der gewonnenen Erkenntnisse. Ein neues Dasein steht vor der Tür.

Wagen Sie einen Blick in die jährlich wiederkehrenden Phasen in ihrem Leben. Gab es immer wieder besondere Ereignisse in einer bestimmten Jahreszeit?

Welche ihrer Wesenszüge knüpfen Sie an die entsprechende Zeitphase?

In welcher Jahreszeit liegt ihr Geburtsdatum? Schaffen Sie Analogien zwischen den Merkmalen der Jahreszeit und einigen ihrer Persönlichkeitszüge / Erlebnisse.

Treiben im Lebensstrom

In der Regel brauchen wir das Strukturieren nicht erst ausprobieren, um zu wissen wie wir uns dabei fühlen. In unserem gegliederten Tagesablauf finden wir Vor- und Nachteile, sowie Wünsche und Sehnsüchte. Jetzt wäre es toll, wenn Sie zu einem Experiment bereit wären. Nehmen Sie sich einmal einen Treibe-lasse-Tag, d.h. sie stehen auf, wenn Sie aufstehen mögen, achten den ganzen Tag nur darauf, wozu es Sie treibt. Ähnlich einem ruderlosen Boot mit dem Sie sich auf einem See bei milder Brise befinden.
Welche Erfahrungen machen Sie dabei?

III.7.3 Focus: Natur erleben
Erdling

Greifen Sie zu einer Kinder-Schaufel und suchen sich ein kleines Fleckchen Erde. Knien Sie sich hin und beginnen Sie mit ihrer kleinen Schaufel in der Erde zu graben. Nehmen Sie das Gefühl wahr in die Erde einzudringen, gibt es Widerstände, lässt die Erde sich ausheben, ist sie trocken oder feucht, spendet sie einen bestimmten Geruch…? Machen Sie sich alle Qualitäten bewusst und schaffen Sie Analogien zu ihren Eigenschaften.

Daseins Kreislauf

Viele Betrachtungsweisen führen zu der Einsicht, dass weder die Lebewesen noch die (vermeintlich) unbelebten Teile der Welt darin aufgehen, für die Menschen und ihr Verfügungsrecht da zu sein. Noch vor ihrer Nutzung durch Menschen haben sie einen Nießbrauch für andere Lebewesen und für den Lebensprozess insgesamt. Schon dies legt den Menschen bei ihrem Umgang mit der Natur, vor allen den Tieren, Rücksichten auf; sie dürfen sich nicht nur an ihren eigenen Interessen ausrichten, sondern müssen die möglichen Auswirkungen auf die Daseinsmöglichkeiten anderen Lebens mit bedenken.
Vor allem aber haben die Mitgeschöpfe der Menschen unabhängig von ihrem Nutzwert einen eigenen Lebenssinn und Wert. Erstellen Sie einen Nutzungskreis, der Ihnen spontan einfällt, z.B. Im Wald vergehen Pflanzen und Bäume,

die sich in ganz besonderer Weise nutzvoll umwandeln. In und nach diesem Prozess wird die Wiederverwertung dieser Substanzen für neues Wachstum lebenswichtig. Gräser, Blätter und Baumfrüchte dienen im Zyklus der Natur wieder als Nahrung. Verendet ein Tier im Wald, so beginnt der Prozess des Zergehens und dieses Tier nährt andere Tiere und die Natur.

Werden Tiere erlegt, dann dienen sie der menschlichen oder tierischen Ernährung. Diese wandelt sich wieder und die Ausscheidungen werden zur Nährsubstanz für andere Naturbestandteile. So freuen sich u.a. die Insekten, es bilden sich Millionen von Kleinlebewesen, wie Bakterien, Schimmelpilze. Ebenso werden Mineral- und andere Lebensstoffe, die von den Naturgewalten Regen und Wind zu Orten der Neuwerdung von Pflanzen und Bäumen gebracht. Der Kreislauf schließt sich. Das Vergehende wandelt sich zur Notwendigkeit des Werdenden. Es stellt sich die Frage, warum sich der Mensch einbildet etwas Besonderes in der Naturwelt zu sein. Ersinnen Sie weitere Naturkreisläufe.

Sinnesapfel

Nehmen Sie einen frischen, knackigen Apfel. Umschließen Sie ihn mit beiden Händen. Vielleicht mögen Sie ihre Augen schließen. Fühlen Sie die Schale, den Stiel, vielleicht an Blatt und die Blüte.

Machen Sie sich ein inneres Bild von dem, was Sie über ihre Finger „sehen". Versuchen Sie im nächsten Schritt über verschiedene Berührung der Schale Töne zu erzeugen. Lauschen sie ihren produzierten Klängen.

Führen Sie den Apfel an ihre Nase und beriechen ihn. Ist der Geruch an jeder Stelle gleich? Zur Belohnung können Sie nun noch eine gustatorische Probe nehmen und versuchen den Geschmack zu beschreiben. Im zweiten Schritt nehmen Sie einen schrumpeligen Apfel und vollziehen die gleichen Schritte. Vergleichen Sie einmal frisch und knackig mit schrumpelig und edel.

Derartige allsinnige Wahrnehmungen vervollständigen unsere Eindrücke natürlicher Elemente.

My Barfußweg

Gehen Sie eine Strecke mit unterschiedlichen Bodenqualitäten, eine Wiese, einen steinigen Weg, einen Waldpfad am besten mit zahlreichen Waldfrüchten bestückt, eine Moosteppich ausgekleidete Lichtung, usw. Alles was pickst, eine starke und besondere Reizung der Reflexzonen durchzogenen Fußsohlen bewirkt, gönnen Sie ihren lebenslangen Körperträgern, die hinlänglich eingesperrt ihr Dasein fristen müssen. Verdeutlichen Sie sich dabei das hermetische Gesetz "Wie oben so unten".

Ernte der Naturkraft

Mutter Natur beschenkt uns großzügig mit Energien, wenn wir uns darauf einlassen. So ist ein Spaziergang die beste Möglichkeit den Stresspegel zu senken. Nachweislich sinken die Stresshormone in der Magie der Natur, seien es beeindruckende Bäume, Moosflächen, erzählende Bäche, duftende Kräuter, tageszeitliche Stimmungen, wetterbedingte Empfindungen, Erdgerüche…Versuchen Sie ihre Wahrnehmungen zu beschreiben.
Wer Kräuterkundig ist, kann Heilkräuter oder Gemüse aus der Natur ernten.

Meldeobjekt

Machen Sie einen Spaziergang und betrachten sehr achtsam den Weg, auf den Sie ihre Füße setzen. Irgendwann werden Sie einen Gegenstand erspähen, von dem das Gefühl ausgeht, dass er von Ihnen mitgenommen werden möchte. Schauen Sie sich ihr Such- und Findeobjekt genau an. Beschreiben Sie es für sich im Detail, z.B. Aussehen, Qualitäten.
Betrachten Sie ihre Beschreibung und das Objekt. Übertragen Sie all diese Aspekte auf ihre momentane Situation, z.B. haben Sie einen Stein mitgenommen, den sie als hart beschrieben haben, was erleben Sie in ihrem Leben gerade als hart?

Sonderspezies Mensch?

Die Antwort ist abhängig von der Betrachterperspektive. Wird aus dem Blickwinkel der Biologie geschaut, so wird der Mensch den Tieren zugeordnet. Die kulturelle Sichtweise gesteht dem Menschentier eine Sonderstellung aufgrund seiner spezifischen Ausstattung zu. In diesen Bereich ist vordergründig das Ich Bewusstsein, die Sprache und die kulturelle Entwicklung zu betrachten. Doch jede Besonderheit, sei es im Mineral- Pflanzen oder Tierreich, fordert eine bestimmte Positionierung in der Natur und besitzt Konsequenzen. So impliziert das Ich Bewusstsein des Menschen seinen Willen und seine überlegte Handlung. In der Tat ein Indiz für die menschliche Machtposition in der Natur. Er kann seinen Willen einsetzen sich bewusst für oder gegen etwas entscheiden, so wie die Konsequenzen seines Handelns absehen. In der Natur ist jeder auf jeden und alles auf alles angewiesen, z.B. Nahrung – die Pflanze bezieht ihre Nährstoffe aus der Erde, bedarf einem bestimmten Klima, Wasser, oft bestimmter Nachbarn, um zu gedeihen und eine entsprechende Heimat. Jetzt denken Sie bestimmt „huch, das benötigt doch alles aus der Natur – auch der Mensch! Doch mit seinem Ich-Bewusstsein legt er seinen subjektiven Bedarf fest und damit kann eine Wurzel erkannt werden, die gegen die kosmischen Gesetze (ordnenden Regelungen) eingesetzt wird. Wir können Pläne entwickeln, da wir wissen (oder glauben zu wissen), wie die Natur funktioniert. Das sind alles Faktoren, die dem Menschen Einfluss auf die Natur geben. Wir glauben zu wissen wie ein Fluss seinen Weg besser fließen könnte, also legen wir sein Bett um, befestigen seine Laufbahn. Viele Menschen finden geformte Salatgurken attraktiver als „krumme Hunde", also bringen wir sie in Form. Nicht schrumpelnde Äpfel bieten ebenso einen tollen Anblick wie XXL Erdbeeren, also zeigen wir den Früchten wie wir sie gerne hätten. Die Schaffung von Komfortzonen, wider jeder Natur, formen sich immer weiter als menschliche „Spezialität" aus. Liegt ein Grund in der Fehldeutung des göttlichen Auftrags der Dominium terrae (lat.Herrschaft über die Erde)? „Seid fruchtbar und mehrt euch, füllt die Erde und unterwerft sie…"[81].

Welch ein Vertrauen wird in die Menschheit gesetzt und welch Missbrauch wird mit der geschenkten Verantwortung betrieben. Verstand versus Instinkt,

---

81 Genesis 1,28

wobei der letztere keine Zerstörung kennt. Sollte der Verstand durch Machtbestreben vernebelt sein? Was ist aber so schwer daran zu verstehen, dass die göttlich geschaffenen Lebensräume, die durch den Menschen Schutz und Erhalt erfahren sollen, in seine Obhut gegeben werden? Wer konnte ahnen, dass die Menschheit so mit diesem Planeten umgeht? Seine Verantwortung für den eigenen Lebensbereich abgelegt, Konsequenzen unberücksichtigt lässt und seinen Bedürfnisbefriedigungen nachhechtet ohne das Dilemma zu sehen. Wo sehen Sie Verletzungen in ihrem direkten, natürlichen Umfeld? Was könnten Sie dagegen tun?

Energie Tankstelle

Vielleicht mögen Sie sich einen eigenen Kraftort schaffen. Er muss nicht im esoterischen Wanderführer ausgewiesen sein. Wichtig ist, dass Ihnen dieser Ort gut tut. Es kann eine Baumwurzel sein, auf die Sie sich setzen, ein Stein der Sie einlädt, ein Bächlein, dass Sie mit seiner Geräuschkulisse unterhält...Nehmen Sie all diese Geschenke der Natur an. Bevor Sie diesen seelenreichen Platz verlassen, überlegen Sie sich, welche Form von „Danke" Sie an diesem Ort versprühen möchten.

Favoriten im Naturkontakt

Wenn Sie über ihren Naturbezug nachsinnen, werden Ihnen sicherlich viele Dinge mit unterschiedlichen Gewichtungen einfallen, z.B. Blumen säen, Rasen mähen, am See sitzen, Bäume betrachten, Blumen pflücken, Wellenbrandung hören...Im zweiten Schritt schaffen Sie Analogien zu ihrem Sein, z.B. Wellenbrandung hören – auf der linken Seite liegen und den Pulsationen lauschen, Rasen mähen – Nägel / Haare schneiden, Blumen säen – eine neue Aktion vorbereiten,
Die Analogie schafft eine besondere Beziehung zwischen Ihnen und der Natur. Das, was Sie persönlich wahrnehmen spiegelt einen wesentlichen Seelenteil, dem Sie besondere Beachtung schenken sollten.

Baumdialog

Suchen Sie sich einen möglichst alten Baum, der seit x-Jahren an diesem Ort steht. viel zu „erzählen" weiss und sein schützendes Laubdach über sie bringt, wenn Sie sich an seinen Fuß setzen. Berühren Sie die Baumrinde, die schon viele Berührungen / Streicheleinheiten empfangen hat oder sich auch Dingen widersetzt hat, Untermieter beherbergte... Begeben Sie sich in das Energiefeld des Baumes und tauschen sich mit ihm aus.

Kreativperspektive

„Nur ein Mensch mit einer Vision kennt sich selbst, weiß, wer er ist und wo sein Weg zu beschreiten ist, um ein gutes Ziel zu erreichen." Lakota – Wissen Visionen können für unser inneres Gleichgewicht genauso wichtig sein, wie das „tägliche Brot". Wie sehen ihre Visionen zu ihrer eigenen Welt aus? Denken Sie daran: Visionen kennen keine Unmöglichkeiten.

Blütenschau

Wählen Sie sich eine für Sie wunderschöne Blüte aus. Stellen Sie diese vor sich und zählen alle Anzeichen der Schönheit, des Anmutes, der Faszination usw. dieser Blüte auf. Am besten notieren Sie sich ihre Beschreibung, denn im 2. Schritt übertragen Sie diese Attribute auf ihre Person.

III.7.4 Focus: Naturspiritualität
Leidensweg

Sie fühlen sich, als ob Ihnen der Boden unter den Füssen weg gezogen wird. Egal was Sie tun, es erscheint Ihnen als wären überall Hürden, Fallstricke,… Ihr momentaner Entwicklungsweg scheint nicht asphaltiert, sondern gleicht einer Feldwegholperstrecke. Versuchen Sie einmal den Gedanken in sich zu bewegen, dass ihr momentanes Leid Sie zu schöpferischen Prozessen führt und ihnen neue Ressourcen erschließt. Entscheiden Sie wie viel Zeit und

Energie Sie in die Beobachtung ihres Leids investieren wollen. Folgend klettern Sie auf ihren Problemberg und schauen auf ihr Perspektivenpanorama.

Naturverbundener Geist

Das Tollste an der Naturspiritualität ist, dass sie jeder erleben kann. Es sind die besonderen Gefühle, die uns jedweder Ort, den wir uns auswählen vermitteln kann. Es bedarf nur einer einzigen Voraussetzung ist, dass wir uns dafür öffnen. Sei es am Meer, wo wir das Wellenspiel beobachten, sei es ein Bach, der sanft vor sich hin plätschert oder ein märchenhaft anmutender Wald… Die Liste ließe sich unendlich fortsetzen, denn jeder wird ein anderes Plätzchen als sein Heiligtum erleben. Das Besondere kann so übermächtig werden, dass man eins wird mit diesem Naturphänomen.

Es geschieht wie von selbst und schwupps di wups wird dieser Teil der Natur zum Ausdruck unseres Daseins. Wir werden in das Ewige der Natur eingeweiht und dürfen die Vollkommenheit der Schöpfung spüren. Es tankt uns mit Lebenskraft und einer speziellen Energie auf.

Trip in die Neurospiritualität

Dieser kleine Trip in die Welt der Neurologie schenkt den spirituellen Skeptikern eine aktuelle, wissenschaftliche Erläuterung und dem spirituell Aktiven eine Erweiterung des Verständnisses. Ein US amerikanisches Forscherteam mit der Koryphäe Michael Adam Ferguson[82] an seiner Spitze, hat sich aus neurologischer Sicht die Frage gestellt, wo die Spiritualität im menschlichen Gehirn zu finden sei. M.A. Ferguson ist Spezialist für Neurospiritualität, eine Mischung aus Hirn- und Spiritualitätsforschung. Aus Eigenerfahrungen heraus stellte sich M. A. Ferguson die Aufgabe Natur- und Geisteswissenschaften miteinander zu verbinden.

Seine Suche war erfolgreich in dem periaquäduktalen Grau, auch als zentrales Höhlengrau bekannt. Dieser Ort befindet sich in einem sehr alten Teil des Gehirns und steht maßgeblich mit den Gefühlen von Angst, Schmerz, Flucht-

---

82 Michael Ferguson ist Dozent an der medizinischen Fakultät der Harvard University und Neurowissenschaftler an einer Klinik in Boston

reflexen, religiösen Empfinden und der Spiritualität im Zusammenhang. Die erste Erkenntnis bezog sich auf die tiefe Verwurzelung von Religion und Spiritualität in der menschlichen Natur. Des Weiteren konnte festgehalten werden, dass weitere Hirnareale an den religiösen und spirituellen Empfindungen mit beteiligt sind. Last not least entpuppte sich das Ergebnis, dass alle Menschen im Besitz dieser Strukturen sind, dennoch nicht alle Menschen diese nutzen. Das große Ziel dieser Untersuchung ist neue Möglichkeiten für Heilungsverfahren zu entwickeln. Eigentlich müsste von einer Wiederauflage von bereits Bekannten unter neuen Vorzeichen gesprochen werden. Zu früheren Zeiten gab es keine Grenze zwischen Spiritualität und Heilung. Auf zur wissenschaftlich erklärbaren Wiederbelebung des Alterprobten. Bislang richtet sich der Focus auf Achtbarkeitsübungen, die nachweislich bestimmte Hirnareale aktivieren._

Demut [83]

Im Zeitalter der Aufklärung geriet dieser Begriff in Misskredit. Weder Unterwürfigkeit noch das sich klein machen definiert das Wort Demut. Es besagt viel mehr Bescheidenheit, Hingabe und Genügsamkeit bei der Hinnahme von äußeren Bedingungen auf Augenhöhe. Im weitesten Sinne eine spirituelle Empfindung, d.h. sich auf einer geistigen Ebene zu befinden, dem Zurückstellen von Materie und Dogma. De**mut** –welcher Maßnahme bedarf es unseren Mut um diese wertige Eigenschaft zu bereichern?
Richtig es ist die Selbstbefreiung aus dem Hoch**mut,** der wie wir ja wissen zu dem Fall führt. Doch auch dieser Begriff bedarf einer Definition, denn umgangssprachlich ist auch dieses Wort nicht mehr üblich. Wir sprechen viel mehr von der Selbstüberschätzung, dem Herabsehen auf andere, Prahlerei oder der Arroganz, mit der Absicht Neidstrukturen zu erfahren. Im ersten Moment wird jeder sagen „ich habe das nicht". Doch schaut man etwas genauer hin, so kann sich niemand davon freisprechen, z.B. jemanden ob seines Äußeren gering wertig beurteilt zu haben oder seinen eigenen Arbeitseinsatz als erheblich höher einzuschätzen als den der Kollegen. Johannes Haupt (Fachredakteur) hat in einem seiner Artikel sehr treffend die Demut als Reak-

---

83 Gematrische Wortbedeutung Demut = durch weisheitliches Denken sein Handeln mit dem Focus
auf Wandlungen gestalten

tion auf eine Niederlage als gern eingesetztes Täuschungsmanöver, welches Sympathie einbringt, beschrieben.

Aus dem äußeren Eindruck wird impliziert, dass man sich und die anderen respektiert, aber ob die Demut verinnerlicht ist, scheint fraglich. Ohne auf Erden schon Flügel zu erwarten, kann der Schritt zur Demut die eigene Echtheit bereichern. Erstellen Sie eine Zufriedenheitsliste, die alle Aspekte enthält für die Sie Demut empfinden. Im zweiten Teil erstellen Sie eine Unzufriedenheitsliste, mit all den Faktoren, die Sie bei sich inakzeptabel finden. Innerhalb der einzelnen Aspekte schauen Sie bitte auch einmal auf die Wertigkeiten. Ist der immer wieder kehrende Pickel auf der Nase wirklich so ein Drama, dass die Selbstakzeptanz und der Eigenrespekt tangiert werden?

Das sind die beiden Säulen, auf denen echte Demut ruht und die Basis für eine gesunde Beziehung zu den Mitmenschen. Weder Überheblichkeit, Egoismus, Definition über Konsumgüter noch Kriechertum sind erforderlich

Eigener Zugangscode

Unser Name stellt ein wesentliches Identifikationsmerkmal unserer Person dar. Da wir mit unserem Namen verwurzelt sind, nutzen wir dieses persönliche Merkmal von uns als Ausgangsbasis.

Schreiben Sie ihren Geburts- Namen senkrecht auf ein Blatt Papier. Waagerecht nutzen Sie den Buchstaben als Beginn für eine Persönlichkeitseigenschaft, z.B.

Rufname

H - *eiter*
A – *benteuerliebend*
N - *aturverbunden*
S – *ouverän*

Zweitname (benennt verborgenes Potential)

J - *ähzornig*
O - *rdnungsfanatiker*
S - *elbstkritisch*
E - *itel*
F – *urchtsam*

Zuname (benennt oft Sippenpotential)

M - *oralisch*

Ü - *bereifrig*

L – *ebensfroh*

L - *eidfähig*

E – *ifersüchtig*

R - *egelbewusst*

Bei Namensänderung können Sie zwei Diagramme von sich erstellen und diese abschließend miteinander vergleichen. Entbehrungen und Bereicherungen werden sich die Hand reichen. Erläutern Sie ihre notierten Eigenschaften.

Lernfeld Natur

Die Natur ist alles, besitzt alles und bietet uns alles was wir benötigen. Wir sind – wie bereits erwähnt, ein Teil dieser Einheit. Wenn wir im Einklang miteinander stehen, sind wir ein integraler Bestandteil in dem natürlichen Kreislauf. Werden und Vergehen sind die Schlagworte. Die Natur lehrt uns u.a. dass jeder Tod ein Neuanfang ist. Entwickeln Sie drei für Sie bedeutsame Beispiele aus ihrem natürlichen Miteinander. Was genau ist für ihr Leben die Lehre?

Einstromtor 8

„Von Natur aus sind die Menschen fast gleich; erst die Gewohnheiten entfernen sie voneinander." (Konfuzius)

Kosmische Ordnungen pflegen, Gerechtigkeits-/Fairnesssinn, Wahrhaftigkeit anstreben, Brückenbauer – Mauereinreisser im Beziehungsgefüge, Befreiung von Altlasten, Glaubenssätze erkennen, Einswerden mit….., Angst, Lebenskraft, astralen Einflüssen zugewandt, Vereinigungskräfte ,inneres Gleichgewicht, Glaube, Hoffnung, Idealismus und Herzlichkeit leben, Beistand aus geistiger Welt erleben, gesunde Lebensweise anstreben, außerordentliches Gespür für Synthese, Beistand der geistigen Welt erleben, außerordentliches Synthesegespür, Diskussionsfreude, Existenzfragen

III.8.1 Focus: Altlasten
Auf freien Fuß lassen

Jede Form des Loslassens schafft Freiräume für Neues. Seien es materielle (mittlerweile unnützen) Sammelstücke, belastende Erfahrungen aus der Vergangenheit, als störend empfundene Verhaltensweisen, Menschen, die von uns gegangen sind oder…Die nicht verabschiedeten Aspekte verstopfen unseren Bezug zum Jetzt und den eigentlichen Entwicklungsmöglichkeiten. Auch wenn uns diese Dinge völlig klar sind, nutzten wir häufig Abwehrmechanismen um uns zu beruhigen und harren untätig im energetischen Feld der Altlasten aus.

Gehäuft finden sich Rationalisierungen, wie z.B. das Teil war so teuer, dass kann ich doch nicht entsorgen, was soll werden, wenn ich das nicht mehr habe? Oftmals gewinnen die Besorgnisse Überhand mit dem entstehenden Freiraum nicht umgehen zu können. Loslassen ist in der Regel ein langer Prozess, den Sie sich geduldig gestatten sollten.

Listen Sie bitte einmal auf, von was Sie sich am liebsten trennen würden. Nach einiger Zeit des Abstands versuchen Sie eine Priorität in diese Liste zu bringen. Spielen Sie ihr erstes Ziel in Gedanken durch und versuchen möglichst viele Konsequenzen zu berücksichtigen. Bitte vergessen Sie nicht, dass der „alte Moder" irgendwann auch die Gesundheit angreift.

Ein möglicher Weg, um aus alten Verletzungen heraus zu kommen, läuft über die Arbeit mit Symbolen. Eine stark verletzte Klientin konnte ihren Partner jahrelang nicht loslassen. Sie plagte sich mit Schuldgefühlen, Eigenanklagen und dem Gedanken nicht lange genug durchgehalten zu haben.

Körperliche Symptome und depressive Zustände gehörten irgendwann zu ihrem Alltag. Durch die Bearbeitung des Energie Selfies® griff sie das Thema auf. Sie gestaltete ein Bild und nutzte es als Kommunikationsgrundlage.

Alles, was Sie in sich angesammelt hatte, brachte sie hervor und wurde von mal zu mal mutiger und selbstsicherer. Irgendwann nahm sie diese Zeit als einen Teil ihrer Biografie an, dessen Nachhallenergie sie heute nicht mehr brauchte. Sie vollzog einen rituellen Abschied.

Andenken

Durchforsten Sie ihr Hab und Gut nach Erinnerungsstücken. Was bedeuten diese Gegenstände für Sie? Ranken sich Geschichten um diese Retrospektive? Entscheiden Sie Stück für Stück, ob es für Sie jetzt und heute noch von Bedeutung ist oder ob es eine Altlast für Sie darstellt. Handeln Sie nach ihrem Bedürfnis, verschenken, verkaufen, entsorgen Sie Dinge, die mittlerweile wertlos für Sie sind und überlegen gleichsam den Umgang mit den noch wertvollen Dingen für sich.

Unbrauchbares entlassen

Jeder von uns schleppt Altlasten mit sich herum. Tag für Tag kosten Sie uns Kräfte, was oftmals unbemerkt psychisch und somatisch zehrt. Vielleicht wäre eine Verabschiedung von dem ein oder anderen gar nicht das Schlechteste. Schauen Sie doch erst einmal was Sie an unnützen Dingen ablegen mögen.

Wohnung Einrichtung Zubehör Deko Hobbyartikel ……..	
Kleidung	
Arbeitsplatz Unzufriedenheiten im Arbeitsleben	
Erfahrungen / Erlebnisse aus der Vergangenheit Nachhallende Erfahrungen Verletzte Gefühle Schuldempfindungen Opfergefühle	
Schädigendes Gewohnheitsverhalten	
Personen, die aus meinem Leben gegangen sind	
…………………	

Solange all diese Dinge in ihrem Leben einen Platz haben, versperren Sie sich der Vergangenheit den Weg in die Zukunft. Es ist ein Verharren im Zustand der Teilzufriedenheit, anstatt glücklich auf der freien Zukunftsstrecke zu neuen Zielen aufzubrechen. Nicht zuletzt trägt der Abschied von Unliebsamen dazu bei, dass psychosomatische Gleichgewicht zu begünstigen.

Bei ihrem Vorgehen muss man immer an „Vorsicht Falle" denken, denn um dem Entsorgungsprogramm zu entgehen lassen sich oftmals Ausreden einfallen. Falls Sie diese Tendenz von sich kennen, bedenken Sie zuvor ihr Repertoire an Entledigungs-Gegenargumenten.

Lasten-Bilanz

Schauen Sie noch einmal in die Vergangenheit. Hat die mitgetragene Last noch einen Sinn für Sie. Wenn ja, welchen? Ist dieser Wert so hoch, dass Sie die Entscheidung treffen den Ballast mit in die Zukunft zu nehmen. Zur Erhärtung oder Negation ihres Beschlusses fragen Sie sich nach dem Schaden, den Ihnen ihr Gepäck zufügt. Behalten oder loslassen, dass ist nun erneut die Frage. Ihre Antwort entscheidet alles Weitere.

Löse das Band

Sind Sie noch mit jemanden verbandelt, den Sie gerne loslassen möchten? Stellen Sie sich diese Person vor und lassen ein Bild vor ihrem inneren Auge entstehen. Nun spüren Sie bitte in dieses Beziehungsband. Schauen Sie sich das Verbindende ganz genau an und ersinnen Sie eine Technik es zu zertrennen. Vielleicht nutzten Sie eine Schere, vielleicht knoten Sie es ab, vielleicht wollen Sie es zerreißen…Lösen Sie auch das Band von ihrem Körper. Unverbandelt nehmen Sie nun in Gedanken Abschied von der Person, bedanken sich für die schönen Zeiten und wünschen alles Gute für die Zukunft. In Gedanken gehen Sie nun ohne zurück zu blicken fort. Atmen tief durch. Spüren in das Gefühl der Befreiung hinein und kehren losgelöst in das Hier und Jetzt zurück.

Ent - sorgen

Schreiben Sie ihr Loslass-Thema auf ein Blatt Papier. Nun ist ihr tiefstes Inneres erst einmal nach außen gekehrt. Überlegen Sie sich welchem Element Sie ihr inneres Begehren überlassen möchten. Sie können ihr Schreiben verbrennen, es dem Wasser übergeben oder kleingeschnipselt dem Wind schenken. Selbstverständlich ist auch eine Erdbestattung möglich. Es wäre der Wichtigkeit ihres Anliegens nicht angemessen ihr Schreiben in die Mülltonne zu geben, denn Sie haben nicht Unbrauchbares erstellt, sondern ein wertvolles Dokument, was mit der Welt geteilt werden soll.

Sisyphus lässt grüssen

Herr Sisyphus folgte seiner Strafanordnung einen gigantischen Felsblock den Berg hinauf zu rollen. Sollte der Riesenstein die Bergspitze erreichen, so kullert er wieder zum Ausgangspunkt herunter. Erinnert ein wenig an Staubwischen, kaum scheint das letzte Staubkörnchen entfernt, platziert sich ein neues. Ständiger Wechsel vom Ausmaß der Entropie, rät uns zur Sisyphusarbeit, um nicht zu „verstauben" oder im Staub zu ersticken. Ähnlich verhält es sich in unserem Seelensystem. Wir unterliegen zwar keiner Fremdahnung, wenn wir Überaltertes nicht entsorgen, sondern eher eine Selbstbestrafung. Wir nehmen uns den Platz für Neues. Der Sisyphus Prozess fordert unsere Hartnäckigkeit extrem heraus. Vor allem, wenn Strukturen an Glaubenssätze, die wie implantiert erscheinen, gebunden sind. Was genau kann Sie von ihrem Plan aufzuräumen, Platz zu schaffen, für das, was Sie erschaffen wollen, abhalten? Berücksichtigen Sie auch den „Staubeffekt": „Einmal aufräumen reicht nicht." Die gewünschte Ordnung will ständig erhalten, verteidigt und immer wieder neu errungen werden. Haben Sie schon einmal das Sysiphus Verhalten kopiert? oder haben Sie eine effizientere Strategie dagegen entwickelt?

Zahn der Zeit

Die Unterscheidung zwischen dem Unvergänglichen und dem Vergänglichen ist ausgesprochen wichtig, denn alles in unserem Leben unterliegt dem einen, sowie dem Anderen. Oftmals können wir mit dem Bleibenden einen unbelasteten Umgang pflegen, während das Vergängliche gerne beiseite geschoben wird. Besonders wenn es uns als Teil aus der Gattung Mensch betrifft. Es ist hinlänglich bekannt, dass niemand das Ewige in seinem Wesen erfassen kann, wenn er die Vergänglichkeit nicht intensiv betrachtet hat.

Schauen Sie sich eine wunderschöne Blüte an, erfassen Sie das Pflanzenprodukt mit allen Sinnen. Nach einiger Zeit wollen Sie dieses Erlebnis mit der Blüte wiederholen, doch sie ist in eine neue Phase eingetreten. Sie zeigt ihre Vergänglichkeit. Nehmen Sie auch diesen Zustand mit allen Sinnen wahr. Sie erkennen den vergänglichen Teil der Pflanze und ahnen den bleibenden Anteil.

Nutzen Sie ihre Empfindungen und entwickeln Sie Werte für diese Prozesse. Wägen Sie die Wichtigkeiten zwischen dem Vorübergehenden und dem Überdauernden ab. Im letzten Schritt bilden Sie Analogien zum menschlichen Leben und insbesondere ihrem eigenen Dasein.

III.8.2 Focus: Vereinigungskräfte
Bündnis mit den Elementen

Die fünf Elemente sind mit allem Existenten verbunden. Äther, Erde, Luft, Wasser und Feuer wirken in einem wohlabgestimmten Zyklus und schenken ihre feinstofflichen Prinzipien. Sie lassen ihr geistiges Prinzip wirken und manifestieren sich im Stofflichen. Wir können uns mit jedem dieser Elemente verbinden, die wir so wie so in uns tragen. 80% unseres Körpers sind Wasser, unser Atem spielt mit dem Element Luft, Erde entspricht unserem Knochengerüst, bzw. dem Halteapparat und das Feuer brennt in jeder Zelle. Äther kleidet die Hohlräume des Körpers aus.

Alle Elemente in uns bedürfen einer Pflege, vor allem wenn energetische Prozesse in einem blockierten oder unterversorgten Zustand sind. Beachten Sie ihr Energy Selfie® und schauen, wo ihre anfälligen Themen liegen.

Nutzen Sie ihre Möglichkeiten sich rein körperlich einzeln mit den Elementen zu verbinden, um ihre geistige Kraft noch stärker in sich wahrzunehmen. Gleichsam können Sie auch über die Symbolebene den Elementen begegnen, denn jedem Element sind die sogenannten Elementarwesen zugeordnet, Zwerge, Feen, Wichtel…Ersinnen Sie ihren Zugangsweg.

Limitierung der Lebenszeit

Auch wenn wir nicht beständig über unsere begrenzte Lebenszeit auf dieser Erde nachdenken, so ist es doch eine Tatsache. Lebenszeit - ein kostbares Gut, das es verdient würdevoll behandelt zu werden. Niemand weiß wie viel Zeit ihm auf diesem Lernplaneten zur Verfügung steht, doch kann man hypothetisch einteilen, welchen Dingen man momentan wie viel % Wert beimisst. Legen Sie mehr Bedeutung in das Sein auf Erden oder richten Sie sich mehr auf ihr Leben nach dem nach dem irdischen Dasein aus? Z.B. Frau U. (55 Jahre) „Isch tu all dat, für ming Elteren, sunst wolln die mich nit, da Obben". (O-Ton) Glaubenssätze und Fremdbeeinflussungen bei mangelnder Eigenliebe, aufgabengeschwängerten Einstromtor 5) richtet nach dem Tod der Eltern ihr ganzes Leben auf deren Wünsche aus. Sie leidet darunter nicht genug von dem zu schaffen, wandert in die Psychosomatik bis zu dem Punkt, dass sie kaum noch das Haus verlassen kann.

Vollenden Sie die folgenden Sätze. Seien Sie bei Versuchen Sie doch einmal den Zeitstrahl mit ihren wichtigen Lebensthemen und einer Prozentzuteilung zu füllen. Denken Sie immer daran, Sie können jederzeit eine Umentscheidung eintragen.

Wunderwerk der Analogien

Der Mensch gilt als Kulturwesen, was mit seiner Fähigkeit der Symbolbildung im Zusammenhang steht. Das erste geistig geschaffene Symbol ist das Wort, welches die ursprüngliche magisch-animistische Erlebniswelt ablöst und ergänzt. Dadurch wird gleichzeitig die Voraussetzung für die Möglichkeit einer ersten Analogiebildung, d.h. eines umgesetzten Gedankens geschaffen. Dieser Vorgang ist heute nicht anders als zu grauen Urzeiten. Die menschliche, geistige Entwicklung ist seit der pränatalen Reifung mit diesem Schatz ausgestattet. Zu Beginn jeglicher Denkfähigkeit und Sprachbildung steht das bewusste Wiedererkennen eines Objekts, d.h. das bewusste Erleben einer Analogie. Viele Lebensprozesse laufen auf Analogien und symbolische Entsprechungen, z.B. Astrologie,[84] Schrift- und Worttum, z.B. die Sonne strahlt aus deinem Herzen. Überwiegend bewegt sich der Sektor der Analogien im Bereich des kosmischen Gesetzes, dass der Mikrokosmos im Makrokosmus seine Entsprechungen besitzt.

Entsprechung gefragt

Analogien verbinden eine Tatsache mit einer subjektiven, in der Regel allgemein verständlichen Entsprechung.

Benennen Sie ihr aktuelles Problem, z.B." ich kann mich zu nichts aufraffen". In welchem Bereich können Sie eine Analogie entwickeln? z.B. „mein Auto springt nicht an". Was würden Sie in dieser Situation tun? z.B. nach dem Sprit schauen, die Batterie überprüfen… Was könnte das jetzt für Sie und ihr eigentliches Problem bedeuten? „Habe ich überhaupt Treibstoff? Sind meine Akkus leer? Was wäre das Bedürfnis von meinem Auto? Aufgetankt zu werden. (Was wäre jetzt der richtige Sprit für mich? Die Batterie aufladen (Was wäre jetzt die richtige Energie für mich?) Wo soll mein Auto hinfahren (wo will ich überhaupt hin?)

84 Prä- und perinatale Erlebnisprojektion in der Astrologie – Dr. H. Rausch – 2.Tagung DSPPM Juni 1990

III.8.3 Focus: Achtsamkeit
Gier auf neue Synthese

Beobachten Sie sich in Bezug auf ihre Unachtsamkeiten. Falls es Ihnen schwer fällt diese im Alltag zu erkennen, können Sie eine einfache Übung mit sich machen. Stellen Sie sich einfach hin – fragen Sie sich wie ihre Füße auf dem Boden stehen – ist ein Fuß stärker belastet? Ist mehr Gewicht auf der Ferse oder dem Vorderfuß? Fühlt sich ein Fuß größer als der andere an? Sind die Zehen locker oder eher angespannt? Gibt es einzelne Zehen, die sich in den Vordergrund der Wahrnehmung schieben? usw. Nach diesem intensiven Kontakt zu ihren Füssen, bewegen sie diese, z.B. drehen im Gelenk, ein paar langsame und schnelle Schritte gehen, strecken und heranziehen des Fußes, usw. Zum Schluss schenken Sie ihren Füssen noch einmal die Aufmerksamkeit wie zu Beginn und achten darauf, ob sich eine Empfindung verändert hat. Die Zentrierung ihrer Achtsamkeit kann mit der Gier auf neues Erleben beständig wachsen.

Hab-(M)acht

Jeder von uns wird sich irgendwann einmal seiner Defizite bewusst. Nun liegt es an der eigenen Entscheidung einen Schlachtplan für den Umgang mit diesem „Manko" auszuhecken. Eine Vielzahl von Möglichkeiten kommen in Betracht, z.B. alle Ressourcen mobilisieren und das Defizit angehen oder das Defizit kompensatorisch mit der „Muss-haben-Macht" ausgleichen. In diesen Bereich kann der (vermeintliche) Ausgleich durch materiellen oder immateriellen Ersatz…. geschaffen werden.

Benennen Sie eine defizitäre Struktur, die Sie bei sich erkennen. Beschreiben Sie ihr Lösungskonzept und spüren in ihre erlebte Befriedigung hinein. Ist ihr Coping-Verhalten o.k. oder bedarf es einer Veränderung?

Details im Gewusel

Nehmen Sie sich einen Aspekt aus ihrem routinemäßig ablaufenden Alltag heraus, z.B. den Weg zu ihrer Arbeitsstelle. Achten Sie besonders auf die kleinen Dinge, die Ihnen ansonsten durch Routine oder weiterreichende Planungsgedanken entgehen. Vielleicht bemerken Sie einen besonderen Baum, eine spezielle Wolkenform…

So können Sie sich jeden Tag einen anderen Abschnitt vornehmen, um die Details ihrer Tagesroutine zu entdecken.

Frau K. fotografierte ein Wolkengebilde, druckte es aus und zeichnete ein, was Sie als erstes wahrnahm, nach 3, bzw. 7 Tagen nutzte sie eine weitere Kopie des Ursprungsbildes.

Liegende, rauchende Frau wurde von weissem Pferd umgestupst.

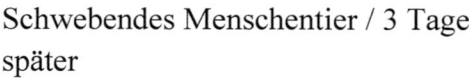

Schwebendes Menschentier / 3 Tage später

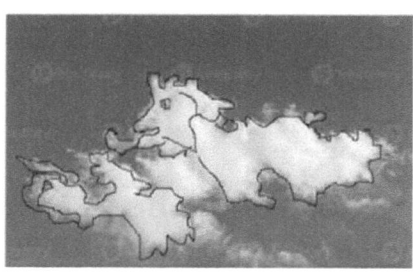

Energetisches Feuer zwischen Frau und Mann 1 Woche später

Zu allen 3 Darstellungen erzählte Frau K. Geschichten aus ihrem Leben, die sie vergessen glaubte. Sie entwickelt den Wunsch als Detektivin ihr Leben neu zu bestücken und mit erweitertem Blick auf ihr Energy Selfie® zu schauen.

Achtsamkeit

In den letzten Jahren hat sich das Konzept der Achtsamkeit zunehmend in unserer Kultur durchgesetzt. Das Training dieser Persönlichkeitseigenschaft richtet sich besonders auf eine größere Bewusstheit mit sich selbst im Hier und Jetzt und (möglichst) ohne Bewertung. Es soll neben der persönlichen Erweiterung mehr Zufriedenheit in den Alltag bringen. Körper, Geist und Seele erfahren eine Wahrnehmung als eigenständige Instanzen. Allein diese Differenzierung im Wissen der gemeinsamen Zusammenarbeit schärft die Achtsamkeit der Wahrnehmung. Des Weiteren sollen Stresselemente reguliert werden und der Focus im derzeitigen Moment erlebt werden. In einigen Achtsamkeitstheorien wird jeder Instanz erst einmal ein Übungsplatz eingeräumt.

Lebenspflänzchen

Besorgen Sie sich alles, was Sie benötigen um einem Pflänzchen zu setzen. Dieses Bedarf Aufmerksamkeit in der Hege und Pflege. Schaffen Sie Analogien vom Pflänzchen zu ihrer Selbstachtsamkeit, z.B. Sie gießen das Pflänzchen und fragen sich "habe ich heute genug getrunken?...

Innenschau

Schließen Sie ihre Augen und stellen Sie sich ihr Lieblingsobst, z.B. eine Banane, vor. Schauen Sie genau hin und beschreiben sich, wie ihre Banane aussieht. Achten Sie auf die Farbe, die Größe, so wie besondere Merkmale.
Falls Sie mögen, können Sie weiter mit ihrem inneren Bild experimentieren. Schauen Sie aufgrund unterschiedlicher Merkmale die Banane an, z.B. grösser oder kleiner, bewegt, weiter entfernt oder...oder ...
Wenn Sie noch weitere Lust an der Innenschau haben, experimentieren Sie mit dem Geruch, dem Geschmack, dem Geräusch wie Sie die Banane öffnen und / oder das Gefühl die Banane zu halten.
Selbstverständlich können Sie auch jeden Sinn einzeln ansprechen. Selbstverständlich können Sie auch jeden Sinn einzeln ansprechen. Ist Ihnen nach Experimentieren zumute? Setzen Sie in Gedanken andere Qualitäten in ihr Bananenbild, z.B. färben Sie die Banane rot, lassen sie sie gerade werden...
Diese Übung können Sie mit Allem veranstalten, zu dem Sie sich einen sinnigeren und umfassenderen Ein-druck verschaffen möchten.

III.8.4 Focus: Innere Balance
Feurige Harmonie

Sie kennen sicherlich auch das Gefühl, dass die Fliege an der Wand Sie stört, jedes Geräusch zu laut erscheint und die Anzahl der Informationen Sie überflutet. Und all das, obwohl ein Urinstinkt in uns immer nach der inneren Balance strebt und alles tut, was in seinen Kräften steht. Doch manchmal benötigt unser System allsinnige Unterstützung. Nehmen Sie in jede Hand eine angezündete, tropffreie Tafelkerzen. Nun gehen Sie mit dem Ziel die beiden Flammen gleichmäßig in ihrer Lohe zu erhalten, langsam los. Beobachten Sie das Lichtspiel und nutzen alles was Sie zur Verfügung haben, um den Flammentanz harmonisch zu steuern. Betrachten Sie die Kerzenflamme wie ihr Lebensfeuer und erleben ihre Ressource dieses eigenhändig ins Gleichgewicht regulieren zu können.

Persönliches Gleichgewicht

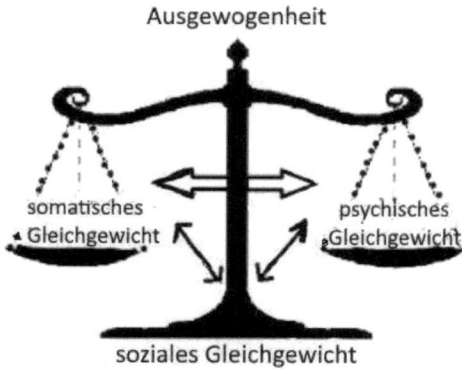

Betrachten Sie folgende Beschreibungen und lassen Sie diese auf sich wirken. Fügen Sie ihre eigenen Ideen hinzu.

Balance Was empfinden Sie in einem ausbalancierten Zustand	Dysbalance Was empfinden Sie in einem ungleichgewichtigen Zustand
Ich bin geistig und körperlich beweglich	Ich fühle mich wie gebremst / zurück gehalten
Ich bin handlungsfähig	Ich sollte mit weniger zufrieden sein
Ich kann arbeiten	Ich sollte Leistungen erbringen
Ich kann meinen Interessen folgen	Ich sollte zu Hause bleiben
Ich kann frei, unabhängig sein	Ich sollte Kontakte / Freundschaften auflösen
Ich kann meiner Reiselust frönen	Ich sollte auf bestimmte Annehmlichkeiten verzichten
Ich kann meiner Lebensfreude Ausdruck verleihen	Ich muss meine Lebensqualität einbüssen
Ich kann Lebensziele entwickeln / verwirklichen	Ich muss vorzeitig altern
Ich kann meiner Beruf(ung) folgen	Ich muss Opfer erbringen
Ich kann Freundschaften aufbauen / pflegen	Ich muss mich mit meiner Situation abfinden
Ich kann Partnerschaften / Ehe eingehen	Ich muss früher als alle anderen sterben
Ich kann meinen Wünschen nachkommen	Ich muss Erotik / Sexualität aufgeben
Ich kann meine Zukunft planen/gestalten	Ich muss Verpflichtungen aufgeben
Ich kann Vorsorge treffen	Ich muss meine Unzufriedenheit erleiden
Ich kann Angst bewältigen	Ich muss auf meinen Lebensgenuss verzichten
Ich kann etwas für mich selbst tuen	Ich muss anderen mein Leid zeigen
Ich kann mich mit entwicklungsmäßigen / altersadäquaten Problemen auseinander setzen	Ich muss Chancen, die andere haben schon im Vorfeld ablehnen
Ich kann Angst bewältigen	Ich muss auf meinen Lebensgenuss verzichten

Ich kann etwas für mich selbst tuen	Ich muss anderen mein Leid zeigen
Ich kann mich mit entwicklungsmä-ßigen / alters-adäquaten Problemen auseinander setzen	Ich muss Chancen, die andere haben schon im Vorfeld ablehnen
Ich kann etwas für andere tun	Ich muss mit meinen Kräften haushalten
Ich kann Risiken eingehen	Ich muss dem normalen Leben immer zusehen

Vollenden Sie die folgenden Sätze. Seien Sie bei dieser Aktion spontan.

Vor allem wünsche ich
Mein Leben ist
Hoffentlich kann ich
Ich habe erreicht
Mein höchstes Bestreben
Am hoffnungslosesten ist
Mein ganzes Lebensziel ist
Ich fühle Langeweile
Tod ist
Ich bin im Begriff
Krankheit und Leid kann
Für mich ist das ganze Leben
Der Gedanke an Selbstmord

Füllen Sie bitte die drei Aspekte somatisches – psychisches und soziales Gleichgewicht mit ihren persönlichen Inhalten.
Nachdem Sie ihr ganz individuelles Erleben eingebracht haben, überprüfen Sie ob ihre innere Waage sich damit ausgewogen fühlt.

Annehmen versus abgeben

Ein Riesenthema! Mit unendlich vielen Variationen. Es kann sich auf persönliche Anteile beziehen, die Sie annehmen oder abgeben möchten, auf materielle oder immaterielle Geschenke ... Was fällt Ihnen leichter annehmen oder abgeben?

0---1---2---3---4---5---6---7---8---9---10   Intensität der Annahmefähigkeit
0---1---2---3---4---5---6---7---8---9---10   Intensität der Abgabefähigkeit

	materiell	immateriell
Was kann ich gut annehmen?		
Was fällt mir schwer anzunehmen?		
Was kann ich gut abgeben?		
Was fällt mir schwer abzugeben?		

Letztendlich landen Sie mit dieser Bearbeitung wieder bei dem, was Sie sich selbst wert sind und was Ihr derzeitiges Eigengefühl ausmacht.

Backoffice der Konflikte

Formulieren Sie ihre Problematik und fragen sich, welche Verluste, bzw. Gewinne Sie durch diesen Konflikt erhalten.

Konflikt:	Verlust	Gewinn

Je nach Problemkonstellation ist es sinnvoll die Verlust- und Gewinnliste in spezielle Lebensbereiche zu unterteilen, z.B. kann ein Vorteil im Familienleben zum Nachteil im beruflichen Dasein führen.

Verfahren Sie bitte gleichsam mit anderen Konfliktlösungen, die auch nicht nur Gewinne bringen.

III.8.5 Focus: Gerechtigkeit
Vergebung amnestia – nicht gedenken

Ganz nickelig betrachtet sind Vergebung und Verzeihung unterschiedliche Prozesse. In den Übungen sind sie als gleichwertig betrachtet. Ver-geben bedeutet so viel wie jemanden "Gnade schenken" im Rahmen eines innerpsychischen Prozesses. Es findet der Verzicht auf einen Schuldvorwurf und Ansprüche auf Wiedergutmachung statt. Der Sinn einer Vergebung liegt in der eigenen Befreiung aus der Opferrolle. Zugrunde liegt der Gedanke, dass die Vergangenheit nicht änderbar ist, hingegen in der Zukunft durch die Vergebung befreit gelebt werden kann. Ganz wichtig ist die deutliche Zielsetzung, dass nicht die Tat vergeben wird, sondern dem Täter. Je nach zugrundeliegender Ursache gehört der Vergebungsansatz in eine fachkundige Behandlung." Verzeihen" bezieht sich darauf mit Güte, bzw. Nachsicht, d.h. ohne das Schmieden von Rachemaßnahmen, zu agieren. Die Verzeihung ist grundsätzlich eher auf Verzicht ausgerichtet, während die Vergebung eine Gabe impliziert.

Begnadigung für mein Heil

Generell gibt es immer wieder Erlebnisse, die sich ganz unverhohlen in unser Bewusstsein einschleichen. Die schönen sind ja o.k., aber es gibt auch weniger angenehme Vergangenheitsereignisse, die sich belastend auswirken. Sie wollen diesen Zustand beenden? das Thema für sich abschließen? und entscheiden, sich der Opferposition zu entspringen.

Alte Kränkungen brennen sich förmlich in das Körper-Geist-Seele Programm ein. Hass, Wut, tiefer Groll, aus alten Verletzungen, nagen immer wieder an ihrem Seelenheil. Sie sind ständig dadurch belastet, während der Verursacher die zugrundeliegende Aktion oft schon lange vergessen hat. Das Anti-Misere-Zauberprogramm heißt: Vergebung. Wahrscheinlich stößt es Ihnen jetzt erst einmal befremdlich auf. Gedanken werden durch ihren Kopf schießen "ich will dieses Geschehen nicht akzeptieren! Ich wünsche dem Verursacher eher die Pest an den Hals, als ihm zu verzeihen! Sie schaukeln sich in ihrem Kummer und Schmerz, aber auch ihrer Wut hoch. Ganz ehrlich was haben Sie damit gewonnen? Ja, das Geschehene ist furchtbar, es lässt sich nicht rückgängig, sondern nur erträglich, machen. Vielleicht haben Sie noch nie über Verzeihen nachgedacht. Nichts, aber auch gar nichts hat vergeben mit dem Akzeptieren der Tat oder der Entschuldung des Verursachers zu tun. Ganz wichtig: Der Verursacher ist aus dem Prozess des Verzeihens komplett ausgenommen, denn es geht ausschließlich um Sie und ihr Befinden. Sie entscheiden durch ihre Vergebung, dass Sie das Thema für sich selbst abschließen wollen. Sie entscheiden, dass dieser Teil aus ihrer Vergangenheit ab jetzt keinen Einfluss mehr auf Sie besitzt Sie willens sind die Opferrolle abzulegen. Sie entscheiden, dass Sie sich nun verzeihen. Achtung dieser Prozess dient nur Ihnen und ihrem Seelenfrieden. Es gibt viele Möglichkeiten das Vergeben zu praktizieren, z.B. im Eigenmonolog " was passiert ist, gehört der Vergangenheit an – ich komme im Hier und Jetzt an– Schauen Sie sich zwei Minuten bewusst um. Was nehmen Sie wahr? Was sehen, hören, riechen Sie? Das ist die momentane Realität und ihr Neubeginn.

Die passende Übung kann sich wie folgt gestalten: Stellen Sie sich den Menschen, der Sie gekränkt oder verletzt hat, vor. Wenn Sie mögen, können Sie auch ein Foto oder eine symbolische Zeichnung benutzen, die stellvertretend für den betreffenden Menschen steht. Sprechen Sie dann (ruhig, laut) mit dieser Person und erzählen alles, was vorgefallen ist. Damit räumen Sie sich ihren Platz für die Enttäuschung, den Zorn oder die Verletzungen frei. Bei der Verzeihung geht es nicht um das relativieren oder beschönigen des Vorfalls! Dann beenden Sie ihr Gespräch, allerdings anders, als Sie es bislang getan haben. Sie sagen etwas wie: "Jetzt habe ich aber genug! Ich verzeihe dir als Mensch (Täter), was du getan hast kann ich dir nicht vergeben. Auf diesem Weg finde ich selbst meinen Frieden wieder und das ist das Allerwichtigste. Was passiert ist, gehört der Vergangenheit an."

Fühlen Sie noch einen Moment nach, wie es dir geht, und beende dann die Übung. Bitte erwarten Sie nicht, dass es ausreichend ist diese Procedere einmalig durchzuführen.

Sorry an mein Gegenüber

Der Satz „das kann ich niemals verzeihen" geht uns oftmals leicht über die Lippen, ohne an die Konsequenzen für uns selbst zu denken. Es ist in der Regel nicht der Andere, den wir damit bestrafen, sondern wir richten die Zuchtrute gegen uns selbst. Festhaltend an den Schmerz verurteilen wir uns selbst dazu nicht vergessen zu dürfen. Beständig drehen wir das Messer in einer eigenen Wunde und vergegenwärtigen uns immer wieder einen erlittenen Schmerz, eine Demütigung oder eine erlittene Scham. Erleichtern können wir unsere Seele durch verzeihen, damit übernehmen wir Selbstverantwortung und befreien uns selbst von Groll, Haderei und befreien uns aus der Opferposition mit der Hoffnung auf Genugtuung. Vielleicht müssen wir uns vor Augen führen, dass Verzeihen nicht gleichzeitig heißt das Verhalten unseres Gegenübers als gut zu heißen. Wir lassen lediglich nicht mehr zu, dass eine unschöne Begebenheit unser Leben dauerhaft belastet.

Nach der Weisheit von Vinzenz von Paul „Die empfangene Ungerechtigkeit zu verzeihen, bedeutet sich selbst die Wunde seines Herzens zu heilen". Heilen Sie ihre Wunden auf ihre Art und Weise und gestehen sich die Step-by-Step Methode zu. Wählen Sie ihre Worte des Verzeihens aus, sprechen Sie diese aus und spüren hinein, ob Sie die Wunde zur Genesung anregen. Es ist nicht nötig der Person selbst die Verzeihung entgegen zu bringen, sondern viel wesentlicher ist es, ihren eigenen inneren Frieden wieder zu erlangen.

Krawallbürste

Als erstes gilt es die Streitlust von der Konfliktfähigkeit zu differenzieren. Die Streitlust selbst ist noch einmal ganz streng von der Streitsucht, die in den pathologischen Bereich fällt, abzugrenzen. Menschen, die Lust auf Streit haben, benutzen diesen gerne um Aufmerksamkeit zu erheischen. Während ihrer Impulsaktion zeigen sie ihr vielfältiges Verhaltensrepertoire der Techniken zur Provokation ihres Gegenübers. Das Bedürfnis nach Streit entspringt zu meist einem geringen Selbstwertgefühl und dem Verlangen seinen Streitpartner klein zu machen / halten, um selbst eine stärkere Position einzunehmen. Wie in einem spannenden Konkurrenzkampf wird der Schlagabtausch der verbalen Attacken im Schlagabtausch ausgeübt. Im Gegensatz dazu liegt die Konfliktbewältigungsfähigkeit im Bereich der sozialen Kompetenz. Empathie und der Offenheit für andere Meinungen, im Sinne der Bereicherung für eigene Standpunkte sollen zu der bestmöglichsten Lösung führen. Die Vorgehensweise bezieht sich auf rasche Erkennung einer Konfliktsituation, die dann möglichst zügig abgeschwächt oder durch den Transport auf eine andere Ebene, gestaltet werden. Die Konfliktkompetenz ist darauf ausgerichtet argumentativ zu einer konstruktiven Lösung zu gelangen und jegliche Konsequenz mit zu berücksichtigen. Auch bei Abweichungen zur eigenen Meinung, im austauschenden Gespräch, wird keine Selbstwertminderung erlebt.

Generell ist nicht jede Auseinandersetzung oder Vertretung einer anderen Meinung als Streit zu bewerten.

Ebenso unterliegt nicht jeder Streit einem Konflikt. Schauen Sie einmal bei sich, wann Sie den Streit und wann Sie die Konfliktbewältigungsstrategie für sich bevorzugen. Spüren Sie in der Erinnerung einmal in ihr leitendes Grundgefühl.

Provokante Nörgler und Miesmacher

Das markante Kennzeichen ist ein überkritisches Verhalten, welches den Miesmacher in seinem Umfeld nicht gerade beliebt macht. Jede minimalste Kleinigkeit kann einen Grund zum Ereifern bieten und eine Tirade von schlecht machenden Faktoren lostreten. Eine nicht unübliche Methode der Streitprovokation. Welche Miesmacherstrukturen kennen / nutzen Sie?

Der ständig unzufriedene Nörgler findet, ohne lange zu suchen, an jedem und allen etwas auszusetzen. In gar keinem Fall kann er seine Position reflektieren oder schafft es die Meinung eines anderen nur anzuhören. Rechthaberische Tendenzen und streitfreudige Züge versetzen den Nörgler häufig in ein soziales Aus. Oft testet er aus, wie weit er gehen kann.
Was macht ihre Ablehnung und ihr Misstrauen aus?
Was wird von Ihnen generell bemängelt?
Wie steht es um ihr Gerechtigkeitsempfinden?
Wie fühlen Sie sich in provokanten Situationen, die Sie auslösen.

Zänker unter sich
Konflikte, in näheren oder weiteren Bezügen, können auf Dauer ganz ordentlich plagen. Sind Sie im Modus der Kooperationsbereitschaft, besitzen Sie das Potential sich auf eine Win-Win-Strategie einzulassen. Definieren Sie ihr Problem(thema) und ihr Ziel ganz genau. Im Folgeschritt versuchen Sie den Standpunkt ihres Konfliktpartners einzunehmen. Die grundsätzliche Frage lautet: „Welche Vorteile besitzt mein Gegenüber von meinem Ziel?" und „Welche Möglichkeiten gibt es für mich meinen Standpunkt attraktiv zu gestalten?" Nun bedarf es noch einer dritten Position mit dem Namen „Neutraler Berater". Schaffen Sie sich nun drei Positionen im Raum

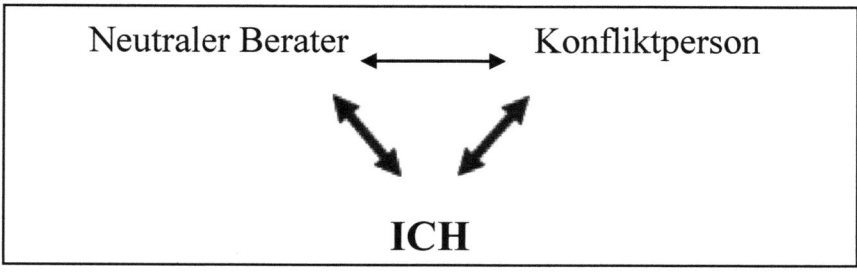

Begeben Sie sich in die ICH Position, wenden Sie sich der imaginären Konfliktperson zu und formulieren ihren Standpunkt. Dann wechseln Sie ihre Position und versetzen sich in die Konfliktperson. Antworten Sie aus dessen Perspektive. Zum Schluss betreten Sie die Position des Neutralen Beraters und geben ein passendes Statement ab. Wiederholen Sie dieses Procedere bis Sie ein passendes Arrangement für sich gefunden haben.

Recycling

Stellen Sie sich vor Sie sitzen im Cafe. Unabsichtlich hören Sie vom Nebentisch einen Satz "ich werde ein Haus bauen, aus den Ziegeln, die sich andere an den Kopf werfen". Der Satz nimmt Sie ganz in seinen Bann und Sie sinnieren darüber. Was bedeutet diese Aussage für Sie?

Bedeutungsverlagerung

Werteverschiebungen sind oftmals erforderlich um, z.B. unsere Selbstsabotage-Aktionen, zu erkennen.

Benennen Sie ihre Herausforderung – tragen Sie ihre Stärke auf einer Skala von 1-10 ein.

Betrachten Sie ihre Ressourcen aus dem Energy Selfie® und ordnen Sie diese ebenfalls in einer Skala ein.

Schauen Sie sich ihre Bedingungsfelder an, ordnen Sie diese ebenfalls nach ihren Wertigkeiten.

Betrachten Sie noch einmal ihre Herausforderung, ob Sie im Stärkegrad variiert.

Nutzen Sie ihre Ressourcen kreativ, um die Herausforderung herunter zu skalieren. Ein Blick in ihr Energy Selfie® kann nicht schaden.

Ausdauer – ein lohnenswertes Unterfangen

Fünf Frösche plumpsen in eine gefüllte Milchkanne. Sie versuchen wild strampelnd am Rand der Milchkanne empor zu klimmen. Nach kurzer Zeit resignieren vier der Quacktierchen, stellen ihre Bewegungen ein und gehen mit dem Gedanken „es lässt sich eh nichts machen" in der Milch unter. Der fünfte Frosch hingegen plantscht mit seinen Beinen und Armen was das Zeug hält. Keuchend und quakend stellt er in seine Strampelaktion fest, dass es immer schwieriger wird. Auf einmal stehen seine Füße auf festem Unter-grund. Ups, die Milch war zu einem Butterberg geworden. Unter dem Einsatz seiner letzten Kräfte hüpft der Frosch aus der Kanne ins freie Leben. Sitzend vor der Kanne ruft der Frosch in die Welt „jeder kann sich nur selber retten, indem er beharrlich sein Ziel verfolgt."

III.8.6 Focus: Fremdbestimmung
Unbehauste Einpflanzung

Jeder Mensch bietet mehr oder weniger große Schlupflöcher für Fremdbeein-flussungen. Diese können unterschiedlichster Natur und Herkunft sein, ziehen uns aber Energien der Eigenermächtigung ab, z.B. Sie schätzen ihren Arzt als superkompetent, klug, erfahren usw. ein, sodass Sie zu ihm aufblicken. Er könnte leicht einen Fremdeinfluss praktizieren. Aus ihrer Position stellen Sie sein Wort über ihre Erfahrungen mit sich selbst. Sie schmälern ihr eigenes Wertempfinden, wodurch ihr freier Wille „löchrig" wird. Sie nehmen etwas in sich auf, was Ihnen weder vom Geist, noch von ihrer Seele oder ihrem Körper her gut tut. Vielleicht erleben Sie sich als machtlos, um ihr Empfinden / ihre Meinung vor der Autorität des Herr Doktor darzustellen und schwupps kata-pultieren Sie sich in die Opferposition. Nun können Sie erneut entscheiden – soll es so bleiben oder wollen Sie sich selbst befreien. Machen Sie sich ihre Fähigkeit zur Selbstbestimmung und ihren Wunsch zum eigenständigen ent-scheiden bewusst.

Je nach Art und Inhalt der Fremdbestimmung kann es auch durchaus sinnvoll sein, sich diese noch einmal zu vergegenwärtigen, ob Teilaspekte durchaus nutzbringend in ihr System integriert werden können. Zur Beendigung von diesem Schritt vereinbaren Sie mit sich eine Absichtserklärung ihre Grenzen in Bezug auf Fremdbeeinflussungen enger zu stecken. Dies ist am wirkungsvollsten in schriftlicher Form.

Nun geht es an ihren Selbstwert, bzw. das Auffinden ihrer Ressourcen.

Schauen Sie in ihrem Energy Selfie® welches Potential Sie sich für ihr Vorhaben auswählen.

Gestalten Sie sich ein Stopp-Schild, dass Sie in Fremdbeeinflussungssituationen immer wieder in ihren ressourcen-geschwängerten Zustand versetzt.

Abschließend zur Bewältigung der Fremdbeeinflussung lassen Sie ihrem Atem freien Raum – atmen Sie bewusst, günstigster Weise auch hörbar, das Fremde aus und atmen frische, mit universellen Energien und Eigenliebe besetzte Luft, ein.

Sollten Sie noch weitere Schutzmaßnahmen für sich treffen wollen, können Sie ihre Hand auf das Einstromtor 8 legen und dieses imaginär mit dem Schlüssel ihrer Selbstbestimmung abschließen. Welche Fremdbeeinflussungen fallen Ihnen spontan ein?

Subjektive Realitäten als Fremdbeeinflussung

A	B	C	D
Aktuelles Ereignis	**Bewertungen, Phantasien, Ideen**	**Gefühle**	**Verhalten**
Zu beachten: Das aktuelle Ereignis ist eine objektive Wiedergabe, wie sie in Film oder Ton wiedergegeben werden könnte. Sie entbehrt jeglicher subjektiven Bewertung	Zu beachten: Notieren Sie jede Bewertung, die Ihnen einfällt	Zu beachten: Die Gefühle sollen den Grundgefühlen und ihren Nuancen entsprechen. Mit gefühlshinweisenden Begriffen ist das A-B-C der Gefühle nicht nutzbringend	Zu beachten: Beschreiben Sie explizit was Sie tun. Diese Rubrik kann das folgende A bilden.

Wie subjektiv ein und dieselbe Situation wahrgenommen wird, lässt sich immer wieder bei Zeugenbeobachtungen feststellen. Werden einem ausschließlich die Zeugenprotokolle offeriert, kann sich der Verdacht einschleichen, dass mehrere Taten mit unterschiedlichen Hergängen zugrunde liegen.
Als kleines Experiment können Sie eine Situation auswählen, bei der es zu einer Streitsituation gekommen ist.
Viel Spaß bei der Erstellung ihres ABC´s und erstaunliche Erkenntnisse

Fluch und Verwünschung
Wie wirken die folgenden Ausdrücke auf Sie? Haben Sie Erfahrung mit derartigen Formulierungen gemacht? Welche? Scheuen Sie sich in diesem Fall

nicht vor ihren Bewertungen, denn Worte können oft verletzender als scharfe Messer sein.

- Ich kann dich aufs Kreuz legen
- Dir kann ich alle male das Kreuz brechen
- Auf dein Tun halte ich meinen Daumen
- Dir ziehe ich die Ohren lang
- Ich könnte dich verprügeln, dass du nicht mehr weisst, ob du Männchen oder Weibchen bist
- Deinen Willen werde ich dir schon brechen
- Dir kann man doch nur ans Bein pinkeln
- Du kriegst gleich eins auf den Kopf
- Dir müsste man den Schädel einschlagen
- Ich schlag dich grün und blau
- Ich zeige dir schon, wo es lang geht
- Was Sache ist, werde ich dir schon beibringen
- Ich blase dir gleich den Marsch
- Dir wird schon noch hören und sehen vergehen
- Dir stutze ich die Flügel schon

Kränkungen

Betrachten Sie folgende Beispiele. Kommunizieren Sie die Kränkungen, die Ihnen vertraut vorkommen.

Kränkung	Kommunikationsschwerpunkt
Du wirst es nie lernen	Was genau?
Du wirst es nie zu etwas bringen	Wozu?
Du wirst noch in der Gosse landen	Aus welchem Grund?
Du taugst einfach nichts	Wieso?
Mit dir wird es noch einmal ein schlimmes Ende nehmen	Welches genau?

Wenn du so weiter machst, wirst du dich / uns noch ruinieren	Wie genau?
Wie oft habe ich dir schon gesagt, dass….	Was?
Es ist immer wieder das gleiche mit dir	Was genau?
Bei dir ist Hopfen und Malz verloren	Aus welchem Grund?
Man sollte dich windelweich schlagen, bis du es begriffen hast	Was?
Man sollte dich zum Teufel jagen	Warum?
Dumm geboren, nichts dazu gelernt	Was nicht?

Gewissenshandlung

Bei einem der langen Geschichtenabende im Kairoer Basar

Ein Mönch und ein Novize wanderten vertieft im intensiven Gespräch durch die Natur. Der Mönch berichtete von Gerechtigkeit, der Suche nach der Wahrheit, dem Glauben und der Unendlichkeit des Seins.

Gespannt und voller Neugier lauschte der Novize den Worten. Unterbrochen wurde diese Zweisamkeit durch den Ruf einer weiblichen Stimme nach Hilfe. Rasch fanden der Mönch und der Novize die Frau. Sie stand vor einem breiten Bach und bat darum, dass einer der Beiden sie über das Gewässer tragen möge.

Wortlos nahm der Mönch die Frau auf seine Arme, trug Sie über den Bach und setzte sie auf der anderen Seite wortlos ab. Sie bedankte sich und ging weiter. Mit einem Vorwurf in der Stimme sagte der Novize „Was hast Du getan? Ich denke für dürfen keine Frauen berühren" Mit ruhiger Stimme antwortete der Mönch „ mein junger Freund, lieber etwas hilfreiches, unerlaubtes tun, als lebenslang die Schuld zu tragen einem Mitmenschen die Hilfe verweigert zu haben.

Einstromtor 9

„Alle Tiere wissen es, nur der Mensch nicht, dass das höchste Lebensziel Freude ist." (Samuel Butler)

---

mit dem Herzen wahrnehmen lernen, hellsehen, hellfühlen, hellhören, innere Werte Schulung, (Alltags-)Weisheit, bedingungslose Liebe, Diplomatie- und Taktgespür, innere Stimme als Ratgeber, Herzensbildung, alle Sinne inner– und äußerlich dauerhaft „schulen", Kultur und Bildung forcieren, Philosophie als Lebensinhalt, Statusempfinden, ungelebte Klugheit, Täter-Opfer Konstellation, Autoritätszugang, Suche nach Neuausrichtungen, Gefahrenauseinandersetzung

---

III.9.1 Focus: Lebensklugheit
Weggestaltung

Wählen Sie eine ihrer Energy Selfie® Aufgaben – nehmen Sie die Nummer des Einstromtores und die Einstromziffer, z.B. Einstromtor 3 mit dem Einstrom 8 – die Differenz zwischen Einstrom und statischen Tor beträgt 5. Schauen Sie was Ihnen das Einstromtor zu bieten hat. Formulieren Sie in einem Satz die Toraussage. Welche Weisheit können Sie für aus ihren Fundstücken ziehen?

Affirmative Zitate

Achten Sie gezielt auf positive Zitate oder Leitsprüche in ihrem Alltag. Vielleicht flutscht Ihnen unbedacht in Gesprächen etwas heraus, z.B. „die Hoffnung stirbt zuletzt". Unter Umständen begegnet Ihnen aber auch ein netter Text in einer Zeitschrift, auf einem Plakat, einem Kalender oder… oder…Notieren Sie neben den Weisheiten auch ihre Gedanken dazu.

Innere Stimme auf on

Wie wunderbar, wenn Sie ihre innere Stimme, gleichgültig in welcher Form, wahrnehmen. Freuen Sie sich darüber und hüten Sie sich davor ihr Kleinod in Frage zu stellen, mit Ängsten auszuschalten oder im Gedankenkarusell zu zerdenken. Nehmen Sie die wichtigen Äußerungen an und setzen Sie die maßgeblichen Infos für sich ein. Es müssen nicht immer weltbewegende Dinge sein, sondern manche Botschaft erleichtert Ihnen einfach eine Alltagsangelegenheit.

Und tschüs

Etwas „los zu lassen" ist ein Akt der Entscheidung – während das Aufgeben in der Regel Resignation impliziert. Meist setzt das Aufgeben ein, wenn die Kraft zur Entscheidung darin verpufft ist, etwas aufrecht zu erhalten, was schon lange auf der Abschussliste stand. Doch Sie haben es nicht losgelassen, weil Sie es aus einem inneren Drang des „ich muss das doch schaffen" wider ihrer inneren Stimme durchgezogen haben. Wann waren Sie das letzte mal "unhörsam"?

Gehörjustierung

Jeder von uns besitzt seine eigene, innere Stimme, der er mehr oder weniger Gehör schenkt.

In Form von Intuition meldet sich das Unbewusste zumeist mit einschießenden Gedanken. Da die innere Stimme als Tugend eingestuft wird, kann Sie bei Übertreibung auch zur Untugend in Form von Laster bis hin zu pathologischen Erscheinungen breit machen. Dann geht es nicht mehr darum die innere Stimme zu hören, sondern ihr hörig zu sein. Als Gegenspieler zu der inneren Stimme gilt der Verstand. Ahnungen, das Gewissen, die inneren Gebote, der Instinkt, Spürsinn, siebter Sinn, Vorgefühle und das Gespür zählen u.a. zu der inneren Stimme. Einige Theorien beziehen auch die Teilpersönlichkeiten in diesen Bereich mit ein. Im Prinzip ist es ein rascher Helfer in und aus uns selbst, der eine Ratgeberfunktion einnimmt.

Einige psychologische Ansätze unterscheiden die innere Stimme des Unbewussten und die innere Stimme des Überbewussten (Schöpferstimme). Gleichgültig wer der Absender ist, die innere Stimme möchte beachtet werden und mag auch Förderung. Somit sind kurze Affirmationen eine gute Möglichkeit der inneren Stimme Stärke und Gehör zu vermitteln. Eine mögliche Affirmation ist „Jeden Tag werde ich stimmiger".

Mit unserer inneren Stimme können wir uns dem Kleinen Prinzen[85] nähern und lernen mit dem Herzen zu sehen. Alles mit dem Herzen Gesehene findet keine Beurteilung, da es uneigennützig entspringt.

Auch im Kleinen hilft die innere Stimme – sie wollen einen Überweisungsträger einwerfen, doch aus "irgend einen Grund" überblicken Sie noch einmal ihre Angaben – ups, da fehlt der zu überweisende Betrag. Danke liebe innere Stimme – gut aufgepasst.

Inneres Geschwätz stört Intuition

Kennen Sie den inneren Lärm, der immer wieder verhindert, dass Sie in ihrer Intuition schwelgen können. Beruhigen Sie das Geschwätz oder sprechen ein ganz klares „Stopp" für eine kurze Zeit aus. Als markantes Merkmal für das Gelingen ihrer Aktion, stellt sich neben der inneren Ruhe, aufkeimende Intuition / konstruktive Kreativität, ein.

III.9.2 Focus: Herzensansicht
Innenshow

Einsehen ist die Sicht nach innen. Die eigenen Motive und Handlungen werden hinterfragt, reflektiert, kritisiert bis das Ergebnis der eigenen Verirrung, klar wird. Ein weiser Umgang mit sich, Selbstvertrauen und Selbstliebe geben sich die Hand, um eine klare Introspektion zu betreiben. Das Einsehen einen Fehler gemacht zu haben und daraus zu lernen, ist eine hohe Charakterstärke. Eigentlich wird ein Fehler erst dann zu einem Fehler, wenn dieses Verhalten

---

85 Der kleine Prinz – Erzählung von A.de Saint Exupéry

mehrfach gezeigt wird. Bei einer hohen Einsichtsfähigkeit, wird es einem oft auch gewährt, hinter besondere Vorhänge sehen zu können. Vielleicht erblicken Sie Geheimnisse der Schöpfung, die Ihnen ein noch tieferes Verständnis in das kollektive und eigene Sein schenken. Versuchen Sie einfach einmal ziellos sich ihrem Inneren hinzugeben.

Tugend oder Untugend

Erinnern Sie sich daran, dass ein Zuviel oder ein Zuwenig von Etwas das seelisch-geistige – körperliche Gleichgewicht stört. So kann auch die Tugend der Selbsteinsicht zur Untugend - zur unkonstruktiven Selbstkritik, Borniertheit… werden.

Schauen Sie einmal wie weit ihre eigene Einsichtsfähigkeit kultiviert ist? Beobachten Sie über eine Woche ihre Reflexionsfähigkeit durch das "In sich selbst gehen" Wie häufig tun sie es und bei welchen Gelegenheiten?

Externe Einsichtstrigger

Jemand sagt Ihnen, dass Sie ein Fehlverhalten gezeigt haben. Was tun Sie? Wehren Sie dieses "aufmerksam machen" direkt ab, suchen Sie Entschuldigungen oder Schuldige? oder zeigen Sie echtes Einsehen, was Sie in der Folge auch berücksichtigen.

Lassen Sie ihre letzten Erlebnisse diesbezüglich Revue passieren.

III.9.3 Focus: Bunte Gefühle
Seh-Fühlkombi

„Farben sind das Lächeln der Natur" J. Hunt

Farben sind verschiedene Formen des weißen Lichts. Jedes Leben benötigt Licht. Ein Mangel an Farbe oder Licht verschafft dem psychosomatischen Gefüge Unbehagen und die Körperfunktionen antworten mit Entgleisungen. Was in der einen Richtung funktioniert, funktioniert auch in der anderen. So-

mit lassen sich Farben zur Erhaltung oder Wiederfindung des energetischen Gleichgewichts in Körper Geist und Seele als Heilungsmethode einsetzen. Wie stark der Einfluss von Farben auf unser psychophysisches Befinden ist, haben zahlreiche Versuche mit blinden und erblindeten Menschen gezeigt. Besonders beeindruckend waren die vegetativen Veränderungen durch Farbbestrahlung oder Farbkontakt.

Koloritwirkung

In der Regel gehen von der Netzhaut des Auges vegetative Fasersysteme direkt in das Zwischenhirn (Hypothalamussystem) und löst dort neurovegetative und hormonelle Steuerungen aus. Ein bekannter Versuch schildert die Dinner-Situation bei der Einladung eines Industriellen. Die geladenen Gäste sitzen in fröhlicher Runde und bewundern das vorzüglich angerichtete Essen, welches mit seinen vorzüglichen Düften den Geschmacksnerv eines Jeden kitzelt. Nachdem die illustere Gesellschaft mit dem Mahl begonnen hatte, schaltete der Gastgeber rotes Licht ein.

Den Essern bot sich ein Bild von frisch aussehendem Fleisch, roten Kartoffeln und schwarzen Spinatnestern auf ihrem Teller. Nachdem die erste Verblüffung verflogen war, hült der Gastgeber alles in Blaulicht. Das Fleisch wirkt verwest, die Kartoffeln faulig und der Spinat wie schon einmal verdaut. Nach relativ kurzer Zeit verlassen einige Gäste aufgrund speiender Übelkeit die Tafel.

Der Gastgeber nutzt nun noch seine Gelblichtquelle, wodurch der Rotwein wie Altöl und die weiteren Gäste wie Tote erschienen. Alle wussten, dass die veränderte Lichtfarbe die Wahrnehmung verändert hat, aber nichts desto trotz konnte niemand mehr essen oder trinken, zeigte Symptome von Übelkeit, Magen-Darmirritationen, Ekel, Unwohlempfinden und Angst mit allen vegetativen Begleiterscheinungen. Bedarf es noch mehr Beweise wie hochgradig wirksam Farbe unser Befinden beeinflusst?

Goethe[86] schuf nach dem Harmoniegesetz der Töne eine Farbenlehre. Er leg-te rot, gelb und blau als Grundfarben fest, aus denen die weiteren Farben orange, grün und violett entstehen. Rot, orange und gelb sind seiner Regel nach warme Farben, während blau, grün und violett kalte Farben sind.

Energetischer Seelenanstrich

Die Wahrnehmung von Farben läuft vordergründig über unser Sehsystem. Es verarbeitet Sinnesreize, die durch Licht mit unterschiedlichen Wellenlängen auf unserer Netzhaut ausgelöst wird. Da Farben auch ein energetisches Spektrum besitzen, lassen sie sich auch fühlen.

Jeder Mensch besitzt sein ganz eigenes Farbempfinden, was sich daraus ergibt, dass jede Farbe eine spezielle Energie abgibt und es fraglich ist, wo der Mensch gerade seine energetische Fülle oder energetische Leere besitzt. Sie kennen es sicherlich von sich selbst. Für das wichtige Meeting morgen, legen Sie sich des Abends ihre wohl ausgewählte Kleidung, in Blautönen, heraus. Am anderen Tag merken Sie, dass Sie dieses Outfit gar nicht anziehen mögen, denn ihr heutiges Empfinden bedarf orange, um sich wohl zu fühlen. Die enge Verbindung zwischen dem Gefühl, der energetischen Grundlage und Farben ist schon lange bekannt, sodass sich eine Farbpsychologie entwickel-te. Ihr Gegenstandsgebiet reicht vom Marketing bis hin zu Farbtherapien. Die Macht der Farben erstreckt sich über Energiespender, Aufmerksamkeitshei-scher, Kaufanimateur, Ruhespender, Aufreger, Kultursymbol, Assoziationen… Zahlreiche Beispiele belegen, dass ungewöhnliche Farben natürliche somati-sche Reaktionen auslösen, z.B. grüne Sahne schlägt uns direkt auf den Appetit –unsere Vorstellungswelt ordnet nur die weiße Sahne als genießbar ein. Kul-turelle Aspekte werden durch Farben dokumentiert, z.B. Schwarz gilt in Deutschland als Trauerfarbe zu Beerdigungen während z.B. in Indien die Farbe bei Beisetzungen weiß ist. Zahllose Einflüsse, z.B. religiöse Einstellun-gen finden ihren Niederschlag in der Farbauswahl für Rituale.

---

86 Goethes Farbenlehre - Didaktischer Teil – Paragraphen 802-815

Insgesamt besitzt jede Farbe unzählige Nuancen, wodurch die Wirkspektren von-bis reichen.

Die Indikationen bei Störungen sind erweiterbar und beziehen sich auf die Farblichttherapie.[87] In geringem Maß sind auch Bekleidungsfarben wirksam.

Farbe	Thema	Positive Wirkung	Negative Wirkung
Grün (aus gelb / blau) "Auf keinen grünen Zweig kommen" - fördert Konzentration, hilft gegen Hypernervosität - Entspannung im Gesamtorganismus - Regeneration - Harmonisierung der Seele - reduziert Blutdruck - stillt Husten - Asthma - Besserung chronischer Entzündugen - Augenprobleme - Schwellungen	- Natur, Frühling, Wachstum, Fruchtbarkeit, Neuanfänge - reale Wunscherfüllung - vermittelnd und erbauend, erfrischend und ausgleichend - stabil, konstant - feste Werte und Grundsätze - Integrität - Ansehen, Geltung - eher zähes Temperament - vitalisierend - Augenwohl - nervenberuhigend	- Hoffnung - Zuversicht - Zufriedenheit mit sich - inneres Gleichgewicht - frohe Erwartung - Freiheit - Sicherheit - Leistungsfähigkeit - Willenskraft - Harmonie, Frieden	- Gift, Neid, Unruhe - starke Beharrlichkeit - hohes Durchhaltevermögen bei Durchsetzung von Geltungsbedürfnis, Macht – Unehrlichkeit - Vortäuschung von falschen Tatsachen - eigene Unzulänglichkeiten verdecken

87 Wird von Therapeuten/Ärzten/Heilpraktikern durchgeführt – führender Farbtherapeut in Deutschland Peter Mandel

Gelb			
"Nicht das Gelbe vom Ei"	- gibt Wärme	- Komunikationsfreude	- Lüge
- Trübsinn	- Aktivität	- antidepressiv	- Warnung
- Arbeitsunlust	- Kreativität	- Optimismus, Wärme, Vertrauen	- Habsucht
- Gemütsschwankungen	- Leuchtkraft	- Frohgemut, Sanftreiz	- Verrat
- Lern- Behalteschwierigkeiten	- Grundbedürfnis der Entfaltung und externer Hinwendung	- höchste Reinheit	- besitzergreifend
- Hirn- Denkmüdigkeit	- Glückserfüllung	- aufklärend, erheiternd	- Erwartungshaltung an andere
- geringes Durchhaltevermögen	- Geist anregend	- Weisheit	- Überschätzung
- Abwehrkräfte		- gutes Denkvermögen	- fehlender Bezug zu Relationen
- Hautunreinheiten		- freie, ungehinderte Entfaltung	- Konkurrenz
- Akne		- Erleuchtung, Erlösung	- Schein wahren
- Cellulitis		- fördert Auffassungsgabe	- missgünstige Gedanken
- Oberbauchorgane		- innere Wachheit	- Konventionen
- Nervensystem		- Dazulern- Bedürfnis	- gefangen in alten Sehnsüchten
- macht chronische Leiden akut		- Ungebundenheit	
		- Großzügigkeit	
		- Offenherzigkeit	

		- viele Interessen - Muskelentspannung - anregende Wirkung auf Nerven	
Orange (aus rot / gelb) - Depression - Energiemangel - Pessimismus - Trübsinn - Ängste - Unzufriedenheiten - Lymphsystem - Drüsen anregend - Müdigkeit - Nierenschwäche - Sklerosen - Allergien	- Lebensfreude, Heiterkeit, Optimismus - Lebensbejahung - Energie Transformation	- Geselligkeit - Problemlösung - Neugierde - Ehrgeiz, Mut, Stärke - extrovertiert - eigenmächtig - prunkvoll - Lebhaftigkeit - Herzlichkeit - verfeinerte Sinnlichkeit - Sehnsüchte - gegen Depression und Appetitlosigkeit - Wärme, Wonne, höhere Glut	- Abhängigkeit - Verletzlichkeit - Perfektion - Missverständlichkeiten - Minderwertigkeit
Rot "Den roten Faden finden" - anregend, imponie-	- Leben, Kraft, Dynamik, Aktivität	- Liebe, Leidenschaft - Herzensfarbe	- Aggression - Krieg - Verbote,

331

rend, dominant
- Schwächezustände
- mangelnde Durch-
  blutung
- Appetitlosigkeit
- Anämie
- niedriger Bludruck
- Stoffwechselblock-
  aden
- Muskelschwäche
- einschlafen der
  Hände, Finger,
  Füße
	- Verlangen,
	  Begehren,
	  Sinne erregend,
	  stimulierend,
	  aufreizend
	- Selbstwert
	- Selbstvertrauen
	- appetitanrgend
	- steigert Vitali-
	  tät
		- Aufmerksam
		  keit
		- Herrschaft
		- Ernst, Würde,
		  Anmut
		- Sexualität
			Alarm, Zorn,
			- Rebellion,
			  Aufruhr, Um-
			  wälzung,
			- Beachtungs-
			  und Anerken-
			  ungsheischend
			- imponieren /
			  dominieren
			  wollen

Violett
(aus rot/blau)
- führt in meditative
  Zustände
- begleitet ins höhere
  Bewusstsein
- Erregungszustände
- Milz
- Lymphe
- Migräne
	- Magie, Zauber
	- gemütsbelas-
	  tend
	- Verwandlung
	- Überschreitung
	- hinübergleiten
	- Inspiration
	- vereinigt
	  Materie und
	  Geist
	- Umwandlungs-
	  prozesse
	- Leid
	- Verzicht
	- Abkehr von
	  Genüssen
	- sensibel
	- ungewöhnliche
		- Souveränität
		- Religion
		- Konzentration
		- Nostalgie
		- Phantasie
		- Nächstenliebe
		- Opferbereit-
		  schaft
		- erdulden, er-
		  leiden als not-
		  wendige Prü-
		  fung
			- anders sein
			  wollen als an-
			  dere
			- Luxus, Ehrgeiz
			- Eitelkeit
			- Stimmungs-
			  schwankungen
			- verstrickt in
			  erotische Sehn-
			  süchte

	Individualisten - Sonderlinge - Bevorzugung von Außerge-wöhnlichem		
Blau "Jemanden das Blaue vom Himmel versprechen" - Unruhe - Ängste - stärkt Lebenskraft - Schilddrüsenüber-funktion - Schlaflosigkeit - Harmonisierung im Klimakterium - Entzündungen mit Eiter - Nacken-Schulter-schmerz - Nebenhöhlen - Schnupfen - Kopfschmerzen - Kieferentzündung - Blutdrucksenkung	- Tiefe - grenzenlose Weite - Entspannung - Ausgewogen heit -Frieden, besänftigend, aufnahmebereit - öffnet Geist für Intuition - Sehnsucht, Hingabe, Glau-ben, gutmütige Idealisten - verträumt - Selbstlosigkeit - anpassungsfä-hig - friedfertig - Gelassenheit - Pflichterfül-lung	- Wahrheit, Be-ständigkeit - Ruhe - Seriosität - Kühle - Harmonie - Treue, sympathisch - vornehm - elegant - Geborgenheit - gegen Schlaf-störungen und Nervosität	- kühl, distan-ziert - konservativ - streng traditio-nell - erfolgsbewuss-ter Vernunfts-mensch - gute Eigen-kontrolle - Überforderung
Braun (rot, grün, schwarz)	- Mutter Erde - Zurückhaltung	- Geborgenheit - Gemütlichkeit	- unerotisch - dumm

	- Sicherheit	- Bequemlich- keit - Bodenständig- keit	- fad - altmodisch - langweilig - Faulheit - Schmutz
Schwarz (nicht wirklich eine Farbe, sondern opti-scher Effekt) "Schwarz sehen"	- Trauer, Tod - schwere Ge- walt - unendliche Lichtlosigkeit - Verlassenheit - Unabänderlich- keit	- streng - denkwürdige Anlässe - Abwendung von Vitalem	- Unheimliches - bedrohlich - Pech - geheimnisvoll - Unnahbarkeit - Ablehnung - Hass - Grausamkeit - Angst - Bedürfnisun- terdrückung - Aufmerksam- keit durch ein- drucksvolle Darstellung - Hang zur Dramatik - nach außen abschließen
Weiß "Eine weiße Weste haben"	- Unschuld - Klarheit - Erhabenheit - Auflösung al- les Grobstoff-	- Reinheit - Unberührtheit - Licht - Vollkommen- heit	- steril - neutral - alles überblen- den - Perfektionis

	lichen
	- Zustand der
	  Entmateriali-
	  sierung
		- Wahrheit
		- Klarheit
		- Verlässlichkeit
		- wahrheitslie-
		  bend
		- ordentlich
		- gute Planung
		- innere Klärung
		- Sauberkeit
		- Perfektion
		- makellos
		- abstrakte Ideen
			mus
			- kühl, reser-
			  viert,
			- unnahbar
			- zielstrebig
			- erfolgsbewusst
			- Wert auf Ruf
			  legen
			- ausgeprägter
			  Instinkt für
			  Vorteile
			- geistige Ziel-
			  losigkeit
			- Kapitulation
			- Schuldgefühle
			- Phobien
			- Blendereffekt
			- Selbstverach-
			  tung

Grau
"Sich graue Haare
  wachsen lassen"
	- Neutralität
	- Vorsicht
	- Kompromiß-
	  bereitschaft
		- Alter
		- Bescheidenheit
		- Zurückhaltung
		- Unauffälligkeit
		- Seriösität
		- Anpassungs-
		  fähigkeit
		- vornehme
		  Distanz
			- veraltet
			- nüchtern
			- langweilig
			- Einsamkeit
			- Ernüchterung
			- Sorgen
			- nicht Farbe
			  bekennen
			- graue Eminenz
			- Lebensangst
			- Verdrängung
			- Einschränkun-

			gen
			- Unsicherheit
			- Not
			- Zwang
			- Bedrängnis
			- raubt die Sicht
			- vernebelt das Ziel
			- Leben in Grauzone
			- graue Theorie
			- Rückzug von Aktivitäten

Die Eingennutzung der Farbenenergie ist nicht vergleichbar mit einer Farbtherapie, spezifischen Farbspenden, die sich über Farbbrillen, bzw. Auflagen von Farbplättchen ergeben. Doch auch mit der Wahl der Kleidungsfarben lassen sich kleine Impulse setzen. Sie können es selbst probieren. Sie haben z.B. einen grauen Tag, dann wählen Sie sich z.B. ein leuchtend rotes (orange, grün, gelb) Oberteil aus und tragen dies. Sollten Sie ein solches nicht besitzen, können Sie sich auch einen Schal oder Stück Stoff auf den Solarplexus legen. Die Wahl der Farbe richtet sich danach, was Ihnen zu diesem Zeitpunkt fehlt. Des Weiteren beachten Sie bitte, dass z.B. grün ist nicht gleich grün ist. Gelb und blau ergeben grün, jedoch das Mischverhältnis entscheidet in welcher Nuance. Auch darauf können Sie achten, ob es eher ein heller, komplett gesättigter, dunkler…Farbton ist. Probieren Sie es aus und werden Sie zu ihrem eigenen Farbberater.

III.9.4 Focus: Sinnespool
Sinn-volles Erleben

Unsere Sinneswahrnehmung erfolgen über afferente Nerven (Input), Motorik über efferente Nerven (output), sowie autonome / vegetative Nerven als wenig beeinflussbare Betriebsprogramme. Der Input läuft über die Wahrnehmungs-organe, wobei das sinn(e)-volle Erleben über möglichst viele Sinnesorgane laufen sollte.

V = visuell
A = auditiv
O = olfaktorisch
VS = vestibular
G = gustatorisch
KS = kinästhetisch

Die motorischen Aspekte könnten kontextspezifisch nach ihrem Einsatz unter-teilt werden. Es bieten sich die Bereiche Interaktionen mit Lebewesen, Orien-tierung und Bewegung in vierdimensionalen Räumen und die Bearbeitung von Objekten an.

Alle drei Nervenkreisläufe finden in Metaphern ihre Berücksichtigung. So erklärt man sich auch die ausgesprochen hohe Effektivität in / für die kogniti-ve Entwicklung aus den "sprachlichen Bildern". Zur Verdeutlichung ein Bei-spiel.

Der Begriff „Glück" wird von jedem Menschen individuell sinn(e)voll wahr-genommen und sinnbezogen verbal ausgedrückt.

V: Mein Glück leuchtet hell und klar in allen möglichen Grüntönen.

A: Glück klingt für mich melodisch in feinen, tiefen Tönen.

K: Glücksschauer ziehen komplett durch mich hindurch und füllen mich an.

O: Meine Atemluft riecht glücksgeschwängert.

G: Glücksgeschmack liegt mir auf der Zunge und erfüllt mich.

VS: Mein Glück bringt mich zum schwanken.

Efferente Anteile am Ort des Glücks:

z.B. das Glück erreichen, in das Glück einfahren

Glück als Objekt:

z.B. meines Glückes Schmied sein

Glück als Person mit Interaktion:

z.B. das Glück lacht mich an, Glück kommt auf mich zu

aus dem autom-vegetativen Anteil:

z.B. Glück fressen, Scheissglück haben, Glücksdurst spüren

Nun metaphorisieren Sie ihren Begriff, der einen Anteil ihrer Aufgabe umfasst. Vielleicht möchten Sie mit all den Begrifflichkeiten eine Metapher in Form einer Parabel, Fabel, o.ä. zu kreieren.

Repräsentation der Wahrnehmung

Jeder Mensch besitzt alle Sinnessysteme, wählt sich aber im Verlauf seiner Entwicklung eines als favorisiert aus. Die Nutzung des bevorzugten Repräsentationssystems kostet wenig Energie, ist in Fleisch und Blut über gegangen und verhindert oftmals die intensive Auseinandersetzung / Schulung der weniger genutzten Sinnessysteme. Die verbalen Hinweise stellen nur einen Teil zur Erkennung des meist genutzten Systems der „Sinnlichkeit" dar.

Visuell	Kinästhetisch	Auditiv	Olfaktorisch	Gustatorisch	Vestibular	Meta
sehen	fühlen	hören	duftend	köstlich	sich wiegen	denken
schauen	ergreifen	lauschen	riechen	sauer	schwindelig	lernen
betrachten	heiß	klingen	stinken	süß	Boden verlieren	wahrnehmen
erblicken	scharf	schrill	modrig	salzig	mitschwingen	erinnern

klar	weich	laut	blüten-voll	bitter	schwan-ken	wissen
dunkel	eisig	tönen	aroma-tisch	scharf	Dysbalan-ce	erfah-ren
scheinen	traurig	melo-disch	ranzig (G)	fruchtig (O)	Balance	be-wusst
funkeln	freudig	einstim-men (K)	beißend (K)	herzhaft	Gleichge-wicht	Idee
verzer-ren	schlapp	Geräusch	Duft	Ge-schmack	dreht sich	glauben
Fern-sicht	Gefühl	Einklang	Geruch	nussig	unsicherer Boden	kennen
Aus-blick	Bewe-gung	Miss-klang	lieblich	beißend (O)	Höhe	Kon-zept
Horizont	erleben	Stille	blumig	ge-schmack-los (K)	eiern	planen
usw.	usw.	usw.	usw.	usw.	usw.	usw.

Die Liste ist beliebig erweiterbar.

Achten Sie darauf welche Begriffe Ihnen nur so aus der Feder schießen und bei welchem Repräsentationssystem Sie aufwendig nach Worten ringen müssen.

Sprachkünstler

Versuchen Sie in ihrem bevorzugten Sinnessystem Gefühle offen, bzw. verdeckt auszudrücken. Selbstverständlich können Sie auch alle Repräsentationssysteme einmal für sich durchspielen und sicherlich eine Menge Erfahrungen dabei machen.

Offene Ausdrücke für folgende Gefühle	Offene Redewendungen für folgende Gefühle
Freude:	Freude:
1. z.B. Jubel	z.B. mein Herz hopst
2.	
3.	
4.	
5.	
Trauer:	Trauer:
1.	
2.	
3.	
4.	
5.	
Liebe:	Liebe:
1.	
2. – 5.	
Hass:	Hass:
1.-5-	
Angst:	Angst:
1.-5.	
Wut:	Wut:
1.-5.	

Legen Sie eine zweite Liste an, in der Sie ihre verdeckten Ausdrücke der Gefühle vermerken.

Verdeckte Ausdrücke für folgende Gefühle	Verdeckte Redewendungen für folgende Gefühle
Freude:	Freude:
1.	
2. usw.	

Abschließend können Sie die beiden Listen miteinander vergleichen und selbstverständlich auch in ihrem Alltag ausprobieren.

Visualisierungen zu diesem Thema

1.Schliessen Sie ihre Augen – stellen Sie sich eine Situation vor, in der Sie Freude erlebt haben.

2.Sehen und betrachten Sie sich selbst – achten Sie auf ihre Gestik, Mimik und Körperhaltung.
Pause

3.Lauschen Sie ihrer Stimme – hören Sie sich sprechen – achten Sie auf die Lautstärke, die Stimmlage und Modulation.
Pause

4.Spüren Sie ihren Körper und fühlen Sie die Freude in sich, empfinden Sie ihren Körper und achten darauf, in welcher Körperpartie die Freude sich besonders breit macht.
Pause

5.Aus diesem freudigen Empfinden heraus, handeln Sie – tun Sie was Ihnen in den Sinn kommt – Was genau könnten Sie veranstalten, um ihrer Freude Ausdruck zu verleihen?
Pause

6.Nun öffnen Sie ihre Augen – recken Sie sich und wenn Sie wieder ganz im Hier und Jetzt sind, schildern Sie das innerlich Gesehene und Gehörte (oder schreiben Sie es auf)

Gefühlsstrudel

Bereiten Sie einzelne Fragekärtchen mit den Aspekten der einzelnen Tore vor, z.B. Einstromtor 4 " Wie genau setzen Sie dieses Gefühl für ihren Selbstausdruck ein?" oder Einstromtor 7 „Stellen Sie sich vor Sie stehen auf einem weitem Feld – es beginnt zu stürmen und ein kräftiges Gewitter setzt ein. Wie setzen Sie dieses Gefühl ein?"… Zudem teilen Sie eine bestimmte Würfelpunktzahl jeweils einem Grundgefühl zu. Ziehen Sie ein Kärtchen und beantworten Sie die Frage mit dem gewürfelten Gefühl.

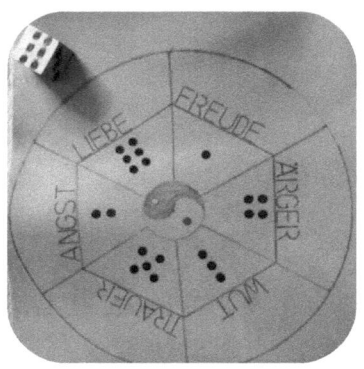

Gut bei Sinnen

Eine machtvolle Energie in unserem Leben ist die sinnbezogene Wahrnehmung. Sie vermittelt uns die eigene innere Welt und das gesamte Aussen. Töne, Berührungen, Düfte, Bilder, Geschmack und inneres Gleichgewicht schaffen verbindende Energien. Mit offenen Sinneskanälen erschließen wir uns die Weisheiten im Innen und Außen und nähren unsere Intuition. Leider bleibt die Sinnlichkeit in unserem schnelllebigen Alltag häufig auf der Strecke. Sind es wirklich die heilsversprechenden Körperkultlehren, verpackt in Kurse, die uns der eigenen Wahrnehmung näher bringen können? Oder besitzen wir andere Möglichkeiten die Natürlichkeit der sinnlichen Erfahrungen für uns zurück zu erobern? Vielleicht vergegenwärtigen Sie sich einmal, wieviel Richtungen es gibt ihre Sinne einzusetzen. Klar – es sind 2 Wege - der nach innen und der nach außen orientierte. Multiplizieren wir das einmal mit 6 Sinnesbereichen, so gelangen wir zu 12 stolzen Möglichkeiten, die permanent für uns verfügbar sind. Betrachten wir alle sinnlichen Koppelungen, so gelangen wir in einen unzählbaren Bereich der Wahrnehmungschancen. Glauben Sie dies nicht einfach, sondern probieren Sie es.

Herzensbildung

Geöffnete Sinne lassen das Schöne und Anregende erfahren. Warum dann an der eigentlichen Sinnlichkeit vorbei laufen? Es wäre wünschenswert, dass diese Erkenntnis der Beginn einer neuen Sichtweise wieder in die Natürlichkeit der sinnlichen Erfahrung zurückführt. So gelangen wir wieder in eine Harmonie mit der gesamten Schöpfung. Den Weg, den unsere Seele einschlagen möchte, kennt nur unser größtes Sinnes- Sinnlichkeitsorgan: das Herz. Lassen Sie es schauen und sprechen.

Beispiel: Herr F. 36 J. u.a. Aufgaben-Einstrom 2,2 auf 9, Aufgabe 5 auf Einstromtor 2, Aufgabe 9 auf Einstromtor 6

"Während meiner Depression stachelt mein Herz alles weg. Es lebt nur noch Innen." Herr F. gestaltete sein Empfinden.

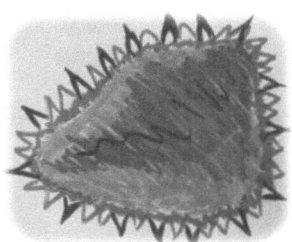

Was berichtet Ihnen ihr Herz?

Freie Assoziation

Wählen Sie einen zentralen Begriff aus einer ihrem Energy Selfie® Aufgaben. Bitten Sie eine Person darum, den von Ihnen begonnen Satz zu vollenden[88] z.B.

Sie: Selbstverantwortung ist wie

Klient: ein Koffer

Sie: ein Koffer ist wie

Klient: eine schwere Last

usw.

Am Ende reflektieren Sie den Begriff mit all den Vergleichen.

---

[88] Sollte niemand zur Verfügung stehen, können Sie ihren ersten Impuls erfassen. Mit einer zweiten Person ist diese Aufgabe allerdings erheblich effektiver zu gestalten.

Seelenschmeichler

Was benötigt ihre Seele gerade? Einen Seelentröster? Einen Seelenfreund? Einen Sonnenbringer? Einen Seelenöffner?...

Versuchen Sie die Qualitäten ihres Seelenschmeichlers zu ergründen. Im Folgeschritt produzieren Sie Ideen, wie Sie diesen Seelenschmeichler materialisieren können.

Name des Seelenschmeichlers	Qualitäten	Materialisierung
Wohli	zarte, glatte Oberfläche, warm, max. 5cm groß, naturfarben, ohne Ecken und Kanten…	Holzstück

Metapher 89

Ingrid 48 J – Haushälterin im Pfarrhaushalt

Ingrid ist in die Welt gekommen, aber hat das Gefühl nicht zu ihr zu gehören. Seitens ihrer Kindheit lebt sie unter der Bannbotschaft „Sei nicht" und „du musst ewig dankbar sein". Während unserer Energy Selfie® Arbeit entwickelte sich die Hausaufgabe eine Metapher, bei freier Auswahl des Übertragungsobjektes.

---

89 Metapher = sprachlicher Ausdruck, bei dem ein Wort (eine Wortgruppe) aus seinem Bedeutungszusammenhang in einen anderen übertragen, als Bild verwendet wird (z. B. der kreative Kopf des Projekts)

Der Sektkorken

Der Korken einer geöffneten Sektflasche lag neben der Kerze in der Mitte unserer Runde und störte so das Empfinden für Ordnung. Ein Sektkorken der nicht mehr gebraucht wird, weil er ja nicht mehr auf die Flasche passt, sollte in den Abfall und nicht in die Mitte auf das wunderschöne Tuch. Doch was symbolisiert er? Was ist der Korken in meinem Leben und welche Funktion hat er? Beim ersten Nachdenken bin ich der Meinung, dass ich keinen Korken in meinem Leben sehen kann. Ich bin zwar auf der Suche und auf dem Weg, aber einen Korken kann ich nicht erkennen. Doch plötzlich fällt es mir wie Schuppen von den Augen. Den Korken habe ich auf die Flasche meines Lebens gesteckt. Erhält alles ab, was mich sein lässt. Er ist die Angst!!!

Angst vor
- den schmerzlichen Erinnerungen
- den Enttäuschungen
- meinen Gefühlen der Verlassenheit und Einsamkeit
- meinen Tränen
- meiner Wut
- meinen Bedürfnissen nach Liebe, Anerkennung und Zuwendung
- Ablehnung und Ausgeschlossensein
- ……..
  Ich bin und habe mich eingesperrt. Die Flasche bietet Schutz, doch gleichzeitig gärt es. Der Korken sitzt fest. Ich selbst kann mich nicht befreien. Ich brauche einen anderen, der liebevoll mit mir umgeht, dem ich vertrauen kann, dass er behutsam den Korken löst, damit nicht explodiert und kein Schaden entsteht.

Da ist einer, der sagt:

"Ich habe dich ins Leben gerufen. Du bist frei. Ich kenne deine Angst. Du darfst mit vertrauen, denn ich schenke die ein Leben in Fülle".

Ganz langsam begreife ich, was das für mich bedeutet. Es braucht Zeit bis ich reif bin auf diese Zusage hin loszulassen. Der Korken ist dann das Symbol für meine Befreiung. Das Leben darf fließen. Ich muss es nicht ängstlich zurückhalten." Alles darf Sein"

(Wenn Sie auf die Wortwahl achten, werden Sie feststellen, dass die Problemschilderung primär aus dem visuellen System geschildert wurde, die Lösung hingegen im kinästhetischen).

III.9.5 Focus: Bedingungslose Liebe
Selfie Telefonat

Wenn Sie sich im dauerhaften Getümmel der Ablenkungen verlieren, nehmen Sie sich Zeit und Ruhe für ein Telefonat mit sich selbst. Begrüßen Sie sich und fragen sich, wie es Ihnen geht? Dies ist keine Floskel und deshalb antworten Sie sich ehrlich, ohne Hetze und im Detail. Sie dürfen bei sich auch ruhig nachfragen, z.B. wie kam es zu diesem und jenem? Ihre Antworten müssen nicht druckreif sein. Wenn das Gespräch für Sie beendet ist, bedanken Sie sich für das aufschlussreiche Gespräch.

Falls Sie Lust haben, machen Sie sich nach der Unterhaltung Gesprächsnotizen und vielleicht auch einen Folgetermin.

Das Geheimnis der Götter[90]

Lesen Sie bitte die folgenden Zeilen. Bevor Sie im Text weiter voran schreiten, beantworten Sie die in Kursivschrift eingefügte Frage.

Vor langer Zeit überlegten die Götter, wo sie das Geheimnis von Frieden und Freude verstecken sollten. Sie wollten nicht, dass die Menschen es fänden, bevor sie bereit wären, es auch zu schätzen.

---

90 aus Homöopathie Seminar A.- Dortmund 2019 - Wegener

Was glauben Sie, was die Menschen erst noch lernen sollten?

Einer der Götter sagte:" Lasst es uns auf dem höchsten Berg verstecken." Ein anderer entgegnete: „Nein, dort würde es zu leicht und zu schnell gefunden." Ein weiterer Gott schlug vor, das Geheimnis im dichtesten Wald zu verstecken. Aber auch dieser Ort wurde aus dem selben Grund wie zuvor, abgelehnt.

Haben Sie eine bessere Idee für ein Versteck?

Nach vielen weiteren Vorschlägen und ebenso vielen Ablehnungen der Götterschar, ergriff der weiseste Gott das Wort:" Wir werden es im menschlichen Herzen verstecken, das wird der letzte Platz sein, an dem sie suchen werden." Alle Götter stimmten zu und so geschah es.

Und wahrlich der letzte Ort, an dem wir nach Frieden und Freude suchen, ist in uns selbst.

Schreiben Sie ihre Gedanken zu dieser Geschichte auf und ersinnen Sie ihren Weg um diesen Schatz in sich zu finden, zu hüten, zu leben, so wie das Versteck anderen Menschen zu verraten.

III.9.6 Focus: Weisheit
Lebensklugheit

Global betrachtet handelt es sich bei der Weisheit um ein tiefgehendes Verstehen von Zusammenhängen. Doch wie bei vielen Begriffen definiert sich die Wortaussage aus der Betrachtersicht, z.B. Philosophie, Theologie =weibl. Seite Gottes, Ethnologie, Märchen- und Mythenforschung =z.B. Archetypus der weisen Frau / des weisen Mannes, Göttinnen …

Ein paar Überschneidungen bietet das Verständnis zur Weisheit, da man geistige Beweglichkeit und Unabhängigkeit als generelle Kriterien ansieht. Diese befähigen den Menschen etwas (weises)zu denken, (weises) zu sagen und (weises) zu tun, was sich nachhaltig als sinn(e)voll erweist. Es bedarf immer wieder neuer Erfahrungen, um sich weiter zu entwickeln und seinen weisen Kern zu schüren.

Früher galten alte Menschen als weise, Lebenserfahrungen gepaart mit innerer Lebensklugheit, dienten dem stetigen eigenen inneren Wachstum und der Weiterentwicklung. Gleichzeitig wurde dieses Wissen aus Lebenserfahrung zum Erbe für die Folgegenerationen. Ein großer Vorteil aus dieser Weitergabe der Weisheit ist der Effekt, dass mit dem entsprechenden Handeln bei der Meisterung von Herausforderungen hilfreich ist.

Dieter Langes, (Wirtschaftswissenschaftler und Psychologe), verbindet östliche Weisheit mit wesentlichem Wissen. Für ihn stellt die innere Haltung das wesentliche Element zur Weisheitsentwicklung dar. Eines seiner Hauptthemen ist die Verantwortungsübernahme.

Widmen wir uns der Alltagsweisheit. Doch zuvor setzen Sie sich mit ihrer Verantwortungsübernahme auseinander. Welches Energiepotential weist ihr Energy Selfie® für diesen Sektor auf? Wie leben Sie diese Kraft?

Seinslehren

Jeder benötigt Lebensweisheiten, um neue Einsichten oder Anregungen zu erfahren. Welche Lebensweisheiten sind ihr Begleiter?

Was besagt diese für Sie und wie werden Sie ein Nutzen daraus ziehen?

Verändern sich durch ihre Erkenntnisse ihre ursprünglichen Verhaltensweisen? Haben Sie ihr Sozialverhalten / ihre Resonanzen auf soziales Verhalten verändert? Sind ihre Selbstreflektionen mit neuen Aspekten versetzt?

Ist ihre emotionale Stabilität / ihre Entscheidungsfreude / Spiritualität / Offenheit für Neues in eine Veränderung eingetreten?

Alltagsweisheiten

„Wahre Worte sind nicht immer schön. ...schöne Worte sind nicht immer wahr,, (Laotse)

1. Zwar kann man dem Leben nicht mehr Tage geben, allerdings den Tagen mehr Leben.
2. Weise sind nur die, die auch das Dunkel kennen.
3. Aus den Steinen, die dir in den Weg gelegt werden, kannst du etwas Schönes bauen.
4. Der Weise, der etwas anpackt, während die anderen noch reden, hat einen Vorsprung im Leben
5. Ein weiser Mensch macht das Heute zum schönsten Tag
6. Die Weisheit eines Menschen bemisst sich nach seiner Fähigkeit, Erfahrungen zu machen.

Wählen Sie eine Weisheit aus, mit der Sie direkt in Resonanz gehen. Sinnieren Sie darüber, was genau es für Sie bedeutet. Lassen Sie alle Assoziationen zu, denn das Bild der eigenen Erkenntnis setzt sich aus zahlreichen Einzelteilen zusammen.

Abonnement Weisheit

Jeder Mensch besitzt die Fähigkeit seine Weisheit zu leben, unabhängig vom Alter, allerdings abhängig von seinen Wollen. Erfahren Sie sich selbst mit Achtsamkeit und erleben Sie sich im Austausch mit der Welt.

Zur Förderung der individuellen Weisheit ist es eine Grundvoraussetzung die eigenen Stärken und Schwächen zu kennen. Gestehen Sie sich Fehler zu? Wäre echt gut!, denn es besitzt einen hohen Lerngewinn und stellt eine effektive Lektion im Erkenntnisprozess dar.

Jeder erkannte "Fehler" ist ein Lieferant wesentlicher Erkenntnisse und leitet neue Entwicklungsschritte ein. Zum Aufspüren eigener Schwächen ist unverblümte Ehrlichkeit erforderlich. Bitte wundern Sie sich nicht, wenn Sie ganz unerwartet auf Glaubenssätze stoßen. Der beste Indikator für Sie ist, wenn Sie bei einer Erkenntnis ins Schwanken geraten. Sie fühlen sich unsicher in ihrer Wahrnehmung, es schleicht sich ein Empfinden ein, was sich aufgepfropft anfühlt. Bleiben Sie am Ball. Durch ihre Hartnäckigkeit schält sich der wahre Kern heraus. Ihre Versuche wecken Ideen und helfen bei Umsetzung im Erwerb weiterer individueller Weisheit. Wie Sie wissen sind die Gedanken die erste Station von späteren Handlungen. Weises Verhalten ist das Resultat von weisen Denkprozessen.

Lebensklugheit auf Karten

Erstellen Sie eine persönliche Sprüchekartei, indem Sie auf jede Karte eine Weisheit notieren. Sie können das Repertoire in jeglicher Form erweitern, z.B. mit eigenen Lebensweisheiten, mit Sprüchen von Kalendern, aus Zeitungen. Mischen Sie die Karten, denken Sie an eine Aufgabe aus ihrem Energy Selfie®, ziehen Sie eine Karte und verbinden die Aussage mit ihrer Jobbewältigung.

Z.B. Herr D. ist bei der Besprechung des Energy Selfies® spontan mit seinem Doppeljob auf dem Energieeinströmpunkt 2 (Liebhaben statt Rechthaben) in Resonanz gegangen. Für ihn stellte diese Lebensaufgabe einen basalen Baustein dar. Sensibilisiert auf diese Thematik, erkannte er immer mehr Situationen in seinem Alltag, die mehr von Recht haben als vom Lieb haben geprägt waren. Die Vielzahl der Ereignisse erschreckte ihn, doch voller Motivation begegnete er jeder Herausforderung. Als er in einer Sitzung erstmalig folgende Karte zog „Wo ich etwas von anderen erwarte, blockiere ich mein eigenes Handeln", entfleuchte ihm „mir fällt es wie Schuppen von den Augen."
Einige Beispiele
z.B. „Engel sehen nicht die äußere Gestalt, sondern das Wesen der Dinge." (Einstromtor 9)
„Meine Rolle – deine Vorstellung" (Elazar Benyietz) (Einstromtor 5)
„Verliere nie den Mut! Es gibt so wenig ehrliche Finder" (Staf Loots) (Einstromtor 4)
„Sie dürfen nicht alles glauben, was Sie denken." (Heinz Ehrhardt 1909-1979) (Einstromtor 2)

Gehen Sie aufmerksam durch den Alltag und entdecken ihre Sinnsprüche und verbuchen ihren Erkenntnisgewinn.

Affirmationen

Unter Affirmationen versteht man eine bewusste Autosuggestion, deren Meister Emile Coué[91] war

Es ist immer sinnvoll die Affirmationen vom Klienten selbst entwickeln zu lassen. Um die Wirkeffektivität zu gewährleisten, ist es wichtig weder Negationen in der Formulierung zu nutzen, noch die Sätze im Konjunktiv zu formulieren. Vor allem sollen die Autosuggestionen in der Gegenwartsform, also wie ein bereits erreichtes Ereignis, ausgedrückt werden,

z.B. bei Sehproblemen – „Von Tag zu Tag sehe ich in jeder Hinsicht besser und besser" oder „Ich kenne meine Schwächen und Stärken und nehme sie bewertungsfrei an" oder „Mit Freude nutze ich all meine Talente und Fähigkeiten zur Bewältigung meiner Lebensaufgabe." …

Analoge Erläuterungen

Ersinnen Sie analoge Weisheiten zu einem Aufgabengebiet aus ihrem Energy Selfie®, z.B. Arme – Hände - meine Arme sind schwer wie Blei, meine Finger bewegen sich flink wie Spinnenbeine, Standfestigkeit – stark wie eine Eiche, bedingungslos lieben – Herz spricht zu Herz…

---

[91] Émile Coué 26. 2. 1857- 2. 7. 1926, französischer Apotheker, Autor, Begründer der modernen, bewussten Autosuggestion

Einstromtor 10

„Die reinste Form des Wahnsinns ist es, alles beim Alten zu lassen und gleichzeitig zu hoffen, dass sich etwas ändert." (Albert Einstein)

---

absolute Hingabe an den Moment, Versunkenheit und Konzentration, Dinge nicht nur erledigen - sondern vollenden, Erfolg spürbar machen, Ur-Informationen selbstverständlich nutzen, Reformergeist, Unabhängigkeit favorisieren, erneuernde Fähigkeiten, Flexibilität, Blick in die Vergangenheit nutzbringend einbeziehen, erfüllende Berufung erleben, Medialität als Geschenk, Urinformationen nutzen, Veränderungslust, trendlose Orientierung, eigene Biografie anerkennen

---

III.10.1 Focus: Hingabe
Verschmelzung

Generell stellen wir uns im Zustand der Hingabe vollständig zur Verfügung. Unsere Ich-Bezogenheit ist völlig aufgelöst und findet in einer neutralen Eigenwertung die Einbettung in ein größeres Ganzes. Energetisch zeigt sich an dieser Stelle die enge Verwandtschaft zwischen den Kräften aus dem Einstromtor 1 und dem Einstromtor 10. Gleichgültig wem oder was wir uns hingeben, der Prozess beruht immer auf dem Schöpfungsvertrauen. Die rückhaltlose, innere Beteiligung für einen höchst persönlichen Weg mit einem selbstgewählten Zweck ist die unbedingte Voraussetzung für die Hingabe. Wem oder was können Sie sich hingeben?

Hingabe an Mutter Erde

Über den Eintritt in die Energie des Einstromtors 1 sind wir der Erde ein Stück weit verpflichtet. Also geben wir uns nun dem tragenden Boden hin. Legen Sie sich einfach auf den Boden und lassen jegliche Anspannung los.

Vertrauen Sie sich Mutter Erde an und spüren das Gefühl getragen zu sein. Genießen Sie es wie ein Scanner durch ihren Körper zu fahren. Spüren Sie wie entspannt und mit wie viel Gewicht ihr Körper in seinen Einzelteilen geerdet ist. Gibt es Seitenunterschiede? Genießen Sie in der Hingabe gehalten zu werden. Lassen Sie sich Zeit und schwelgen Sie in diesem Vertrauen. Wenn Sie bereit für eine Veränderung ihrer Position sind, stellen Sie bitte ihre Füße auf die Erde. Erinnern Sie sich daran, dass die Füße und die Erde einen besonderen Austausch zwischen den + und – Energien erleben. Geben Sie sich diesem speziellen Empfinden hin. Vielleicht mögen Sie weitere Experimente mit ihrem Körper-Geist-Seele System wagen? Sie können ihre Handrücken einmal anders herum drehen, ein Bein in die Luft strecken, den Kopf leicht vom Boden heben, einen Arm vom Boden lösen oder… oder… Jede Veränderung bedeutet für Sie das Erleben einer Variante der Hingabe an Mutter Erde.

Bewegende Ergebenheit

Stellen Sie sich etwa hüftbreit auf den Boden – geben Sie sich der Erdkraft hin… Spüren Sie einfach einmal welche Teile ihres Körpers locker oder angespannt diese Position halten. Ist die Anspannung wirklich nötig? Lösen Sie unnötige Verkrampfungen und die tragende Bodenfläche. Wenn Sie sich „geerdet" haben, heben Sie einfach einmal ein Bein. Was verändert sich? Ruhen Sie in dem Gefühl der sicheren Bodenbindung. Spüren Sie die ausbalancierende Hingabe ihrer Fußfläche, es bedarf keiner krallenden Zehen, keiner Superanspannung im Standbein. In der Hetze des Alltags geht oft die Hingabe des Moments verloren. Bei dieser Übung zählt das Empfinden für den Weg und nicht das „sportliche" Ziel des perfekten Storchenstands.

Sie können unter dem gleichen Grundtenor die bewegende Hingabe, z.B. mit zweiaufgestellten Füssen, einem in die Luft gehobenen Arm ohne den Oberkörper zu verbiegen, die Handflächen /-rücken nach oben zu bewegen, praktizieren. Sie werden mit Erstaunen feststellen, dass bei dem Befolgen der Einladung des Moments an das eigene Geist-Seele-Körper-System nichts, aber auch gar nichts an ihrem Körper zu einer isolierten Bewegung neigt. Es ist das natürliche dauerhafte Bestreben hingabebereit die Energien 1 und 10 miteinander zu verbinden. Angesprochen wird überwiegend das sensorische Nervensystem, welches quantitativ erheblich mehr Zellpotential besitzt, als unser motorisches, dauerhaft (bewusst) im Einsatz befindliches Nervensystem. Unseren Alltag erleben wir zumeist mit einer „Muss-klappen – Zielabsicht" anstelle unserer Hingabefähigkeit, die erheblich leichter zum Ziel führt, z.B. ich möchte eine Tasse aus dem Schrank holen – oh, es muss rasch gehen, der Kopf schmiedet schon den nächsten notwendigen Auftrag …schwupps reagiert das motorische Nervensystem und leitet die zielgerichtete Bewegung unter Spannung ein. Parallel läuft, in der Regel unbemerkt, das sensorische System zur Vermittlung der Empfindungen dieses Bewegungsablaufs. Super, Selbstverstärkung vom Hetzeprocedere anstelle des Hingabeprogramms. Versuchen Sie einmal den Unterschied zu erfühlen.

Leidenschaftliche Hingabe
In welchem Bereich schlummern ihre Leidenschaften?, d.h. für was genau fließt ihr Herzensblut oder in welche ihrer Lebensbereiche geben Sie sich voll und ganz hinein? Zur Vervollkommnung des Seins sollte diese Leidenschaft in absoluter Hingabe gepflegt werden. Je schwieriger Ihnen der Genuss von Selbstzentrierung fällt, umso mehr schaffen Sie sich selbst induziertes Leiden. Wo setzen Sie eine derartige Fähigkeit ein?

Lange Weile
Nehmen Sie dieses Wort einmal in seinem wörtlichen Sinn. Lassen Sie die Zeit subjektiv länger werden und füllen Sie ihr Geschenk der Zeitverlängerung mit dem Leitsatz „nichts tun zu müssen, aber alles tun zu dürfen". Die lange Weile bietet Ihnen alles was Sie möchten.

III.10.2 Focus: Innere Sammlung
Konzentrationshigh
Halten Sie mit dem rechten Zeigefinger das linke Nasenloch zu – strecken Sie den linken Arm aus, heben das linke Bein geknickt nach hinten und stehen auf dem rechten Bein. Genießen Sie 3 Atemzüge in dieser Position und dann wechseln Sie bitte die Seite. Wiederholen Sie diese Atemform 3x und Sie

werden merken, wie sich ihre Konzentration wieder erhöht. Sie erleben sich in völliger Selbsthingabe.

Aufmerksamkeit im Focus

Die Voraussetzung für ihre Zielerreichung ist Konzentration und Struktur. Ständige Ablenkungen kosten Kraft ohne Ende, um wieder zum Eigentlichen zurück zu kehren. Wenn Sie wissen, dass ihre Konzentration nur eine bestimmte Zeit vorhält, ist es eine gute Alternative Etappenziele einzurichten. Wer oder was hat die größte Ablenkungschance bei Ihnen? Besitzen Sie eine Technik der Ablenkung zu entgehen? Notieren Sie ihr Resultat.

Versalien

Bei Versalien handelt es sich um Großbuchstaben aus dem Alphabet. Schreiben Sie bitte z.B. ihr Jahresmotto in Versalien, ohne Abstände zwischen den Buchstaben, auf. Betrachten Sie die Buchstabenzeile und achten darauf welche Worte Ihnen ins Auge hüpfen. Ungenutzte Buchstaben schreiben Sie bitte in Kleinbuchstaben.

z.B. Ein Freund ist ein Geschenk, das Du dir selbst gibst.

EINFREUNDISTEINGESCHENKDASDUDIRSELBSTGIBST

EINfre **UNDI**stei**NG**e**SCHENKDAS**dUdi**RSEL**bstg**IbST**

Ein…UNDING…SCHENK…DAS…URSEL…IST

EIn**FREU**ndi**STEIN**ge**SCHENKDA**s**DUDI**rsElBst**GIB**st

EI.FREU…STEIN..SCHENKDA.DUDI..E.B..GIB..

EIn**FREUND**i**STEI**n**GES**ch**ENKDAS**dUdi**RSEL**bstgib**ST**

EI.FREUND.STEI.GES..ENKDAS.U..RSEL……I.ST

EInf**REU**nd**ISTE**i**NGE**schenk**DASDU**di**RSEL**bs**T**gibst

EI..REU..ISTE.NGE……DASDU..RSEI..T…..

EINFre**UND**i**STEI**n**GE**s**CHE**n**K**d**A**sdudi**R**se**L**bstgibst

EINF..UND.STEI.GE.CHE.K.A…..R..L……..

e**INFREU**n**D**is**TEI**n**GESCHENK**d**AS**dudirr**SEL**bstg**I**b**ST**

.INFREU.D..TEI.GESCHENK.AS……SEL….I.ST

Geben Sie sich achtsam den Buchstaben hin und schöpfen aus ihrem Fundus der Wahrnehmung und Kreativität.

Achtsame Ergebenheit im Moment

Stellen Sie sich eine Eieruhr und gehen ihrer Tätigkeit wie gewohnt nach. So wie Sie den Klingelton der Uhr hören, halten Sie inne – besinnen Sie sich auf den Moment. Wie stehen Sie, was nehmen Sie in ihrem Körper wahr, was ist gerade um Sie herum los. Wenn Sie alles bewusst abgecheckt haben, wiederholen Sie das Procedere noch einmal. Spüren Sie wie die Momentwahrnehmung Abstand bringt und Sie energetischer wieder ans Werk gehen lässt.

III.10.3 Focus: Verzettelungen
Vollstopfer

Haben Sie ihr Leben mit tausenden von inputs bestückt, hecheln vielen Dingen hinterher, die Sie für wichtig erachten, glauben immer etwas verpasst zu haben…Ihre Leistung hat auf jeden Fall ein hohes Maß an Entropie geschaffen. Das Versäumnis des Aufräumens ist nach der Erkenntnis mit einigem Energieaufwand zu lösen. Es ist lohnenswert vor der Aktion nach materiellen und immateriellen Entsorgungsmanövern zu unterscheiden. Gleichsam ist es unentbehrlich zu schauen, ob alle inputs tatsächlich lebensnotwendig sind.

Blinder Aktionismus

Hektische Betriebsamkeit, innerer Zwang zur Betätigung, Übereifer, Panik usw. sind nur einige Ursachen, um den blinden Aktionismus in die freie Laufbahn zu schicken. Die Wahrnehmung vom eigentlichen Moment wird ausgeblendet und oft gestaltet der Erledigungsdrang sich ziellos.

Der Leitgedanke, besser irgendetwas tun als gar nichts, beruhigt nur kurzfristig und erweist sich meist als niederschmetternd – ebenso wie die privatlogische Weisheit „gut Ding braucht Eile". Aktivismus entspringt unserem Bedürfnis produktiv zu sein. Doch was für ein Produkt entsteht auf so einer Ausgangsbasis? Der blindwütige Tätigkeitsdrang verbraucht Energien und erschafft ein unerwünschtes Produkt: die Unzufriedenheit. Doch ist es nicht so, dass Untätigkeit mit Unwertigkeit gleichgesetzt wird. Wieder ein Fehlschuss im Denken. Gerade im achtsamen Nichtstun können kreative, produktive Gedanken sprießen. Ist es nicht oft der Spaziergang, der uns beflügelt oder ein mehrfaches tiefes Durchatmen, was aus der Ruhe Ideengut hervorquellen lässt? Prinzipiell lässt sich feststellen, dass der blinde Aktionismus zu ähnlichen Erfolgen führt, wie das Zählen von Locherplättchen.

Vielleicht mögen Sie bei der Feststellung, dass die Falle des Tuns um jeden Preis zugeschnappt hat, eine klare Überprüfung einleiten. Fragen Sie sich welchen Nutzen ihr Tun hatte, bzw. welches Ziel ihr Handeln verfolgt. Abschließend sollten Sie in den Raum stellen, was geschehen würde, wenn sie ihre Betätigungswut nicht ausleben würden. Besteht die Chance Probleme zu schaffen oder zu lösen?

To do or not to do liste

Zur Strukturierung unserer Aktionen empfiehlt sich immer wieder eine to do liste. Aber das kennen Sie sicherlich schon. Was aber ebenso hilfreich sein kann, ist eine not-to-do Liste. Diese soll alles beinhalten, was Sie vor sich kennen, um ein Ablenkungsmanöver von wirklich wichtigen Dingen zu starten, z.B. die unlustvolle Tätigkeit Belege für die Steuer einzuheften steht an, aber ach, jetzt ist das Wetter gerade richtig, um Fenster zu putzen. Also auf und den Fensterwischer schwingen. Ups, dann ist es auf einmal zu spät, um sich der Steuer zu widmen und das Päckchen des Unerledigten wird auf die Schultern gepackt. Die sauberen Fenster sind ein sichtbarer Erfolg, wobei die eigentliche Aufgabenpriorität mit wachsendem Druck aussteht. Kennen Sie etwas Vergleichbares?

Ergebnislos dauerbeschäftigt

Dauerhaft haben Sie etwas zu tun, aber was ist das Ergebnis? Fühlen Sie sich dabei eins mit sich oder benutzen Sie ihren Handlungsdrang, um vor sich selbst weg zu laufen? Wie wäre es, sich einer Aufgabe einmal ganz hin zu geben und das Ergebnis zu würdigen? Beschreiben Sie ihre Erfahrungen.

Sehnsucht

Kennen Sie die Sucht des sich Sehnens? Das starke Verlangen sich diesen Wunsch nach einer anderen Realität zu erfüllen? Nun gilt es die Möglichkeit der Einlösung zu betrachten.
Ist die Erfüllung möglich, so kann die Sehnsucht in Vorfreude übergehen. Im anderen Fall kann es kompliziert werden. Die Sehnsucht wird zu einem schmerzhaften Seelenprozess. Zeigt die Sehnsucht auf, was Ihnen fehlt, dann kann sie zehren. Beschreiben Sie ihren Mangel und stellen sich vor wie es wäre, wenn genau ihr Sehnsuchtsobjekt diesen ausgleichen würde. Wäre es ihre wahre Erfüllung? Gäbe es eine Alternative, die gleichsam die Sehnsucht stillt oder ist diese lang praktizierte Sehnsucht mittlerweile Gewohnheit, die nach Loslassen strebt?

Wichtigkeitserhebung

Sehnsucht gibt ihnen die Möglichkeit, ihre Wünsche und Ziele zu *reflektieren*. Wenn Sie sich nach etwas sehnen, zeigt es ihnen, was für Sie wirklich wichtig ist oder irgendwann einmal war. Zeit überdauernd können unreflektierte Sehnsüchte mit genommen werden, z.B. ist die Sehnsucht nach einer bestimmten Reise heute noch von Relevanz oder war es vor Jahren für Sie von Bedeutung? Widmen Sie sich diesem Wunsch und fühlen Sie sich in die noch gültige Wichtigkeit ein. Bei gleich gebliebener Intensität richten Sie ihre Aktivitäten auf die Möglichkeiten der Erfüllbarkeit.

Ist diese Sehnsucht schon überholt, betrachten Sie den Inhalt ihres neuen Wunsches. Vielleicht hilft Ihnen der folgende Weisheitsgedanke bei ihrer Reflektion.

„Nicht die sind zu bedauern, deren Sehnsüchte nicht in Erfüllung gehen, sondern diejenigen, die keine mehr haben."

(Marie von Ebner-Eschenbach)

Projektvollendung

Wählen Sie sich ein Projekt aus, dass Ihnen wirklich am Herzen liegt. Es muss nichts Spektakuläres sein. Sie kennen sicherlich das Gefühl bei dem Gedanken „das muss ich fertig machen." Doch bei dieser Übung geht es um mehr, nämlich das Gefühl dieses Projekt zu vollenden. Lassen Sie sich Zeit, lösen Sie auftretende Schwierigkeiten und tun Sie alles dafür, die Empfindung der Vollendung zu erleben. Ein kleiner Tipp – bleiben Sie während ihrer Projektbearbeitung immer in der Gegenwart, d.h. dem momentanen Zustand ihrer Schaffenskraft. Genießen Sie das Gefühl Alles erfolgreich zu empfangen.

Verzettlungskiller

Wenn Sie dazu neigen sich im Wust ihrer (vermeintlichen) Aufgaben zu verlieren und Dinge einfach nur erledigen, greifen Sie eine klitzekleine Anforderung heraus, die Sie ganzsinnig und voller Hingabe erfüllen, z.B. etwas spülen – nehmen Sie den Beckenstopfen bewusst in die Hand, erspüren seine Qualitäten – setzen ihn ein und achten auf das Geräusch – drehen Sie das Wasser auf – welche Eigenschaften bietet die Armatur? Was tun Sie um die Wassertemperatur zu überprüfen? Wie genau fühlt sich die Spülmittelflasche an? Wie viel Kraft benötigt es ihr das Spülmittel zu entlocken? Gibt es eine Geräuschkulisse? Wie agieren Spülmittel und Wassereinlauf miteinander? Was gibt es alles zu sehen / fühlen / riechen? …
Nach diesem hingebungsvollen Spülakt, vollenden Sie ihre erfolgreiche Tätigkeit mit einem Lob an sich. Täglich eine Aktion dieser Art, wird ihr Tätigkeitsverhalten – nicht ihr Arbeitsvolumen – positiv verändern.

III.10.4 Focus: Erledigungsdrang

Ich jage mich

Sie haben etwas erreicht und schon steht das Nächste auf ihrem Plan. Ungefeiert übertüncht eine Aktion die folgende. Immer auf dem Sprung hetzen Sie sich selbst hinter her. Versuchen Sie bitte einmal bei ihrer nächsten Erledigung ab und zu inne zu halten und ihre eigene Mitte wahrzunehmen. Nach Abschluss ihres Projekts gönnen Sie sich eine kleine Pause und schließen bewusst diesen Arbeitsvorgang ab. Durch ein klares Ende kann sich ihre Energie sortieren und mit einem gebührenden Energieempfang die Folgeaktion begrüßen.

Ewiges Andenken

Überlegen Sie sich, wie ihre letzte Ruhestätte aussehen sollte. Möchten Sie eine Grabplatte, ein besonders geformter Stein, eine Statue oder… Welche Inschrift wäre Ihnen wichtig? Haben Sie besondere Wünsche an die Bekanntgabe ihres Ablebens? Annonce oder Banner hinter einem Flugzeug? Vervollkommnen Sie ihre Lebensschau durch diese Gedanken.

Nachlass

Was genau möchten Sie hinterlassen, wenn Sie ihr Leben vollendet haben. Denken Sie bitte in große Vernetzungen, denn diese Frage zielt nicht ausschließlich auf ihre materielle Erbmasse ab. Was könnte ihr Denk-mal sein?

Reformergeist

"Reformare" ist nicht nur ein entwicklungshinweisender Begriff, sondern eine Gabe, die jedem Menschen zu eigen ist. Können Sie Strukturen umgestalten oder verändern ohne alles Vorhandene platt zu machen? Na, klar liegt das in ihren Fähigkeiten! Also sind Sie ein Reformer. Keiner von Ihnen muss direkt zu einem "Luther" werden, aber Verbesserungen gibt es auch im kleineren Rahmen. Schüren Sie ihren reformatorischen Geist in Bezug auf ein Thema, was Ihnen schon länger unter den Nägeln brennt. Entwickeln Sie einen realistisch orientierten Plan zur Veränderung.

Makel-los

In wie weit der Zustand der Vollkommenheit vom Menschen erreicht werden kann, ist sicherlich eine philosophische Frage. Es ist das Endziel eines langen Weges der Verbesserungen, wo in der „perfectio" (lat. Vollkommen) das Finale liegt. Es ist ein Zustand der Unübertrefflichkeit. Sind wir großzügig in der Definition, so könnten wir unsere persönliche Vollkommenheit darin sehen, dass wir das Maximum des Erreichbaren für unsere eigene Person ~~reicht~~ geschafft haben. Gleichsam könnten wir ein Bild der eigenen Vollkommenheit in uns tragen und genau jetzt danach schauen, was uns zu diesem Zustand noch fehlt. Können wir es realisieren oder soll es in die Agenda für unseren nächsten Erdenauftritt aufgelistet sein.

Wohlbehagen

Was bedarf es um sich selbst zu behagen und im Wohlgefühl zu schwelgen? Diese Frage kann nur eine individuelle Antwort bekommen, denn Erfüllung liegt für jeden von uns in anderen Sinnhaftigkeiten. Niemand hat die Weisheit gepachtet ein richtig oder falsch hinter ihre Antwort zu setzen, denn nur Sie wissen, was ihr Lebensglück ausmacht. Fällt ihre Entscheidung auf die materielle Seite, dann ist es so. Vielleicht erleben Sie dann irgendwann einmal die Wahrheit im Unkenruf „Geld allein macht einsam" – aber wer hindert Sie dann daran, neue Wertigkeiten zu ermitteln. Entscheiden Sie sich für die Verfolgung der immateriellen Werte und spüren dann Unglück über ihre wenig luxuriöse Lebensweise, können Sie sich auch jederzeit umentscheiden. Vielleicht liegt ihr Lebensglück auch in der Mitte dieser beiden Extreme und auch dann können Sie sich jederzeit neu besinnen. Legen Sie doch einfach einmal aus dem Hier und Jetzt ihre Erfüllungsgedanken fest. Wenn Sie diese Übung mit einigem Zeitabstand immer wieder machen, werden Sie merken, dass Umentscheidungen oftmals nötig sind, um sich neue erfüllende Lebensfreude im eigenen Wohlbehagen zu schenken.

Körnchenwunder

Staunend beobachtete Leonie den Topf auf dem Ofen. Darin war Milch und kleine Körnchen. Nach einiger Zeit bewegte sich die Milch, die Körnchen begannen in der Flüssigkeit zu tanzen und Leonie bekam ein bewegtes Treiben zu sehen. Sie war hell auf begeistert und berichtete ihrer Mutter von dem dynamischen Kochtopfinhalt. Diese schaltete die Hitze zurück und erklärte ihrer Tochter, dass sie nun den Deckel auf den Topf legen müsste, damit sich darin etwas Besonderes entwickelt. Gespannt setzte sich Leonie vor den Ofen und bald hörte sie kein blubbern mehr. Dann kam der große Moment – Leonies Mutter nahm den Deckel herunter. Was Leonie nun sah, verschlug ihr die Sprache. Im Topf war Brei und sie musste sich echt anstrengen die unterschiedlich großen Körnchen wieder zu erkennen. Sie waren gewachsen und wirkten durchsichtig. Dieses Geheimnis sollte ihre Mutter nun erklären. Leonie hörte folgende Geschichte: es ist wie bei den Menschen zuerst sind sie klein und brauchen ganz viel Platz, um die Angebote für ihr Wachsen zu finden. Sie sausen durch ihren Lebensraum und nehmen sich, was sie für ihre Reifung benötigen. Mit jedem neuen Gut, was sie aufnehmen werden sie grösser und klarer. Zunehmend lässt ihr Herumhopsen nach und sie schauen vor Ort was sie benötigen. Nun schauen alle anders aus. Die zu Beginn gleich großen Körnchen unterscheiden sich. Die einen sind ganz viel gewachsen, die anderen weniger, aber alle zusammen bilden ein hervorragendes Ganzes. Jedes Körnchen hat seinen Platz in der Gemeinschaft und alle sind gleich wichtig. Leonie ist hell auf begeistert und zieht ihre Lebensweisheiten aus dieser Geschichte. Sie auch?

(V)erlernliste

Diese Liste kann Ihnen zum Überblick der Verhaltensweisen, die Ihren fehlen, bzw. die sie stören verwendet werden. Die zu erlernenden und zu verlernenden Verhaltensweisen können, müssen sich aber nicht bedingen. Wichtig ist eine sehr konkrete Formulierung in beiden Rubriken. Ebenso wesentlich ist ihre persönliche Einschätzung der Dringlichkeit zur Veränderung.

Erlern - Verlernliste

Datum:	Dringlichkeitsschätzung		Dringlichkeitsschätzung
	1 2 3 4 5 6		1 2 3 4 5 6
Ich möchte verlernen: 1. 2. 3.		Ich möchte verlernen: 1. 2. 3.	

Augen-Blick

Geben Sie sich völlig sich selbst hin und schauen sich in die Augen. Versuchen Sie nur in ihre Augen zu schauen. Nicht anderes ist wichtig nur der Blick in ihre eigenen Seelenfenster. Tauchen Sie in sich ein. Lassen Sie alles zu, was der Blick in ihre Augen aus dem Verborgenen ins Sichtfeld rücken möchte.

Griff in den Kruschtelbeutel

Füllen Sie einen Beutel mit verschiedenen kleinen Gegenständen unterschiedlicher Fühlqualität, z.B. Gummitierchen, kleine Dekogegenstände, Wattebausch ...

Gibt es bei dem Klienten einen schwierigen Zugang zu einem Thema, so reichen Sie ihm den Beutel, bitten ihn an das Thema zu denken und ohne zu schauen, einen Gegenstand zu erfühlen, der dieses Thema symbolisiert. Das ausgewählte Teil wird nun betrachtet und beschrieben. Zu jeder Wahrnehmung wird die Analogie zum eigentlichen Thema geschaffen.

z.B. die Klientin Irena leidet unter ihrer geringen geistig-seelischen und körperlichen Belastbarkeit, die schon mehrfach zum Kollabieren geführt hat. Die Besorgnis vor einem weiteren Knock out verhindert derzeit das notwendige Praktikum zum Berufsabschluss. Irena wählt nach einer langen Fühlaktion ein „gezuckertes Weihnachtsäpfelchen". Erstaunt betrachtet sie das Objekt, welches sich für sie wie eine Kugel mit Glassplittern angefühlt hatte. Die Glassplitter stehen bei Irena für den Stress. Bei diesen Worten wird es Irena schwummrig. Der Stress ist Bild und greifbares Symbol geworden. Individuell wird die Analogie-Arbeit fortgesetzt. (s. Seite 66/67)

Teil IV Diagonalen

Werfen wir gemeinsam noch einen Blick auf die Achsengestaltung. Bei der Arbeit mit dem Achsengefüge achten Sie bitte auch auf ihre Typzahl. Denken Sie immer daran, dass sie Ihnen als besondere Hürde oder extrem wichtige Ressource zur Verfügung steht.

Achse zwischen Einstromtor 1 und Einstromtor 6

Die Entscheidung das Erdenleben verantwortlich und mit all den Strippen zur universellen Energie anzutreten, verbindet sich mit dem feurigen Lebensgeist. Ein tolles energetisches Gespann, wenn es ausschließlich im energetischen Ressourcenbereich liegt. Ist das Einstromtor 1 im Aufgabensektor, so empfiehlt es sich die Übungen aus diesem Tor explizit zu durchlaufen, denn hier liegt die Basis und das potenzierende Element für das ganze weitere Energy Selfie®. Bewegt sich das Einstromtor 6 im Gebiet einer Aufgabe oder

Blockierung, so sollten die Übungen aus diesem Tor ebenso durchgeführt werden. Ein Schwerpunkt kann in der ständigen Erlaubnisbitte ans Universum liegen, um die Erlebnisse aus dem Lebensfeuer genießend zu empfinden. Lebensvitalität mit Bewilligung.

Energievereinigung Achse 1 - 6 Geist-Materie

Das Wunder der natürlichen Fortpflanzung entsteht durch die Vereinigung gegensätzlicher Energien, die zur physischen Manifestation eines neuen Lebens beitragen. Der Höhepunkt, das orgastische Erleben wird als eine Anbindung an die ursprüngliche Energiequelle betrachtet. Das zeitlich befristete Erlebnis im Schöpfungsakt verbindet **Or** (Licht) **Gas** (Luft) **Ma** (Wasser) und ein irdisches Leben.

Gerade die Möglichkeit des Ureins durch die Sexualität wurde schon in grauen Vorzeiten von beiden Geschlechtern missbraucht, weltliche - vordergründig religiöse Bestrebungen - ließen der Sexualität immer weniger ihrer Natürlichkeit. Stattdessen erfolgte die Belegung mit Tabus und Schuldprojektionen. Das Erleben des freien Schöpferwillens scheint aufgrund seiner Einmaligkeit den Geschöpfen Angst und Besorgnis zu bereiten. Das ganzkörperliche Erlebnis eines energetischen Austauschs löst sämtliche Hormone als Botenstoffen zur Vitalisierung des gesamten Organismus aus und das schon bei einer liebevollen Umarmung. Umarmen Sie und lassen Sie sich umarmen.

Schlüssel zur Schöpferkraft

Mit dem Stück Schöpferenergie finden sich das wählerische Ei und der ausgewählte Sieger Samen im energetischen Gewusel der geistig-seelisch-somatisch ablaufenden Prozesse.[92] So gut vorbereitet zieht die Seele gerne vom Wolkenrand in das Nest.

Denken Sie bitte einmal daran wie der kleine Engel mit seinem vollen Rucksack freudig vom Wolkenrand springt. Sein selbstgewählter Landeplatz im Uterus bietet ihm die Möglichkeit seine Erfahrungen und Lösungen mit

---

92 Das Werbeprocedere der Spermien ist ausführlich in Band 1 S.53 dargestellt.

seinem Seelen Plan direkt zu beginnen. Die Umstände sind für beide Seiten günstig.

Dieser wesentliche Teil der Schöpferenergie ist nicht zu toppen und doch obliegen dem Menschen weitere Schöpfungsenergien, die er weidlich nutzen kann. So ist mit dem Moment, wo die Zygote sich teilt, die Willensenergie eingezogen. Zuvor bedurfte es ihrer nicht, denn im absoluten Eins benötigen wir keinen Willen, da es keiner Entscheidung bedarf. Aus der Energie der Eins wächst alles, was für unser irdisches Leben notwendig ist. An dieser Stelle wird noch einmal deutlich, dass wir immer mit der Einserenergie von Einstromtor zu Einstromtor weiter wandern und so diese Basiskraft dauerhaft im Gepäck haben.

Dank der "1"

So ist die Zahl 1 unser ständiger energetischer Wegbegleiter, kein Schritt auf der Entwicklungsleiter lässt sich überspringen. Die universelle Kraft der Eins trägt uns immer weiter, lässt uns manchmal auf einer Stufe ausruhend verweilen, um uns dann wieder erfrischend für den nächsten persönlichen Kletterakt beizustehen.

Mit der Willensbekundung weiter fortzuschreiten, entscheiden wir uns für das energetische Angebot aus dem Einstromtor 1.

Schließen Sie Freundschaft mit den kraftvollen Qualitäten aus dem Einstromtor 1. Ein günstiger Weg ergibt sich über die Nutzung ihrer Kreativität, da ihr Unbewusstes auf jeden Fall mit einbezogen wird.

Carola 36 Jahre Doppelaufgabe auf dem Einstromtor 1 schaffte insgesamt 11 Kreationen zu ihrem 1er Bezug. Durch ihre Erläuterungen zu den Werken, widmete Sie sich spontan immer mehr dem Spektrum der universellen Verbindungen.

Energievereinigung Achse 2 - 7 (Männlichkeitsachse)

Die Anerkennung der Bipolaritäten und deren Schnittstellenvereinigung mischen sich energetisch mit dem, was unsere Natur und die Natur des ganzen Erd- und Himmelreichs zu bieten hat. Oben und unten sollten harmonisch miteinander verbunden sein, um aufrecht durch das Leben zu gehen. Bei einer Belastung im Einstromtor 2 vollziehen Sie bitte diese Übungen, um einer dogmatischen Sichtweise ihres Lebens entgegen zu wirken. Das Einstromtor 7 als Aufgabenbereich oder blockierter Zugangssektor fordert besonders die Auseinandersetzung mit ihrer Natur als Mensch. Besondere Hinweise gibt diese Achse auf die Anfälligkeit zu psychosomatischen Belastungen, sowie zu Animus Schwierigkeiten der Frau.

Nachteule oder Tagesvogel

Wenn Sie könnten, wie Sie wollten wären Sie eher die Nachteule oder der Tagesvogel? Spüren Sie eher am Tag oder am Abend die Fülle ihrer energetischen Kräfte?

Markant sind die Analogien zu den Sonnen- und Mondeigenschaften, bzw. Anima und Animus.

„Der" Sonne / Animus /männlich – Wachheit, Willenskraft, Aktivität, klares Denken, das Lichtvolle, Energiequelle für Leben, Cocktail der Glückshormone.

„Die" Mond / Anima / weiblich – Regeneration, Fürsorge, Hingabe, Weg zum Unbewussten, psychische Kräfte, Romantik, Phantasie, Kräfte der Nacht, Cocktail der Hege- und Kuschelhormone, Güte, Hingabe (abnehmende Mond – Loslassen, Rückzug, Reinigung) (zunehmende Mond Wachstum, Aufbau).

Beide scheinen gegensätzlich, doch gehören sie ergänzend zusammen, wenn auch eine Seite immer leicht dominant ist. Schauen Sie ob sich ihr Empfinden sich in ihrem Energy Selfie® widerspiegelt.

Anima und Animus

„Alle Dinge haben im Rücken das Weibliche und vor sich das Männliche. Wenn Männliches und Weibliches sich verbinden, erlangen alle Dinge Einklang." - Laotse

Schauen wir aus der Sicht der Archetypen Anima und Animus auf die weibliche und männliche Harmonisierung im Organismus. Ein wesentlicher Schlüssel liegt in der nicht fordernden Liebe, als tragfähige Lebenskraft. Anima und Animus unterliegen dem Gesetz der Polarität und bilden gemeinsam ein Ganzes. So bieten die weiblichen Kräfte u.a. Hingabe, Intuition und die männlichen Energien u.a. Kontrolle, Verstand für eine sich ergänzende Einheit.

Wie Anima und Animus miteinander agieren, sind zum größten Teil geprägte Muster aus unseren gesellschaftlichen Generationen – doch am stärksten durch unsere Vater- und Mutterbeziehung. Alles was wir in unserer Biografie über diese Eigenschaften erfahren haben, führt uns zu schlussfolgernden Denken. Erleben wir eine sich aufopfernde Mutter, so werden die weiblichen Eigenschaften demgemäß entfaltet. Fallen Sie auf den entsprechenden Boden in ihrem Energy Selfie® wird es eine Bereicherung für ihre Authentizität sein. Ist ihr Potential auf der weiblichen Seite aber mit ganz anderen Vorzeichen bedacht, kann es problematisch werden. Dann ist ihre Stärke im Einsatz für ihren Weg gefragt, Unabhängigkeit angesagt, Hingabe an ihre individuellen Kräfte...

Das Gleichgewicht zwischen den Anima und Animus Eigenschaften bestimmt über unsere Beziehungsfähigkeit, Gesundheit, Karriere und energetische Vitalität…

Energievereinigung Achse 3 - 8 (Weiblichkeitsachse)

Sich und dem Leben mit klaren Ja-Entscheidungen zu begegnen, d.h. ihre Bedürfniswelt auszudrücken, geht energetisch mit den unendlichen Verbindungskräften aus dem Einstromtor 8 einher. Ebenso wie bei dem zuvor genannten Umgang geht es auch hier darum die blockierte Energie des aufgabengeschwängerten oder blockierten Einstromtores zu bearbeiten. Klare Bedürfnisäußerungen und Entscheidungen im Sinne der 8er Energien ist gefragt.

Lebenslinie legen

Sie benötigen eine Schatzkiste mit zwei unterschiedlich farbigen Schnüren (ca 1,50 m) und einer Vielzahl von kleinen Gegenständen z.B. menschliche Minifiguren zu allen Altersstufen, Kämpfer, Fahrzeuge z.B. Autos, Zug, Wesenhafte Figuren z.B. Engel, Feen, Trolle, Tiere z.B. heimische, fremdländische, Insekten, Dekoartikel, z.B. farbliche Stoffstücke, Kerze, Vase, Blumen, Arbeitsmaterialien aus Büro z.B. Stift, Block, Büroklammer, Schere / Küche z.B. Topf, Besteck, Geschirr, Belebungsmaterial von z.B. Eisenbahnen, Bauernhöfen, Puppenstuben, Kaufmannsladen, Kinderküchen o.ä., Suchtmaterialien z.B. Zigaretten, Alkoholflaschen, Süßpackungen, Spielgeld usw.

Der Klient wird gebeten mit den Seilen seine Lebenslinie zu legen, es kann um Kurven gehen, Knoten eingefügt werden, Abzweigungen durch das 2.Seil dargestellt werden usw.

Nun erhält der Klient 10-15 Min.um seine Lebenslinie mit den Symbolen aus der Kruschtelkiste zu bestücken. Vielen Klienten hilft es, wenn sie die komplette Kiste auf einer Decke entleeren können, um die Überschaubarkeit der zur Verfügung stehenden Materialien zu erleichtern.

Nach dem Legen erläutert der Klient seine Lebenslinie und tut kund, welche Intention er hatte diesen Gegenstand für genau das Ereignis zu wählen. Er beschreibt das Symbol aus seiner ureigensten Wahrnehmung. Es geht nicht um eine generelle Symbollehre, sondern darum, was dieses Zeichen für Sie ganz persönlich bedeutet. Z.B. eine Klientin wählt einen Hund und fragt:" Ist das ein Schwein?"(O-Ton) Auf die Antwort hin, „wenn es für sie eins sei, ist das o.k", greift sie erneut in die Symbolgegenstände, zieht ein rosa Schweinchen heraus und kommentiert: „Das ist viel zu schön für meinen Erzeuger." (O-Ton) Durch die Transformation in einen Gegenstand, lassen sich zahlreiche Zugänge zu Lösungen für ihre Lebensjobs aus dem Energy Selfie® finden.

In der Praxis hat es sich bewährt die Erläuterungen Wort für Wort zu dokumentieren. (siehe Beispiel im Anhang)

Andrea (32 J.)
Doppelaufgabe auf Einstromtor 5, Einzelaufgabe auf Einstromtor 9
Darstellung wichtiger Lebenssituationen, die seit einiger Zeit zu psychosomatischen Problemen führen (emotionale Instabilität, unausgefülltes Lebensgefühl, Familien-schwierigkeiten, unfreiwillige Rollenübernahme)

Diese Symbolisierungsarbeit eignet sich auch besonders gut für konfliktbesetzte Einzelsituationen oder Symptomdarstellungen. (andere Klientin)

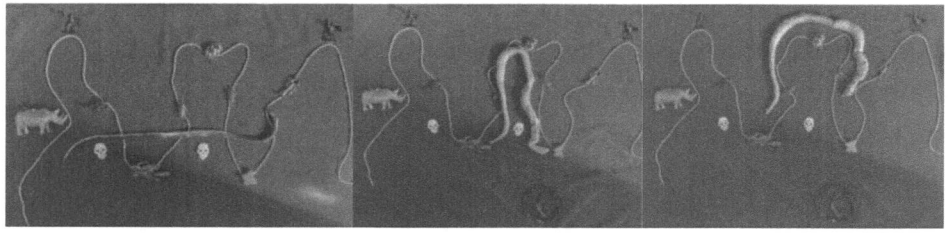

Abb. 1   Abb. 2   Abb. 3

1. Darstellung der Atemproblematik – durch Schlange (Zugang zur eigenen Weiblichkeit) Energy Selfie® Aufgaben in Einstromtor 7,8,9,10, 2
2. Darstellung Atemproblematik – Schlange lässt keine Lungenausdehnung zu

3. Verbesserung der Atmung nach einigen Übungen im Zeitraum von 6 Wochen
4. Atmung von Aussen noch blockiert, aber durchaus fließender und befreiter

Energievereinigung Achse 4 - 9 (Schicksalsachse)

Die Selbstausdruckskräfte verbinden sich mit den wachen (Hell-)Sinnen. Unausgewogenheiten in diesem Gefüge weisen gehäuft darauf hin, dass es im Verlauf des Lebens mehrfach bewegte Phasen mit der Anhäufung von "Schicksalsschlägen" gibt. Schwerpunkte sollten erkannt und langfristige Festlegungen vermieden werden. Wegweisend soll die beratende, innere Stimme gehört werden. Mutig dürfen innere Impulse ihren Ausdruck finden.

Erinnerungslinie

Im ersten Schritt wählen Sie ein Aufgabenthema aus ihrem Energy Selfie®. Sie gehen das Problem mit allen Sinneswahrnehmungen (V, A, KS, VS, O, G) durch. Die Beschreibung erfordert eine explizi0,te Dokumentation.
In der Folge legt der Klient eine Zeitlinie, die alle 5 Jahre eine Kennzeichnung besitzt. Ganz langsam geht er vom "Jetzt" an der Zeitlinie Richtung Geburt entlang. Bei jedem Schrittchen soll der Klient sich sein Leben zu diesem Zeitpunkt vergegenwärtigen. Der Focus liegt auf Sinneswahrnehmungen aus der Problemstruktur. Jede für den Klienten zugehörige Wahrnehmung wird mit einer kurzen Notiz an der Zeitlinie festgehalten.
Im langsamen biografischen Rückwärtsgang wird alles als wichtig betrachtet, was spontan auftaucht. Die Kurznotizen zum Ereignis finden ihre Verwendung in der Weiterarbeit an bestimmten Jobs.

Energievereinigung Achse 5 - 10 (Wandlungsachse)

Die Religio Energien und die reformerischen Kräfte streben ein hohes Entwicklungsziel an. Ein Wandel in der Einzigartigkeit im Bezug zu der Vervollkommnung findet durch den Kräfteaustausch seine Chance. Ungleichgewichte in dieser Achse können die Sinnfindung im Leben blockieren und fordern dazu auf sich selbst zu dienen, Automatismen im Sinne der Eigenidentifikation aufzudecken / zu regulieren und sich mit allem in dieser Welt zu vereinigen steht im Vordergrund dieser Achse.

Olfaktorischer Konzentrationtrick

Wenn Sie bestimmte, für Sie wichtige, Inhalte in ihr Gehirn aufnehmen müssen, können Sie einen olfaktorischen Input mit dem Neumaterial verbinden. Der Neurowissenschaftler J. Kornmeier hat in einer Freiburger Studie diesbezüglich 2023 einen Vokabeltest mit dem Ergebnis +8,5% Abspeicherung durchgeführt. Nehmen Sie ihr Lernpotential und führen es ihrem Gehirn unter der Einatmung von Rosenduft zu. Das olfaktorische Element wird auch ihr Begleiter in der Nachtruhe. Es scheint so, dass die Mehrfachabspeicherung im Gehirn eine bessere Abrufbarkeit bedingt. Falls möglich ist der Rosenduft auch in der Situation der Wissensnutzung ein genialer Erinnerungsbutton. Viele Untersuchungen haben gezeigt, dass die olfaktorischen Eindrücke an vergangene Geschehnisse gekoppelt sind.

Nehmen Sie sich noch einmal ihr Gefühlswürfelbrett zur Hand. Zum einen können Sie ein Thema aus ihrem Energy Selfie® herausgreifen, was Ihnen stinkt. Schreiben Sie dies auf einen Zettel und platzieren ihn mittig. Nun würfeln Sie, wie bekannt, das Gefühl und binden dieses in ihre Antwort ein.

Spielt eine Person, die Sie nicht gut riechen können eine zentrale Rolle in dem Konflikt aus ihrer Energy Selfie®, haben Sie die Möglichkeit symbolisch eine Figur in der Mitte auf dem Spielbrett zu platzieren.

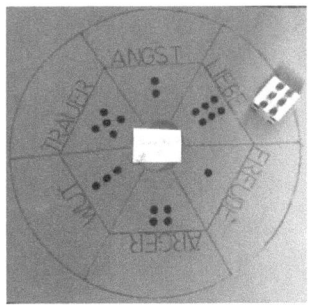 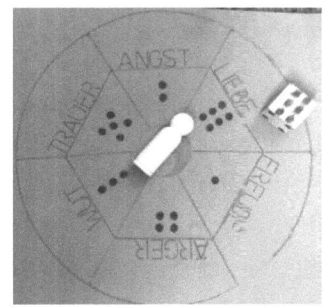

Tödliche Angst

Lesen Sie diese kleine Geschichte und fragen sich im Anschluss, was sie Ihnen ganz persönlich zu bieten hat. Notieren Sie ihre Gedanken.

Der Verfasser dieser arabischen Geschichte möge mir verzeihen, wenn ich ein wesentliches Element des Urtextes nicht berücksichtige. Ein Wanderer geht zielbewusst über einen holprigen Weg der Hauptstadt entgegen, als er von einem rasenden Läufer überholt wird. Er ruft hinter ihm her „wohin eilst Du?" Er bekam die Antwort „Ich bin die Cholera und muss ganz rasch 5000 Menschen töten". Als der Wanderer in der Hauptstadt ankommt, wird ihm als erstes berichtet, dass 10.000 Menschen in den letzten Tagen gestorben seien. Der Wanderer schaut sich um und entdeckt den Läufer. „Hallo Du" ruft er, hast Du mir nicht erzählt, dass du 5000 Menschen töten sollst und nun höre ich, dass es 10.000 sind. „Ich habe nur meinen Auftrag erledigt und 5000 Menschen das Leben genommen, der Rest hat es selbst getan mit der eigenen Angst.

Diese Geschichte darf Sie zum Nachdenken anregen. Spüren Sie vielleicht einmal hinein und versuchen sich zu erinnern, ob Sie auch schon einmal ein Symptom aus Angst entwickelt haben.

Ob zu den Zeiten, wo diese Geschichte entstanden ist die Wissenschaft schon so weit war, dass man um die krankmachende Wirkung der Angst wusste.

Teil V Generelle Begleitsymptome

V.1 Schutzmechanismus Angst [93]

Angst als ein Grundgefühl triggert den Schutzmechanismus das Nervensystem zu Höchstleistungen anzuregen. Verstärkte Wachsamkeit, erhöhte Konzentration und Handlungsbereitschaft werden für den Verteidigungsplan geweckt. Gerät das Angstsystem außer Kontrolle, so schießt das Nervensystem über und ruft die erhöhte Bereitschaft für weitere Symptome hervor. Die Überreaktion bezieht sich immer auf Situationen, die in Wirklichkeit ungefährlich sind. Erinnern Sie sich bitte daran, jedes zu viel oder zu wenig von etwas, führt zu psycho-physischen Ungleichgewichten. So z.B. in Form von: Situationsangst, Hintergrundsangst, akuter Angstzustand….

Scheinen die andauernden Angstzustände sich dem eigenen Einfluss zu entziehen, können Körpersymptome als Ausdruck der Angst hervor gerufen werden. Wie in Band 2 beschrieben, weist die Umgangssprache in der Regel deutlich auf die bevorzugten Organe hin, z.B. Angst verschlägt die Stimme, Angst ergreift das Herz, Hosenschisser…Auch der umgekehrte Weg ist möglich. Organstörungen sind in der Lage in ihrem Gefolge Angst auszulösen, z.B. Hyperthyreose, Herzstörungen, Lungenerkrankungen.

Die thematische Aufschlüsselung von Ängsten, als psycho-physisches Phänomen, kann häufig im Energie Selfie® erkundet werden. Je nach Einstromenergie kann jedes Einstromtor eine Angstsymptomatik aufweisen.

Phänomen der Angst

Eine Übererregung innerhalb der Stammhirnregion ist der Gründungsort der Angstentstehung. In Windeseile breitet sich das Phänomen über das Zwischenhirn aus und schwupps, gesellt sich eine subjektive Tönung hinzu. Dieser Mix ergreift den frontalen Kortex mit spezifischen Auswirkungen.

1. *Wahrnehmung, Erinnerung, Vorstellung aktueller Sinneseindrücke oder zukünftiger Ereignisse*

---

93 Ausführliche Beschreibungen der Angst Band 1 S.184 ff / Band2 S.63 ff

2. *Psychophysiologische Erregungszustände und körperliche Reaktionen (Sympathicus- Aktivierung)*
3. *Emotionale Bewertung der Situation als subjektive Beurteilung der Ereignisse (privatlogische Bedeutung)*
4. *Primäre kognitive Einschätzung und Bewertung (entweder Skalierung von relativ harmlos bis lebensbedrohlich oder völlige Denkblockade)*
5. *Verhalten und Handeln in der Angstsituation (reflexhafte Verhaltensmuster als Flucht oder Totstellreflex, stereotype Handlungsmuster, z.B. Nägel kauen, kontrolliertes Handeln, Angst wegdelegieren oder kein Repertoire von Handlungsmustern besitzen, mit der Folge, dass der Grundpegel von Angst erhalten bleibt)*
6. *Sekundäre kognitive Angstverarbeitung (überstehen der Angstsituation mit Abklingen der Gefühle, Reflexion der Situation mit Bewältigung und Stolz / Nichtbewältigung mit Scham in der Selbstbewertung) – Bleibt das Gefühl, dass die Angstbewältigung misslungen ist, verbleibt die Angst vor der Angst.*

Entgleisung der Angst

Angst, als ein ganz natürliches Grundgefühl, dient als Schutz - aber auch Befähigungsmechanismus. In Gefahrensituationen pusht es das Nervensystem zu Höchstleistungen. Verstärkte Wachsamkeit, erhöhte Konzentration, gepaart mit Handlungsbereitschaft, wird für den Verteidigungsplan zur Verfügung gestellt. Gerät das Angstsystem außer Kontrolle, so schießt das Nervensystem über und ruft weitere Mechanismen auf den Plan. Diese Überreaktion bezieht sich zumeist auf Situationen, die in Wirklichkeit ungefährlich sind. Bei längerer Dauer können Störungssymptome als Angstausdruck entstehen. Wie bereits erwähnt, weist die Umgangssprache deutlich auf die bevorzugten Zielorgane hin, z.B. Angst lässt das Blut in den Adern gefrieren. Gleichsam kann der Weg auch umgekehrt laufen. Eine Organstörung, z.B. Hyperthyreose oder eine seelische Belastung, z.B. in Form einer Depression, kann in ihrem Gefolge Angst bedingen.

In der Aufschlüsselung von Ängsten, die immer ein psycho-physisches Phänomen darstellen, kann sich das Energy Selfie® als ausgesprochen sinnvoll erweisen.

Physiologische Angst – Symptome

Herzklopfen, Blutdruckanstieg, EEG / EKG Veränderungen, Zittern, Schweißausbrüche, Muskelverspannungen, Langfristig Schädigung von Organen

Äußeres Ereignis	gefürchtetes Objekt, Leistungsüberprüfung, Bedrohungs- Todeserfahrung
Wahrnehmung des Ereignisses	Sehen, hören, empfinden, fühlen riechen, schmecken
Filter	neurologisch-physiologisch sozial-kulturell individuell
Gedankliche Reaktion	Das ist furchtbar / entsetzlich
Körperliche Reaktion Emotionale Reaktion	siehe oben **ANGST**

Eine spezielle Gruppe der Angst stellen die Phobien dar.

Wo lauert die Gefahr?

Die Phobie zeichnet sich durch hartnäckige und irrationale Angst vor Objekten, Situationen, Personen, Tieren oder Aktivitäten, aus. Da der Gegenstand der Angst benennbar ist, gibt es zahlreiche Lösungsansätze zur Bewältigung von Phobie. Eine Möglichkeit ist die überspitzte Darstellung des phobischen Objektes in jeglicher Form, z.B. Helmut berichtet von seiner Spinnenphobie, die mittlerweile schon beim Hören des Begriffs „Spinne" auftaucht. Helmut erhielt die Aufforderung eine Spinne zu malen. Das Tier sollte an einem Bein die gleiche Uhr tragen wie er sie besitzt, gleiche Schuhe, usw. Die Ausstattung mit vielen Accessoires des Klienten gestaltet ein Beziehungsgefüge zwischen dem Phobiker und seinem Angstobjekt. Helmut malte mit feuchten Händen, die ab und an zitterten und er spürte sein Herz pochen.

Nach der Fertigstellung seines Werkes äußerte er das spontane Bedürfnis seinen ersten Gedanken dem Bild hinzuzufügen.

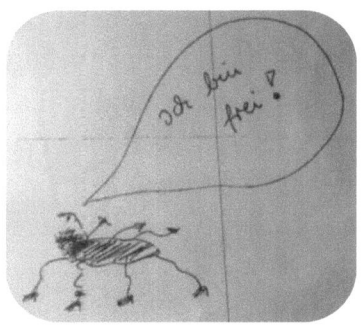

Helmut (42 J.)

Differenzierung der Phobie Platzangst – speziell Claustrophobie

Beispiel Frau S. (38 J.) mit den Symptomen: Herzklopfen, Atemnot, manchmal Todesangst.

Sie erstellt anhand einer Grafik die Symptomdifferenzierung und Abfolge. Es können beliebig viele Äste zur Darstellung eingefügt werden.

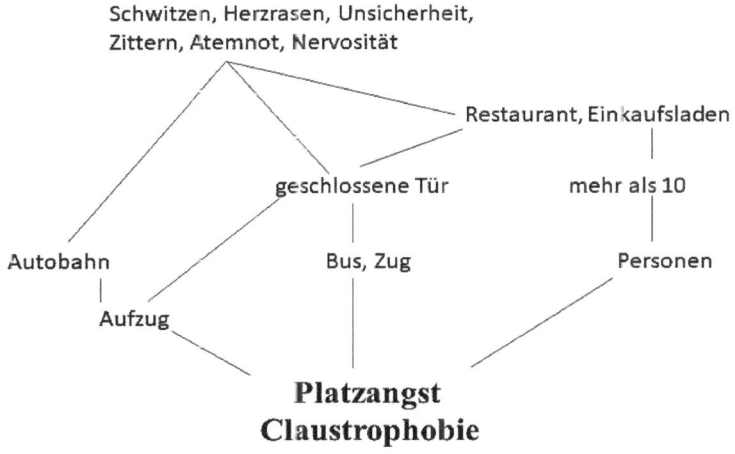

Systematische Desensibilisierung [94]

Diese Angstbewältigungstechnik bedarf einiger Übung / Ausbildung. Grundvoraussetzung ist die Beherrschung eines Entspannungsverfahrens, z.B. Autogenes Training, Progressive Muskelrelaxation. Bei der 0 in der Skala wird die genaue Beschreibung eines wunderschönen Erinnerungserlebnis eingetragen. Dieses dient dazu brisante Situationen zu relativieren. In den Skalenspiegel von 1-10 wird die Angst differenziert und in ihrer Intensität beschrieben. 1 ist die niedrigste Angstempfindung, die z.B. beim Anblick eines Bildes mit dem Angstobjekt auftreten kann. Die letzte Vorbereitung liegt darin ein Zeichen zu vereinbaren, um anzuzeigen wenn die Angst zu stark wird. Sobald dieses Zeichen sichtbar wird, geht die Anleitung eine Stufe zurück in das noch angstfreie Erlebnis. Es ist wichtig mit einem angstfreien Erlebnis zu enden um die Selbstverstärkung zu erleben. Die Überleitung in das 0-Erlebnis dient gleichsam der Eigenverstärkung. Bei der Weiterarbeit wird mit dem positiv bewältigten Ereignis begonnen. Sollten während der Angstarbeit kleinere Schritte erforderlich werden, sind diese nachzutragen. Die gesamte systematische Desensibilisierung kann in vivo oder in sensu durchgeführt werden. Nochmals der Hinweis darauf, dass die Entspannungsmethode immer vorgeschaltet werden muss. Sie ist die reziproke Hemmung[95] im Bezug zur Angst.

---

94 Verhaltenstherapie, nach Wolpe Methode zur Behandlung von Angststörungen, beruht auf Inkompatibilität von gleichzeitiger Angst und Entspannung

95 Reziproke Hemmung = gleichzeitiger Ablauf von zwei miteinander nicht vereinbaren Reaktionen – Entspannung und Angst lassen sich nicht miteinander vereinen

Skala zur Systematischen Desensibilisierung

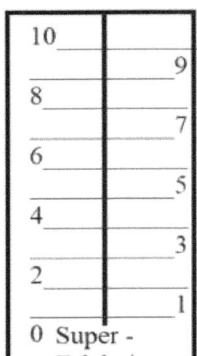

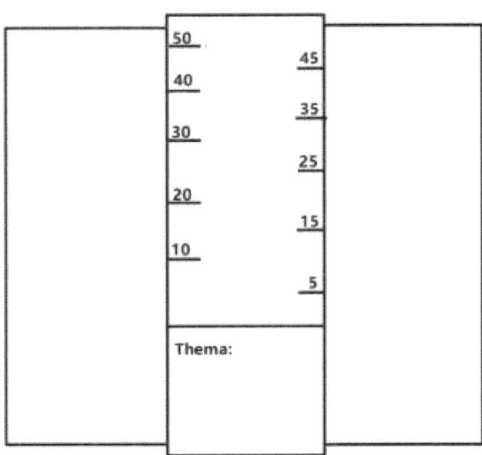

z.B. Spinnenphobie

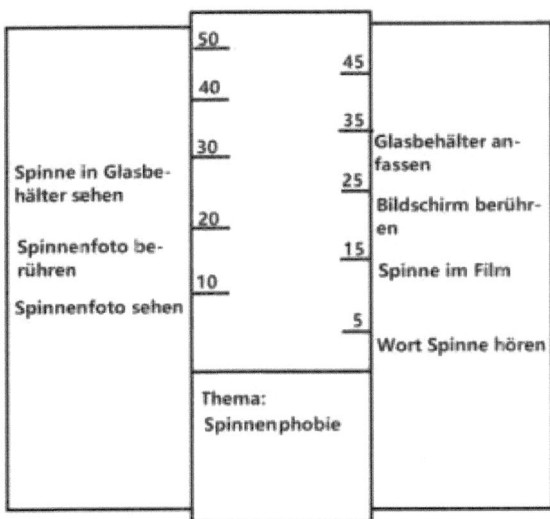

V.2 Allgemeine Symptombetrachtung

Der Körper ist für jede Entwicklung der Seele dankbar, doch fände er auch oftmals gerne direkte Berücksichtigung. Schließlich bietet er sich dem kompletten psychischen Gebaren als Wohnraum an. In aller Kürze die Unterscheidung zwischen drei wesentlichen Störungsbereichen, die innerhalb einer Behandlung sorgfältig voneinander getrennt werden müssen. Neben dem individuellen Vorgehen, wie es sich aus dem Energy Selfie® lesen lässt, ist auch die Art der Störung für einen Behandlungserfolg nicht unwesentlich.

Unterschiede Störungsgruppen in der Psychosomatik 2

Psychoneurose	Somatisierungsstörung	Psychosomatik
Ausdruck einer gestörten Erlebnisverarbeitung zumeist auf der Grundlage von frühkindlichen Belastungen. Als Begleiterscheinungen treten häufig Schlafstörungen, Schwitzen, Erschöpfungszustände oder unerklärliche Müdigkeit auf. Bei dem Klienten stehen die psychischen Probleme im Vordergrund.	**(früher psychovegetative Störung)** Körperliche Beschwerden, wie z.B. Herzjagen, Kopfschmerzen, Verdauungsschwierigkeiten, stehen bei dem Klienten im Focus. Ein entsprechender körperlicher Befund ist nicht zu erheben, obwohl der Patient leidet. Dies schürt das Misstrauen des Klienten gegenüber dem Behandler und veranlasst ihn zum Doc-hopping. Oftmals wird diese Patientengruppe als Simulant abgetan.	Ursächlich werden psychische Konflikte, die im Unbewussten schlummern, vermutet. Das Trauma scheint bewusstseinsferner als bei Patienten mit funktionellen Störungen. z.B. der Klient betrachtet seine Erkrankung als einzigen Makel in seinem ansonsten Friede-Freude-Eierkuchen Leben. Bei langwierigen Krankheitsverläufen können organische Befunde erhoben werden, jedoch ohne organische Ursache.

Folgend finden Sie einige Tipps um ihre Eigenliebe auch dem Körper zu teil werden zu lassen. Das Motto für Sie sollte ebenso wie bei der seelischen Entwicklungsarbeit lauten. „Ich habe mich lieb – in guten und in schlechten Zeiten".

V.3 Problemorgane
Lastenschlepper

Wo genau im Körper tragen Sie ihre seelisch-geistigen Lasten? Zeichnen Sie diese in ein Konturenbild ein. Wie schwer ist ihr Seelengepäck, legen Sie ein analoges Gewicht fest und stellen Sie sich im Äquivalent etwas vor, z.B. …x viele Butterstücke a 250 g, …x Milchtüten a 500g, Nun geht es auf ihren persönlichen Entlastungsweg, z.B. das Problem der partnerschaftlichen Untreue liegt mit 2500 g Butter auf der Brust. Zur Entlastung schmelzen Sie mental ein Butterstück nach dem anderen und spüren dabei intensiv in sich hinein. Widmen Sie sich ihrem Problemorgan, indem Sie ihm einen Brief schreiben. Formulieren Sie alles, was Sie zu sagen haben, z.B. Frau I. 26 J

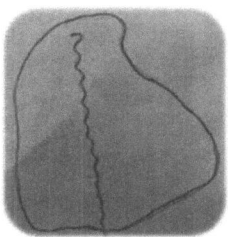

Liebes Herz, ich kann dich nicht sehen, aber sehr oft spüren. Früher war mir gar nicht bewusst, was du jeden Tag für meinen Körper leistest. Jetzt zeigst du mir, wann ich wieder zu viel Stress habe…
Mit deiner Hilfe möchte ich viel in meinem Leben

Nach den Einstromtoren sortiert finden Sie einige wohltuenden Maßnahmen, die in keinster Weise eine medizinische Untersuchung / Behandlung ersetzen. Naturheilkundliche Medikamentenvorschläge würden den Raum und den Rahmen dieser Ausführungen sprengen und sicherlich auch einem verantwortungsvollen Umgang mit Heilmitteln widersprechen. Tees, Auflagen, Gewürzhomöopathie, sowie Salben und Öle. Die Wirkweise der Gewürzheilmittel unterscheidet sich von anderen naturheilkundlichen Arzneien dadurch, dass sie keine Erstverschlimmerung verursachen. Relativ unbekannt sind hyperaktive Reaktionen in Form von Allergien Es ist jedoch immer auf Allergien zu achten. Ebenso sind einige Gewürze medizinisch eingesetzt in der Gravidität oft nicht so günstig, z.B. Wachholderbeeren zur Entwässerung. Insgesamt kann man festhalten, dass wohl weltweit keine Wundermedizin gibt, allein unser Inneres entscheidet über den Behandlungserfolg oder - misserfolg. Erst wenn wir unseren Störungen aus dem Energy Selfie® ernsthaft und respektvoll begegnen, können wir unseren inneren Arzt aktivieren um Ganz, bzw. heil zu werden. Ein weiterer Leitsatz lautet, dass auch ein zu viel von Heilkräutern zu Un-heil-mitteln werden.
Im allgemeinen Teil der körperlichen Aussagen finden Sie den Schmerz und die Entzündung, da diese beiden Symptome Einstromtorübergreifend sind.

Abrechnung mit Symptomen

Notieren Sie ihre Symptome und reflektieren, welche Gewinne und welche Verluste Sie durch jedes Symptom haben. Sie dürfen ruhig weit und vernetzt denken, denn gerade die Gewinne verstecken sich gerne in den letzten Winkeln der grauen Zellen.

Meine Symptome:

_____

Meine Gewinne:

_____

Meine Verluste:

_____

Wenn man sich ge-kränkt fühlt

Greifen Sie zu einem leeren Formular und füllen Sie ihre Job - Einstromtore mit Volksweisheiten zu ihrer körperlichen Befindlichkeit aus. Sofern Sie viel Spaß an dieser Übung entwickeln, können Sie auch ihre Kapital – Einstromtore mit Redewendungen versehen. Gleichsam ist es spannend einmal zu schauen, was hinter der ein oder anderen Weisheit steht. Z.B. „da ergreift mich die Torschlußpanik". Die Begrifflichkeit der „Torschlußpanik" geht auf die Zeiten zurück, wo der Nachtwächter Sorge dafür getragen hat die Stadttore pünktlich zu schliessen. Wer verspätet den Heimweg angetreten hatte, musste vor dem Stadttor die Nacht, unter allen drohenden Gefahren, verbringen. Somit sah jeder zu pünktlich nach Hause zu gehen, um nicht in die Tor-Schluß-Panik zu verfallen.

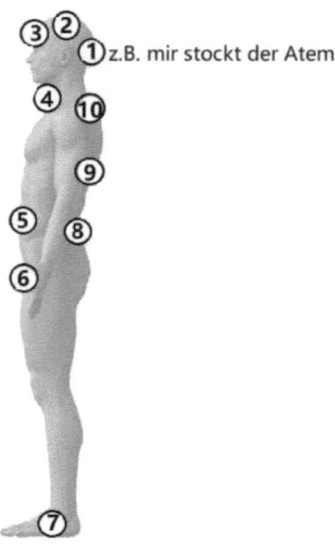

z.B. mir stockt der Atem

Nehmen Sie sich ein weiteres Leerformular und nutzen es zur Darstellung ihrer geistig-seelischen Probleme in Form von Volksweisheiten.

V.4 Frühwarnsystem Schmerz

Der Schmerz als Warner, Krankheitszeichen und Lebensretter ist mehr unser Freund, als unser Feind. In der chronischen Schmerzempfindung wird das Dauerwarngefühl zu einer Empfindung, die geistig-seelisch und körperliche Veränderungen mit sich zieht. Diese betreffen oft nicht nur den Schmerzkranken selbst, sondern oft auch sein komplettes Lebens- und Beziehungsgeflecht. Spürt man nun einmal in die Begrifflichkeiten einer hinlänglichen Schmerztherapie hinein, so setzt sich das Vokabular primär aus Kampfbegriffen zusammen. Für den sensiblen Klienten bedeutet dies nicht selten eine unbewusst eingenommene Kämpferposition / Kampfhaltung mit den entsprechenden physiologischen Konsequenzen aus der sympathischen Körpersteuerung. Worte sind, wie wir wissen, ein Labsal oder ein Gefährdungspotential, gleichzusetzen mit lebensvergiftenden Bakterien oder Viren.

Z.B. Ein Flyer mit der Aufschrift: Schmerzbekämpfung mit autogenem Training. Was schwingt in diesen Zeilen mit? Vielleicht am ehesten eine Friedenstaube hakt dem Gegner die Augen aus. Es wäre sicherlich günstiger eine parasympathisch wirksame Formulierung zu nutzen, z.B. Schmerzzuwendung.

Sinn-haftes Schmerzempfinden

Beschreiben Sie ihr Schmerzgefühl. Falls Sie es für sich alleine tun, zeichnen Sie am besten ihre Schilderung auf. Im Folgeschritt achten Sie auf die von Ihnen benutzten Begriffe und welchem Sinnessystem sie zuordenbar sind.

Sinnessystem	Beschreibung
Visuell	Wie mit Nadeln stechen
Auditiv	Klopft und pocht
Kinästhetisch	Zieht und reißt
Vestibular	Zieht mir den Boden weg

Beschreiben Sie dann bitte in gleicher Weise ihr schmerzfreies Körperempfinden.

Vergleichen Sie nun bitte in welcher ihrer Darstellungen mehr Sinnessysteme angesprochen sind.

Versuchen Sie nun für beide Befindlichkeiten eine Beschreibung über alle Sinnessysteme abzugeben.

Mit diesem Material lassen sich für NLP- Geübte zahlreiche Erweiterungsübungen machen, z.B. Dissoziative Techniken.

Sind Sie auf sich alleine gestellt und möchten an dieser Stelle weitermachen, so begeben Sie sich in eine Beobachterposition. Stellen Sie sich vor, sie betrachten einen Menschen im Fernsehen. Sie stellen sich ein Standbild ein und erkennen sofort, dass dieser Mensch dort auch schmerzgeprüft ist. In Gedanken sagen Sie ihm „Du ich sehe, deinen Schmerz - … nun nehmen Sie ihre Schmerzbeschreibung und formulieren immer: "Du ich sehe, deinen Schmerz…"

Wenn Sie fertig sind, gehen Sie an die Farbeinstellung auf ihrer inneren Tastatur und lassen die Person in unterschiedlichen Farben erscheinen. Achten Sie darauf, in welcher Farbgestaltung ihr Double so richtig wohlfühlig wirkt. Verabschieden Sie sich von ihrem „Schmerzzwilling" und beenden ihr Experiment damit, dass Sie bewusst diese Farbe ruhig und tief einatmen, sodass sie sich in ihrem ganzen Körper verteilen kann. Gestärkt und frei von Beschwerden beenden Sie ihre innere Reise.

Leidenssymbol
Machen Sie sich ein Bild von ihrem Schmerz und betrachten es sehr intensiv. Volker 7 J. – Kopfschmerzpatient – sein Bild nannte er Kopfschmerzfetti Er beschrieb eine Person, die Buddha gleich saß und glotzende Augen besitzt. Nachdem Volker mehrfach mit seinem Kopfschmerzfetti gesprochen hatte, malte er ihn. Leider gab er bei meiner ersten Anfrage keine Einwilligung zur Veröffentlichung. Er war besorgt, dass sein Vater sich in der Darstellung wieder erkennt. Der „Kontrollpapa" wurde immer wieder in neue Farben getaucht, in Gedanken dünner gemacht und vieles mehr. Volker war insgesamt entspannter nach diesen Aktionen (Messung über Relaxomat), aber es waren immer wieder Kopfschmerzen zu verzeichnen. Im letzten Schritt malte Volker zahlreiche Gesichter mit Riesenaugen. Diese schnitt er aus und legte sie mit dem Kommentar „ich guck ihn einfach an" auf sein Ursprungswerk. In jeder Sitzung wurden die Augen verändert und blickten auf andere Aspekte des Vaters, die Volker nach seiner Bedürfnis- und Befindlichkeitswelt ausrichtete und formulierte. Zusätzlich erhielt Volker ein homöopathisches Kindermitteltherapie (unter Berücksichtigung seines Energy Selfies®). Weitest gehends kopfschmerzfrei betrachtete er angstfrei seinen Vater in seinem Sosein.

Kopfschmerzfetti

Schmerzskala

Erstellen Sie eine Schmerzskala von 1 – 10. Überlegen Sie sich ein Symbol zu dieser Skala. Eine Patientin, die eine hohe Affinität zu Deutschlands Norden hatte, visualisierte einen Leuchtturm. Nach einiger Zeit der Übung, war sie in der Lage während der rheumatischen Schübe ihren Schmerz zu begrenzen, in dem Sie die Leuchtturmtreppe in Gedanken, mit der Idee jede Abwärtsstiege verringert den Schmerz, hinabstieg. Bei jeder Stufe schaute sie auf das Meer schaute, bis sie selbst dort schmerzreduziert / frei angelangte.

Kontakt zum Schmerzteil

Nehmen Sie Kontakt zu ihrer Teilpersönlichkeit, z.B. namens Schmerzgestalter auf. Bitten Sie ihn seine Eigenschaften mitzuteilen, z.B. seine Zuverlässigkeit, Hartnäckigkeit …Verbünden Sie sich der Reihe nach mit den Qualitäten und erkunden Sie die guten Absichten.

Schmerzingenieur

Stellen Sie sich einen Persönlichkeitsanteil vor, der als Schmerzingenieur in Ihnen tätig ist. Mit ihm gehen Sie wie einer Betriebsführung durch ihren Körper. Bei bestimmten Organen verweilen Sie länger und bitten den Ingenieur Ihnen z.B. die Produktionssteuerung an diesem Ort zu erläutern. Mit einem Danke für die Hilfe schreiten Sie weiter.

2.Brief von Frau I. 26 J. nach der Übung

Liebes Herz

Ohne dich würde ich jetzt nicht leben. Früher war mir gar nicht bewusst, dass du jeden Tag für meinen Körper leistest. Doch nun seid 7 Monaten nehme ich dich anders wahr. Früher habe ich dich gespürt, wenn ich meinen Körper beansprucht habe. Zur Zeit nehme ich dich anders wahr als früher, das heißt bei Stress spüre ich dich besonders. Bei Emotionen, Stress pieckst du mich, manchmal habe ich das Gefühl schlechter Luft zu bekommen. Aber ich habe dich lieb.

Schmerz Energy Selfie®

Nehmen Sie vor der Auswertung ein leeres Energy Selfie® Formular zur Hand. Schreiben Sie ihre Symptome, an die entsprechenden Körperstellen. Ebenso können Sie die Orte der geringen Wohlfühligkeit auch kenntlich machen. Wenn Sie mit ihrer Energy Selfie® Analyse konfrontiert werden, können Sie ihre Beschwerden in der Darstellung wieder finden.

Symptom Agent

Definieren Sie eines ihrer Symptome, z.B. Oberbauchschmerz. Nehmen Sie innerlich Kontakt zu diesem Symptom auf und bitte es ihnen eine Botschaft über sein Auftreten zu senden. Vielleicht erzählt ihre Galle "tja, da hast du dich wieder fürchterlich geärgert und wie immer nichts gesagt – also zwicke ich dich, dass du darauf aufmerksam wirst." Bedanken Sie sich für jede erhaltene Auskunft, ohne die sie wahrscheinlich wie immer weiter verfahren würden. Nun können Sie sich entscheiden weiter wie bisher, in den alten Gassen der Gewohnheiten zu wandern oder neue Wege einzuschlagen. Für die letzte Variante können Sie die Ressourcenkiste aus ihrem Energy Selfie® plündern, um neue Strategien zu verfolgen.

Freundschaft mit dem Symptom

Definieren Sie eines ihrer Symptome, z.B. Kopfschmerzen. Klären Sie welche Kopfbewohner mit diesem Symptom zu tun haben. Versammeln Sie ihren inneren Arzt und die einzelnen Subpersönlichkeiten um einen Tisch. Nachdem Sie alle zusammenhaben, befragen Sie die einzelnen Mitglieder nach deren positiven Absicht. Lassen Sie den Arzt schauen, ob einige Instanzen einen Interessenverband gründen wollen, um Alternativvorschläge zur Nutzung der verfügbaren Ressourcen zu erarbeiten. Das gemeinsam verfolgte Ziel der Gesundung, erstellt Ihnen einen individuellen Heilungsplan.

Symptomtransformator

Definieren Sie ihr Symptom genau, z.B. Halsschmerzen vom hinteren Zungengrund bis unter den Kehlkopf. Geben dem Symptom ein Bild, z.B. der Schmerz sieht aus wie ein Topfkratzer. Dieses innere Bild bietet zahlreiche Submodalitäten[96] ,z.B. Größe, Farbe, Struktur, Temperatur, Geschmack, Geruch, Bewegung…

Verändern Sie die Submodalitäten der Reihe nach. Sie können auch mit absoluten Superlativen arbeiten, die Sie nach und nach in das Grundbild des Topfkratzers einfügen. Achten Sie darauf welche Submodalitäten zu einer Linderung der Symptomatik führten. Ist dann ihr subjektiver Schmerzkiller-Topfkratzer komplett visualisiert, benutzen Sie ihn als Anker für gute Gefühle.

---

96 Untergruppierungen aus den Sinneswahrnehmungen

Synästhesien erstellen

Synästhesien sind spannende Wahrnehmungsphänomene. Eigentlich treten Sinneswahrnehmungen getrennt voneinander auf. Nicht so bei der klassischen Synästhesie, bei der sich unerwartet Wahrnehmungen miteinander koppeln. Im sprachlichen Bereich gilt dieses Kuriosum als Stilblüte, z.B. die liebenswerten Worte klingen rot (auditiv plus visuell), saure Gurken schmecken quietschig (gustatorisch plus auditiv) … Durchforsten Sie ihre Redensarten nach Synästhesien oder bilden Sie welche.

V.5 Homöostase-Killer

Unser körperliches Abwehrsystem läuft über zahlreiche Mechanismen und schützt vor krankmachenden Erregern – sei es im somatischen oder psychischen Bereich. Mit der Grundausstattung zur Abwehr werden wir geboren und zusätzlich erwerben wir durchgängig weitere Schutzmaßnahmen. Der psychische Einfluss auf das Immunsystem ist sehr weitreichend. An der Spitze liegen die bereits ausführlich erklärten Stressmechanismen (Bd.2 S.115ff) einschließlich der Dysbalancen zwischen dem Sympathicus und Parasympathicus und den resultierenden Körperantworten aus dem Immunsystem, dem Hormongefüge…

Die komplette Homöostase[97] kann durch langfristige psychische Belastung (Streß) aus den Fugen geraten. Eine relativ neue, psychosomatisch orientierte Forschungsrichtung, die Psychoneuroimmunologie (PNI), macht es sich zur Aufgabe explizit die Wechselwirkungen zwischen Psyche, Nerven und Immunsystem zu ermitteln. Interdisziplinär erweitert sich dieser Sektor zunehmend, z.B. durch die Psychoneuroendokrinologie.

Schauen wir noch kurz in einen Arbeitsbereich unserer Psyche, die gleichsam über ein Abwehrsystem zum Eigenschutz verfügt. Neben den bereits dargestellten Abwehrmechanismen (S.93ff) verfügen wir über eine Reihe von

---

97 Gleichgewicht physiologischer Körpervorgänge

Einstellungen und Verhaltensweisen, die z.B. der Gefühlsunterdrückung dienlich sind. Die Motive lassen sich auf zahlreichen Ebenen finden. Wir leben lieber in Angst und verbergen unsere Verletzlichkeit vor uns und der Welt, wir ersticken lieber in unserer Trauer, bevor wir damit jemand anderen belasten, wir spielen stark, bevor wir Schwächen zugeben ...Wir geben uns mit einer Teilbefriedigung der tiefsten Bedürfnisse zufrieden. Oder doch nicht?

Beschreiben Sie ganz spontan ihre Art und Weise der psychischen Abwehr. Stellen Sie sich die Frage "Wie gestaltet sich meine Akzeptanz zu meinem psychischen Abwehrsystem?".

Wie kann ich mein Abwehrsystem transformieren? Welche Rolle spielen meine Beziehungen dabei? Wie könnten sich kreative Alternativen in meinem Abwehrsystem gestalten?

Wie könnte sich eine offensive Lebensführung bei mir gestalten?

Wieviel Risiken möchte ich eingehen?

Möchte ich ganz leben und mich mit allem was mir begegnet auseinandersetzten?

Gibt es Anteile in mir, die mich davon abhalten?

Sind diese Teile in meinem Abwehrsystem, die mich schützen wollen? Oder sind es Anteile, die überschießend reagieren (Allergie) Vielleicht sind es auch Anteile, die im Dornröschen Schlaf in mir schlummern.

Abgewehrt wird, was wir nicht verarbeiten wollen oder können.

V.6 Festen der Resilienz

Sie erinnern sich bestimmt an die Ausführungen zur Resilienz. Die Kernpunkte zur psychischen Widerstandkraft unterliegen in der folgenden Übung ihrer persönlichen Überprüfung. Reflektieren Sie die Basics für sich, selbst unter Berücksichtigung ihrer Energy Selfie® Analyse.

1. Optimismus, Zuversicht, Hoffnungen –
   Einstromtor 1,8,10

2. Akzeptanz, ungeschönte Anerkennung von Situationen –
   Einstromtor 2,3

3. Lösungsorientierung, Angang von Konflikten –
   Einstromtor 6,7,8

4. Verlassen der Opferrolle, Neuorientierung –
   Einstromtor 5,9,10

5. Übernehmen der Verantwortung für das eigene Leben –
   Einstromtor 1,4,7

6. Aufbau neuer Netzwerke, soziale Einbindungen –
   Einstromtor 4,5,8

7. Realistische Planung und Gestaltung der Zukunft –
   Einstromtor 1,3,10

Unbeweglichkeitsempfinden / Schmerz

Nehmen Sie ein Paket Vogelsand und füllen dieses in eine Backform. Bei ca. 180 Grad erhitzen Sie den Sand, der Ihnen dann zum Sandspiel bis zum Erkalten dient. Mit den Händen oder Füssen können Sie diese Strandatmosphäre im Bewegungsmodus ausleben.

Schmerzlinderer

Bei allen schmerzhaften Beschwerden im Bewegungsapparat können Sie sich eine Paste aus 100gr Honig und 2 Essl. Senfmehl herstellen. Die Eigenproduktion sehr dünn auf die schmerzenden Stellen auftragen. Bei empfindsamer Haut oder Hautläsionen sollten Sie auf diese Rezeptur verzichten.

Kinderstube vergessen

Dr. H. Beck, Neurowissenschaftler, preisgekrönter Science-Slammer[98] und Buchautor aus Frankfurt/Main, hat die positiven Seiten des „wild Fluchens und Schimpfens" aufgrund neurologisch ausgelöster Prozesse, u.a. bei Schmerzpatienten, nachgewiesen.

Weitere Forschungsteams stellten fest, dass Angestellte, die ab und an am Arbeitsplatz fluchen als wahrhaftiger eingestuft werden und mehr Respekt erfahren als ihre "lieben" Kollegen. Die meisten von uns haben gelernt, dass sich weder Fluchen noch Schimpfen „schickt" und so verbuddeln wir den Wunsch nach diesen Verhaltensweisen immer tiefer. Versuchen Sie Kontakt zu ihr Fluch- und Schimpfzentrale zu finden. Befreien Sie die Gefühle aus ihrem Gefangenenraum und lassen ihnen freien Lauf. Sie werden sicherlich staunen, welche Modulationen und Lautstärken ihre Stimme kennt. Präsentieren Sie alles, was Sie bieten können.

Teil VI Psychosomatische Erscheinungsbilder

Nach den Einstromtoren sortiert, finden Sie neben den psychosomatischen Erscheinungsbildern, kleine Helfer zur Linderung der Symptome.

Einstromtor 1

Reptiliengehirn, Atemfunktion, Instinkte
Limbische System (Vermittler zu Tor 2)
Lust – Unlustzentrale, Kampf-/Flucht-/Totstellmechanismen
Das mit einem Job geschwängerte, geistige Einstromtor 1 mag ebenso gerne wie das ressourcenvolle Einstromtor 1, die Pinselung seiner Körper-Wohnung.

---

98 Wissenschaftlich Wettbewerb im Kurzvortrag

Hauch des Lebens

Atmen, als intimster Austausch zwischen mir als Einzelwesen und der gesamten Außenwelt, kann maßgeblich das Wohlgefühl bestimmen. Gerade Stress und Ängste sind mit einer Fehlatmung eng verbunden. Mehrfach am Tag eine Atemübung ist wie eine Geist – Seele – Körperstreichelung, die sich jeder selbst schenken kann.

Zur Anregung des parasympathischen Systems eignet sich die

4-7-8 Atmung.

Zählen Sie bei der Einatmung im Sekundenrhythmus bis 4, beim Halten des Atmens bis 7 und beim Ausatmen bis 8. Die Körperhaltung können Sie sich aussuchen, denn es funktioniert im Stehen, Sitzen und Liegen gleichermaßen gut. Für eine Tiefenentspannung ist die Verlängerung des Ausatemzyklus (4-7-11 Sekunden) zu empfehlen. Für viele Menschen ist es erleichternd die Ausatmung hörbar zu gestalten.

4-6-8 Atmung

Eine weit verbreitete Atemmethode beruht auf dem 4-6-8 Prinzip. Während Sie einatmen zählen Sie innerlich bis 4 – während Sie die Luft anhalten zählen Sie bis 6 und bei der Ausatmung bis 8. Nach einigem malen werden Sie die innere Durchflutung mit der Atemluft als ganzkörperliche Erfrischung erleben.

Stressabbau

Halten Sie bei der Einatmung mit dem kleinen Finger der rechten Hand das linke Nasenloch zu. Mit ein klein wenig motorischer Geschicklichkeit legen Sie dann den Daumen der rechten Hand auf das rechte Nasenloch und atmen über das linke Nasenloch aus. Mit dieser Haltung atmen Sie nun wieder ein, verschließen dann links und atmen mit rechts wieder aus. 3-5 mal wird diese Atemtechnik durchgeführt.

Anti-Flachatmung

Atmen Sie bewusst ein und lenken ihren Atem in den Bauch. Sowie sich die Bauchdecke hebt, ist der Atem dort angekommen, wo Sie ihn hingeschickt haben. Sie können zur Überprüfung auch die Hände auf den Bauch legen, die sich beim Atemeinstrom heben und beim Ausstrom senken. Falls Sie das Empfinden haben, dass noch Luft im Bauch ist, können Sie sanft nachhelfen, um jedes Luftmolekül heraus zu befördern. Sind Sie sicher in diesem Atemablauf, können Sie die Luft kurz anhalten und wechselweise durch die Nase, bzw. den Mund ausströmen lassen.

Atemfluss mit Fingerkontrolle

Legen Sie sich ganz entspannt und bequem hin. Ihre Hände legen Sie locker auf den Bauch. Atmen Sie ganz normal durch die Nase ein und spüren den Atemfluss im Brustkorb und bemerken wie sich ihr Bauch während der Einatmung wie ein Luftballon aufplustert und ihre Finger leicht auseinanderschiebt. Bei ihrer Ausatmung erleben Sie das Phänomen in rückläufiger Reihenfolge. Haben Sie ein Wohlgefühl für sich erreicht, treten Sie wieder in ihre Alltagswelt ein.

Atem und Balance

Legen Sie ihren linken Daumen unter das Kinn und drücken mit ihrem Zeige- und Mittelfinger das linke Nasenloch zu. Atmen Sie durch das rechte Nasenloch einige male ein und wechseln dann die Seite. Diese Atmung können Sie am günstigsten in stehender Position durchführen. Falls Sie parallel dazu ihrem inneren Gleichgewicht noch Stabilität schenken möchten, heben Sie das Bein auf der zugehaltenen Nasenseite und strecken den Arm seitlich zum Balancieren aus.

In einer weiteren Variante wechseln Sie nach jedem Atemzug die aktive Nasenlochseite, so oft Sie mögen. Sobald Sie eine Abwechslung favorisieren, atmen Sie durch das eine Nasenloch ein, halten es dann zu und atmen durch das andere Nasenloch aus.

Atemball Bauchkicker

Sollten Sie Schwierigkeiten mit der Einatmung als „Bauchaufpuster" haben, können Sie eine spaßige Übung praktizieren. Legen Sie sich flach hin und platzieren einen Tischtennisball in ihrem Bauchnabel. Versuchen Sie nun durch ihre Atmung den Ball aus seiner Kuhle zu schubsen.

Pustefix Watte

Legen Sie einige Wattebällchen auf die Tischkante und machen es sich zum Ziel diese soweit es eben geht über die Tischplatte zu pusten. Verändern Sie ihre Pustestärke, sodass die Wattebällchen einmal über die Tischplatte rasen und ein anderes mal im Schneckentempo ihre Wegstrecke bewältigen. Beobachten Sie ihre täglichen Pusteerfolge. Legen Sie einige Wattebäuschen vor sich auf den Tisch. Auf die andere Tischseite legen Sie ein Glas mit der Öffnung zu sich, welches als Tor gilt. Nun pusten Sie ohne aufzustehen die Wattebällchen in das Tor.

Tempowalk

Gehen Sie ca. 10 Min. mit raschen Schritten auf und ab. Selbstverständlich ist diese Aktion in der Natur am besten. Sollten Sie allerdings zu selten Gelegenheit haben dieses Optimum zu nutzen, dann aktivieren Sie sich zum Treppen laufen. Dabei beobachten Sie ihre Atmung und lassen sich auf die entsprechenden körperlichen Anforderungen ein.

Gewürzbad

Für ein Vollbad (35 Grad) benötigen Sie einen ½ l Gewürzwasser, z.B. mit Salbei, Thymian, einen Schuss Apfelessig und 200 ml Milch oder Sahne. Nach einem 15-20- minütigen Bad, angereichert mit tiefen, entspannten Atemzügen, gönnen Sie sich Ruhe.

Ägyptisches Wundermittel

Hippokrates empfahl 400 v.Chr. den Schwarzkümmelsamen als Stärkungsmittel und in Mohammeds berühmter Zitatensammlung findet sich der berühmte Spruch: „ Schwarzkümmel heilt jede Krankheit – außer den Tod"

Nehmen Sie 2-3x tägl. 25 Tr. Schwarzkümmel. Falls es Ihnen im Mund zu „fettig" erscheint, träufeln Sie das Öl auf ein Stück Brot.

Inhalation: Nehmen Sie eine handvoll Schwarzkümmelsamen, geben Sie diese in eine Schüssel. Übergießen Sie das Ganze mit heißem Wasser. Legen Sie sich ein Handtuch über den Kopf und inhalieren zwischen 15 und 20 Minuten.

Vertrauensmangel

Reiben Sie ganz sanft 2-3 Tropfen Zimtöl in die Kuhle der Medulla Oblongata.

Atembefreiung mit Selbstmassage

Nehmen Sie die abgerundete Seite von einem Kugelschreiber und ziehen diesen mit heftigem Druck, ausgehend von der Schulter bis zur Mitte. Auf dieser Strecke werden Ihnen wenigstens 2 schmerzhafte Druckpunkte begegnen. Reiben Sie an diese Stellen Anisöl ein und massieren dort erneut mit dem Kugelschreiber. Dieses mal allerdings mit kreisenden, nicht all zu sanften, Bewegungen.

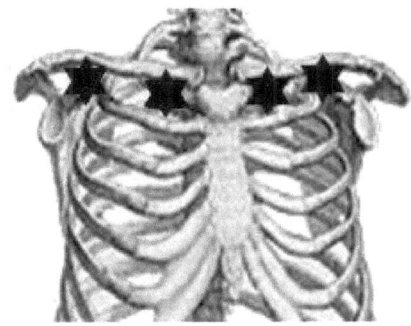

Einstromtor 2

Großhirn, Stirn-Scheitel-Schläfen-Hinterhauptslappen,
Sympathicus und Parasympathicus

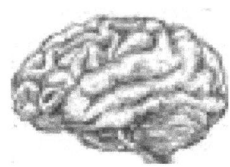

Funktionsoptimierung der Hemisphären

Manchmal sind sich die beiden Hemisphären im Teamwork nicht in allen Bereichen zugetan. Ein weit verbreitetes Phänomen ist die Rechts-links-Schwäche, die immer wieder, vor allem unter Stressbedingungen, zur Verwechselung der beiden Seiten führt. In manchen Situationen kann diese Orientierungsstörung zu einer echten Herausforderung werden, z.B. bei Wegbeschreibungen. Ursächlich lassen sich zahlreiche Vermutungen nennen, von der evulativen, über die hirnwindungstechnischen bis hin zu entwicklungspsychologischen Gründen. Das Einzige, was definitiv für die rechts-links Schwäche feststeht, ist die Unabhängigkeit vom Grad der Intelligenz. Überkreuzübungen, welche die räumliche Wahrnehmung im Gehirn schulen, können zur Linderung der Problematik eingesetzt werden.

Das Großhirn mit seinen beiden Hälften besitzt links- bzw. Rechtsaufgaben. In der Regel zeigt sich bei jedem Menschen eine Gehirnhälfte in ihren Aktionen als dominant, z. B. jemand besitzt einen ausgesprochen hohen Wortschatz und die Gabe Sprache kreativ zu verwenden (rechts), während die Grammatik eher intuitiv (rechts) eingesetzt wird als unter der Kenntnis von Regeln (links). Optimal gestaltet sich die Hirnleistung, wenn die logisch orientierte, linke Seite, mit der intuitiven, rechten Seite, ausgeglichen zusammen arbeitet. Die natürlichste Tätigkeit mit dem Anspruch der Gehirnhältenverbindung bewirkt das korrekte Gehen. Setzen Sie bewusst und übertrieben die natürliche Gangart – rechtes Bein – unterstützt vom linken Arm nach vorn – linkes Bein unterstützt vom rechten Arm nach vorn. Viele Menschen haben diese natürliche Bewegung im Verlauf der Zeit verloren, was man besonders gut erkennen kann, wenn man Nordic-walker mit ihren „beischleiftenden

" Stöcken beobachtet. Etwas intensiver können Sie durch Überkreuzbewegungen ihre linke und rechte Gehirnhälfte erfreuen, indem Sie einen Schuhplattler aufs Parkett legen. Das rechte Bein angewinkelt hoch heben und mit der flachen linken Hand auf den Oberschenkel (das Knie oder die Schuhsohle) klopfen. Die gleiche Anweisung bitte für die andere Körperhälfte ausführen. Im ganz ruhigen Stil lassen sich die beiden Gehirnhälften ebenso „kurzschließen". Überkreuzen Sie ihre Zeigefinger und strecken ihre Arme in Augenhöhe aus. Nun schauen Sie mit dem rechten Auge auf die rechte Zeigefingerspitze, halten kurz den Blick und wechseln dann zum Sehakt des linken Auges auf die linke Zeigefingerspitze. Besondere Freude bereiten Sie damit ihrem Stirnhirn. Last not least empfiehlt sich das Kreuzkrabbeln, was schon dem Kleinkind, neben einer motorischen Erweiterung, zu einer kognitiven Förderung verhilft. Gehen Sie auf die Knie. Stellen Sie ihre rechte Hand ein Stück vor, ziehen das linke Knie nach vorn, nehmen die linke Hand vor und ziehen das rechte Knie nach.

Ihrer Phantasie sind keine Grenzen gesetzt weitere, Gehirnhälften vereinende Bewegungen anzubieten.

Neben der wichtigen Vereinigung der beiden Gehirnhälften, können auch einzelne Anteile aus dem Gehirn ein „Eigenleben" gestalten. So z.B. bei der Entstehung von belastender Angst.

Lebensnotwendige Angst stellt einen integralen Anteil in der Dualität dar und basiert auf der klaren Einschätzung des eigenen Selbst (Einstromtor 1).

Vierfüssig unterwegs

Begeben Sie sich in den Vierfüßlerstand. Machen Sie sich ihre vier Bodenauflageflächen bewusst. Unterscheidet sich die Gewichtsverteilung zwischen Händen und Knien? Ist die linke oder rechte Körperseite tragender? Planen Sie gedanklich ihren Start. Jetzt geht es los. Mit der rechten Hand einen Schritt nach vorn und das linke Knie folgt der Vorwärtsbewegung. Nun geht es weiter mit der linken Hand und dem rechten Knie. Erkunden Sie doch einfach einmal ihre Wohnung mit dem Kreuzkrabbel-Gang. Sie werden kaum glauben, was Sie sich Gutes damit tun. Neben der veränderten Wahrnehmungsposition, d.h. den neuen perspektivischen Blick auf die ihnen vertraute Umgebung, trainieren Sie ihr Gleichgewichtsorgan, ihre Standfestigkeit, kräftigen ihren Rumpf und Schultermuskulatur, verknüpfen ihre beiden Gehirnhälften, trainieren die Feinmotorik.

Knieplattler

Mit oder ohne Musik klopfen Sie mit ihrer rechten Hand auf das angehobene linke Knie. Nun ein eleganter Seitenwechsel und der erste Teil der Choreografie ist bewältigt. Wiederholen Sie das Procedere einige male und Sie werden sehen, irgendwann läuft der Knieplattler wie von selbst.

Fingerkreuz

Legen Sie ihre beiden Zeigefinger über dem mittleren Gelenk zu einem Kreuz. Halten Sie sich ihr Körperkunstwerk ca. 30 cm vor die Augen und schauen mit dem linken Auge auf die rechts hervor lugende Fingerspitze und umgekehrt. Falls Sie in der Öffentlichkeit nicht wirken wollen, als wären Sie auf Vampir-Abwehrtour, malen Sie sich ein Kreuz auf einen beweglichen Gegenstand, den Sie jederzeit als Übungsobjekt einsetzen können.

Haben Sie dieses Bild nicht parat, malen Sie mit ihrer Hand, (wahlweise einen Finger) eine liegende Acht als Luftbild und verfolgen die Bewegung mit den Augen. Achten Sie darauf, dass ihr Nacken locker bleibt.

So gelockert steigen Sie ruhig in die erweiterte Augengymnastik ein, welche "den Kopf und den Bauch" auf lustige Weise verbindet. Schauen Sie in ihrem Energy Selfie® ob sich ihr Aufgabensektor im Kopfbereich optisch deutlich von dem im Bauchbereich abhebt.

Akustik im Schläfenlappen

Jedwede Wahrnehmung wird an einer bestimmten Stelle im Gehirn abgelegt. Unser Erinnerungszentrum für Hörreize sitzt in den Schläfenlappen. Sprechen Sie diese Region einmal bewusst an, indem Sie versuchen ihre Lieblingssongs, eine liebevolle Stimme o.ä. in sich wach zu rufen. Um den Zugang zu erleichtern, können Sie sanfte kreisende Bewegungen, vielleicht mit einem angenehmen Öl, in der Schläfenregion durchführen. Welche akustischen Erinnerungen werden für Sie hörbar? Mit was sind diese hervor gekrannten auditiven Inhalte für Sie verbunden?

Biografisches Erinnerungsprotokoll

Lebensstresskurve

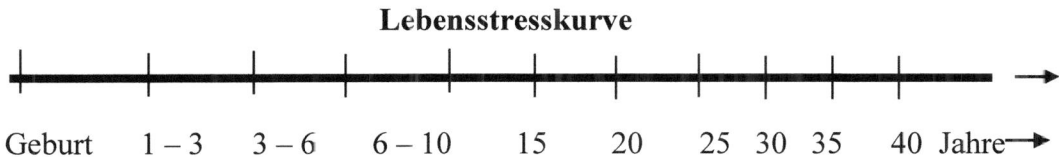

Geburt 1 – 3 3 – 6 6 – 10 15 20 25 30 35 40 Jahre

1. Tragen Sie ihre wichtigsten Lebensereignisse ein
2. Notieren Sie ihre Gefühle zu den erinnerten Situationen
3. Beschreiben Sie die körperlichen Empfindungen zu den zurückliegenden Ereignissen
4. Sortieren Sie ihre Körpersensationen in sympathikotone und vagotone Fehlsteuerungen, bzw. ausgeglichenes vegetatives Erleben.
5. Überprüfen Sie die Verhältnismäßigkeit zwischen Ereignis, Gefühl und nervaler Verfassung.
6. Können Sie überdauernde Muster bei sich erkennen.
7. Gibt es Dinge, die Sie mit ihrer heutigen Entwicklungsstufe anders regeln würden? Wie genau?

Hirnortung

Wenn Sie irgendeine Sensation in ihrem Geist-Seele-Körpersystem wahrnehmen, die Sie in ihrem Gehirn lokalisieren möchten, greifen Sie zu Stift und Papier. Malen Sie ihre Vision zur Ortung des Geschehens, ohne den Anspruch eine anatomisch erkennbare Darstellung zu gestalten. Es geht viel mehr um gefühlte Anatomie.

z. B. Melina 8J. stellt den Herd ihrer Absencen dar

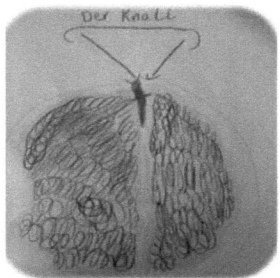

Gehirnfreshner

Um ihr Gehirn ein wenig zu trainieren, bedarf es nicht immer einen großen Aufwand. Stellen Sie sich einfach über Tag ab und zu einmal auf ein Bein oder gehen Sie ein paar Schritte auf den Zehen und den Hacken. Die besondere Konzentration auf diese, doch eher ungewöhnlichen Bewegungsmuster, erfrischen das Gehirn.

Konzentrationslösung

Nehmen Sie 10 Teile Alkohol[99] plus 10 Teile destilliertes Wasser und 1 Teil schwarzen Pfeffer. (1ml entspricht etwa 1 Gramm). Setzen Sie die Lösung in einem braunen Glasflasche an. Nach ca. 5 Tagen können Sie mit der Einnahme beginnen. 2-3 täglich 5 Tropfen.

Überanstrengte graue Zellen

Nehmen Sie 10 Teile Alkohol plus 10 Teile destilliertes Wasser (Laborqualität) und 1 Teil Anis[100]. (1ml entspricht etwa 1 Gramm). Setzen Sie die Lösung in einem braunen Glas an. Nach ca. 5 Tagen können Sie mit der Einnahme beginnen. 2-3 täglich 5 Tropfen. Ebenso wirksam ist die Anismilch (250ml) mit 2,5 g Anispulver / Anisöl und ein Löffel Honig. Morgens getrunken

---

99 Nicht geeignet für Menschen mit chronischen Lebererkrankungen, bzw. Alkoholerkrankung – gilt für alle Rezepte mit Alkohol

100 Stellen Sie sicher, dass Sie keine Anis-Allergie haben - die Berücksichtigung von Allergien gilt für alle weiteren Gewürz-/Kräuterrezepte

„entspannt" das Gehirn für den Tag, des abends verzehrt beschert es eine „gedankenlose" Nachtruhe.

Stresswidersacher Tropfen

Stellen Sie sicher, dass Sie keine Allergie gegen Anis haben. Nehmen Sie einen Teelöffel zerstoßene Anisfrüchte und übergießen diese mit 2 kleinen Tassen heißem Wasser. Nach ca. 5 Min. seihen Sie das Ganze ab und geben ca. 50 ml davon in eine Tropfflasche. Ihre Anti-Stresskur sollte zumindest 4 Wochen mit jeweils 3-5x tägl. 5 Tropfen durchgeführt werden. Den Rest ihrer Zubereitung können Sie auf einem Stövchen, ca1 Std. vor dem Zubettgehen verdampfen lassen. Sollten Sie Fußbäder lieben, geben Sie 6 Tr. Anisöl in warmes Wasser und gönnen sich ca. 15. Min. vor dem Zubettgehen diesen Genuss.

Belebung des Hauptes

Eine Kopfmassage kann mit den Händen, einem Kopfkrauler, einer Kopfspinne oder einer Bürste durchgeführt werden. Durch die Stimulation der Kopfhaut, mit ihren zahlreichen Reflexzonen, wird neben einem Entspannungseffekt für Körper, Geist und Seele, die Ausschüttung von Endorphinen und Serotonin und auch Oxytocin, unserem Kuschel – Vertrauens- und Sicherheitsgefühlshormon, gefördert. Daneben wird die Produktion der Abwehrzellen angeregt, die Durchblutung angeregt und die Konzentrationsfähigkeit erhöht. All diese Effekte sind natürlich bei dem Genuss einer Massage durch andere Hände intensiver, doch auch eine Selbstmassage ist durchaus dienlich. In der Regel liegt der Beginn bei kreisenden Bewegungen am Haaransatz entlang. Ausgehend von der Stirn wandern die Hände kraulend, knetend über die Schädelplatte. An den Schläfen können Sie nochmals beruhigende, kreisende Bewegungen ausführen und sich dann in dem persönlichen Rhythmus bis zum Nacken durch massieren. In die täglichen Hygienerituale können Sie auch ein längeres Bürsten der Kopfhaut integrieren.

Einstromtor 3

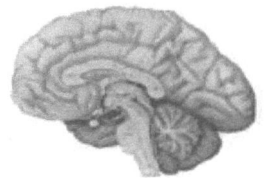 Zwischenhirn, Thalamus, Hypothalamus, Oberkiefer, Stirn,
Augen, Ohren, Nase, Neben-Kieferhöhle, Zähne, Oberkiefer

Balanceakt der Sinne

Machen Sie es den Störchen gleich. Stellen Sie sich einmal längerfristig auf das linke, bzw. rechte Bein und winkeln das freie Bein nach hinten ab. Wenn Sie diese Übung mit bravour gemeistert haben und sich ihr Gleichgewicht auch auf einem Bein einpendelt, können Sie einen Schritt weiter gehen. Stellen Sie ihren linken Fuß auf den rechten und pendeln sich in ihr Gleichgewicht. Wechseln Sie die Seiten. Machen Sie sich den Unterschied deutlich. Vielleicht mögen Sie den Bogen schließen, indem Sie sich darin erinnern, ob Sie eines der Gefühle auch in bestimmten Situationen empfinden, z.B. sich selbst mit links auf rechts zu stehen und dadurch den Entwicklungsschritt blockieren.

Gang auf Zehenspitzen

Vergrößern Sie ihre Körperlänge, indem Sie auf den Zehenspitzen laufen. Damit sich das entsprechende Körpergefühl einstellen kann, müssen Sie mehr als 30 Schritte machen. Gehen Sie die gleiche Strecke auf dem kompletten Fuß zurück und starten nun erneut im Fersengang. Gehen Sie zu ihrem Ausgangspunkt zurück. Welche Gangart ist Ihnen angenehmer. Ausführen!

Drittes Auge

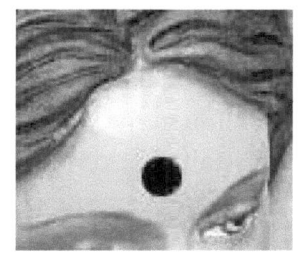

Nehmen Sie ein wohlriechendes Öl / Crème und reiben mit wechselndem Druck kreisförmig die Stirnstelle zwischen den Augenbrauen. Sehr angenehm ist es die Augen dabei zu schließen. Nicht selten taucht eine bunte Farbenwelt in ihrem inneren Kino auf.

Kopfbefreiung

Es geht in gar keinem Fall darum einen Weltrekord anzustreben. Lassen Sie langsam ihren Kopf nach vorne fallen, drehen ihn ohne Gewalt gen Schulter, lassen ihn nach hinten fallen und bewegen ihn dann Richtung Schulter und ganz langsam wieder in die Ausgangsposition. Kurz ruhen und das Ganze noch 2 x durchführen. Führen Sie einige sanfte Kreise mit ihrem Kopf aus. Es kommt nicht darauf, dass diese Kreise einen großen Durchmesser besitzen, sondern vielmehr auf ihr Wohlgefühl. Sobald Sie Meister im Kopfkreisen sind, können Sie mit ihrem Kopf eine liegende Luftacht vollbringen.

Gewandheit für Augenmuskeln

Spielen Sie einfach einmal nach Lust und Laune mit ihren Augen. Vielleicht mögen Sie ihre Augen einmal links und rechts herum rollen lassen oder einige Sekunden ausschließlich die Augen nach oben schauen lassen und den Augenmuskel ruhig ein wenig „dehnen". Das gleiche mit dem Sekunden langen, ausharrenden Blick nach links, rechts und unten. So wie der Körper nach aktiver Betätigung eine Dusche als Wohltat erlebt, liebt es das Auge sich selbst zu spülen. Blinzeln Sie über ca. 1 Min. was das Zeug hält.

Akkomodation

Unser Auge bedarf einer dauerhaften Anpassung. Wir fordern nah- und weit schauen, superpräzise und normal gucken und vieles mehr. Wie jede Körperfunktion gerne trainiert wird, liebt auch das Auge Übungseinheiten für den Ernstfall. Decken Sie ein Auge mit der gleichseitigen Hand ab. Die andere Hand strecken Sie in Armlänge aus. Wählen Sie einen Punkt in der Handinnenfläche, den Sie beim immer näher kommen der Hand, fixieren. Wiederholen Sie den Vorgang noch 2x und wechseln dann die Seite.

Gymnastik für Sehorgane

Ihre Augen können viel mehr als nur fokussiert schauen, was sie übrigens auf Dauer auch ermüden lässt. Geben Sie ihren Sehorganen die Möglichkeit zu zeigen, was sie noch alles im Repertoire haben. Rollen Sie einmal mit ihren Augen, glotzen Sie einmal bewusst, Schielen Sie nach innen und außen, lassen Sie ihre Augen von links nach rechts gleiten und von oben nach unten. Pausieren Sie zwischen den unterschiedlichen Augenbewegungen und genießen die Leere in und mit sich. Ihre Augenmuskeln werden sich über diese Gymnastik riesig freuen.

Visuell on tour

Augenmuskeln können wie alle anderen Körpermuskeln verspannen und weitere Symptome auslösen. Lassen Sie es gar nicht erst soweit kommen und trainieren ihre „Augenbeweger", die im Stirnhirn beheimatet sind. Verfolgen Sie z.B. die aufgezeichnete Strecke mit ihren Augen in unterschiedlicher Geschwindigkeit. Schauen Sie die Strecke vor- und rückwärts und achten bitte darauf, dass nur ihre Augen über aufgezeichnete Schnur huschen.

Training ihrer Sehmuskeln

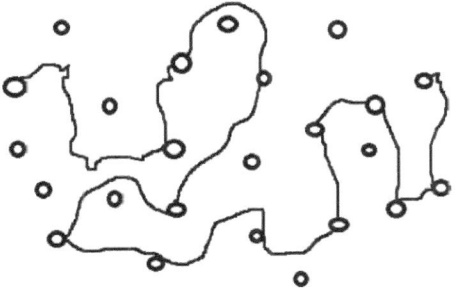

Ruheschreiendes Auge

Das überanstrengte Auge liebt Auflagen. Sie können jedes Augenlid mit einer frisch geschnittenen Gurkenscheibe für ca. 15 Min. belegen und dabei entspannen.

Silberblick

Halten Sie ihren Zeigefinger ca. 30 cm vor ihre Nase. Schauen Sie mit beiden Augen auf die Fingerspitze, die sich langsam der Nase nähert. Halten Sie für ca. 2 Sekunden den „Schielblick" und führen dann mit dem erneut sich entfernenden Finger die Augen wieder in die normale Stellung.

Sinneswalk

Machen Sie einfach einmal einen Naturspaziergang. Fokussieren Sie sich nun auf alles, was Sie sehen können. Schauen Sie genau hin und entdecken Dinge, die Ihnen ansonsten nicht in den Blick geraten. Nach ca. 5 Min. wechseln Sie ihr Programm und bieten ihren Ohren die Naturmusik…Es folgt die Zeit für die Geruchswahrnehmung, sowie die Ansprache des Hautsinns.

Nase / Nasennebenhöhlen

Ihre Nase wird es mögen mit Düften verwöhnt zu werden.
Vielleicht schlendern Sie einfach einmal durch die Natur und
richten ihren Focus auf das Riechen. Versuchen Sie die Düfte
zu identifizieren oder einfach in angenehm und unangenehm zu unterteilen.
Ebenso können Sie gute Duftöle verwenden und den Geruch in sich aufnehmen. Meeresduft, Nadelwald oder Blumenwiesen werden durch die olfaktorische Reizung zusätzlich ihre innere Bilderwelt anregen.

Kerze

Zur Entlastung der Nebenhöhlen empfiehlt es sich eine Kerze zu machen.
Legen Sie sich flach auf den Boden, heben Sie ihre Beine gerade in die Luft
und strecken dabei auch die Hüfte nach oben. Selbstverständlich können Sie
ihr Becken mit den Händen abstützen. Legen Sie eine kleine Pause ein und
praktizieren Sie die Kerze erneut.

Nasenputz

Zur Reinigung kann die Nase reizlos mit physikalischer Kochsalzlösung ein-
bis zweimal pro Woche „geputzt" werden. Bei Schnupfen oder Tropfnase
empfiehlt sich 1-3x täglich über ca. eine Woche eine Nasenspülung. Es gibt
zahlreiche Geräte zur Anwendung der Nasensäuberung, die nach Gebrauchs-
anweisung genutzt werden sollen. Die einfachste Variante ist jedoch die
Hohlhandspülung. Gießen Sie etwas physikalische Kochsalzlösung in ihre
Hand. Mit einem Finger der anderen Hand halten Sie ein Nasenloch zu. Mit
der freien Nasenöffnung ziehen sie vorsichtig die Lösung ein, warten einen
kleinen Moment und schnauben dann kräftig aus. Nachdem Sie auch ihr zweites Nasenloch gespült haben, ist der Nasenputz beendet und die normale
Reinigungsfunktion angeregt.

Nasenpflege

Stellen Sie sich eine Inhalationslösung aus 5 Tr. Anisöl auf 1 l kochendes Wasser her. Sie können nach der alten Methode mit einem Handtuch über dem Kopf den Wasserdampf einatmen oder die Lösung köchelnd auf dem Ofen stehen lassen und die Raumluft mit dem Riecherlebnis zu schwängern.

Nebenhöhlenmassage

Legen Sie ihre Zeigefinger oberhalb der Nasenflügel – fast automatisch rutschen Sie beidseitig in kleine Vertiefungen. Dort reiben Sie mit kreisförmigen Bewegungen relativ fest (5-6 Runden). Zumeist spüren Sie dann schon wie sich etwas Schleim zum Rachen hinunter bewegt.

Stille lauschen

Suchen Sie sich einen ruhigen Platz und lauschen über einen Zeitraum von ca. 15 Min. der Stille. Beschreiben Sie ihre Erfahrungen.

Selektierte Geräuschwahrnehmung

Begeben Sie sich in die Natur und wählen ein bestimmtes Geräusch aus, auf das Sie sich konzentrieren möchten, z.B. ein rauschender Bach, Holzgeräusche der Bäume. Versuchen Sie die „Erzählungen" der Naturgeräusche für sich zu verstehen. Vielleicht mögen Sie auch das Treiben auf der Hauptstraße bewusst hörend wahrnehmen. Notieren Sie, was Ihnen erzählt wurde.

Blindlauf

Wählen Sie sich einen ungefährlichen Ort aus, wo Sie mit geschlossenen Augen, ausschließlich nach ihren Höreindrücken voran schreiten. Nach diesem Blind-Hörlauf machen Sie sich ihre Erfahrungen bewusst.

Gelebte Musik

Wählen Sie sich ein schönes Musikstück aus, lauschen Sie den Klängen und bewegen ihren Körper kreativ nach den gehörten Rhythmen. Lassen Sie sich tonal motivieren oder gestalten Sie eine wilde Party mit sich, wobei Sie nach ihrer Lieblingsmusik tanzen.

Ohrmassage

Legen Sie ihren Daumen hinten, oben an die Ohrmuschel und greifen mit dem aufliegenden Zeigefinger von vorn in die Ohrrinne. Ziehen Sie diese nach hinten und arbeiten sich langsam bis zum Ohrläppchen hinunter. Wiederholen Sie diese Aktion 3x. Bevor Sie ihr anderes Ohr bearbeiten, machen Sie einen Hörtest. Lauschen Sie der Umgebung und beachten Sie den Unterschied zwischen dem massierten und den noch darauf wartenden Ohr.

Unwohl in den Lauschern

Mischen Sie einen Esslöffel gemahlenen Anis mit einem Esslöffel Rosenöl. In diesem Gemisch tränken Sie einen Wattebausch, den Sie für ca. 1 Stunde randständig ins Ohr geben.

Ohrenschmerzen

Eine Knoblauchzehe abschälen und unter heißes Wasser halten. Wie ein Tampon in das Ohr randständig einführen und für 1-2 Stunden dort platzieren.

Zähne / Oberkiefer
Mit vollem Mund reden

Füllen Sie sich den Mund mit Köstlichkeiten ihrer Wahl. Ist ihr Mund so richtig voll, dann schlagen Sie dem Sprichwort „mit vollem Mund da spricht man nicht" ein Schnäppchen. Sie erzählen Stories und achten darauf welches Wunderwerk ihre Mundmotorik vollbringt.

Kaurekord

Nehmen Sie für das Oberkiefertraining einen Bissen hartes Brot in den Mund. Kauen Sie bewusst, mit dem Ziel alles bis zum Letzten zu zerkleinern, darauf herum. Achten Sie auf ihre Zerstörungsmechanismen und beschreiben diese in der Reflexion.

Nehmen Sie den Geschmack wahr, spüren Sie die veränderte Konsistenz, des Nahrungsgutes, schieben Sie das Brotstückchen von der einen auf die andere Seite. Formulieren Sie was Sie empfinden. Im günstigsten Fall schreiben Sie sich ihre Gedanken auf. Nach dieser Aktion übertragen Sie die gleichen Worte auf das Thema „manchmal bin ich ein harter Brocken".

Oralsanierung

Feingemahlenen Schwarzkümmel, feingemahlenen Anis und feingemahlene Nelken zu gleichen Anteilen mischen. ½ TL des Pulvers im Mund einspeicheln und solange es Ihnen möglich ist im Mund bewegen. Den Mund ausspülen und das Gefühl vom Höhlenputz geniessen.

Öl ziehen

Von alters her ist das Ölziehen bekannt. Direkt nach dem Aufstehen geben Sie einen Löffel Öl (Sonnenblume, Schwarzkümmel oder ein anderes hoch-wertiges Öl) in die Mundhöhle. Zutschen Sie das Öl und bewegen es durch die gesamte Mundhöhle. Im günstigsten Fall können Sie diese Aktion 15-20 Min. vollziehen ohne zu schlucken. Da die Mundhöhle ihre Gifte in das Öl abgibt, darf auf gar keinen Fall etwas von dem Öl geschluckt werden. Zur Ölgeschmacksverbesserung können ein paar Tropfen Zitronensaft zugefügt werden. Im Anschluss den Mund 2-3x mit klarem Wasser ausspülen.

Kiefergelenk

Legen Sie ihre Hände seitlich auf die Wangen (Mit den Fingerspitzen unter die Wangenknochen). Massieren Sie mit langsamen, kreisförmigen Bewegun-gen und geringen Druck über den Kiefergelenken. Öffnen Sie zwischendurch den Mund und reiben nach oben und unten über das Kiefergelenk.

Einstromtor 4

Arme, Hände, Finger, Fingernägel, Mundhöhle, Zähne, Unterkiefer, Hals, Bronchien, Kehle, Speise-Luftröhre, Schilddrüse, Stimmbänder

Special Handling
Mnemotechnische Formel

Gleichgültig mit welcher Thematik aus dem Energy Selfie® Sie Probleme haben. Die Übung erweist sich als universell. Nutzen Sie den zentralen Begriff aus ihrem Problembereich und schreiben ihn senkrecht auf ein Blatt. Benutzen Sie nun die vorgegebenen Buchstaben als Anfangsbuchstaben eines

Begriffs, der ihnen spontan einfällt. (kann themenzentriert oder komplett frei assoziiert sein) Tragen Sie waagerecht ihre Ergebnisse ein.

Zur Krönung nehmen Sie nun diese Begriffe und gestalten eine Geschichte daraus.

z.B. Herr G. (36 J.) zeigt u.a. eine doppelte Aufgabeneinströmung in Tor 4 mit dem Wegweiser in Tor 6. In Stresssituationen beginnt er zu Stottern und es macht sich eine diffuse, aber belastende Angst breit. Eine 3-jährige Analyse hat Herr G. erfolglos absolviert. Sein Glaube damit leben zu müssen, verfestigt sich zunehmend.

1. **Mnemotechnische Formel** (Thema orientiert)

S - prechen

T - elefonieren

R - uhe

E - rröten

S - chauspielerei

S – exualität

„Wenn ich sprechen, vor allem telefonieren soll, gerate ich unter extremen Stress. Oft reicht der Gedanke daran schon. Eigentlich komme ich nie wirklich zur Ruhe. Dauernd läuft mein Kopf, warum ich so bin wie ich bin. Ich will nicht mehr diese Schauspielerei, weder im Beruf noch privat. Fertig" Die Nachfrage bezüglich des erröten und der Sexualität, schien Herr G. unangenehm zu sein. Er entschuldigt sich wegen des Fehlers und beginnt hastig über zahlreiche Situationen des Errötens, die allsamt mit Begegnungen des anderen Geschlechts, aufgetreten sind. Sexualität empfindet Herr G. eher stress- als lustbetont.

2. **Mnemotechnische Formel** (Thema orientiert 4 Monate später)

A - kademiker

N - ot

G - eld

S - tatus

T –rennung

„Ohne Akademiker zu sein, gerät man schnell in Not, hat wenig Geld und keinen Status. Das macht immer wieder Trennung". Nach dieser Aussage kämpfte Herr G. mit seinen Tränen.

Vielleicht haben Sie Lust noch eine Affirmation oder eigene Meditation aus ihren mnemotechnischen Begriffen zu entwickeln.

Schilddrüse
Im Freien gelingt´s

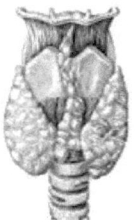

Gehen Sie heraus in die Natur. Wenn Sie ganz eins mit ihrer Umgebung sind, beginnen Sie laut von sich zu erzählen. Achten Sie auf ihre Stimme und ihre Empfindungen.

Ungewohnt anders
Bei ihrem nächsten shopping Bummel wagen Sie doch einmal ein Experiment. Wählen Sie einen Kleidungsstil aus, den Sie noch nie getragen haben. Vielleicht etwas total verrücktes oder extrem Solides, vielleicht bunt, wenn Sie ansonsten nur „grau" unterwegs sind. Ihr ungewohnter Selbstausdruck wird zahlreiche Körperprozesse auslösen.

Stärken mit Eichenrinde
Bei Globusgefühlen eignet sich der Sud von Eichenrinde. 1,5 – 2 Esslöffel Eichenrinde in ca. 1,5 l Wasser geben und 15-20 min. kochen, abseihen und abkühlen lassen. Tränken Sie eine Mullbinde oder Baumwollstrumpf darin, den Sie folgend auf die Vorderseite des Halses legen. Fixieren lässt sich die Auflage mit einem Schal. Die Schilddrüsenstreichelung sollte täglich ca. 30 Min. durchgeführt werden, jedoch nicht länger als 2 Wochen. Bei größeren Hautläsionen keinen Eichenrindeumschlag durchführen.

Speiseröhre
Schluck und spür

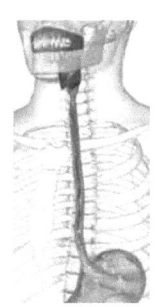

Beginnen Sie schon im Mundraum die Nahrung bewusst zu zerkleinern. Wenn Sie schlucken müssen, geben Sie dem Impuls nach und verfolgen explizit den Weitertransport des Speisebreis. Was für Mitbewegungen ereignen sich? Wie fühlt sich das Ganze für Sie an? Welche Bilder oder Gefühle entstehen bei Ihnen? Nehmen Sie eventuell auch Geräusche wahr?

Köstlich lauwarm

Bereiten Sie sich ein Glas warmes Wasser. Nehmen Sie bewusst einen Schluck und lassen die Flüssigkeit langsam durch die Kehle rinnen und empfinden Sie jede einzelne Durchflussstelle bewusst.
Sollten Sie unter Säureproblemen im Magen leiden, bereiten Sie sich abends ¼ l lauwarmes Wasser (Ayurvedawasser) und trinken es genussvoll.

Kehle

Bei entzündlicher oder schmerzhafter Kehle eignen sich besonders Pfefferaufgüsse (grün, weiß oder schwarz), frisch gebrühter Ingwertee oder Kamillentee mit 1-2 Tropfen Myrrheöl gemischt. Lassen Sie kleine Schlucke langsam durch die Kehle rinnen.

Halsgold

Kochen Sie 2 EL Honig, 1 Essl. Anis, 1 getrocknete Feige und eine Dattel in etwas Wasser solange, bis die Früchte weich sind und die Flüssigkeit sich eingedickt hat. Die Früchte können verzehrt werden und ihr Rachen freut sich riesig über täglich ein Löffelchen von dem wohlschmeckenden Sirup.

Verwöhnungsbedürftiger Hals

Gegen Schmerzen oder Entzündungen der Mandeln kochen Sie drei bis vier Kartoffeln mit Schale. Packen Sie diese möglichst warm in einen Strumpf und drücken mit dem Handrücken die Kartoffeln platt. Diesen warmen Schal legen Sie sich um den Hals und lassen ihn ca. 20 Min. wirken.

Hals-Brustraum

Der altbewährte Quarkwickel eignet sich überwiegend als Kaltanwendung[101] bei Entzündungsbeschwerden im Rahmen von Erkältungen, Insektenstichen, Wunden, Hautirritationen oder rheumatischen Beschwerdebildern. Den zimmertemperaturwarmen Quark fingerdick auf ein entsprechend großes Baumwolltuch streichen.

Dieses dann umschlagen, sodass eine Art Quarkpaket entsteht. Für ca. 40 Min. auf die betroffene Stelle legen, über der Sie eineAuflage fixieren. Sollte der Wickel unangenehm werden, nehmen Sie ihn selbstverständlich früher ab. Bitte nicht auf offene Wunden legen. Den Quarkwickel können Sie je nach Bedarf mehrfach täglich durchführen. (ist auch an entzündlichen Gelenken wirksam)

Luftröhre

Stellen Sie sich ihre Luftröhre vor. Atmen Sie ganz bewusst ein und verfolgen den Weg der Luftweiterleitung. Machen Sie sich bei ihrer Ein- und Ausatmung das schlauchartige Gebilde der Luftröhre spürbar. Vielleicht bemerken Sie, was in ihrem Körper alles in Mitbewegung gerät, wenn sich die Luft ausbreitet / ausströmt. Schicken Sie ihre Atemzüge auf den Weg und verfolgen bewusst ihre Reiseroute.

---

101 Warmanwendung bei nichtentzündlichem Geschehen – dafür den Quark im Wasserbad erwärmen

Dampfbad

Geben Sie 5 Tr. Anisöl in heißes Wasser und genießen mit einem Tuch über den Kopf das Dampfbad. Wichtig ist es, dass Sie durch den Mund einatmen.

Bronchialkur

Überbrühen Sie eine Messerspitze Safran und einen EL. Thymian mit einem 1/4l Wasser. Nach ca. 10 Min. können Sie das Ganze abseihen und schluckweise trinken. Als Geschmacksverbesserer können Sie 1 Teel. Honig hinzufügen.

Bronchienreiniger

1 EL Feingemahlenen Schwarzkümmelsamen, 1 TL gemahlenes Süßholz, 1 TL Kamille und ½ TL Anispulver vermischen und mit heißem Wasser aufgießen und ca. 10 min. ziehen lassen. Ein Bronchiallabsal erster Klasse.

Atemwegssauna

Gönnen Sie sich und ihrem Atemtrakt ein Dampfbad mit oder ohne Zusatz (keine augenreizenden Zusätze verwenden) Bringen Sie in einem Topf Wasser zum Kochen und legen sich ein großes Handtuch parat. Stellen Sie den Topf vor sich und hängen sich das Tuch über den Kopf um dann den Wasserdampf einzuatmen. Öffnen Sie bei durchführender Nasenatmung ihren Mund Der positive Nebeneffekt ist eine super Reinigung der Gesichtsporen.

Zwiebelwickel

Zerkleinern Sie 1-2 Zwiebeln und wickeln Sie in ein Baumwolltuch. Legen Sie den Wickel bei akuten Beschwerden kalt auf und lassen ihn zwischen einer viertel und halben Stunde einwirken. Sind ihre Beschwerden chronischer Natur wärmen Sie das Tuch vor dem Auflegen an. U.a. hinter den Ohren, um den Hals, auf die Brust…

Mundhöhle

Öffnen Sie eine Kardamom- Kapsel und entnehmen einige der wohlriechenden Kügelchen. Diese schieben Sie sich in die Wangentasche. Über Stunden dort gelagert, geben Sie neben einem angenehmen Atemduft, einen lieblich, zarten Geschmack, der sich in ihrer Mundhöhle ausbreitet. So ganz nebenbei reinigt das Gewürz ihre Mundschleimhäute von der Mundhöhle bis zum Magen und pendelt das Säuremilieu ein.

Weitspucken

Üben Sie sich in der Technik des Weitspuckens. Sammeln Sie genügend Speichel und wenden alle Kraft auf, um diese Körperflüssigkeit möglichst weit aus sich heraus zu befördern. Variante: Suchen Sie sich einen Spuck-Partner oder versuchen Sie sich selbst immer wieder mit einem besseren Spuck-Ergebnis zu übertreffen.

Höhlenschmaus

Nehmen etwas von ihrer Mahlzeit in den Mund. Bewegen Sie die Nahrungsteile langsam in ihrer Mundhöhle, setzen Sie auch ihre Zunge als Transporthelfer ein. Lassen Sie die Nahrung förmlich in der Mundhöhle schmelzen.

Dauergenuss

Legen Sie sich eines ihrer Lieblingsleckerchen, z.B. ein Stück Schokolade, in den Mund und lassen sie schmelzen. Nehmen Sie den Genuss bewusst wahr und achten Sie darauf, was Ihnen ihre Geschmacksknospen bieten.

Verbindungsrohr von Mund zu Darm

2-3x täglich 25 Tr. Schwarzkümmelöl pflegen die Schleimhäute der Verdauungsorgane vom Mund bis zum Darm. Wer die Einnahme als zu „fettig" empfindet, kann das Öl auf ein Stück Brot träufeln und dann verzehren. Eine weitere Möglichkeit bietet der Genuss von Schwarzkümmeltee. 1 TL Frisch gemahlener Schwarzkümmel auf eine große Tasse mit heißem Wasser geben. Die positive Wirkung reguliert den Anblick des Tees, der an abgelassenes Altöl aus einem PKW erinnert. Doch denken Sie daran, eine längerfristige Kur mit diesem Getränk wirkt sich auch wie ein Ölwechsel in ihrem Organismus aus.

Unterkiefer
Kiefergymnastik

Ihr Unterkiefer mag zwischendurch variable Bewegung. Schenken Sie ihm einfach eine kleine Gymnastik. Am besten öffnen Sie locker ihren Mund und bewegen den Kiefer langsam nach links und rechts. Spüren Sie hinein, welche Seite gängiger ist. Wiederholen Sie die Übung bis Sie das Gefühl haben, dass sich der Unterkiefer zu beiden Seiten gleichweit und gleich leicht bewegt.

Danach schieben Sie ihren Unterkiefer nach vorn und ziehen ihn wieder zurück. Lockern Sie ihre Wangenmuskulatur zwischendurch.

Kaugummi kauen

Legen Sie ihre Hände, mit den Fingerspitzen unter den Augenknochen, auf die Wangen. Fühlen Sie auf welcher Wangenseite ihre Muskulatur stärker ausgeprägt ist. Offensichtlich wird sie besser trainiert. Diese Dysbalance kann zahlreiche Mißbefindlichkeiten im Bewegungsapparat bedingen. Kräftigen Sie die Muskulatur der schwächeren Wangenseite durch bewusstes Kautraining, z.B. mit Kaugummi, Nüssen, Süssholzstangen o.ä. Kauen Sie mit unterschiedlicher Schnelligkeit und Kräftigkeit. Wechseln Sie die Aktivitätsseite. Achten Sie auf die zahlreichen Muskelbewegungen, die ihr Kauakt auslöst.

Arme
Flaschen-Pendler

Lassen Sie ihre Arme seitlich am Körper hängen und beginnen gleichzeitig mit beiden Armen nach vorne und hinten zu pendeln. Wechseln Sie die Schwinghöhe. Nach einer kleinen Pause schwenken Sie mit einem Arm nach vorne und mit dem anderen Arm nach hinten. Nach einer erneuten Pause nehmen Sie 2 Plastikflaschen bei nach vorne geöffneter Hand zwischen Zeige- und Mittelfinger. Mit diesen Gewichten pendeln Sie erneut und verändern durch die Befüllung der Flaschen deren Gewicht. Wollen Sie es etwas beschwingter, dann greifen Sie zu einem langen Schaltuch, nehmen das eine Ende in die linke und das andere Ende in die rechte Hand. Schalten Sie Musik ein und bewegen ihre Arme wie Flügel.

Aus Armen werden Schwingen

Werden Sie sich ihrer Arme bewusst, indem Sie ihr Gewicht locker nach unten baumeln lassen. Schwingen Sie langsam seitlich, so wie vor zurück, geben Sie sich dieser Dynamik hin. Nun versuchen Sie einmal ihre Arme weit nach außen zu ziehen und wie ein Vogel zu flattern, einen Gleitflug zu machen oder kräftige Schwingbewegungen als wollten Sie abheben.
Vielleicht mögen Sie sich dabei mit dem ganzen Körper bewegen und ihre Arme als Anführer zur eigenen Leichtigkeit zulassen.

Klatschkonzert

Versuchen Sie ihre Arme seitlich über dem Kopf in einer Klatschaktion zusammen zu führen. Nach einigen Klatschern pausieren Sie und führen diese Aktionen vor dem Bauch und rückwärtig durch.

Variationen im handling

Ihre Hände vollbringen Tag für Tag unendlich viele Bewegungen, doch zumeist sind es immer die gleichen. Probieren Sie einfach einmal aus, was ihre Hände alles können. Gönnen Sie sich Gutes und schenken sich selbst Klatschen als Applaus, klatschen Sie einen Takt, falten Sie ihre Hände und üben an unterschiedlichen Berührungsstellen einen kräftigeren Druck aus. Machen Sie eine Faust, drehen Sie die Handteller nach oben, zur Seite unter Berücksichtigung beider Drehrichtungen. Lassen Sie sich zu vielen Handlungen inspirieren. Unter Zuhilfenahme der Arme, die Sie in Brusthöhe aufspannen, heben Sie ihre gefalteten Hände und ziehen sie vor die Brust. Achten Sie darauf, dass die Ellenbogen in der Waagerechten bleiben.

Quetschball
Nehmen Sie einen weichen Ball in die Hand und drücken ihn aus der Kraft der Handmuskulatur zusammen und lassen wieder los. Achten Sie auf ihre Gefühle, während Sie den Druck in der Intensität verändern.

Isometrisch drücken
Bei den isometrischen Übungen geht es um Muskelkontraktionen, die unter maximaler Spannung gehalten werden ohne die Längenveränderung des Muskels. Ganz wesentlich ist, dass die Gelenke nicht bewegt werden. Das übergeordnete Prinzip lautet, dass jede Position solange es eben geht gehalten wird, darauf eine Pause erfolgt und so viele Wiederholungen wie gewünscht erfolgen.
Die gehaltene Spannung erfolgt ohne Bewegung. Nehmen Sie ihre Hände in Betposition (Handfläche an Handfläche) vor die Brust. Drücken Sie die beiden Handflächen mit unterschiedlichem Druck aneinander, sodass Sie den Druck in der Brustmuskulatur spüren. Lösen Sie die Anspannung und wiederholen Sie mehrfach Druck und Lösen.

Igelballspiel
Legen Sie einen Igelball in ihre Handfläche und drehen ihn unter Mithilfe der Finger in ihrem Handteller. Drücken Sie die Handfläche zusammen und erleben die „Igelstacheln" in ihrer Hand. Versuchen Sie den Ball bei halbgeschlossener Hand zu drehen.

Formulierte Kinästhetik

Wählen Sie eine Vielzahl von Gegenständen aus, die Sie berühren möchten, weiche, harte, kuschelige, raue … vielleicht mögen Sie die Augen schließen um ihrem Tastsinn die volle Aufmerksamkeit zukommen zu lassen. Lassen Sie sich Zeit und erspüren alle Qualitäten. Versuchen Sie ihre Fühlerfahrenswelt mit differenzierten Begriffen zu benennen. Versuchen Sie ihre taktilen Eindrücke so zu beschreiben, dass ein Fremder eine Vorstellung von ihren Fühleindrücken erhält.

Wenn Sie die Vielzahl ihrer Eindrücke in ihrem Gehirn speichern wollen, ist es ratsam Analogien in ihre Beschreibung zu geben z.B. weich wie Samt, kühl wie Metall…

Handzehen

Seien Sie kreativ und probieren Sie, was ihre Finger alles können, zappeln, spreizen, einzeln einknicken, wie ein Fächer ein- und ausgerollt werden… Geben Sie sich ihrem Fingerspitzengefühl hin.

Fingerspitzengefühl

Scannen Sie das Gefühl ihrer Hände und Finger im Bezug zu ihrem Körper. Nach diesem Empfindungscheck halten Sie beide Hände in Brusthöhe mit den Innenflächen gegeneinander, sodass sich die Fingerspitzen sanft berühren. Drücken Sie einmal kurz fester und lassen wieder locker.

Wenn Sie dies einige male wiederholt haben, reiben Sie ihre Fingerspitzen ganz sanft kreisrund aneinander. Nach Beendigung führen Sie den Scan erneut durch und können über das Ergebnis staunen

Fingerstrech

Der Anfangs- und Endscan sind bei der vorletzten Übung. Klappen Sie ihre Finger einzeln kraftvoll ein und ziehen aus dem Grundgelenk noch einmal nach um sie dann wieder zu öffnen und lang auszustrecken. In der 2. Runde lassen Sie die Finger eingeklappt bis sie komplette Fäuste haben. Drücken dann noch einmal kräftig zu und lassen ruckartig los um ihre Finger strahlenförmig lang auszustrecken.

Gelenkkreisel

Wie zuvor beschrieben führen Sie den Anfangs- und Endscan mit der Konzentration auf ihre Handgelenke und Finger durch. Nun beginnen Sie mit den Handgelenken nach innen und außen so viel Runden zu drehen wie es für Sie angenehm ist. Dann beginnen Sie mit beiden Daumen und allen anderen Fingern der Reihe nach ebenfalls ein- und auswärts zu drehen. Wer seine besondere motorische Begabung testen möchte, kann das Fingerdrehen gegenläufig durchführen. Sind ihre Finger gut eingezappelt, schwingen Sie fächerartig, beginnend mit dem kleinen Finger, alle Finger in den Handteller und führen die gleiche Bewegung rückwärts aus.

Handbad

Verwöhnen Sie ihre Hände, die allzeit für Sie arbeiten. Bereiten Sie sich ein Handbad aus ca. 2l warmen Wasser mit 2 EL Schwarzkümmelöl und 2 EL Sahne. Sanfte Bewegungen und purer Genuss für ca. 20 Minuten.

Einstromtor 5

Solarplexus, Speiseröhre, Mund, Magen, Leber, Gallen-
blase, Bauchspeicheldrüse, Milz, Dünndarm, Blinddarm,
Dickdarm, Herz, Lunge, Harnblase, Haut

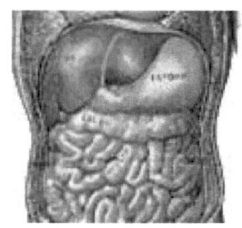

Wechsel der lebensnotwendigen Stoffe

Magen
Sich selbst versorgen

Im arabischen gibt es eine Lebensweisheit aus dem Koran:
"Eß ein Drittel – trink ein Drittel und lass ein Drittel leer"
Dieser Spruch kann auf die körperliche, seelische und geistige
Ebene zur Selbstversorgung transformiert werden. Finden Sie
Beispiele von sich?

Rollkur

Ein unpässlicher Magen liebt des morgens eine Verwöhnkur des morgens im
Bett. Stellen Sie sich einen Kräutertee / Kamillentee / Süßholzwurzel
/Fenchel/ oder 1 Glas lauwarmes Wasser mit 5 Tr. Anisöl parat. (bei speziellen Störungen können die entsprechenden Kräuter ausgewählt werden) Nach
dem Getränk legen Sie sich für 5 Min. auf den Rücken, drehen sich dann auf
die linke Seite verharren ebenfalls 3-5 Minuten.
Es folgt die Bauchlage und abschliessend die rechte Seitenlage. Nun sind alle
Schleimhäute und jeder Winkel im Magen beruhigend gestreichelt und Sie
können frisch ihren Tag beginnen.

Zickender Magen

Bereiten Sie sich 1 l Anistinktur zu und vermischen dies mit 1 l Wasser und 400g Zucker. Füllen Sie das Ganze in ein dunkles Gefäß und lassen es ca. 4 Wochen ziehen. Zur Stärkung des Magens können Sie 2-3x tägl. 1 TL des Sirups über 2-3 Wochen einnehmen.

Leber
Leberliebe

Die Leber liebt feuchtwarme Wickel um in ihrer Funktion gestärkt zu werden. Nehmen Sie ein Handtuch, halten es unter heißes Wasser, wringen es aus und legen es vorwiegend auf ihre rechte Seite. Darauf geben Sie eine Wärmflasche und umwickeln sich mit einer kuscheligen Decke. Gönnen Sie ihrer Leber 30 entspannte Minuten. Es empfiehlt sich diesen Wickel gegen Abend aufzulegen, da Sie im Anschluss eine wohlige Müdigkeit verspüren können.

Druck Ablass-Ventil namens Galle

Wenn Sie einmal ärgerlich oder wütend sind und merken wie der innere Druck steigt, nutzen Sie einfach einmal ihre Stimme zur Entlastung. Auch wenn Sie ansonsten zu vornehm sind um zu fluchen oder zu schimpfen, so tun Sie es jetzt einfach einmal. Es muss auch nicht zaghaft sein, denn der innere Druck soll raus. Sobald sich die Entspannung breit macht, können Sie zum Abschluss ja noch ein Liedchen trällern.

Safran, der Gallenfreund

Geben Sie auf 1 Tasse Olivenöl eine Messerspitze Safran und eine Prise Salz. Lassen Sie das Ganze etwa 3 Tage in einer dunklen Flasche ziehen. 5 Tropfen pur oder auf Brot über den Zeitraum von 2-3 Wochen sind eine hervorragende Frühlings- oder Herbstkur für ihre Galle.

Steigender Gallenflüssigkeitspegel

Vermischen Sei 10 gr schwarzen, feingemahlenen Pfeffer, 5 gr. Alkohol und 100 ml Wasser. Nach 10tägiger Ziehzeit, seihen Sie die Flüssigkeit ab und nehmen im Bedarfsfall 10 Tr.

Bauchspeicheldrüse

Die Bauchspeicheldrüse verkörpert die Süße des Lebens, allerdings nicht in Form von Ruhe oder Leckerchen, sondern eher in körperlicher Tätigkeit, die durchaus anstrengend sein soll. Was das genau für Sie ist, wissen nur Sie. Gönnen Sie ihrem Pankreas diese Freude einer anstrengenden Tätigkeit.

Seilchen springen

Als Organ der Süße im Leben, liebt die Bauchspeicheldrüse Bewegungen aus der Rückerinnerung an Kindertage. Besorgen Sie sich ein Springseil und aktivieren Sie ihre kindliche Hopslust. Versuchen Sie mit beiden Füssen zu springen um dann in den Gazellenstil überzugehen. Wechseln Sie den Rhythmus und die Springart nach ihrem Gusto. Wie fühlen Sie sich bei dieser Aktion?

Zimtöl

Mischen Sie 30ml Sonnenblumen – oder Rapsöl mit 1 TL frisch gemahlenen Zimt. Bis zum Verzehr (2 tägl. 5 Tr.) sollte die Mischung 4 Tage ziehen und abgeseiht werden.

Hay´sche Trennkost

Die Hay´sche[102] Trennkost ist eine einfache und gesunde Ernährungsform mit der vereinfachten Formel Eiweiß z.B. Fisch, Fleisch sollte nie mit Kohlehydraten, z.B. Reis, Kartoffeln, Nudeln verzehrt werden. Gemüse, Salat usw. gelten als neutrale Lebensmittel und sind dadurch für den gemeinsamen

---

102 Arzt Howard Hay – 1866-1940

Verzehr mit Eiweiß oder Kohlehydraten geeignet. Der Stoffwechsel und ihr gesamtes Oberbauchteam werden es Ihnen danken.

Milz
Faulenztag
Die Milz als vernachlässigtes Organ in der Medizin liebt es, wenn Sie einen Faulenzertag einlegen. Nichts planen, nichts wirklich tun, nichts aktivieren, usw. ist die Devise für diesen Erholungstag als Geschenk an die Milz.

Milzwürze
Mischen Sie 10 Teile Alkohol und 1 Teil Koriander. In einer dunklen Glasflasche ca. 10 Tage an einen warmen Ort stellen. Nach dem Abseihen tägl. 1x 5-8 Tr. einnehmen.

Kaltumschlag für die Milz
2-3 EL Heilerde äußerlich mit Leitungswasser zu einem streichbaren Brei in einer Glasschale anrühren. Mit einem Pinsel großzügig, ca.1/2 cm dick, über die Milzgegend verteilen (sofern keine Hautverletzungen vorliegen). Mit einem Baumwoll- oder Leinentuch abdecken und darüber eine Decke legen. Nach 30-40 Min. können Sie die Packung wieder herunternehmen.

Darm
Darmpflege
Mischen Sie zu gleichen Anteilen Fenchel, Anis und Kümmel mit Sonnenblumenöl. Lassen Sie das Gemisch ca. 1 Woche ziehen, seihen sie es ab und nehmen über 14 Tage 2xtägl. 8 Tr. ein.

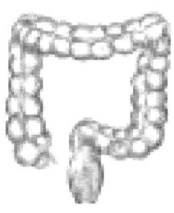

Putztag im Darm

Schälen und halbieren Sie 3 Knoblauchzehen und legen diese in 0,7 l Essig ein. Das Gemisch benötigt 1 Woche zum Ziehen. Es lässt sich ebenso zum Würzen verwenden, wie als Getränk. Für den Drink geben Sie 1 Essl. der Mischung in ein Glas Wasser und fügen 1 Löffel Honig hinzu. Einmal pro Woche dient der Cocktail als Reinigungsmittel für die Darmwindungen.

Darmchampus

Gönnen Sie sich eine Oregano-Blütentee Kur. Nutzen Sie die ungeöffneten eiförmigen Blütenköpfe und übergießen diese mit heißem Wasser. Nach 3-5 Min. seihen Sie den Tee ab und genießen das köstliche Getränk. Jeden 2. Tag über 3 Wochen eine große Tasse Oregano-Tee bringt dem Darm Wohlfühligkeit und sortiert die Darmflora.

Darmmassage

Nutzen Sie ein einfaches Babyöl oder ein symptomentsprechendes Öl, welches Sie sanft auf der Bauchdecke (vom Rippenbogen bis zum Schambein) verteilen. Legen Sie ihre flache Hand unter den rechten Rippenbogen und schieben Sie sie mit sanftem Druck zum linken Rippenbogen. Immer eine Etage tiefer ziehen Sie ihre Hand quer über die Bauchdecke. Wiederholen Sie dies 5-6 mal.

Folgend schieben Sie ebenfalls 5-6 mal ihre Hand längs über die Bauchdecke. Abschließend führen Sie kreisende Bewegungen im Uhrzeigersinn über der Bauchdecke aus. Wenn Sie die Darmwellness intensivieren möchten, schenken Sie ihrem Bauch noch Wärme und Ruhe.

Herz
Rhythmuspulsationen

Kopieren Sie die Tätigkeit ihres Herzens, indem Sie ihren
ganzen Körper anspannen und alle Muskeln wieder locker
lassen. Wiederholen Sie die beiden Phasen 8-10 mal und spüren die wohltuende Entspannung und Durchblutung. Wer viel
Wohlgefallen an dieser Aktion hat, sei auf die progressive
Muskelrelaxation nach E. Jacobson verwiesen.

Erlebnis der Diskontinuität

Der Mensch unterliegt in allen Bereichen einem bestimmten Rhythmus. Seien
es die Organe, die Arbeits- und Ruhezeiten haben, sei es der Tag-
Nachtrhythmus, sei es der eigene Tagesablauf. Ein sehr tief wirksamer Mechanismus ist der Herzschlag. Dieser schon von pränatalen Zeiten[103] an
bekannte Urrhythmus löst bei allen Menschen Ruhe und Geborgenheitsemp-
finden aus. Doch wehe, wenn dieses rhythmische Unterfangen neue Wege
geht. Manchmal könnte man denken, dass die Beatles nur deshalb so erfolgreich waren, weil Sie den Herzschlagrhythmus in ihren ersten Liedern besonders stark eingebunden haben. Setzen Sie sich einmal bewusst einem
arrhythmischen Erlebnis aus, z.B. das Hören eines unrhythmischen Trommel-
stücks. In der Regel tauchen sehr rasch Ängste, vor allem Lebensängste, auf.
Auf diesem Weg können Sie die Erfahrung machen, was eine arhythmische
Lebensweise für unseren Körper – Geist und unsere Seele bedeutet. Vielleicht
schleicht sich nach ihrer neuen Erkenntnis auch mehr Achtsamkeit auf ihre
kontinuierliche Lebensgestaltung ein.

---

103 Das Herz beginnt am 27. Tag nach der Zeugung zu schlagen. (2+7 = 9) Wahrscheinlich bietet das Einstromtor 9
   nicht umsonst die Energien zu den Herzensqualitäten.

Edel fürs Herz

Nehmen Sie 10 Anteile Alkohol und 1 Anteil Safran zur Herstellung eines Gewürzheilmittels. Nach 4 Tagen Ziehzeit und dem Abseihen ist die Mischung gebrauchsfähig. Täglich 2x8 Tr. von dem edlen Gewürzmittel erfreuen ihr Herz.

Knobi-erfreuer

350 g Knoblauch schälen und fein hacken. In 300 g 75% igen Alkohol in eine dunkle Flasche füllen. 10 Tage verschlossen an einem halbdunklen Ort bei normaler Temperatur ziehen lassen. Abseihen und in eine Tropfflasche umfüllen. 3x tägl. 5 Tr. zu den Mahlzeiten einnehmen.

Lunge
Geräuschvoll Atmen

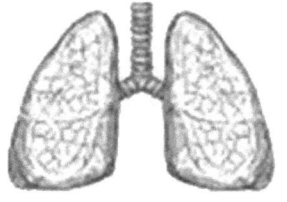

Atmen Sie tief ein und langsam tonvoll aus. Wenn Sie merken, dass der Ton zu schwanken beginnt oder leiser wird, machen Sie sich ihre Atemreserve in der Lunge bewusst und befördern ihr letztes Atemmolekül hörbar nach draußen. Wiederholen Sie ihr geräuschvolles Ausatmen 3-5 mal. Sehr schnell werden Sie bemerken, dass ihre Ausatmungszeit sich automatisch verlängert.

Gut geölte Lunge

Nehmen Sie 30ml Schwarzkümmelöl und legen darin 3 halbierte Knoblauchzehen für 4 Tage ein. Tägl. 3x8 Tr. erfreuen nicht nur die Lunge, sondern auch die Reflexorgane der Verdauung.

Blase
Blasenwalk

Vollziehen Sie einen Barfußgang auf trockenem Boden
mit unterschiedlichen Qualitäten. Nehmen Sie den Unter-
grund bewusst wahr und rollen ihren Fuss bewusst betont
von der Ferse zu den Zehen hin ab.

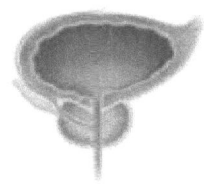

Blasenwohl

Mischen Sie 100ml Cognac mit 8 Tr. Anisöl. Nach einem Tag können Sie mit
der 14 tägigen Kur beginnen. Nehmen Sie 2xtägl 8Tr. ein.

Gesundheitsgemüse

Pflücken Sie frische Brennesseln und bereiten Sie wie Spinat zu. 3-4 Tage
etwa 20gr. des Gemüses als Reinigungskur verzehren.

Solarplexus-Pflege
Erdstrahlung des Sonnengeflechts

Nicht umsonst wird unsere Körpermitte als Sonnenge-
flecht bezeichnet. Diese Körperstelle benötigt Wärme,
wie wir unsere Nahrung. Sie kennen es sicherlich aus
Kindertagen, wenn die heilende, warme Hand, gegen jede

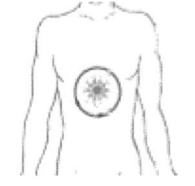

Art von Leid, auf das Zentrum gelegt wurde, und in Windeseile Schmerz und
Pein ihren Abschied nahmen.
Gönnen Sie sich heute auch eine heilende Hand, eine Wärmequelle oder
strecken Sie ihren Bauch einfach einmal der Sonne entgegen. Eine Sonderbehandlung für ihr Zentrum aus dem Verwöhnprogramm ist die Einreibung mit
einem Entspannungsöl, z.B. Johanniskraut-Öl, (danach nicht in die Sonne
gehen)
Auch eine gelbe Auflage, sei es in Form eines Tuches, Schals o.ä. nimmt ihr
Zentrum gerne als Sonderbehandlung an.

Haut
Taktiles Vergnügen der Federstreichelung

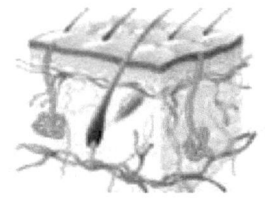

Suchen Sie sich eine schöne Feder mit der Sie sich sanft berühren. Sie werden sehr rasch Entspannung erleben, weil sich in Windeseile die Haut-Nervenverbindungen angesprochen fühlen und dem Gehirn Impulse der Ruhe senden. Parallel dazu werden Kuschelhormone (u.a. Oxytocin) ausgestoßen und das Fürsorgesystem für sich selbst steht parat.Verschaffen Sie sich dieses taktile Vergnügen.

Ich in meiner Haut

Sorgen Sie dafür, dass Sie sich in ihrer Haut wohlfühlen. „Brezeln" Sie sich einmal richtig ihrem Wohlgefühl gemäß auf. Der Gedanke, wie andere ihr out fit bewerten, spielt absolut keine Rolle. Basteln und modellieren Sie solange an sich selbst, bis Sie sich absolut zufrieden in ihrer Haut fühlen.

Schaumgrenze

Schäumen Sie ihren kompletten Körper ein und spüren das „Schaumfell". Entspricht diese äußere Hülle ihrem inneren Bild von ihren Körpergrenzen? Fühlen sich einzelne Körperteile intensiver an als andere?

Wehrverhalten checken

Das Empfinden zur Eigenwehr kann in den unterschiedlichsten Situationen auftreten. Wann haben Sie das Gefühl sich ihrer Haut erwehren zu müssen? Welche Wehrverhalten nutzen Sie und welche kennen Sie? Welche Erfahrungen haben Sie mit den von Ihnen praktizierten Methoden bislang gemacht? Was wären ihre Wünsche? – weitere Strategien ? – andere Grenzen ? um sich ihrer Haut zu erwehren?

Grenzerfahrung

Eine Grenzerfahrung über ihr Schutzorgan Haut können Sie mit einer bewussten Einseifung, Einölung oder Einschäumung erleben. Wesentlich ist es, dass Sie sehr bedacht ihr Abgrenzorgan von der Umwelt erleben und jeden Winkel ihres Körpers berücksichtigen, z.B. die Zwischenräume der Finger.

Hautirritationen begegnen

Erwärmen Sie im Wasserbad etwas kaltgepresstes Pflanzenöl, überpudern Sie die warme Flüssigkeit mit 3 EL Heilerde und verrühren das Ganze mit einem Holzstäbchen. Bitte keinen Metallgegenstand benutzen. Bereiten Sie einen starken Schwarztee (Fenchel, Kamille) zu und lösen darin das feste Ölgemisch bis zu einer streichfähigen Paste. Noch warm tragen Sie die Masse auf das Gesicht, den Hals und das Decolleteé auf. Nach ca. 30 Min. nehmen Sie die Maske mit warmen Kompressen ab. Bei Neigung zur trockenen Haut, können Sie die Maske durch eine feuchte Auflagen während der Einwirkzeit am Austrocknen hindern.

Entzündungshemmer für die Haut

Brühen Sie einen starken schwarzen Tee auf. Den Teebeutel können Sie auflegen oder die Hautunreinheiten / Hautirritationen mit dem Tee betupfen.

Kernseifenrubbel

Gönnen Sie sich ein home-türkisches Ganzkörperpeeling. Sie benötigen einen Naturluffa-Schwamm und Kernseife ohne Zusätze. Duschen Sie möglichst warm, nehmen Sie sich Zeit um Körperteil für Körperteil mit der Kernseife großzügig einzuseifen. Nun kommt der Luffaschwamm als Abrubbelinstrument zum Zuge. Durch die Entschuppung und porentiefe Reinigung atmet ihre Haut erheblich besser und zudem wird die Durchblutung angeregt.

Haarkräftigung

Zur Kräftigung des Haares, können Sie nach ihrer normalen Haarwäsche etwas helles Bier als nicht auszuspülende „Festigung" locker in die Kopfhaut einmassieren und das Haar damit befeuchten.

Glanz in wallender Mähne

Um Glanz auf das Haar zu zaubern, können Sie einen Sud aus 2-3 Blättern Zitronenlorbeer herstellen und diese Flüssigkeit nach der Haarwäsche auf das Haar verteilen. Genüsslich in die Kopfhaut leicht einmassieren.

Haarverlust

Sollten Sie zu viele Haare verlieren, können Sie sich einen sehr starken Basilikumtee aufgießen. Nach dem Erkalten fügen Sie einige Tropfen Weizenkorn / Schnaps hinzu. Das Ganze geben Sie in eine Sprühflasche, um das Basilikumgemisch auf die Kopfhaut zu sprühen und leicht einzumassieren. Erste Erfolge zeigen sich in der Regel nach 14-tägiger Anwendung.

Nephretitis Geheimtip

Legen Sie rote Rosinen für ca. 5 Tage in Schwarzkümmel-Öl ein. Für die Hautpflege tägl. 1 TL zu sich nehmen. Eine Kur beläuft sich auf 3 Wochen.

Nephretaris Pharaonenbad

Füllen Sie einen Becher Sahne, den Saft einer Zitrone und 500gr. Salz in ihr Badewasser. Geniessen Sie das warme, körperumspülende Nass ca. 20 Min. Nach dem Bad nicht abtrocknen, sondern in ein Tuch / Decke einwickeln und ruhen.

Superdrink zur Organpflege

Herz-Kreislauf – Magen-Darm – Sinnesorgane - Gefäße
5-6 EL Honig in 1 l Wasser geben. Das Gemisch erwärmen. 30 geschälte und zerkleinerte Knoblauchzehen,
sowie 3-4 geschälte und zerkleinerte Zitronen dem Honig-
wasser zufügen und ca. 15 Min. köcheln lassen. Abseihen
und in eine Glasflasche füllen und an einen kühlen Auf-
bewahrungsort platzieren.

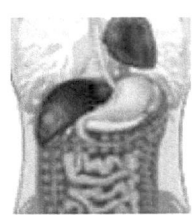

Vor oder nach der Hauptmahlzeit 1 Likörglas des Superdrinks 1x tägl. zu sich
nehmen. Der erste Teil der Kur bezieht sich auf den Zeitraum von 3 Wochen,
eine Woche Pause und erneut 3 Wochen mit dem Genuss des täglichen
Drinks. Keine Sorge eine Knoblauch-Fahne brauchen Sie nicht zu befürchten.
Am wirksamsten ist die Kur im Frühjahr und im Herbst, d.h. immer wenn die
Natur sich in einer großen Wechselphase befindet.

Ölziehen

Die alte Methode des Ölziehens richtet sich verstärkt an das Entgiftungs- und
Herz / Kreislaufsystem. Wichtig ist die Nutzung eines kalt gepressten Öls
(Sonnenblume, Sesamöl, Leinöl, Kokosöl…) Entfernen Sie Prothesen und
spülen ihren Mund einmal mit klarem Wasser aus. Nehmen Sie einen Esslöffel Öl in den Mund und ziehen, saugen, kauen und bewegen (zutschen) die
Flüssigkeit in ihrem Mundraum. Die 20- minütige Anwendung am Morgen,
über wenigstens 3 Wochen, zeigt Ihnen anhand der Farbe des ausgespukten
Öls, deutlich wieviel Toxine entfernt wurden. Da die Mundhöhle ihre Gifte in
das Öl abgibt, darf es auf gar keinen Fall geschluckt werden. Nach dem Procedere spülen Sie ihren Mund von den Ölresten frei. Nach einem kurzen zeit-
lichen Abstand können Sie wie gewohnt ihre Zahnpflege betreiben.
P.S. Zur Ölgeschmacksverbesserung können ein paar Tropfen Zitronensaft
hinzu gefügt werden.

Einstromtor 6

Brüste, Drüsen (endokrin, exokrin), Eierstöcke, Eileiter, Gebärmutter, Genitalien, männliche-weibliche, primäre und sekundäre Geschlechtsorgane, Harnblase, Nieren, Lymphsystem, Prostata

Bauchnabel abwärts
Eierstöcke / Hoden

Luftradeln

Legen Sie sich auf den Rücken und radeln in der Luft mit ihren Beinen, was das Zeug hält. Wie beim richtigen Radfahren, müssen Sie einmal stärker und einmal weniger kräftig „in die Pedale" treten. Eine entspannende und durchblutungsfördernde Wirkung stellt sich nach ca. 3 Min. Luftradeln ein.

Ab in die Regression

Legen Sie sich gemütlich auf den Rücken, je nach ihrer Verfassung auf einen weichen oder harten Untergrund. Ziehen Sie ihre Beine an und umschliessen sie unter dem Knie mit den Armen. Beginnen Sie langsam mit der Kraft aus den Knien nach links und rechts zu wiegen. Je sicherer Sie werden, umso mutiger können Sie sich wiegen und die sich durch den ganzen Körper fortsetzenden Schwingbewegungen genießen.

Kräuter säen und pflanzen

Geben Sie sich dem Prozess des Säens, bzw. Pflanzens, hin. Befüllen Sie ein entsprechendes Gefäß mit Erde und bereiten den Boden für ihre Schützlinge vor. Machen Sie sich kundig welche Bedingungen ihr Pflanzgut bedarf, welche Erde, welcher Topf, welchen Standort, wann möchte das Gewächs in den Boden, usw.
Schenken Sie ihrem „Sprößling" Geborgenheit.

Bewusste Liebesgeste senden

Die Grundproblematik von Frau N. lag in einem immer wieder aufploppenden Glaubenssatz "Man will über mich bestimmen". Dies geschah auch wieder beim Arbeitsvermittler. Nach einer kurzen Bearbeitung durch die Ressourcen im Energy Selfie® verwandelte Frau N. den Satz in " er liebt mich und möchte mir nur helfen". (O-Ton) Das Folgegespräch verlief entspannt und erfolgreich." Ich habe ihm Liebe gesendet" (O-Ton)
Versuchen Sie es doch einmal Frau N. gleich zu tun.

Antispasmus

Bei Unterleibskrämpfen bereiten Sie sich eine Mischung aus 1 Messerspitze Safran und einer Tasse Mandelöl her. Gut durchmischen und 2-3 mal täglich den Unterbauch mit dem Heilöl einreiben.

Rumpfgymnastik mit Reifen

Besorgen Sie sich einen Hula-Reifen und trainieren, dass er längere Zeit drehend auf ihren Hüften verweilt.

Hüft Acht

Malen Sie mit ihrer Hüfte eine liegende Acht in die Luft. Beginnen Sie einmal rechts vorn, einmal rechts hinten und umgekehrt. Variieren Sie die Größe und Schnelligkeit in der Bewegung.

Dickicht durchdringen

Suchen Sie sich bei ihrem nächsten Spaziergang einen Nebenweg durch Dickicht und / oder Gestrüpp. Kitzeln Sie den Abenteurer, den Dschungelbesieger, aus sich heraus und stellen sich der Herausforderung den Urwald zu durchqueren. Spüren Sie die Berührungen der Zweige, vielleicht das Festhalten durch dornenbesetzte Heckentriebe, das Gefühl den Boden nicht sehen zu können. Fühlen Sie sich wie die Queen / der King im Dschungel und entwickeln Techniken das Dickicht zu überwinden.

Wie geht es ihnen dabei immer wieder vor einem neuen Widerstand zu stehen? Was geht Ihnen bei dieser Aktion durch den Kopf? Gab es in ihrem Leben schon einmal so ein Dschungelgefühl?

Uteruspflege

Stellen Sie sich in die Grätsche und beugen langsam ihren Rumpf nach vorne. Bitte nur soweit, wie es für Sie ohne riesige Anstrengung machbar ist. Nach dem Aufrichten machen Sie eine kurze Pause und Wiederholen die Rumpfbeuge ca.10 x.

Vollbad

Brühen Sie ca. 1 l starken Frauenmanteltee auf. Geben Sie diesen Sud in ein Vollbad, welches Sie für ca. 15 Minuten genießen können. Anschließend sollte Sie ruhen.

Brust
Brustuhr

Stellen Sie sich vor ihre Brustwarzen sind die Zeiger einer Uhr. Strecken Sie die Brust etwas heraus und beginnen mit der Zeigerdrehung um 12.00 Uhr. Achten Sie darauf, dass diese Bewegung rund läuft. Vielleicht mögen Sie auch bei 3.00 Uhr, 6.Uhr und 9.00 Uhr einen kurzen Stopp einlegen. 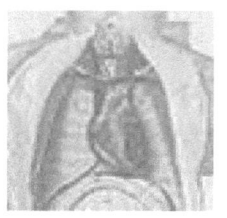 Lassen Sie die Zeiger wenigstens 5x über das gedachte Zifferblatt laufen.

Treppenstep der Brust

Ziehen Sie ihre Brust stufenweise in ca. 4 Etappen nach oben. Bei jedem Absatz machen Sie einen kurzen Halt. Das gleiche Bewegungsmuster vollziehen Sie nach unten. Legen eine kurze Pause ein. Wiederholen Sie das Ganze 5x. Wird die Übung einem weiblichen Wesen zu öde, so kann die Variante mit einem kleinen Buch auf dem Busenansatz für viel Spaß sorgen.

Hoden
Unterleibspflege
Bauen Sie sich aus allen ihnen zur Verfügung stehenden Kissen ein Nest in ihrem Bett. Verkriechen Sie sich in ihrem Bau und genießen sich.

Langsames Grätschen
Stellen Sie sich gemütlich hin und rutschen nach und nach mit dem linken und dem rechten Bein nach außen. Es muss nicht im Spagat enden, sondern wenn Sie merken, dass ihre Grenze erreicht ist, vollziehen Sie den Rückweg ebenso mit allerkleinsten Schritten in die Ausgangsposition.

Prostata -Wiege
Hocken Sie sich auf eine Matte / Teppichboden und umschließen ihre Beine unterhalb ihrer Knie mit den Armen. Wiegen Sie sich nun langsam, sanft und vorsichtig hin und her. Wagen Sie sich ruhig bis zum Kipppunkt und balancieren sich aus.

Unterleibswickel
Rühren Sie eine Tasse Heil- oder Moorerde mit heißem Wasser an. Diesen Brei streichen Sie sich auf den Unterleib und decken das Ganze mit einer Folie und einer wärmenden Decke ab. Nach 20-30 Minuten waschen Sie Packung ab und ruhen noch eine geraume Zeit.

Lymphe
Wechselduschen
Bei ihrer nächsten Duschsession nehmen ein Päckchen
Salz mit. Sobald das wärmende Wasser mehrfach über
ihren Body geflossen ist, reiben Sie ihren Körper mit dem
Salz ein. Sie können ruhig ein wenig rubbeln, bis es auf der Haut pritzelt. Noch einem Warmduschgang und einen kühleren Wasserschauer zum Schluss. Hüllen Sie sich in ein großes Frotteetuch ein (nicht abtrocknen) und

kuscheln sich für mindestens 30 Minuten auf die Couch. Das gleiche Procedere können Sie auch beim Saunieren praktizieren.

Lymphstupser

Vermischen Sie 5gr weiße und 5gr schwarze Senfkörner mit 2 grob zerhackten Knoblauchzehen in 1 l Essig. Nach dem Aufkochen, lassen Sie das Ganze 2 Tage ziehen, seihen es ab und können tägl. 1-2x einen TL einnehmen.

Drüsenreinigung

Nehmen Sie 30ml Sonnenblumenöl und fügen 1 TL Kurkumapulver hinzu. Nach 10 Tagen und einmal täglich schütteln, ist die Lösung zur Einnahme fertig. Sollten Sie die Gewürzteilchen stören, können Sie das Öl in einem Haarsieb abseihen.
2xtägl. 8 Tr. pur oder auf einem Brot wären eine optimale Dosierung für eine 20-tägige Drüsenkur.

Ingwerdrink

Zerreiben Sie ca.10 gr frischen Ingwer und füllen den Mus in ein Teeei. Das Ganze mit heißem Wasser übergießen und ca. 10 Minuten ziehen lassen. Es ist nicht anzuraten den Drink zu süßen.

Niere
Expansion eigener Grenzen

Schauen Sie in ihrem Energy Selfie® nach einer Ressource, die Sie bislang noch nicht sonderlich häufig eingesetzt haben. Überlegen Sie in welcher Form Sie ihr Kapital zukünftig nutzen möchten. Am besten machen Sie sich Notizen, dass ihnen keine Ideen verloren geht. Sprengen Sie ihre eigenen Grenzen.

Abhängigkeit überprüfen

Jeder Mensch steht in mehr oder weniger Abhängigkeiten. Listen Sie ihre Abhängigkeiten auf und Sie werden erstaunt sein, wieviel Bereiche und Themen Sie entdecken werden. Vielleicht haben Sie Lust einmal zu schauen, ob Sie sich der ein oder anderen Abhängigkeit entledigen möchten.

Misstrauen beachten

Kennen Sie das Gefühl des Misstrauens? In welchen Situationen haben Sie Bekanntschaft mit dieser Empfindung gemacht. Hat sich dieses Gefühl als schützend erwiesen oder haben Sie sich Chancen dadurch entgehen lassen?

Meine Wichtigkeit

Wo spielen Sie für andere eine Rolle? Richtig! diese Frage ist doppeldeutig. Zum einen kann Sie darauf abzielen, in wie fern Sie von anderen in ein besonderes Aufmerksamkeitsspektrum geraten oder so aufgefasst werden, in wie fern Sie sich eine Maske aufsetzen und für andere – wie ein Schauspieler – eine Rolle übernehmen. Ihre Auseinandersetzung damit ist gefragt.

Nierenspaß

Mischen Sie 3 EL gemahlenen Anis mit einer Flasche herben Weißwein. Das Ganze 12 Tage an einem dunklen Ort ziehen lassen, abseihen und täglich 1-2 EL zur Freude ihrer Niere einnehmen.

Kick für den Nierenfluss

Hacken Sie ca. 6 Stängel Petersilie und übergießen diese mit kochendem Wasser. Nach 5 Minuten Ziehzeit ist der Tee trinkfertig. Da der Tee entwässernd wirkt, sollte er nur einmal wöchentlich präventiv getrunken werden

Einstromtor 7
Hüfte, Beine, Knie, Füße, Fußgelenke, Zehen, Zehnägel

Von der Hüfte bis zum dicken Zeh
Rhythmusgeber

Schon im 3. Gebot wird auf die Wichtigkeit des Rhythmus zwischen Aktivität und Ruhe hingewiesen. Alles auf dieser Welt läuft in Rhythmen, in einige sind wir unausweichlich eingebunden (planetare Rhythmen), einige ängstigen uns (z.B. Werden und Vergehen), andere bieten uns Orientierung (z.B. Tag und Nacht), wieder andere schaffen wir uns selbst als Sicherheitspfosten in unserem Leben. Überprüfen Sie ihre individuellen Reaktionen und Aktionen im Bezug auf Rhythmen. Gibt es in ihrem Leben naturwidrige Rhythmen, die ihrem geistig-seelisch-körperlichen Befinden nicht zuträglich sind?

Gangarten

Probieren Sie verschiedene Gangarten, schnell-langsam, große -kleine Schritte- Gänsefüßchen, feste-leichte Schritte, vorwärts-rückwärts-seitwärts und alles was Ihnen noch einfällt. Sie können sich auch einmal ein Ziel stecken, auf das Sie mit den unterschiedlichen Gangarten zugehen. Welche Gangart kommt ihrer ansonstigen Zielverfolgung, auch im übertragenen Sinn am nächsten?

Richtungsgeber Gelenk

Wählen Sie sich ein Gelenk ihres Körpers aus. Probieren Sie nun in welche Richtungen dieses Gelenk seine Bewegungen ausführen kann. Sie werden bald feststellen, dass die kleinen, mittelgroßen und großen Gelenke viel mehr Bewegungen ausführen können, als sie es bislang im Alltag praktiziert haben.

Babyspass

Legen Sie sich auf den Rücken und strampeln mit den Beinen was das Zeug hält. Halten Sie weder geräuschvolles Atmen noch Juchzlaute zurück.

Schlenkerbein

Stellen Sie sich auf ihr Standbein, heben das andere Bein an und schwingen vor- und rückwärts. Zur Erhaltung der Balance können Sie ihre Arme zur Hilfe nehmen.

Achtsames Gehen

Diese Übung[104] dient der Entspannung und dem Stressausstieg „auf kurzem Weg". Falls es möglich ist, können Sie diesen meditativen Walk barfuß vollziehen.

Setzen Sie bewusst einen Fuß vor den anderen und dabei atmen Sie ruhig und gleichmäßig, wobei ein Lächeln im Gesicht ihren Anmut unterstreicht. Spüren Sie hinein welcher Teil des Fusses den Boden zuerst berührt. Welche Beschaffenheit und Temperatur hat der Boden? Wie genau rollt sich ihr Fuß ab? Heben Sie nun einen Fuß und achten darauf wie leicht oder schwer er sich vom Boden löst, welche Muskeln, vor allem der Wade, nimmt er zur Unterstützung mit ins Boot? Wie findet es ihr Fuß eine Weile ohne Bodenkontakt zu sein.

Wenn Sie diese Übung einige male durchgeführt haben, bedarf es immer weniger Zeit diese Achtsamkeit zu erwerben, bis sie sich schliesslich und endlich automatisiert.

Kniegang

Begeben Sie sich auf ihre Knie und richten den Oberkörper auf. Sobald Sie sich einbalanciert haben, starten Sie ihren Gang auf den Knien. Variieren Sie ihr Knielauftempo. Sie können jederzeit pausieren und aus ihrer Perspektive die Umwelt wahrnehmen.

---

104 aus Pflüger Homöopathie - Informationen

Kopfstütze

Setzen Sie sich auf den Boden, ziehen ihre Knie an und legen ihren Kopf gemütlich darauf. Probieren Sie verschiedene Positionen aus. Die Arme dürfen Sie gerne zur Hilfe einsetzen.

Knietisch

Setzten Sie sich gemütlich auf den Boden, stellen ihre Beine auf und benutzen die Kniescheiben als Tisch. Sie können eine vorbereitete Serviette darauf legen, den Teller entsprechend platzieren und gemütlich speisen. Erschwerend können Sie ein Gericht, was die Nutzung von Besteck erfordert, auf diesem Weg einnehmen.

Scheuerfuß

Legen Sie ihre Fußflächen aneinander und reiben mit beiden Füssen. Verändern Sie das Tempo und die Druckstärke. Pausen zwischendurch sind nicht nur erlaubt, sondern notwendig. Einmal ist die eine Seite aktiver und einmal die andere.

Spitzen- Fersengang

Gehen Sie mehrere Schritte auf den Fersen und strecken die Zehen in die Luft. Danach gehen Sie auf den Zehen und ziehen die Fersen hoch. Wechseln Sie immer schneller zwischen dem Zehen- und Fersengang.

Fussbad

Mischen Sie 1 TL schwarzen Pfeffer (feingemahlen) mit 30 ml Jojoba- oder Olivenöl und lassen diese Mischung ca. 4 Tage ziehen. Für ein Fußbad benötigen Sie 5-8 Tr. Dieses Fußbad sollte nicht unbedingt direkt vor dem Zubettgehen gemacht werden, da die Durchblutungsförderung eher eine belebende Wirkung besitzt.

Steinbecken

Sammeln Sie auf jedem Spaziergang ein paar Steine und legen diese in eine Spülschüssel. Wenn Sie einige Steinschichten eingefüllt haben. Gehen Sie barfuß auf der Stelle in der Schüssel. Verändern Sie den Druck auf die Fußsohlen. Im Anschluss die Füße in warme Socken oder eine Decke einpacken.

Fußcreme

Gönnen Sie sich eine belebende Fußmassage mit 3 TL frisch gemahlenen Kaffee in ca. 100 gr. erhitztes Kokosöl geben. Das Gemisch kann des abends einmassiert werden, Socken darüber ziehen und am nächsten Morgen die belebten Füsse säubern.

Zehstift

Schreiben Sie mit ihrem dicken Zeh auf ein imaginäres Papier auf der Erde ihren Namen. Der linke Zeh möchte genauso wie der rechte Zeh gefordert werden. Falls Sie die Gelegenheit haben können Sie auch in Sand oder Erde mit ihrem Zehenstift schreiben.

Fussmassage

Nehmen Sie ein gut duftendes Öl, streichen den Fuß damit ein. Beginnen Sie an der Ferse mit sanften kreisenden Bewegungen und arbeiten sich bis zu den Zehen vor. Nun kommt jeder Zeh zu seinem Recht – er wird von unten nach oben ausgestrichen und zum Abschied einmal leicht in die Länge gezogen. Abschliessend umgreifen Sie den ganzen Fuss und verabschieden sich mit einem kurzen Druck.

Zehenwerkzeug

Spreizen Sie ihre Zehen, zappeln Sie mit ihnen und bereiten sie auf eine weitere Aufgabe vor. So gut trainiert dienen Sie ihnen nun als Greifwerkzeug um Socken, Zeitungen o.ä. aufzuheben und gezielt wieder abzugeben.

Fussfinger Malerei

Klemmen Sie einen Stift zwischen ihre Zehen. Schreiben oder malen Sie frei nach ihrem Gusto und schüren ihre Fußmotorik.

Sohlenspaß

Legen Sie sich einen kleinen Ball unter die Fußsohle und bewegen ihn mit unterschiedlichem Druck im Kreis, hin und her… Lassen Sie ihrer Bewegungsphantasie freien Lauf.

Alexandra (5J.) 2fach blockierte 7 und Aufgabe liebte diese Übung und stellte es bildlich dar.

Variationen der Gelenkbewegung

Betrachten Sie einmal ihre Füße und schauen/fühlen wo Sie überall Gelenke haben. Probieren Sie einmal in welche Richtungen sich die einzelnen Gelenke bewegen lassen. Bremsen Sie ihren Experimentiergeist nicht.

Gelenkschmerz

Erwärmen Sie 1-2 EL Schwarzkümmelöl und fügen ebenso viel Schwarz-kümmelsamen hinzu. Sie können die Mischung pur oder abgeseiht auftragen.

Kohlwickel

Bei Prellungen und Verstauchungen empfehlen sich Wirsingblätter, bei arthrotischen Beschwerden Weißkohl[105]-Auflagen. Nehmen Sie ein saftiges Außenblatt, halten es unter heißes Wasser und rollen es mit einem Nudelholz (einer Flasche) saftig.
Die Kohlblätter auflegen und mit Frischhaltefolie fixieren. Darüber können Sie zur Befestigung eine Bandage wickeln oder eine Leggins anziehen.
Es empfiehlt sich über wenigstens eine Woche allnächtlich eine Auflage durchzuführen.

Einstromtor 8

Darmausgang, Mastdarm, Lendenwirbelsäule, ISG, Bindegewebe

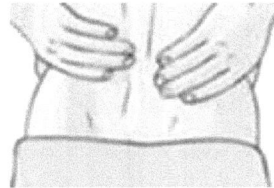

Rückwärtig unten
Hüpfen für den Darm

Hüpfen Sie einmal lustvoll durch ihre Wohnung und legen zwischendurch ein paar normale Gehschritte ein. Probieren Sie alle möglichen Hüpfarten ein-beinig, zweibeinig, Hochhüpfer, Flachhüpfer, usw.

---

105 Laut Universität Duisburg-Essen – 4wöchige Studie mit Teilnehmern Durchschnittsalter 66 Jahre

Warme Einläufe

Ab und zu eine Reinigung der tiefsten Darmstelle gleicht dem Eckenhausputz. Sie können warmes Wasser in ein Klistierbällchen füllen und langsam in den Darm "pusten". Gemütlich und entspannt liegen bleiben, vielleicht ein wenig den Unterbauch reiben und zur gegebenen Zeit entleeren.

Untere WS
Rumpf- und Hüftkreisen

Stellen Sie sich locker aufrecht hin und kreisen mit dem Rumpf, wobei Sie die Kreisgröße und die Geschwindigkeit variieren. Nach einigen Umrundungen legen Sie eine kurze Pause ein und beginnen mit unterschiedlich großen Hüftkreisen. Abschließend kreieren Sie sich einen Rhythmus, z.B. 2 Oberkörperkreise, 2 Hüftkreise.

Lastenträger Kopf

Legen Sie sich ein Buch auf den Kopf und gehen damit durch ihre Wohnung. Nach einer relativ kurzen Zeit werden Sie bemerken, dass sich ihre Haltung verändert und das Buch quasi zu Ihnen gehört. Sie können ein weiteres Buch auflegen und dies solange wiederholen, wie es Ihnen Freude bereitet.

Ungewöhnliche Fortbewegung

Gönnen Sie sich eine Gangart, die Sie aus Kindertagen kennen. Gehen Sie in die Hocke und starten mit der Vorwärtsbewegung.

Abgeben und annehmen können

Achten Sie in ihrem Alltag darauf wie Sie mit dem Abgeben von materiellen und immateriellen Dingen umgehen. Ebenso beobachten Sie sich beim Annehmen. Was fällt Ihnen leichter / schwerer. Wie könnten Sie diese beiden Aktionen gleichwertig für sich gestalten?

Achtsames Vorangehen

Schenken Sie sich auf ihrem nächsten Spaziergang 5 Min. achtsames gehen. Vorbereitend verschränken Sie ihre Hände hinter dem Rücken oder vor dem Bauch. Ihren Blick richten Sie gen Erde ohne irgend etwas ins Visier zu nehmen. Während Sie nun einatmen, heben Sie einen Fuß und sobald Sie ihn wieder aufsetzen, atmen Sie aus. Ihr Atem und Sie bilden ein Team. Wenn Sie im Einklang miteinander sind, checken Sie welche Körperteile und Muskeln Sie wie beanspruchen. Auch ihre Gefühle und Bewertungen schließen Sie mit in die Selbstwahrnehmung ein. Zur Beendigung des meditativen walks atmen Sie noch einmal tief durch und kehren wieder in die Realität zurück.

Kuschel Baum

Legen Sie sich mit dem Rücken an ihren Lieblingsbaum und umschlingen mit den Armen nach hinten den Stamm. Verbinden Sie sich mit dem Stamm indem Sie sich durch die Kraft der Arme besonders mit dem Becken an den Baum drücken. Nach kurzer Zeit lassen Sie die enge Bindung los, um sie bald wieder aufzunehmen. Spüren Sie den energetischen Austausch mit ihrem Baumfreund.

Eichenrindensitzbad

Übergießen Sie Eichenrinde mit kochendem Wasser und lassen das Ganze ca. 10 Min. ziehen. Sobald eine angenehme Temperatur erreicht ist, setzen Sie sich in das erholsame Teilbad in einer Schüssel.

Altes Loslassen

Um den Darm als 2.Gehirn sauber zu putzen, Giftstoffe zu entsorgen Abfälle natürlich zu entfernen, empfiehlt es sich reichlich Wasser zu trinken und einmal pro Woche einen Rohkosttag einzulegen. Eine Massage nimmt ihnen der Darm bestimmt nicht übel. Wer mehr auf Gemüsesäfte ausgerichtet ist, kann eine 2 Tageskur mit frischen Säften durchführen.

Wichtig ist, dass Sie relativ viel grünes Gemüse verwenden. Wer weder das eine noch das andere mag, kann versuchen sich mit einer Kräuter-Tee Kur oder Pflaumensaft Kur anzufreunden, die ab und zu mit einem probiotischen Joghurt aufgepeppt wird.

Konfetti-Kur

Zur Freude von Leber, Galle und Darm gönnen Sie sich eine Kurzkur. Am ersten Tag nehmen Sie ein fettfreies Frühstück und Mittagessen zu sich.

Ab 14.00 Uhr besteht Nahrungskarenz – gegen 18.00 Uhr lösen Sie sich 1Eßl. Bittersalz und ½ TL Vit. C in ½ l Wasser auf, was Sie zügig trinken.

Um 20.00 Uhr genießen Sie den gleichen Drink erneut. Um 21.45 Uhr bereiten Sie einen weiteren Trunk aus einer ½ Tasse Olivenöl und ¾ Tasse frisch gepressten Grapefruitsaft zu, den Sie gegen 22.00 Uhr zu sich nehmen. Zur besseren Wirkung gehen Sie zur Nachtruhe, die nur von einer Entleerung gestört werden kann.

Um 6.00 Uhr und um 8.00 Uhr gibt es noch einmal den Bittersalz / Vit.C Drink. Ab 10.00 Uhr können Sie beliebigen Fruchtsaft trinken und Obst zu sich nehmen.

Ab 12.00 Uhr können Sie mit leichter Kost wieder in ein normales Essverhalten einsteigen. Falls Sie sich über weiße, gelbe oder grünliche Kügelchen in ihren Entleerungen gewundert haben, so sind diese Konfetti-Ereignisse harmlose Zusammenballungen von Verdauungssekreten.

Einstromtor 9

Brustwirbelsäule, Schultergürtel (Gefährdung von Lunge, Oberbauchorganen bedenken), mittlere Teil der WS bis Schultern (Herzgefährdung bedenken)

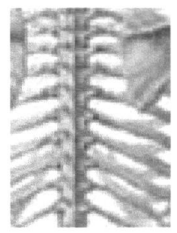

Kehrseite aufwärts

Sich einrollen

Legen Sie sich hin, ziehen Sie ihre Knie zum Oberkörper und schlingen ihre Arme darum. Machen Sie sich so klein wie Sie können. Pressen Sie immer ein wenig nach und lockern wieder. Sobald Sie sich "zuhause" in dieser Position fühlen, beginnen Sie sich ganz sanft nach rechts und links zu wiegen und geniessen sich.

Rucksack schleppen

Stellen Sie sich vor wie schwer ihr Problem in kg wiegt. Ebenso viel kg packen Sie in ihren Rucksack. Dann setzten Sie den Rucksack auf und machen sich mit ihrem Ballast auf den Weg. Spüren Sie in die Tragelast hinein und machen sich bewusst, dass Sie diese Schwere dauerhaft in ihrer Seele spazieren tragen. Abschließend stellen Sie sich vor die Entscheidung, ob sie weiterhin mit der Last auf ihren Rücken durchs Leben gehen wollen oder sich Erleichterung verschaffen möchten. Wenn Sie in die Problembearbeitung einsteigen, können Sie den Rucksack immer um so viel kg erleichtern wie Sie „weggearbeitet" haben.

Orte der Gefühle

Malen Sie sich selbst in irgend einer Form. Folgend schenken Sie jedem ihrer Gefühle, auch denen die keinen Namen haben, ein Symbol.

Tragen Sie diese im folgenden Schritt in die entsprechende Körperregion ihres Erlebens ein.

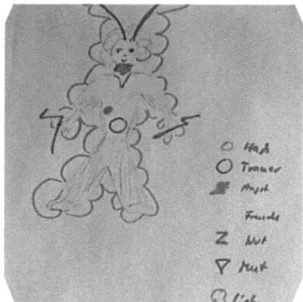

Perspektivenwechsel

Zwicken, Zwacken oder Schmerzen versuchen wir alle gerne zu analysieren. Unser Gehirn wird auf Hochtouren geschaltet. So kennen wir uns. Nun wechseln Sie einmal ihren Blickwinkel. Schauen Sie ihr Problemorgan einmal mit dem Herzen an. Erwehren Sie sich nicht ihrem eigenen Erstaunen.

Poesie

Wählen Sie sich ein Gedicht unter der Prämisse "meine Aufgaben aus dem Energy Selfie®" aus meiner Herzenssicht". Widmen Sie sich dieser Poesie.

Einstromtor 10
Epiphyse / HWS

Wunderdrüsengebiet
HWS Nacken

Was der Nacken alles kann

Bewegen Sie ihre Nackenmuskulatur nach allen Richtungen, für die sie vorgesehen ist. Nicken – als Vor und Rückbewegung bis zur Schmerzgrenze, sowie links-rechts Bewegungen und separat die „Nein" Bewegung in unserer Kultur.

Epiphyse 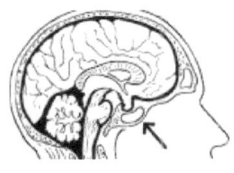 **Wunderdrüse**

Die Verbindungsenergie zwischen allem, was sich auf dieser Welt tummelt und den kosmischen Schöpferkräften wird über die Lichtenergie erklärt.

Insbesondere das Großhirn, welches zu 95% aus Wasser besteht, speichert diese Informationen in Clusterform.[106] Dankend empfängt die Epiphyse die durch Schwingungen im Gehirnwasser umgewandelten Energien. Sie selbst schwingt auf einer Grundfrequenz von 8 Hz und gibt diese kalibrierende Frequenz an den gesamten Organismus weiter.

Praktisch bedeutet dies, dass z.B. die Herz-Resonanzfrequenz auf 1-2 Hz eingestellt werden kann, was sich z.B. im Puls von 60-120 niederschlägt[107]

Die über einen zentralen Energiekanal an den Körper weiter gegeben Impulse bewirken die Schwingkreis Resonanz im Wasser (Blut) so findet die göttliche Energie ganzkörperliche Verteilung. (Siehe Band 1 Photonenlicht) Maßgeblich ist das Herz als Energiegenerator an diesem Prozess beteiligt. Es verwirbelt die Körperflüssigkeiten und versetzt diese in eine elektromagnetische Schwingung.[108] An dieser Stelle soll die genialste Medizin zur Erhöhung der Frequenz der Eigenschwingungen nochmals Erwähnung finden. Es ist die Liebe und die Dankbarkeit. Beide erhöhen messbar nicht nur die Immunkompetenz, sondern auch die „Sonne im Herzen". Diese strahlt innerlich und lässt auch Begleitend steigt spürbar das (Selbst-) Bewusstsein.

Wie bereits erwähnt verkürzt die höhere Frequenz die Wellenlänge. In diesem Fluidum der sogenannten „allmächtigen Schöpferenergie" wird das eigene

---

106 Es ließ sich nachweisen, dass in diesem Gehirnwasser die Wasserqualität des Geburtsortes gespeichert ist und man allenorts bei gleicher oder ähnlicher Qualität in Resonanz damit geht. Ein besonderes Harmoniegefühl stellt sich ein.

107 D. Broers Revolution 2012

108 Messbar im EKG

Schöpferpotential in jedem Menschen angesprochen. Hochkomplizierte Prozesse gestalten sich in dem Gefüge Mensch als Sender und gleichzeitig Empfänger der kosmischen Energien. Zahlreiche Physiker, die sich wissenschaftlich mit diesem Teilgebiet beschäftigt haben, bieten Ihnen bei Interesse fundierte Zusammenhänge.[109]

Unvorstellbar und doch wahr
Das Bollwerk des menschlichen Energiepakets besteht aus ca. 60 Billionen einzelnen, bewussten Zellen. Jeder Gedanke, jedes Gefühl, jedes Wort und jegliches Handeln werden in Körperzellen programmiert und geben diese Infos an das sogenannte morphogenetische Feld[110] der Erde ab. Dieses Netz der ätherischen Energien verbindet jede Zelle im Körper intern und vereinigt sich mit den Kräften der ganzen Erde, um sich in das Universum fortzusetzen. Um klar im Empfangs- und Sendemodus zu sein, ist eine gesunde Erdung erforderlich. Zur Erhaltung dieser wunderbaren Phänomene ist es nur recht und billig der Epiphyse etwas Gutes zu tun.
Neben den bereits benannten emotionalen Strukturen Liebe und Dankbarkeit, liefern Meditation, Yoga, sowie vergleichbare Techniken und vor allem die Herrschaft eines machtvollen Eigenwillens eine Epiphysenhygiene.
Eine besondere Vorliebe der Zirbeldrüse bezieht sich auf das ätherische Neroliöl, welches in eine Duftlampe gegeben wird. Die Atmung schafft durch ihre Verbindungsstruktur von Innen und Aussen ständige Pflege der Energiepakete. Es ist eine klare Verbindung zwischen dem Einstromtor 1 und dem Einstromtor 10.

---

109 F. A. Mesmer (1734-1815), A.C.G. Schultz (1873-1953), G. Lakhovsky (1870-1942)

110 Morphogenetisches Feld = Art Energiefeld, welches alles umgibt und alles Bewusstsein miteinander verbindet

Vokalarbeit

In seinen Exerzitien beschreibt Karl Spiesberger den Vokal I als stimulierend für die Zirbeldrüsen. Die Metaphysik beschreibt die Selbstlaute als Instrument für die spirituelle Entwicklung und im speziellen das I für die „Sammelstelle, durch die alles hindurchziehen muss, was unser Sinnen und Trachten bewegt"[111]. Die Epiphyse als „Spiegel des Allmächtigen" soll durch den I-Ton eine Umwandlung vom Eros zum Logos vollziehen, d.h. die niederen Kräfte des Sexus verwandeln sich in mentale Ströme. Diesem Prozess obliegt ein Lösungsmotiv.

Nehmen Sie folgende Runenhaltung ein.: Stehen Sie aufrecht, Füße im rechten Winkel, geschlossene Fersen, während Sie ihre Hände seitlich auf die Schenkel legen. Ihren Blick stellen Sie einfach auf unendlich ein. Atmen Sie kräftig auf F oder S aus und mit voller Konzentration auf den Vokal I ein. Dieses I singen oder summen Sie in allen Tonlagen und Stärken bei sich veränderndem Timbre. Produzieren Sie den Laut solange bis jede Zelle ihres Körpers mitschwingt und die Vibrationen insbesondere in Hand- und Fußflächen spürbar werden.

---

111 Hermetisches ABC (S.176) – Karl Spiesberger

Weltenei

In zahlreichen Kulturen steht das Weltenei, auch kosmisches Ei genannt, im Zentrum des Schöpfungsmythos. Es entspricht dem absoluten Urzustand des Universums. Die Mythologie geht davon aus, dass sich ein Urwesen aus diesem Ei entwickelte, welches ein Symbol für die Vereinigung von zwei komplementären Prinzipien darstellt.

Lassen Sie ihrer Phantasie über das kosmische Ei freien Lauf. Entwickeln Sie ihre Mythologie oder malen ihre Vorstellung vom Weltenei auf. Sinnieren Sie über das Weltenei und gelangen so zu Ideen von ihrem eigenen Ursprung.

René, 26 J.

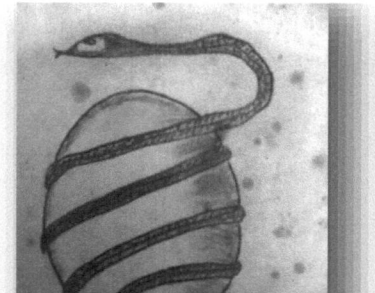

Abschließend die Darstellung der Bach-Blüten mit kurzen Erläuterungen, sowie den Hinweisen auf erfahrungsgemäße Wirkpotentiale in Bezug auf die Einstromtore.

Teil VII Bachblüten

Bachblüten – Behandlung nach dem ursprünglichen Prinzip „simplicity"

Die 38 Bach-Essenzen können als Seelenschlüssel, welche die Verbindung zum tiefsten Inneren (Seele, göttlicher Funken, innerer Arzt) herstellen, bezeichnet werden. Jede der Blüten symbolisiert ein archetypisches, negatives seelisches Verhaltensmuster der menschlichen Natur. Sich negativ auswirkende Seelenmuster können durch die Einnahme von gezielt ausgewählten Bachblüten eine Harmonisierung erfahren und das Selbstheilungsprinzip in Gang setzen. Der Grundsatz lautet: „Behandel die individuellen Seelenblockaden auf dem Entwicklungsweg und nicht die Krankheit." Durch diese These drückt sich die absolut persönliche Vorgehensweise in der Bachblüten Therapie aus.

Details zur Anwendung, Kontraindikationen, Dosierungen und Bezugsquellen können Sie der entsprechenden Fachliteratur entnehmen. (siehe Literaturverzeichnis)

Die Bachblüten können sich als ausgesprochen sinnvoll zur Unterstützung in der Energy Selfie® Behandlung erweisen. Erfahrungsgemäß ergeben sich unterschiedliche Ansätze zur Auswahl der unterstützenden Blüte / Blütenmischung. Als maßgeblich für die Blütenessenzauswahl ist immer die Übereinstimmung mit mehreren Kriterien aus dem blockierten Seelenzustand. Die Unterstützungsfunktion der Bachblüten-Therapie kann anhand folgender Aspekte Anwendung finden:

1. Bei der Bearbeitung einer speziellen Energy Selfie® Aufgabe, machen sich entwicklungserschwerende Seelenzustände aus dem Einstromtor bemerkbar
2. Prozessstörende Energien aus dem Hinweistor
3. Weckung brachliegender Kapitalenergien
4. Harmonisierung von Achsenspannungen
5. Typzahl orientiert

Die Anwendungshinweise zu den entsprechenden Blüten basieren auf Erfahrungen und sollen ausschließlich als Vorschlag verstanden werden. Da die Mischungen immer individueller Natur sind, habe ich keine Beispiele aufgeführt. Bei intensiver Kenntnis der Bachblüten-Therapie möchte ich auf die Stufentherapie von Krämer[112] verweisen.

Momentaner Zustand	Erwünschter Zustand	Blüte / Tor
- präsentiert Umwelt dauerhaft das Bild von Strahlemann / -frau - gute Miene zu bösem Spiel - hochgradig harmoniebedürftig und sensibel - Vermeidung von Alleinsein und Untätigkeit um nicht mit sich selbst konfrontiert zu werden - innerlich von Angst gequält (meist materiell bezogene Befürchtungen - wenig Durchhaltevermögen - Suchtneigung (meist Alkohol) um	- zu sich und seinen Schattenseiten und Problemen stehen - Empfindung echter Freude und Lebenslust - Problemen einen objektiven Stellenwert beimessen - Einheit in der Vielfältigkeit erkennen - Konfliktfähigkeit - bereit sich Konfrontationen zu stellen	**1 Agrimony** Konfrontationsbereitschaft **Tor 4** **Tor 6**

112 Buchempfehlung im Literaturverzeichnis

die Welt schön zu machen - Symptome über-spielen		
- vage Ängstlichkei-ten - unerklärliche Be-fürchtungen - Vorahnungen und Angst vor drohen-dem Unheil, frem-den und unsichtba-ren Mächten, Dun-kelheit, Tod, Geis-tern, Schlangen - sich „verhext" füh-len - Alpträume - Angst vor der Angst	- überwinden und auf-stehen - Ängste „erforschen -nicht in esoterische, phänomenbedingte, re-ligiöse Ursachen pa-cken - Sensibilität realistisch einschätzen	**2 Aspen** bewusste Sensibilität, Ahnung **Tor 8** **Tor 9**
- wenig Empathie (da eigene Gefühle blo-ckiert sind) - Hyperkritisch im Bezug auf Mitmen-schen - Bewertung und Verurteilung ande-rer Personen - ständiges inneres zu Gericht sitzen über	- Verständnis für die Vielfältigkeit von Ver-haltensweisen - Toleranz und Nach-sichtigkeit - Diagnostische Befähi-gung leben - tolerante Geisteshal-tung	**3 Beech** Fähigkeit für Ver-ständnis, Toleranz **Tor 2**

Land und Leute - Intoleranz		
- Überreaktion auf die Wünsche im Umfeld - kein „Nein" kennen - Schlechte Durchsetzungskraft - anderen gefällig sein bis zu Selbstverleugnung - kopiert mit Wort oder Tat selbstgewählte Idole - Lob und Tadel abhängig - symbiotische Verschmelzungen - willensschwach anderen etwas abzuschlagen - Nutzerstruktur anbieten	- Selbstbestimmung - Selbstverwirklichung - Erkenntnis des eigenen Willens - Ja und Nein werden selbstbestimmt eingesetzt - eigene innere Ziele erkennen - Integration bei der Wahrung der eigenen Identität - eigene Bedürfnisse erkennen und ausdrücken	**4 Centaury** Stärke des eigenen Willens **Tor 1** **Tor 3** **Tor 5**
- eigenen Urteilen misstrauen - ständig auf Beratersuche - Informationsgier – ohne Wissen anzuwenden	- innere Stimme hören - Vertrauen in sich selbst - Wissensdurst - begeisterungsfähig - zu eigenen Entscheidungen stehen - Informationen verar-	**5 Cerato** Vertrauen in innere Stimme, Intuition **Tor 5**

- Bestätigungssuche bei Autoritäten im Selbstzweifel - hohes Regelbewusstsein - ständiges Revidieren eigener Meinungen - in Äußerlichkeiten leben	beiten und anwenden - eigenen Intuition trauen - zur eigenen Meinung stehen	**Tor 9**
- Loslassprobleme - Sorge vor Unbeherrschtheit und emotionalen Ausbrüchen - zwanghaftes Unterdrücken eigener Impulse aus Sorge vor unkontrollierten Ausbrüchen, z.B. Gewalt oder Besorgnis verrückt zu werden - Sorge vor seelischer Kurzschlusshandlung - Zwangsvorstellungen und Zwangshandlungen	- gelassene Offenheit sich und der Welt gegenüber - geistig-seelisches Wachstum zulassen - Spontanität, Kraft, Mut - trotz Anspannung Gelassenheit - Selbstkontrolle	**6 Cherry Plum** Loslassen, Gelassenheit **Tor 1** **Tor 8**

- dauerhaft die gleichen Fehler machen - nicht aus Erfahrung lernen - innen und Aussen nicht zusammenbringen können - immer wieder den gleichen Fettnapf aufsuchen - in Gedanken immer voraus eilend – deshalb im Moment unkonzentriert, wenig hingebungsvoll - Außenwirkung sorglos bis naiv	- geistig rege und an Modellen lernen - Lebensereignisse mit Aufmerksamkeit wahrnehmen - Konzentrat aus Erfahrungen umsetzen - konstruktive Umsetzung von integrierten Erfahrungen	**7 Chestnut Bud** Erfahrung bewusst verarbeiten und nutzen, lernen **Tor 2** **Tor 4**
- besitzergreifende Beziehungen - manipulierend, ständig eingreifend - Erwartung dauerhafter Zuwendung - Selbstmitleid, übermäßige Forderungen - Argusauge auf Bedürfnisse aus der Umwelt - ständige Überfürsorglichkeit in dem	- Hingabe und Liebe - ohne Gegenleistungserwartung handeln - geborgen in sich selbst - empathisch und grenzwahrend - Respekt vor Bedürfnissen anderer - spontane Gefühlszuwendung	**8 Chicory** Uneigennützigkeit **Tor 1** **Tor 5**

Wissen, was für andere gut ist - in eigenen Aktivitäten immer gewinn orientiert - in Beziehungen bedingungsgebundene Zuwendungen - auf Schleichwegen eigenen Willen durchsetzen - Angst vor Beziehungsverlusten - Flucht in selbstmitleidige Verhaltensweisen (Krankheiten, Schuldzuweisungen) - besitzergreifende Persönlichkeit		
- Rückzug aus realem Leben in Tagträume - Phantasievolle Vorstellungswelt - Gedankenverloren - unaufmerksam - Flucht aus Problemen durch illusionäre Gedanken - Reaktionen auf Umweltreize immer	- der Realität Reize abgewinnen - reglementieren der Phantasiewelt - tieferen Sinn zwischen Realität und Phantasie erkennen - Umsetzung der Kreativität in reale Tätigkeiten z.B. malen, schreiben	**9 Clematis** Jetzt-Bewusstsein **Tor 1** **Tor 7**

gleichartig indiffe-rent - stark verminderte Kenntnisnahme von Einzeleinheiten - Augen und Ohren mehr nach innen als nach außen gewen-det - schwacher Selbst-erhaltungstrieb		
- sich innerlich / äu-ßerlich beschmutzt fühlen - Unreinheitsgefühle (seelisch, geistig, körperlich) - Empfinden infiziert zu sein - sündig, schuldig, befleckt im Selbst-erleben - Waschzwang, Pe-danterie - Kleinigkeiten neh-men die Aufmerk-samkeit gefangen - höchstsensibel ge-gen Unordnung in fremden und eige-nen Lebensraum	- Ordnungssysteme - Streben nach Voll-kommenheit - Details werden als Teil des Ganzen wahrge-nommen - ungeklärtes erkennen und erklärbar machen - zwanglos für Ordnung und Sauberkeit eintre-ten - Eigenbewertungen „vernatürlichen"	**10 Crab apple** Ordnung, Sauberkeit, Reinheit **Tor 6** **Tor 7** **Tor 8**

- Selbstekel vor Ausscheidungen, Pickel o.ä. - Angst vor Krankheiten, Erregern, Medikamenten, fremden Toiletten		
- Gefühl den anfallenden Aufgaben nicht mehr gewachsen zu sein - plötzlich überrollt vom Alltag - vorübergehender Verlust des Selbstvertrauens - in allen Lebensbereichen Unzulänglichkeitsgefühle - in der Regel selbst in die Überforderungssituation hinein manövriert	- Eigen- und Fremdverantwortlich - Folgen der eigenen Berufung - positive Führungsfähigkeiten für sich selbst und andere einsetzen - selbstsicher - vertrauensvoll - Verhältnis zwischen eigenen Bedürfnissen und Verantwortlichkeiten überprüfen	**11 Elm** Verantwortungsbewusstsein **Tor 1** **Tor 5** **Tor 6**
- skeptisch, zweifelnd - leicht entmutigt - Unsicherheit durch Mangel an Glaube / Vertrauen - Alles und jeden in Frage stellen	- gläubig (nicht nur religiös zu verstehen) - Fähigkeiten Konflikte anzugehen - Zuversicht in schwierigen Situationen - Glaube an sich	**12 Gentian** Glaube, Gottvertrauen

	- Licht im Dunkeln sehen - Konfliktfähig - positive Lebenseinstellung -	**Tor 1**
- Hoffnungslos, resigniert - verzweifelt, deprimiert - Stagnation der Auseinandersetzung mit seinem Leben - innerlich müde - aufgeben und auf Außenhilfe warten - lässt sich zum Lebensanpack überreden - fällt tief bei Rückschlägen - Sinnlosigkeit des Seins	- Hoffnung, Zuversicht - Alles für gutes Ende tun - „nie" aus Sprach-Fühl- und Denkschatz streichen - neue Perspektive in unabänderlichen Situationen gewinnen	**13 Gorse** Hoffnung **Tor 6** **Tor 8**
- Ich konzentriert - dauernd auf Suche nach Publikum - bedürftiges Kleinkind - starker Drang mit jedem über sich zu sprechen	- empathisch - hilfsbereit - Ohr für andere	**14 Heather** Empathie **Tor 3**

- grenzenlos in Kontaktaufnahme - aus Mücken werden Elefanten kreiert - oft Stärke vortäuschen		**Tor 10**
- Eifersucht - Misstrauen - Neid- und Hassgefühle - steinernes Herz - Angst hintergangen zu werden - an Missverständnissen sind immer andere schuld - wittert hinter vielem Negatives / verdächtigt andere - häufig gekränkt	- Allumfassende (göttliche) Liebe spüren - innere Harmonie - tiefes Verständnis - freut sich mit anderen über deren Erfolgen - erkennt und respektiert jeden Menschen an seinem Platz	**15 Holly** Universelle Liebe **Tor 1**
- nicht genügend mit Lebensfluss verbunden - kaum Gegenwartsbezug - Sehnsucht und Bedauern im Bezug auf Vergangenheit - Dauertrauer über Verlust (Chancen,	- Leben im Hier und Jetzt - vergangene Erfahrungen integrieren - universell mit Vergangenheit beschäftigen, z.B. Geschichte, historische Romane	**16 Honeysuckle** Vergangenheit, vergessen können **Tor 8** **Tor 10**

unerfüllte Wün-sche) - Leben in Erinne-rung		
- müde, erschöpft - Kopf brummt - zweifelt an Kraft den Tag zu bewälti-gen – schafft es doch - glaubt nicht an Re-generation, obwohl nachweisbar vor-handen - greift zu Stimulan-tien als Helfer z.B. Kaffee, Kräfti-gungsmittel - durchorganisiert, eingefahren, Hams-terrad	- Lebendigkeit, geistige Frische - Sinn für Abwechslung - Selbstsicherheit im Alltag - Einschätzung eigener Kräftepotentiale	**17 Hornbeam** Antriebskraft **Tor 4** **Tor 7**
- aus Anspannung reagieren - ständig gereizt - Überschießende Reaktionen - innerlich ständig auf Hochtouren - lebt Ungeduld auch grenzüberschreitend	- Geduld - Sanftmut - Verständnis und Mit-gefühl - rasch in Auffassung und Umsetzung ohne Umfeld zu beschneiden	**18 Impatians** Geduld **Tor 2**

(über Mund fahren, Entscheidungen für andere treffen) - extremes Bedürfnis nach Unabhängigkeit - ständig tätig		**Tor 5**
- Fehlschläge erwarten - Minderwertigkeitsempfinden - Unterlegenheitsgefühle - Nutzlosgefühle - Versagerempfindungen - geringstes Problemlöseverhalten - Krankheit vorschieben	- Selbstvertrauen - Dinge in Angriff nehmen - trotz Rückschlägen Neuversuche starten - Situationen mit Abstand sehen - seine Fähigkeiten erkennen	**19 Larch** Selbstvertrauen **Tor 5** **Tor 7**
- unbenennbare Ängstlichkeit - Angst vor der ganzen Welt (Krankheit, Dunkelheit, Schmerz, Unfällen, Verlusten usw.) - Phobien jeglicher Art, vor allem Klaustrophobie,	- Vertrauen - sensibel in der Welt stehen - Kontaktbereitschaft - natürliches Spektrum von Besorgnissen	**20 Mimulus** Mutige Berherztheit **Tor 7**

Erythrophobie - spricht kaum über die Befürchtungen - schüchtern, scheu - Hypersensibilitäten bei Sinneswahrnehmungen (Kälte, Geräusche, usw.) - aus Angst daueran-gespannt - andere Menschen laugen aus - hochgradig krank-heits-empfänglich		**Tor 9**
- plötzlich und uner-wartete Traurig-keitsperioden - Traurigkeit vergeht ohne erkennbaren Grund - Weltschmerz - Gegenwart wenig realisierend - eher introvertiert - ausgeschlossen vom normalen Leben - in Dunkelheit ge-fangen - Stimmung ist resis-tent gegen Ablen-kung, rationale Ar-gumente usw.	- heiter, fröhlich - sinnesklar - Freiheitsgefühl - stabil in guten und schlechten Zeiten - jetzt-Orientiertheit - Lebensfreude	**21 Mustard** Weltenschmerz gegen inneres Licht tauschen **Tor 6** **Tor 8**

- Starrheit - unaufhaltsamer, niedergeschlagener, erschöpfter Kämpfer - verbissen zuverlässig - klaglos, beharrlich, hoffnungsvoll, unermüdlich im Lebenskampf - Lastenträger für andere - Ignoranz der notwendigen Ruhe - genießt Bewunderung des Unverzagten	- Kraft, Stärke, Ausdauer - vernünftig - souveränes Belastungsprogramm - Abgrenzung zu Problemen anderer - mutig zu eigenen Grenzen stehen	**22 Oak** Ausdauer, Durchhalten **Tor 2** **Tor 5** **Tor 7**
- Erschöpfungsgefühl - Alles-zu viel-Empfinden - zu spät erkannte Überforderung - lustlos, energiearm - Lebensprinzip Verausgaben bis zum letzten, dann in die Erschöpfungsphase	- innerer Frieden - gute Regeneration - Kraft und Energiereserven - Belastungsphasen erkennen – Ruhe einläuten	**23 Olive** Lebenskraft **Tor 1** **Tor 6** **Tor 7** **Tor 8**
- Selbstvorwürfe - an eigener Schuld	- angemessene Reue statt Schuld	**24 Pine**

kleben - Mutlosigkeit - dauerhaftes Ent- schuldigen - schlechtes Gewis- sen - fühlt sich für alles in der Welt verant- wortlich - Höchstanforder- ungen an sich - kein Erfolgsgenuss, weil es besser ge- gangen wäre - erkennt mehr seine Grenzen als Mög- lichkeiten - selbstzerstörerisch - negative Selbst- konzepte - Übergewissen- haftigkeit - Minderwertigkeits- empfinden - dauerhaft auf Schelte warten - Gefühl des nicht verdienens von Gutem - übertriebene Selbst- unterbewertung - Selbst-Nichts-	- Fehler eingestehen und Verzeihen - Verständnis für das Menschsein - annehmen können von Lob / Verdienst	Selbstvergebung **Tor 4** **Tor 6** **Tor 8**

Gönner
- Masochistisch an-
  gehauchter Opfer-
  drang
- höchstgradige
  Moralvorstellungen		

- mehr besorgt um
  andere als um sich
- Überfürsorge /
  Angst um andere
- mit Problemen der
  Anderen beschäftigt
- fürchtet immer das
  Schlimmste
- Vorsichts-Ermahner
	- starke Verbindung zu
	  Partner
	- Fürsorge
	- Nächstenliebe
	- Sicherheit, Halt geben
	  ohne Abhängigkeit
		25 Red Chestnut
		
		Individualitätswahr-
		nehmung
		
		Tor 5
		
		Tor 6

- innerer Terror
- Panikgefühle
- Gefühlseskalation
  bis zu Ausnahme-
  zuständen
- hochgradiges
  inneres Entsetzen
- Schockstarre /
  Sinnesausschaltung
  vor Angst
- Seidenfaden-
  Nerven
	- Standhaftigkeit
	- Mut
	- Krisenbewältigung
	- Coping-Strategien
	- in Gefahrensituationen
	  Kräftemobilisierung
		26 Rock Rose
		
		Mut, Gelassenheit
		
		Tor 7

- fesselnde, strenge Ansichten	- innere Freiheit - Adaptationsfähigkeit	**27 Rock Water**

- verkrustet im eigenen Weltbild - perfektionistisch - allerhöchste Selbst-disziplin - übertriebene Ideal-vorstellungen - höchste Maßstäbe an sich selbst - erkennt eigene Zwänge nicht - krallt an Teil-aspekten von Theorien ohne das Ganze zu sehen - Verdrängungen werden gut gehütet - weltliche Be-dürfnisse blockieren die geistige Ent-wicklung - nur mit eigenen superlativen An-sprüchen beschäf-tigt - Diplom-Stressler	- neue Erkenntnisse als solche integrieren - Lebensfreude - innerer Frieden ohne Druck zur Superlative	Disziplin. Adaptationsfähigkeit **Tor 2** **Tor 5** **Tor 8**
- unschlüssig – im-mer zwischen x-Möglichkeiten wanken - minimierte Ent-	- vielseitig aber ein-deutig - homöostatischer Zu-stand - Konzentration	**28 Scleranthus** innere Balance, Entscheidungskraft

scheidungsfähigkeit - extreme Stimungs- schwankungen - hüpft zwischen auf- genommenen Im- pulsen hin und her - Mangel an Gleich- maß - im Denken, Fühlen, Verhalten wenig zentriert - zerfahren, aus dem Gleichgewicht	- Entschlossenheit - flexibel – mehrere Möglichkeiten integrieren - Entscheidungsfähigkeit - Selbstsicherheit	**Tor 3** **Tor 7**
- verklebt mit der belastenden Ver- gangenheit - Gelähmt im Leid - Verbacken mit alten Gefühlen aus Traumen - Konfliktbe- wältigung wie ein- gefroren	- reseten - geistige, seelische, körperliche Kraft - Adaptationsfähigkeit - Lebendigkeit	**29 Star of Bethlehem** Trauma, Schock, Seelentrost **(universeller Einsatz)**
- innere Auswegslo- sigkeit - Grenze des er- träglichen über- schritten - hilflos in innerer Leere	- hoffnungsvoll - Perspektivenwechsel - sich wiederfinden - Selbstglaube	**30 Sweet Chestnut** Erlösung **Tor 1** **Tor 10**

- Schöpferzweifel - Verlassenheits- empfinden - Aussichtslosigkeit		

- Übereifer
- Fehleinschätzung
  eigener Kräfte
- begeisterungsfähig
  bis Fanatisch
- Höchstsensibel auf
  Ungerechtigkeiten
- 150 % ige Selbst-
  ansprüche
- impulsiv, missiona-
  risch
- für andere
  Glückserzwinger
- überrollen anderer
  Menschen
- innerlich überdreht,
  hyperaktiv
	- Selbstdisziplin
	- andere Meinungen
	  respektieren
	- offen für Argumente
	- Dinge in größerem
	  Rahmen sehen
	- andere begeistern
		31 Vervain
		
		Begeisterungsfähig-
		keit
		
		Tor 2
		
		Tor 8

- machthungrig
- respektlos Mitge-
  schöpfen gegenüber
- dominant – andere
  Meinungen / Regeln
  geltungslos
- fehl ehrgeizig
- durchsetzen des
  eigenen Willen
	- natürliche Autorität
	- Durchsetzungskraft
	- weiser Führer
	- Delegationsfähigkeit
	- pädagogisches Feeling
	- Hilfe zur Selbsthilfe
	  geben
	- Augenhöhe schaffen
		32 Vine
		
		natürliche Autorität
		
		Tor 2
		
		Tor 7

- extreme Ich-Kraft und Überlegen-heitsgebaren - mitleidslos, angst-schürend - Kopf vor Herz - rechthaberisch und Radfahrermentalität - Ignoranz von starken Gegnern		
- Scheu vor dem letzten Schritt - Verunsicherung - beeinflussbar und wankelmütig in Entwicklungs-schritten - klare Zielvor-stellungen mit Selbstsabotage - Fremdargumente verunsichern Ent-scheidungen - vermeintlich gefan-gen in Be-schränkungen und Beeinflussungen - schwerstens von überalterten Ge-wohnheiten trennen - im Bann einer ge-	- Neubeginne - Unbefangenheit - Selbsttreue - eigengerichtete Pionierarbeit - Lebensziel trotz Widrigkeiten verfolgen - Entwicklungsschritten unbefangen folgen - losgelöst vom Schatten der Vergangenheit	**33 Walnut** Selbstbehauptung Neubeginn **Tor 3** **Tor 8** **Tor 10**

liebten Person verharren		
- Rückzug in Selbst-stolz - isoliertes Überle-genheitsgefühl - herablassende Haltung - Verwahrung gegen Einmischung anderer - innerliche Distanz zu Anderen - schwerfällig auf andere zugehen - schafft den Sprung vom Podest nicht - emotionale Ge-spräche erschöpfen - wenig entspannt	- Demut - weise Handlungen - taktvolle Zurück-haltung - guter Selbstwert - tolerante Einstellung - Fels in der Brandung - unaufdringliches Vorbild	**34 Water Violet** Miteinander **Tor 5**
- Gedankenkarusell - Kopfkino - unerwünschte Ge-danken, Bilder, Gefühle nagend und krallend - Hamster im Rad - dauerhafte Selbst-gespräche - hochgradige inner-liche Arbeit ohne	- Differenzierungs-fähigkeit - geistig ruhender Pol - Ausgeglichenheit - Lösung aus der Ruhe - kontrollierte Ge-dankenkraft	**35 White Chestnut** Gedankenstille **Tor 6** **Tor 8**

Lösung - unkonzentriert im Alltag		

- tief innerlich uner-
  füllt / unzufrieden
- Richtungssuche im
  Leben
- Ehrgeiz besonderes
  zu leisten
- zahlreiche Fähig-
  keiten ohne Zen-
  trierung
- Drang zu immer
  Neuem – ohne Be-
  friedigung
- unausgeschöpfte
  Talente
- innerlich zersplittert
	- Zielstrebigkeit
	- eigene Berufung er-
	  kennen
	- Fähigkeiten forcieren
	- übergeordnetes Talent
	  fördern
	- klare Vorstellungen
	  ohne Neben-Umwege
	  anstreben
	- Vielzahl der Möglich-
	  keiten koordinieren
		36 Wild oat
		
		Sinn- und Zielbe-
		wusstsein, Vielfältig-
		keit
		
		Tor 5
		
		Tor 10

- Apathie, Teil-
  nahmslosigkeit
- Resignation,
  Kapitulation
- Verlust der Lebens-
  freude
- Verlust innerer
  Motivation
- schicksalsgefügt er-
  geben
- gleichgültig, inner-
  lich leer
- energielos
	- innere Motivation
	- aktive Hingabe
	- vitales Lebensinteresse
	- innere Lebensgesetze
	  schöpfen
	- innere Freiheit, Wahl-
	  möglichkeit leben
		37 Wild rose
		
		Hinwendung zum
		Leben
		
		Tor 1
		
		Tor 7

- Schuldsuche im Außen - Verbitterung, ätzender Groll - Opferposition - hilflos dem Schicksal ausgeliefert - fokussiert auf dunkle Lebensseite - Miesmacher - Neider auf alle nicht Schicksalsgeplagten - giftsprühende Gedanken	- konstruktives Denken - Selbstverantwortung - äußere Geschehnisse erkennen / akzeptieren - eigene Leben in die Hand nehmen	**38 Willow** Schicksalsannahme **Tor 2** **Tor 3** **Tor 8**
- energetischer Schock z.B. durch Unfall, Operationen - energetische Desintegration, z.B. Prüfung, schwieriges Gespräch, plötzlich auftretende Erinnerungen an Traumatisierungen	- gefasst, vertrauensvoll der Situation gegenüber - Integration eigener Fähigkeiten	**39 Rescue** **Universell**

Anhang

Anhang 1 Interpretation Mathäus Evangelium 18.3

Der vollständige Bibelvers lautet „wenn ihr nicht umkehrt und werdet wie die Kinder, werdet ihr nicht in das Himmelreich hinein kommen" Diese Aussage bezieht sich auf die Verkopfung des menschlichen Wesens und impliziert den Rat: „werde vorurteilsfrei, empfangsbereit und offen (vor allem für die Liebe), versuche unkompliziert zu denken / fühlen und widme dich erst einmal sorglos im Vertrauen deinem Leben. Verliere nicht das spielerische Element der kindlichen Unbefangenheit auf deinem Entwicklungsweg."

Anhang 2 Hinweiskriterien für Zeichnungsauswertungen
Hinweiskriterien für Zeichnungen

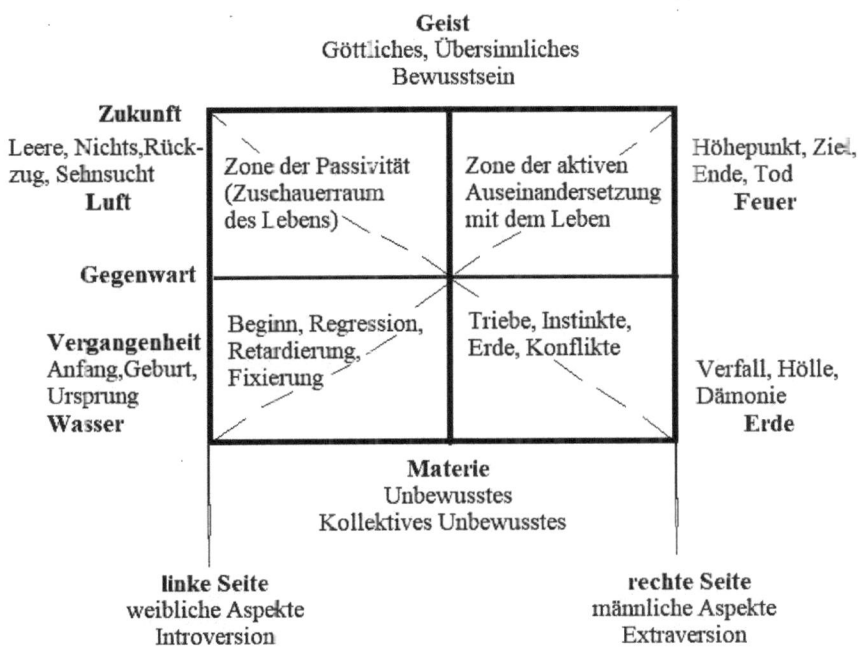

Bezugskriterien für die Auswertung von Zeichnungen

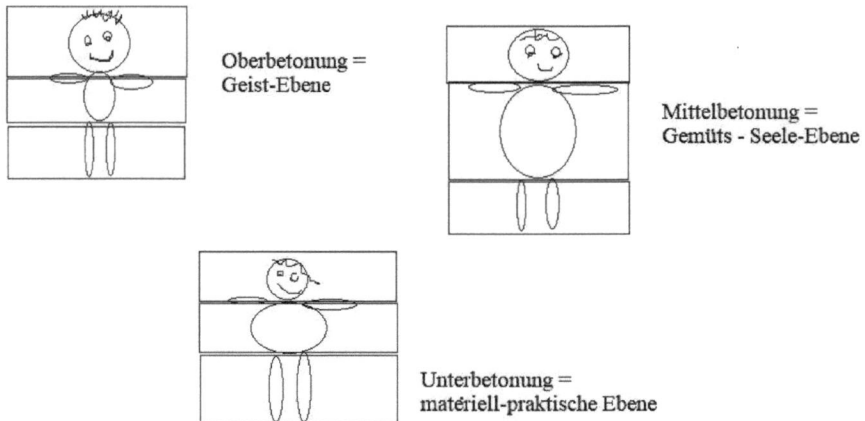

Bezugskriterien zur Fülle / Betonung
Die Einteilung des Blattes in Mittellinie waagerecht und senkrecht behält ihre Gültigkeit

Oberbetonung =
Geist-Ebene

Mittelbetonung =
Gemüts - Seele-Ebene

Unterbetonung =
matériell-praktische Ebene

Anhang 3 Differenzierende Kriterien bei psychologischen Schulen

Basale Unterschiede innerhalb der psychologischen Schulen

Auf der Basis dieser drei psychologischen Schulen (Tiefenpsychologie, Behaviorismus, Humanismus) haben sich fast alle anderen therapeutischen Richtungen entwickelt. Mittlerweile gibt es einen Dschungel von psychologischen Verfahrensweisen, deren Urbausteine aber grundsätzlich auf diese Ansätze zurück führbar sind. Wesentlich ist immer das Menschenbild im background der Theorie, da sich um dieses die Grundsätze und Behandlungstechniken ranken. Der Kurzüberblick soll Ihnen die Möglichkeit der Transparenz in Bezug auf den Ansatz einzelner Übungen geben.

	Tiefenpsychologie 3	
S. Freud 6.5.1856 –23.9. 1939	**A. Adler** 7.2.1870-28.5.1937	**C.G. Jung** 26.7.1875 – 6.6.1961
Psychoanalyse	Individualpsychologie	Analytische Psychologie
Menschenbild Mensch als Spielball seiner Triebe, mit hoher Bedeutung des Sexual- triebes, hochwirksamer Seelenanteil: das Unbe- wusste, Kindheit als bestimmend für die spätere Persön- lichkeit Phaseneinteilung im Entwicklungsablauf	**Menschenbild** Mensch als soziales Wesen im Umgang mit seinen Min- derwertigkeiten im Streben nach Gemeinschaftsgefühl Körper und Seele arbeiten analog, Minderwertigkeiten aus organischen, sozialen, körperlichen Bereich führen zu Macht-streben, welches sich durch Geltungs- und Vollkommenheitsstreben zeigt. Emotionales Erleben und Intelligenz bilden sich in frühster Auseinanderset- zung mit den ersten Bezugs- personen.	**Menschenbild** Ausstattung mit komple- xen be- und unbewussten Seelenschichten differenzierte Betrach- tung des Unbewussten (persönlich und kollek- tiv) – beide als anerkann- te Seelenanteile, welche die Entwicklung prägen Natur als absolute Ener- gie mystisch-religiöse See- lennatur, z.B. Archetypen
Besondere Arbeitstech- niken / Ziele Komplexbearbeitung Freie Assoziation Traumarbeit Regressionsarbeit Abwehrmechanismen Hypnose / posthypnoti- sche Suggestionen Übertragung / Gegen- übertragung	**Besondere Arbeitstech- ken / Ziele** drei Lebensaufgaben Arbeit, Liebe, Gemeinschaft im Lebensplan durch Individu- alpsychologie und Erzie- hungslehre lösen pädagogisch, psychologi- sche Führung von dem Min- derwertigkeitsempfinden zum Gemeinschaftsgefühl	**Besondere Arbeitstech- niken / Ziele** Assoziationsexperimente, Maskenarbeit, Traumar- beit, Archetypenbetrachtung, mystisch, umfassende Symbolarbeit Freie Assoziation

Behaviorismus 3

Bekannter Vertreter:

J.B. Watson, Psychologe (9.1.1878 – 25.9.1958), Begründer des Behaviorismus und Methodologische Verhaltenstherapie

---

A. Bandura, Psychologe (4.12.1925 – 26.7.2021), Entwickler der sozial-kognitiven Lerntheorie

I. Pawlow Mediziner (14. / 26. 9.1849 – 27.2.1936), Experimente/Arbeit mit konditionalen Reflexen

Menschenbild

Basierend auf Lerntheorien besteht die Annahme, dass der Mensch als tabula rasa Wesen auf die Welt kommt und durch seine Lebensbedingungen/- erfahrungen sein "so sein" erlernt. Störende Verhaltensweisen unter diesem Aspekt betrachtet, können auch wieder verlernt werden.

Der Mensch wird als ein sich selbst steuerndes, aktiv und planvoll handelndes Individuum aufgefasst, dass zwar von der Umwelt beeinflusst wird, aber selbst imstande ist, seine Umwelt zu verändern und zu beeinflussen. Die Konfliktentstehung wird hypothetisch durch Reaktionen auf Reize erklärt.

Besondere Arbeitstechniken/Ziele

Klassisches und operantes Konditionieren sind die zentral verantwortlichen Prozesse, um psychische Dynamiken im Ablauf zu bewerten.

SORKC – Modell

Zusammenhänge zwischen Reiz und Reaktion erfassen

Zahlreiche Bausteine, z.B. Angsthierarchien, als Hilfe zur Selbsthilfe

Einige verhaltenstherapeutisch orientierte Verfahren

Konfrontationsverfahren

Exposition / Systematische Desensibilisierung

Operante Verfahren

Habituationsraining

Reaktionsverhinderung
Screen Technik
Angstbewältigungstraining
Stressbewältigung
Verstärker-Programme
Modelllernen
Rollenspiele
Systematische Desensibilisierung

Kognitivisten
A. Ellis, Psychologe / Psychotherapeut (27. 9.1913-24.7.2007) Rational emotive Therapie
A. Beck Psychiater / Psychotherapeut (18. 7.1921- 1.11.2021) „Depressionspapst" und „Vater" der kognitiven Verhaltenstherapie
D. Meichenbaum Psychotherapeut (10. 6.1940 -z.Zt.), Gründer der kognitiven Verhaltenstherapie
Menschenbild
Das ursprüngliche Menschenbild des Behaviorismus wird durch die Variabel der Fähigkeit zum Denken (in allen Facetten) bereichert. Der Konflikt entsteht ursächlich durch die beliefs (bewertende Gedanken)
Besondere Arbeitstechniken
Reiz-Reaktionsmodell im Zusammenhang mit Gedanken und Gefühlen
Kognitive Ansätze, z.B. ABC der Gefühle
Kognitive Umstrukturierung
Arbeit mit Glaubenssätzen

Humanisten 3

Bekanntester Vertreter:

C. Rogers Psychologe / Psychotherapeut (8.1.1902 – 4.2.1987) Reformer der Humanisten, Entwickler der personenzentrierten Psychotherapie

A. Maslow Psychologe (1. 4. 1908 - 8. Juni 1970) Begriffsgründer „Positive Psychologie)

Ch. Bühler, Entwicklungspsychologin (20. 12. 1893 - 3. 2.1974)

E. Berne, Psychiater (10. 5.1910-15.7.1970), Entwickler der Transaktions-analyse

Menschenbild

Der Mensch gilt als ressourcenorientiert, ausgestattet mit der Fähigkeit zum kreativen Wachstum und konstruktiver Veränderung, streben nach Selbstver-wirklichung, Wachstum, Autonomie, Authentizität, ausgestattet mit der Fä-higkeit zur Selbstreflexion / Introspektion und einer Selbstaktualisierungsten-denz. Jeder Mensch ist von Natur aus gut.

Die Konfliktentstehung wird durch den Zwiespalt zwischen Selbstkonzept und dem darin beinhalteten Ideal-Selbst (die Erwartungen der Gesellschaft an den Menschen, sowie Eigenschaften und Fähigkeiten, auf die die Person selbst den größten Wert legt), sowie dem Real-Selbst (Eigenschaften/ Fähig-keiten, die der Mensch glaubt zu haben), gesehen. Die beiden Pole (Ideal-Selbst und Real-Selbst) dürfen hierbei nicht zu weit voneinander abweichen, da es ansonsten zu Minderwertigkeitsgefühlen oder anderen psychischen Stö-rungen kommen kann.

Arbeitstechniken / Ziele

-Vorgehen mit Empathie, Akzeptanz und Kongruenz

-Bearbeitung des Hier und Jetzt vor dem Hintergrund biographischer Bezüge und ausgerichtet auf Zukunftsorientierung.

-Differenzierung des Selbstgewahrseins

-Spiegeln = vom Klienten Gehörtes zusammenfassen

-Konzentration auf Selbsterleben von Klient und Therapeut

Einige humanistische Verfahren

Klientenzentrierte Psychotherapie, Entwickler C. Rogers

Gestalttherapie, z.B. F. Perls

Emotionsfokussierte Therapie, z.B. L. Greenberg

Körperpsychotherapie, W. Reich

Logotherapie / Existenzanalyse, V. Frankl

Humanistisches Psychodrama, z.B. J. Moreno

Positive Psychotherapie, z.B. N. Peseschkian

Psychosynthese, z.B. R. Assagioli

Systemiker 3

G. Bateson Anthropologe, Biologe, Kybernetiker, Philosoph, Sozialwissenschaftler (9. 5.1904 - 4. 7.1980)

S. de Shazer Psychotherapeut (25.6.1940 - 11. 9.2005)

S. Minuchin Pädiater / Kinderpsychiater (13.10.1921 – 30.10.2017)

V. Satir Familientherapeutin (26. 6.1916 - 10. 9.1988) „Mutter" der Familientherapie

Störungsbild

Gestörte Interaktion im direkten sozialen Kontakt und Interaktionen in Systemen gelten als ursächlich für die Konfliktentstehung.

Das Problem liegt nicht in der Beeinträchtigung des einzelnen Menschen, sondern ist die Folge einer Systemstörung (Umfeld, Milieu).

Bekannte Techniken

Genogramm, Analyse familiärer Strukturen, Symptomverschreibung, Familienaufstellung, hypothetische Fragen, vor allem Wunderfrage

Anhang 4 Das Gehirn und seine Aufgaben im Überblick

Grosshirn - Melde / Verarbeitungsplatz
Sinneseindrücke - Denk / Kombinations
zentrale - Erinnerungsspeicher

Hypothalamus - Regulator
der Körperfunktionen

Limbische System -
Gefühle - Erinnerungen

Epiphyse - Rhythmusgeber

Thalamus - Gefühlszentrale

Kleinhirn - Gleichgewichtssteuer
Abstimmung der Körperbewegung

Stammhirn -Aufrechtung
Atmung - Kreislauf

Anhang 5 Grundgerüst Mind Map

Die Gestaltung der Äste, Zweige und Nebenzweige innerhalb ihres Mind Maps obliegt Ihnen.

Anhang 6 A-B-C mit Angstbeispiel

Jedes Symptom kann in dieser Art differenziert betrachtet werden. Ähnlich wie in dem ABC nach A. Ellis (S.) können Sie in der Symptomzerpflückung ihre gedanklichen Reaktionen als Motor für ihr Verhalten erkennen.

z.B. Angstsymptomatik

Ereignis	Wahrneh-mung	Filter	Gedankliche Reaktion	Körperliche Reaktion	Emotionale Reaktion
Kontakt mit dem Angst-objekt	visuell, au-ditiv, kinäs-thetisch, olfaktorisch, gustatorisch	neuro- / physio-logisch, sozio-kulturell, individuell	wie furcht-bar, das halt ich nicht durch, schrecklich!	Herz-klopfen, Blutdruck-anstieg, zittern, Schweiß, Muskelver-spannungen, verminderter Hautwider-stand, EKG / EEG Veränder-ungen auf Dauer Or-ganschäden	Angst

Schlusswort

„Die Zahl ist das Wesen aller Dinge" postulierte bereits Pythagoras um ca. 570 v. Chr. In das Erfahrungspaket der vergangenen 2594 Jahre zu der Vielzahl von energetischen Verschlüsselungen im menschlichen Dasein, haben Sie bereits hinein geschnuppert. Doch viel wichtiger ist ihr ganz persönlicher Nutzen aus diesem Wissen.

Den ersten Schritt zur Bergung ihrer potentiellen Schätze aus dem energetischen Zahlenspektrum haben Sie bereits durch den Erwerb der Energy Selfie® Bücher gemacht. Den zweiten Schritt, ihre persönliche Expedition zu ihren Befähigungen, haben Sie sicherlich auch genommen.

Ich hoffe, dass Ihnen ihr Erkenntnisweg und die Dokumentation zu ihren Veränderungen viel Freude und Spaß bereiten. Ihre Erfolge schwarz auf weiss zu sehen ist ihr Sieg, den Sie sich beurkunden oder pokalisieren sollten. Schenken Sie sich einen symbolischen sichtbaren Parameter zu ihrem persönlichen Gewinn.

Jede Technik, die sich aus Erfahrung entwickelt, lebt vom Austausch. Somit die Bitte an Sie Kritik, Erfahrungen und Anregungen gerne mitzuteilen.

Für ihren weiteren Weg möchte ich Ihnen ein geistig-seelisches Konfekt von Sokrates mitgeben:

„Fokussiere all deine Energie nicht auf das Bekämpfen des Alten, sondern auf das Erschaffen des Neuen." (Sokrates)

Literaturverzeichnis

https://anthrowiki.at/Himmelsrichtungen#cite_note-1

https://zitate.net/sehnsucht-zitate

https://www.grimmstories.com/de/grimm_maerchen/sneewittchen_schnee
wittchen

https://dorsch.hogrefe.com/stichwort/konflikttheorie

https://www.allmachtsenergien.de/

https://www.zfhe.at/index.php/zfhe/article/download/1324/912 Hand-
schriftlich versus digital

www.kunstpsychologie.de /kritzeleien/ Interview - Aufzeichnung von
Prof. Dr. Georg Franzen

www.innovative-eyewear.de

Im Zweifel folgen Menschen eher der Masse Weser Kurier 1.2.2014

Artikel von Luisa Stickeler (Fachredakteurin) EQ

Artikel von Johannes Haupt (Fachredakteur) Demut

Artikel von Johannes Haupt (Fachredakteur) Selbstreflexion

Alternativmedizin & Naturheilkunde Biorhythmus © 2023 Copyright Arzt-
suche24.at

Biorhythmik   Hugo Max Gross Verlag Hermann Bauer KG 1966

Care Elite Zitate

Das Herkunftswörterbuch: Etymologie der deutschen Sprache von Duden-
redaktion

Der Mann-Zeichen-Test: In der detail-statistischen Auswertung nach Ziler
Hermann Ziler (2007) Aschendorff Verlag

Das Farbenheilbuch W. M. Hulke   Windpferd Verlag

Emotionale Intelligenz (1995) Daniel Goleman Fachbuch

Ethymylogisches Wörterbuch F. Kluge Edition Krämer

Hermetisches ABC Band 1 Karl Spiesberger Bauer-Verlag

Knauss – Klänge der Seele (Mit Tönen die persönliche Entwicklung fördern)
VAK Verlag

Magie im Organismus –Theoretische Grundkenntnisse im Neuro-
linguistischen Programmieren Petra Kurowski   Eigenverlag

Magie im Organismus – Praktische Übungen NLP von A-Z Petra Kurowski
Eigenverlag

Neue Therapien mit Bach-Blüten Band 1-3 Dietmar Krämer Isotrop Verlag

Pharaonenmedizin bis Gewürzarznei Petra Kurowski Eigenverlag

Raum für eigene Notizen